高等院校旅游管理专业系列教材

旅游目的地管理

徐虹　路科　编著

南开大学出版社
天　津

图书在版编目(CIP)数据

旅游目的地管理 / 徐虹，路科编著. —天津：南开大学出版社，2015.9(2020.9 重印)
高等院校旅游管理专业系列教材
ISBN 978-7-310-04930-1

Ⅰ. ①旅… Ⅱ. ①徐… ②路… Ⅲ. ①旅游地—旅游资源—资源管理—高等学校—教材 Ⅳ. ①F590.3

中国版本图书馆 CIP 数据核字(2015)第 212887 号

旅游目的地管理
LÜYOU MUDIDI GUANLI

南开大学出版社出版发行
出版人：陈　敬
地址：天津市南开区卫津路 94 号　　邮政编码：300071
营销部电话：(022)23508339　营销部传真：(022)23508542
http://www.nkup.com.cn

唐山鼎瑞印刷有限公司印刷　全国各地新华书店经销
2015 年 9 月第 1 版　　2020 年 9 月第 3 次印刷
230×170 毫米　16 开本　20.5 印张　385 千字
定价：44.00 元

如遇图书印装质量问题，请与本社营销部联系调换，电话：(022)23507125

前　言

旅游需求的多样化和个性化与旅游供给的技术化和人性化驱使着旅游目的地竞争进入到新的发展阶段，竞争优势也越来越取决于旅游目的地整体管理状况和水平。一般来说，目的地管理问题属于目的地发展的范畴。目的地发展涉及诸多议题，但目的地管理是其中最基本、最主要、最核心的研究主题。根本理由在于，目的地管理决定了一个目的地能否实现理想或合意的发展目标。正如 B. W. David 在目的地发展情境的研究中所指出的，可持续大众旅游依赖于有效的目的地管理结构和过程；目的地发展中出现的不可持续现象，归根到底在于目的地管理的失效。虽然旅游目的地管理十分重要，但是由于旅游目的地管理范围广、议题多、主题复杂，因此以旅游目的地管理为书名的著述并不多见。就是现有的著述也没有被普遍接受的结构。从这个意义上说，本书结构也是一个新的尝试。

相比较而言，本书的特点体现在以下几方面。

首先，紧扣管理这一主线谋篇布局。全书共分 5 篇 18 章，分别为绪论篇、职能篇、内容篇、绩效篇和展望篇。五篇的逻辑关系充分体现了以管理学的思想为主线，探讨了目的地管理的基本概念、管理的基本职能及其在目的地管理中的表现、基于不同角度的目的地管理内容、目的地管理目标的评价即基于利益相关者视角的绩效评价以及伴随着目的地发展而出现的热点问题及其未来发展趋势，以便于不断调整目的地管理内容及策略。这样的结构便于读者抓住管理主线。明确谁管、为什么管、怎样管、管得如何以及未来趋势等问题。

其次，紧扣目的地管理基本流程展开内容的阐述。良好的旅游目的地管理离不开合理的旅游规划，有了规划要很好地营销出去才有可能实现预定目标。仅有营销还不够，重要的是做好服务管理和信息传播，这样才能获得良好的目的地口碑，进一步促进营销绩效的提高。目的地的健康发展不仅取决于对供给方的管理，还取决于对游客的管理做得如何，而游客在目的地旅游中难免会突发一些危机事件，因此要展开危机管理。而所有管理内容都指向一个目标，那就是目的地竞争力的提升，因此管理内容最后落脚于目的地竞争力管理上。

又次，紧扣目的地发展变化把握研究热点与趋势。虽然本书是一本教材，但是目的地管理的动态性和复杂性决定了不能仅了解和学习目的地管理的基本概念和原理，还要与时俱进地关注目的地发展变化带来的新的管理问题，并从中感悟到未来的发展趋势，这样才能给目的地管理以前瞻性启示，采取相应的适应性举措。从学生学习的角度来看，也需要在现实中发现问题，在研究中解释并解决问题。

最后，紧扣各章主题编排每章导读资料。为使读者更好地把握每一章的核心内容，每章开始都设置了一个导读资料，同时每章开始也有学习目标的设置，以导出各章学习内容，启发和方便学生阅读，也有助于教师进一步扩展教学案例，提高教学效果。

本书的编写是集体智慧的结晶。全书结构的设计主要由徐虹完成，其中要感谢2013级博士生的智慧和贡献，也要感谢合作者、我的访问学者路科老师。具体篇章的完成情况是：徐虹负责撰写第一篇和第五篇，路科负责第二、第三和第四篇。徐虹对全书进行了总纂和审阅，周静波帮助进行了全书版式的调整和完善。

要感谢的还有本书的策划编辑孙淑兰老师及其他编校人员，正是她（他）们精益求精的工作态度和认真负责的工作作风，才使本书得以顺利出版。最后还要感谢所有为此书出版做出贡献的其他老师们、我的学生们以及众多文献参考者们！

受作者水平所限，奉献给读者的《旅游目的地管理》会有一些不足之处，欢迎读者不吝指正，以便修订时改正。

徐虹

2015年8月于南开园

目　录

第一部分　绪论篇

第二部分　职能篇

第三部分　内容篇

第四部分 绩效篇

第五部分 展望篇

第一部分　绪论篇

第一章 如何理解旅游目的地

【学习目标】

1. 掌握旅游目的地概念。
2. 了解旅游目的地构成要素。
3. 掌握旅游目的地类型与特征。

【本章导读】

《全球可持续旅游目的地标准》发布

本报讯（张天天、程婧铭，驻安徽记者李远峰）：11月6日，来自华盛顿—哥伦比亚特区消息，由全球可持续旅游委员会（GSTC）牵头制定的《全球可持续旅游目的地标准》（GSTC-D），经过GSTC理事会投票通过，于2013世界旅游交易会（WTM）上正式发布。黄山风景区参与了该标准的制定。

《全球可持续旅游目的地标准》是旅游业界响应联合国“千年发展目标”（MDG）的一项重要内容，由GSTC牵头组织起草，由可持续旅游国际（STI）提供技术支持，并得到了GSTC常任理事单位——世界旅游组织（UNWTO）、联合国环境署（UNEP）、联合国基金会（UNF）的大力支持，旨在推动全球旅游业实现可持续发展。

黄山风景区管委会（HSAC）负责人黄林沐日前致函GSTC主席凯莉—布里克表示祝贺：《全球可持续旅游目的地标准》（GSTC-D）的正式颁布与实施，为全球不同类型旅游目的地（旅游城市、旅游景区以及更大范围目的地区域、目的地国家）贯彻联合国千年发展目标找到了一条适宜的路径，从而可以更好地致力于“不断提升游览体验、更加珍视环境与宝贵资源、通过旅游业可持续发展为社区与居民带来工作与生活福祉”。

（资料来源：《中国旅游报》，2013年11月18日）

第一节 旅游目的地的概念与构成

目前国内外学者对“旅游目的地”的概念理解并不统一，但是这并不影响旅游目的地的存在和发展以及研究。

一、旅游目的地概念

（一）国内外学者对旅游目的地的界定

1. 1972 年美国学者冈恩提出了“目的地地带”的概念，包括主要的通道和入口、社区、吸引物综合体、连接道路等。

2. 1995 年雷珀指出，旅游目的地是旅游者到此旅游，且在此为了体验对其具有吸引力的经典的具有特性的地方。

3. 2000 年英国学者布哈里斯提出，旅游目的地是一个特定的地理区域，被旅游者公认为一个完整的个体，有统一的旅游业管理与规划的注册司法框架，也就是说由统一的目的地管理机构进行管理的区域。

4. 1996 年保继刚对旅游目的地的定义是：将一定空间上的旅游资源与旅游专业设施、旅游基础设施以及相关的其他条件有机地结合起来，就成为旅游者停留和活动的目的地。

5. 2002 年张辉认为，拥有特定性质旅游资源，具备一定旅游吸引力，能够吸引一定规模、数量的旅游者进行旅游活动的特定区域为旅游目的地。

6. 2008 年董观志、张巧玲提出，旅游目的地是以一定旅游资源为核心，以综合性的旅游设施为凭借，以可进入性为前提的旅游活动与旅游服务地域综合体，它是旅游者停留并开展旅游活动的核心载体。

（二）旅游目的地概念界定

从以上海内外学者对旅游目的地的表述可以看出，由于不同学者的专业背景不同，对旅游目的地界定时的侧重点也各有不同。但是我们从中可以看出，旅游目的地概念界定时至少要包含以下几层含义：一是在具有一定规模相对集中的地域空间内，具有一定数量的旅游资源，这种旅游资源是使旅游者产生旅游需求的原始动力；二是拥有各种围绕旅游资源建设的相关旅游设施及交通条件，旅游者可以借助这些条件从不同的地区顺利到达旅游地并利用这些设施满足其旅游需要；三是在以上两个条件满足的基础上该地区具有一定的吸引力，即具有一定的旅游需求量。可见旅游目的地是一个集旅游资源、旅游活动项目、旅游设施、交通条件、旅游产业链条与旅游市场需求于一体的复合空间结构。

在旅游活动中，旅游目的地是旅游活动的承载空间，为旅游者提供了消费平台。归结起来，可以说，旅游目的地是拥有特定性质旅游资源、具备一定的旅游接待能力和旅游吸引力、能够吸引并容纳一定数量旅游者进行旅游活动的特定区域。

二、旅游目的地的构成要素

（一）从要素构成角度看旅游目的地的构成

1. 2003年国内学者魏小安和厉新建提出，旅游目的地构成要素包括以下三个方面内容：

（1）吸引要素，即各类旅游吸引物，以此为基础形成的旅游景区（点）是第一产品；

（2）服务要素，即各类旅游服务的综合，旅游地的其他设施及服务将以第二产品的形式影响旅游者的整个旅游经历，并与旅游吸引物共同构成整体吸引力的来源；

（3）环境要素，它既是吸引要素同时也是服务要素的组成部分，形成了旅游目的地发展条件，其中的供水、供电、排污、道路等公用设施系统和银行、医院、治安管理等机构，以及当地居民的好客态度等构成“附加产品”，并与旅游吸引物等共同构成旅游目的地整体吸引力。

2. 1998年国外著名学者库珀提出了旅游目的地构成要素的“4A”模型。

（1）吸引物（Attractions）。旅游目的地的首要构成要素是旅游吸引力，没有让旅游者获得愉悦体验的消费载体，旅游者就不会前往某地，某地也就很难成为旅游目的地，且具有多重旅游吸引物的旅游目的地才可能保持长久吸引力。

（2）接待设施（Amenities）。旅游目的地必须具有能够满足旅游者需要的足够的且结构合理的接待设施，如住宿设施、餐饮设施、娱乐设施、零售设施及其他服务设施等，它们有机组合而成的整体将为旅游者提供所需要的旅游体验奠定基础。

（3）可进入性（Access）。可进入性是一个旅游目的地构成的基本要素。可进入性既包括有形的硬件要素，如各类交通工具、站点等设施，也包括无形的要素，如签证的便利性、航线的多少、航班班次等。

（4）辅助性服务（Ancillary Service）。辅助性构成要素包含政府机构和非政府机构，这些机构的存在和有效运行可以确保旅游活动正常运行，为旅游业发展和旅游者消费活动提供辅助支撑作用。

（二）从利益主体角度看旅游目的地构成

旅游目的地通常被看作是一个由众多利益相关者所构成的复杂网络系统。① 从利益相关者角度看，旅游目的地的构成可以包括以下几方面。

1. 旅游者。旅游目的地的旅游消费主体是旅游者，他们会从自己的消费需要考虑对旅游目的地提出各种产品与服务的供给要求，并对各种目的地提供物的质量进行评判和传播，从而对旅游目的地可持续发展产生影响。

2. 当地居民。当地居民生活工作在旅游目的地，是最主要的利益主体之一。外来旅游者的进入即消费目的地生活环境和场景，也对当地居民生活带来各种影响。因此，在旅游目的地开发中，当地居民与旅游者利益的博弈会呈现出不同的结果，进而对目的地会产生不同的效果。

3. 旅游企业。旅游企业通过直接或间接地为旅游者提供产品或服务而达到盈利目的，包括旅行社、吸引物管理者、交通企业、酒店、餐饮店、纪念品商店、演艺公司、节事举办机构等各种异质性企业。这些异质性企业合作生产旅游者所需要的目的地产品或完整经历，组合成为目的地的“生产系统”或“旅游产业”。②

4. 政府部门。政府在旅游发展中具有重要作用，尤其在发展中国家更是如此。一方面，政府有能力通过大量的政策工具影响旅游发展，包括空间规划、基础设施建设、资源政策、财政政策、交通政策、就业政策等；另一方面，政府有责任利用一些专项政策工具确保旅游发展的可持续性，包括自然资源与环境保护、文化遗产保护、能源利用效率、废物有效处理等。③

5. 其他利益集团。主要包括各类利益商业群体、政治团体及商会组织等中介机构。它们代表集团或组织利益发挥着影响力，并通过各种游说活动促进或制约旅游目的地发展。

第二节 旅游目的地类型与特征

一、旅游目的地的类型

旅游目的地类型的划分可以出于不同目的，从不同角度和标准进行划分，由

---

① Lindemberg Medeiros de Araujo, & Bill Bramwell. Partnership and Regional Tourism in Brazil [J]. *Annals of Tourism Research*, 2002, 29 (4): 1138-1164.

② Martina G. Gallarza, Irene Gil Saura, & Haydée Calderón García. Destination Image: Towards a Conceptual Framework [J]. *Annals of Tourism Research*, 2002, 29 (1): 56-78.

③ Kozak, M. Destination Benchmarking [J]. *Annals of Tourism Research*, 2002, 29 (2): 497-519.

此划分的类型也各不相同，但基本上可以从需求和供给两方面进行分类。

（一）从旅游者需求角度进行划分，可以将旅游目的地划分为观光型旅游目的地和度假型旅游目的地

观光型旅游目的地是指那些资源性质和特点适合于开展观光旅游活动的特定区域，主要包括自然观光地、城市观光地和名胜观光地三种。观光旅游作为一种传统的旅游方式，其空间依托地主要是观光型旅游目的地。当然在观光型旅游目的地可以开展各类旅游活动，尤其在城市观光旅游目的地更是如此。度假型旅游目的地是指那些资源性质和特点更能满足旅游者度假休闲需要的目的地，主要有海滨度假地、山地温泉度假地、乡村旅游度假地等类型。度假旅游停留时间长、消费水平高，而且是一种有规律的周期性消费活动，对旅游目的地成长具有重要作用。

（二）从旅游业供给角度进行划分，可以有不同的划分结果

从旅游目的地坐落的行政区域来划分，旅游目的地可分为旅游目的地国家、区域型旅游目的地、城市旅游目的地和景区型旅游目的地。

从旅游资源类型来划分，旅游目的地可分为自然山水型旅游目的地、都市商务型旅游目的地、乡野田园型旅游目的地、民族民俗型旅游目的地、古城古镇型旅游目的地以及宗教历史型旅游目的地。

从空间构造方式上来划分，旅游目的地可分为板块型旅游目的地和点线型旅游目的地。

从开发时间和发展程度来划分，旅游目的地可分为传统型旅游目的地和新兴型旅游目的地。

二、旅游目的地的特征

随着进入市场的旅游目的地日益增多，目的地的竞争也日益激烈。如何将旅游目的地资源优势转化为产品优势，更好地服务于旅游者，将成为旅游目的地面临的迫切问题。而认识旅游目的地的特征也就成为挖掘发展机遇、规避发展风险的必要前提。

（一）旅游目的地构成要素的复杂多样性

旅游目的地的主要功效是作为各类供应商的聚集地，向旅游者提供满足消费需要的各类供应品。如果从供应商运行机制的角度来认识的话，可以将旅游目的地构成要素分解为商业服务供应商和公共服务供应商两大类，因为就游客对目的地的需求来看，其满足的过程不仅需要通过交换消费有偿的商业服务，而且也要通过非交换消费无偿的公共服务实现对目的地更深入的体验和感知。伴随着社会经济的发展和日益激烈的目的地竞争，各旅游目的地都更加关注对目的地公共环境及其服务的营造和提供，散客旅游时代的日益迫近也对此提出了更迫切的要求。如果从目的地整体可持续发展的角度和产业结构优化的角度来认识的话，可以将旅游目的地构成要素分解为旅游服务业供应商（包括商业有偿的和公共无偿的）和旅游制造业供应商两大类。而在制造业日益服务化和服务业日益高科技化的当代，旅游服务业供应商与旅游制造业供应商基于同一目的地空间上的协调共进的发展，不仅有助于旅游目的地提高运行效率和地方文化特色，而且有助于增加地方就业、促进产业结构升级和地方经济社会可持续发展。

可见，旅游目的地供应链不仅包括规模大小不一的旅游经营企业和职能各异的政府管理部门及其复杂的中介组织机构，而且涵盖不同产业内的不同行业。真正体现了围绕游客综合性消费形成的内容复杂的构成要素网。

（二）旅游目的地发展目标的层次多元性

在旅游目的地构成要素网中，存在着众多的利益相关者。从上述构成要素复杂多样性的分析中，我们可以看出，要素构成的主体来自不同的产业和部门，如旅游服务业各类企业，包括食、住、行、游、购、娱等供应商、集成商和分销商，他们围绕满足旅游目的地到访游客的需要而展开协作，由于与游客接触的密切性和直接性以及产品的不可储存性等特点，使得他们必须在考虑与当地环境和文化协调的基础上，在承载力既定的情况下为游客提供有个性的优质服务，营造良好口碑以吸引重复客源对这些企业的生存是十分重要的；而旅游制造业企业的产品是有形物品，其产品的可移动性和可储存性使得其交易范围不局限于当地市场，甚至也可能不局限于旅游市场，因此，如何确保其产量和利润的最大化是他们的主要追求。在旅游目的地构成要素网中，公共服务供应商及其政府在确保提供服务效率的前提下，还必须考虑服务的社会效益和社会影响问题，考虑目的地的可持续发展问题。由此可见，旅游目的地构成要素网中的多元主体决定了其目标的多重性。这种多重性在满足游客需求方面必须统一起来，在满足各自利益目标方面必然存在矛盾和冲突，因此，需要有效的协调机制和治理机制。否则该网链将会出现断裂或破损，难以为目的地的优质服务提供支撑。

（三）旅游目的地要素链接的动态多变性

上述复杂的构成要素在链接方式上是动态多变的。顾客多样化需求动摇了传统的以旅行社为核心企业的链接模式，游客对旅游目的地的需求不局限于由旅行社组合各个消费点构成的线性单一结构。①传统的包价旅游需求的满足是通过多层的委托代理关系实现的，旅游目的地要素的基本链接方式是由旅游服务集成商将旅游服务供应商的服务集合起来，通过旅游分销商销售给游客，实现旅游供需

① 徐虹，周晓丽．旅游目的地供应链概念模型的构建[J]．旅游科学，2009（5）：15～20

之间的线性链接；在散客旅游时代，凭借着信息技术的强大支持和旅游基础设施的不断完善，旅游者可以通过信息集成服务商如“携程”和“e 龙”等实现与旅游服务供应商的网上链接和自主选择；同时一些旅游服务供应商也不断将新技术引入经营活动之中，通过自己的网站直接与旅游者实现链接和对话；此外，业已发展成熟的散客服务中心也日益重要。这样，就出现了由需求变化和技术进步双轮驱动的多样化链接方式。

第二章 旅游目的地管理概述

【学习目标】

1. 了解旅游目的地管理的基础。
2. 掌握旅游目的地管理的概念及其内涵。

【本章导读】

目的地如何通过预订网站吸引游客？

作为美国最忙碌的预订网站之一，Expedia 对旅行者选择目的地决策的影响越来越大。例如，告诉旅行者多少人订了某家酒店，并延伸帮助目的地开展营销活动。

Expedia 开展的这些营销活动都很成功，提升了曾经默默无闻的目的地以及要求推广的目的地的知名度。Expedia 在加拿大艾尔伯塔省举办的营销活动获得了 11 倍的投资回报。Expedia 媒体解决方案的发言人 Noah Tratt 称，这个省的机场客流量增长了 21%。

“自从我们开展营销活动后，艾尔伯塔省对他们的营销方式进行了反思。通过这些活动，我们也发现了在旅行者做出决定前我们有机会对他们产生影响，这次活动的结果与我们开展的其他活动的结果是一致的，”他说道：“不了解 Expedia 的人们以为旅行者访问我们的网站时已经知道了要去哪儿，但事实上并不总是如此。”

2010 年，Expedia 发现 20%的用户在预订前的 48 小时内会在网站上搜索多个目的地。2013 年的另一项研究显示旅行者在预订前平均会访问 38 个网站，这说明只要在旅行者访问预订网站的时候对其施加影响就不算晚。

Expedia 针对艾尔伯塔省开展的营销活动，说明了触及正确的受众的重要性以及哪些活动不适合与社交媒体的关注者互动。

“艾尔伯塔省的活动拉动的社交媒体互动并没有达到我们预期的程度，”Tratt 说道：“我们希望未来的活动能更多关注我们的用户博客。互动是我们衡量一次活动是否成功的第一标准，投资回报是第二标准。”

目的地网站上的预订功能

对于通过访问目的地营销机构（DMO）网站来决定去哪儿的旅行者来说，多数目的地通过“贴牌”方式整合了一个预订网站，如 Expedia 和 Booking.com，或是选择另一个预订系统。目的地营销组织网站通常会根据预订量获取佣金。

对于 Expedia 来说，通过 DMO 网站的流量带来的预订量对总预订量和收入而言微不足道。Tratt 补充道，只有 6.4%的 Expedia 用户通过这个预订网站访问 DMO 网站。

“我们并没有一个团队将 Expedia 整合到 DMO 的网站中，因为我们很少看到来自 DMO 网站的流量带到我们的网站。”他说道。

奥斯汀市的会议及访客局（CVB）是利用替代性预订系统的典型例子。2009 年奥斯汀选择与 Advanced Reservations 系统合作，为节庆活动、旅游景点和旅行社提供包括酒店在内的打包产品选择。洛杉矶也采用了这一系统。

“与替代性预订系统合作确保我们的消费者能更容易地预订。”CVB 的发言人 Shilpa Bakre 表示。

不过，许多目的地并不这么认为，比如旧金山和纽约，这两个城市都选择 Booking.com 放在自己的网站上。尤其是那些国际游客特别多的城市都会这样选择。

“由于我们一直在扩大国际上的营销活动，Booking.com 上 40 多种语言和货币转换对我们来说是关键的优势。”旧金山旅游营销团队发言人 Lynn Bruni 称。“Booking.com 与我们多数酒店都有连接，因此酒店不需要花太多工夫，”她说道：“Booking.com 还提供高级的报告和追踪分析，对于酒店来说其佣金也能够承受。”

（资料来源：环球旅讯 http://www.traveldaily.cn/article/84929.html）

第一节　旅游目的地管理的基础

一、何谓管理

不同的学者对管理的定义是不同的。从这些定义中我们可以得到启发，思考“旅游目的地管理”到底意味着什么。

（一）管理的定义

1. 法约尔认为，管理是所有的人类组织都有的一种活动，这种活动由五项要素组成：计划、组织、指挥、协调和控制。法约尔对管理的看法影响较大，甚至形成了管理过程学派。可见，管理不是某一种行为，而是多种行为的一个统一联系体。

2. "科学管理之父"弗雷德里克·泰勒认为："管理就是确切地知道你要别人干什么，并使他用最好的方法去干。"在泰勒看来，管理就是指挥他人能用最好的办法去工作。可见，管理要有目标及其是实现目标的有效手段。

3. 彼得·德鲁克认为："管理是一种工作，它有自己的技巧、工具和方法；管理是一种器官，是赋予组织以生命的、能动的、动态的器官；管理是一门科学，一种系统化的并到处适用的知识；同时管理也是一种文化。"可见，管理既有科学的严密，也有艺术的灵活，其手段和方法也是动态变化的。

管理不仅存在于企业中，也存在于任何社会组织中。因此可以说，管理是社会组织中，管理者为了实现预期的目标，以人为中心进行的各类协调活动。

（二）管理的基本含义

1. 目标性。管理是为了实现组织未来目标的活动。因此明确组织的目标是管理活动不可缺少的环节。

2. 协调性。管理的工作本质是协调。因为各类组织和个人的目标是有差异的，因此将目标协调起来并采用协调性行为，实现各方均可接受的目标就成为管理的主要活动。

3. 组织性。管理工作存在于组织中。管理活动是有边界的，因此按照分析的范围不同，存在组织内管理和组织间管理的区别。

4. 人本性。管理工作的重点是对人进行管理。旅游目的地就是由不同利益相关者组成的系统，因此无论是管理的主体还是管理的客体，都离不开人的活动。因此，无论从哪个角度来说，人本性都是管理的题中应有之义。

二、旅游目的地管理的基础：利益相关者的识别

（一）现有研究观点

目的地的利益相关者可以定义为"任何能影响目的地旅游发展或被其影响的群体或个人"，各个利益群体都有权利要求自身被当作一个目的对待并参与到有关目的地未来发展方向的决策之中，以及通过合作性努力共同管理旅游系统。①利益相关者理论可以作为一种规范的旅游规划工具，用来促进规划过程中重要参与

---

① Alberto, S. The Tourism Policy [J]. *Annals of Tourism Research*, 1976, 3 (5), 236-247.

者之间的合作，更主动地管理与利益相关者的关系，促进创新性合作和可持续旅游开发。这些利益相关者具体包括旅游者、旅游企业、从业人员、社区居民、政府、非政府组织等。现有文献主要集中于对政府/公共部门、企业/利益集团、当地社区/居民三类利益相关者以及合作性机构——目的地管理组织（DMO）的研究，对其他群体涉及较少。

1. 政府/公共部门

20 世纪 80 年代以前，一个普遍观念是旅游必须由政府进行管制和协调，政府干预或旅游政策是决定旅游发展的关键因素。[①]Jenkins 和 Henry 把政府参与旅游分为积极参与和消极参与两种类型。其区别的关键在于政府是否特意为旅游部门实施相关行动，而不同的社会经济体制、经济发展水平和旅游对国家经济的重要性等是影响政府参与的主要因素；同时强调大部分发展中国家的政府参与旅游既是为了优化旅游发展的经济、社会、环境等，也是为了弥补私人旅游部门发展的不足。[②]

UNWTO 认为政府在旅游发展中具有重要作用："旅游产业是非常碎片化的……政府的协调是必要的。"一方面，政府有能力通过大量的政策工具影响旅游发展，包括空间规划、基础设施建设、资源政策、财政政策、交通政策、就业政策等；另一方面，政府有责任利用一些专项政策工具确保旅游发展的可持续性，包括自然资源与环境保护、文化遗产保护、能源利用效率、废物有效处理等。[③] Dinica 则明确指出，政府的政策工具的运用将会改变商业性企业、社会性机构和其他主体参与旅游发展的成本收益预期和评价，也会改变其行为的效果与效率。[④]

OECD 和 UNWTO 对政府在旅游发展中扮演的角色进行了一般性概括，认为旅游发展过程中政府的角色及其关注重点是不断变化的：首先，作为发起人或宣传者；其次，提供刺激和奖励；再次，通过干预以保护消费者和本国国际竞争地位；最后，像一个协调者与更多的私营部门和非政府组织分享职能和责任。[⑤]政府角色从"提供者"到"协调者"的转变，意味着传统的"自上而下"、集权化、经理主义的方法，已经被"自下而上"、分权化、包容性的新方法部分替代。[⑥]这

① Sautter, E. T., & Leisen, B. Managing Stakeholders: A Tourism Planning Model [J]. *Annal of Tourism Research*, 1999, 26 (2): 312-328.

② Jenkins, C. L., & Henry, B. M. Government Involvement in Tourism in Developing Countries [J]. *Annals of Tourism Research*, 1982 (9): 499-521.

③ United Nations World Tourism Organization. *Making Tourism More Sustainable: A Guide for Policy Makers* [M]. Madrid, Spain: UNWTO, 2005. p. 13.

④ Dinica, V. Policy Measures and Governance for Sustainable Tourism and Recreation in the Netherlands: An Evaluation [J]. *Tourism*, 2006, 54 (3): 245-258.

⑤ Korel Goëymen. Tourism and Governance in Turkey [J]. *Annals of Tourism Research*, 2000, 27 (4): 1025-1048.

⑥ Vernon, J. , Essex, S., Pinder, D., & Curry, K. Collaborative Policymaking: Local Sustainable Projects [J]. *Annals of Tourism Research*, 2005, 32 (2): 325-345.

已经导致了旅游政府组织职能的重新构建，包括规划、政策和开发职能的减少，营销和促销职能的增加，以及处理与利益相关者的伙伴关系。事实上，政府与非政府部门的合作伙伴关系在旅游发展中已经具有了中心性。

2. 企业/利益集团

旅游企业通过直接或间接地为旅游者提供产品或服务而达到盈利目的，包括旅行社、吸引物管理者、交通企业、酒店、餐饮店、纪念品商店、演艺公司、节事举办机构等各种异质性企业。这些异质性企业合作生产旅游者所需要的目的地产品或完整经历，组合成为目的地的“生产系统”或“旅游产业”。[①]目的地的成功发展依赖于所有个体旅游企业的资源、产品和服务的有效利用和整合，同时这也带给旅游企业所期望的利益和回报。许多研究指出，旅游产业发展事实上构成了目的地发展的核心内容，旅游产业团体在目的地发展中居于主导地位。[②]有趣的是，也许是因为旅游企业对目的地发展的作用太显而易见，专门聚集于这一主题的文献并不多见，而是都把注意力放在了旅游企业与政府之间的关系上。

Greenwood 研究了旅游领域中企业团体作为利益集团是如何影响公共政策的制定和形成的。他认为企业集团与政府之间的关系源自于“权力依赖”，即各方拥有能够控制对方的关键资源，政府拥有立法和规制能力，企业团体拥有政府制定政策所需要的专业信息、经济力量和作为政策实施中的行动者权力，利益集团可以利用这些关键资源影响旅游公共政策的制定和执行，并提出证据表明企业利益集团本身就可以看作是一种通过“跨越边界”，进行问题协商、讨价还价、争端解决和政策实施的所有管理机制的一部分。[③]Tyler 和 Dinan 研究了英国旅游政策中利益集团的角色，特别关注了旅游利益集团与政府部门之间的关系以及通过这些关系影响旅游政策的机制，并指出英国旅游政策网络包括聚焦于旅游商业政策和旅游资源政策的两个子网络，而政府在其中具有中心性。[④]

3. 社区/当地居民

目的地社区与旅游发展之间具有密切互动的关系，一方面社区能够为旅游发展提供吸引物和劳动力等要素，另一方面旅游发展可为社区带来多方面的利益。一般而言，目的地社区通过旅游发展可能获得的利益包括经济利益、环境利益、

---

① S. A. Haugland, Havard Ness, Bjørn-Ove Grønseth, & Jarle Aarstad. Development of Tourism Destinations: An Integrated Multilevel Perspective [J]. *Annals of Tourism Research*, 2011, 38 (1): 268-290.

② Ritchie, J. R. Brent. Crafting a Destination Vision: Putting the Concept of Resident Responsive Tourism into Practice [J]. *Tourism Management*, 1993, 14: 29-38.

③ Greenwood, J. Business Interest Groups in Tourism Governance [J]. *Tourism Management*, 1993 (14): 335-348.

④ Tyler, D., & Dinan, C. The Role of Interest Groups in England's Emerging Tourism Policy Network [J]. *Current Issues in Tourism*, 2001, 4 (2-4): 210–252.

社会文化利益、知识与技能利益等四大方面。[①]自 1985 年 Murphy 出版《旅游：一个社区方法》[②]一书以来，围绕着该书提出的旅游与社区之间多种关系的议题，旅游发展中的社区参与吸引了诸多学者的关注与讨论。Ritchie 较早讨论了特定参与技术的优势和社区居民与产业领导共同制订形成目的地发展愿景的过程[③]，Haywood 和 Simmons 则指出旅游规划决策过程中社区居民的参与强度是差异化的。[④]大量学者强调，如何通过促进旅游发展中的社区参与，将社区利益与旅游规划和管理进行整合，形成社区的所有权和责任感，对规划者、管理者和运营者都十分重要，因而在事实上成为旅游可持续发展的核心。[⑤]

另一些学者则提出了不同意见，认为积极的社区参与并不是社区获得相关利益的前提条件，虽然在旅游项目的构想、开发、启动、运行和日常管理等阶段，社区参与有助于社区利益的识别、理解、确认和聚焦，但是社区参与也可能导致社区面临外部压力、管理结构不完善、利益相关者冲突、内部猜忌与权力斗争、出现等级分化和精英主导等一系列潜在问题，都会阻碍或弱化社区对相关潜在利益的获取。[⑥] Simpson 强调，旅游发展中社区参与规划和运作以及利益相关者之间的沟通是重要的，但是这些目标不应该遮蔽利益传送的根本目的。[⑦]一个旅游发展方案即使缺乏社区参与，或者说社区不拥有所有权或控制权，也可以有效地将相关利益传送给社区。[⑧]

伴随着 2004 年 Murphy 和 Murphy 出版《社区旅游战略管理：弥合差距》一书所引起的新一轮观点争论[⑨]，旅游与社区关系的相关研究更加深入和细化，包括社区参与类型、社区发展和规划范式、社区生计资产的变化、利益相关者的作用、旅游开发方案的所有权结构等主题都得到了考察。[⑩]这说明旅游发展中的社区参与对于社区获取相关利益到底有多重要，其有效性取决于什么样的具体条件和因素，以及其他利益相关者在这一利益传送过程的作用等问题都还需要进一步

---

① Murphy, P. E. *Tourism: A Community Approach* [M]. London, England: Methuen, 1985.

② Ritchie, J. R. B. The Nominal Group Technique: An Approach to Consensus Policy Formulation in Tourism [J]. *Tourism Management*, 1985 (6): 82-94.

③ Ritchie, J. R. Brent. Crafting a Destination Vision: Putting the Concept of Resident Responsive Tourism into Practice [J]. *Tourism Management*,1993 (14): 29-38.

④ Haywood, M. Responsible and Responsive Planning in the Community [J]. *Tourism Management*, 1988 (9): 105-118.

⑤ United Nations World Tourism Organization. *National and Regional Tourism Planning: Methodologies and Case Studies* [M]. Madrid, Spain: UNWTO, 2004. p. 34.

⑥ Li, WenJun. Community Decisionmaking Participation in Development [J]. *Annals of Tourism Research*, 2006, 33 (1): 132-143.

⑦ Murray C. Simpson. Community Benefit Tourism Initiatives — A Conceptual Oxymoron? [J]. *Tourism Management*, 2008 (29): 1-18.

⑧ Ashley, C. The Impacts of Tourism on Rural Livelihoods: Namibia's Experience. Working Paper 128, Overseas Development Institute (ODI), London, England, 2000. pp. 45-46.

⑨ Murphy, P. E. Response to Review: Prentice, R? [J]. *Tourism Management*, 2007, 28 (3): 947-950.

⑩ Hawkins, D. E., & Mann, S. The World Bank's Role in Tourism Development [J]. *Annals of Tourism Research*, 2007, 34 (2): 348-363.

的深入分析。

（二）现有研究的不足

现有利益相关者的研究主要集中于政府、企业和居民，但是却缺乏对旅游者的分析。而旅游活动是一种异地空间聚集性消费活动，旅游者与目的地供应者之间的互动质量不仅取决于供应者的资源配置效率和质量，而且也取决于旅游者的自我行为的文明程度以及与当地各要素的协调相处。现有研究却只关注旅游目的地供给一方的利益，却忽略了旅游目的地存在的根本是离不开旅游者的认可和欣赏，否则无论是开发的落脚点还是管理效果的改善和提高，都缺乏了一个重要的参与者和利益相关者。

三、旅游目的地管理的理论定位

总体而言，旅游目的地管理问题属于目的地发展这一问题领域。目的地发展包括目的地发展过程、目的地战略规划、目的地动态管理、目的地竞争能力、合作性旅游政策、合作性目的地营销、目的地管理组织或机构、目的地管理等宽泛的研究议题，但目的地管理是其中最基本、最主要、最核心的研究主题。其根本理由在于，目的地管理决定了一个目的地能否实现理想或合意的发展目标。正如 B. W. David 在目的地发展情境的研究中所指出的，可持续大众旅游依赖有效的目的地管理结构和过程；目的地发展中出现的不可持续现象，归根到底在于目的地管理的失效。[①]

同时，目的地管理又与目的地发展中的各个具体子问题相互交错、紧密关联。在现有相关文献中，旅游规划[②]、政策制定[③]、环境管理/可持续性管理[④]、目的地营销[⑤]等四个领域经常成为目的地管理研究的具体情境，而目的地管理研究则成为这些问题能否有效进行的基础保障。

---

① Cf. Yuksel, F., B. Bramwell, & Yuksel, A. Centralized and Decentralized Tourism Governance in Turkey [J]. *Annals of Tourism Research*, 2005, 32 (4): 859-886.

② de Araujo, L. M., & Bramwell, B. Partnership and Regional Tourism in Brazil [J]. *Annals of Tourism Research*, 2002, 29 (4), 1138-1164.

③ Pechlaner, H., & Tschurtschenthaler, P. Tourism Policy, Tourism Organisations and Change Management in Alpine Regions and Destinations: A European Perspective [J]. *Current Issues in Tourism*, 2003, 6 (6): 508-539.

④ H. Erkus-Öztürk. Environmental Governance for Sustainable Tourism Development: Collaborative Networks and Organization Building in the Antalya Tourism Region [J]. *Tourism Management*, 2010, 31 (1): 113-124.

⑤ Wang, Y. Collaborative Destination Marketing: Understanding the Dynamic Process [J]. *Journal of Travel Research*, 2008 (47): 151-166.

第二节　旅游目的地管理的概念界定

一、旅游目的地管理的内涵

（一）管理目的

一般意义上，对一个事物进行管理是为了使它全面地、健康地发展，以更好地为人类服务。现实中对一个事物的管理经常是在发现问题之后的“调治”，是根据这个事物目前所面临的问题而制订的改进措施和方法，具有“治病救人”的意义。因此，从目的地形成的原因、面临的问题以及变动的趋势出发，对其进行管理的目的主要包括：①为游客提供高质量的旅游体验，提高资源的利用效率、促进目的地的可持续发展；②提升目的地的整体质量，增强其面对其他目的地的竞争力；③提高市场的运营效率，提高目的地中每一个部门的收益，平衡它们之间的权利和义务关系，形成良性的互动关系；④形成促进目的地各部门和机构新陈代谢、自我淘汰、自我提升的良性机制。

（二）管理对象

“管理”是一个包含着矛盾的概念。矛盾的一方是管理对象，另一方是管理者。确定管理对象是实施有效管理的前提。由于目的地中的每一个要素都是发挥整体功能不可或缺的一部分，因此在理论上每一个要素都是需要被管理的对象。但是在现实中，为了管理实践的可行，必须对这些要素依据其性质以及在整体结构中的位置进行归类，才能制定有效的管理规章和制度。归类之后的要素集合主要包括旅游企业、政府主管部门、非营利组织、公共服务供应体系、社区及其居民，形成商业服务和公共服务两条供应链。[①]通过分析游客在目的地的活动内容，对游客的体验以及发展可持续旅游具有直接的、决定性影响的要素主要包括政府部门、各类旅游企业、目的地社区居民以及旅游者，因此它们是直接的管理对象。当然，由于它们的性质不同，管理的措施和方法也不同。

（三）管理主体

目的地管理比较复杂，不同于企业的管理。因为目的地各要素之间的关系既存在单向的“管理→被管理”的关系，也存在互相制约的协作关系，彼此是一个利益共同体，因此对管理主体的界定也就不同于以往的概念，管理的方法也不同

---

① 马士华，李勇等．供应链管理[M]．北京：机械工业出版社，2000

于企业的管理。

由此，旅游目的地的利益相关者有可能同时兼具管理者和被管理者的角色。因此对目的地的管理是一个“他人管理” 和“自主管理”相结合的过程。他人管理——依靠来自外部力量的管理，如政府对企业的管理就属于这一类型；自主管理——互相协调，制订契约并自觉遵守，如企业之间、企业与居民以及游客之间为某种一致的目标而达成的契约就属于这种类型。

因此，目的地管理主体就不是某一个部门，而是一组性质、功能、权利范围均不同的部门、机构乃至于个人，他们互相配合，构成一个对目的地进行综合管理和协调的管理系统。在这个系统中，有居于中心地位的单元，也有居于非中心地位的单元。

管理，在一定意义上带有强制性含义。这意味着，当被管理的对象不能按照既定目标实施时，需要一个强有力的主体采取强硬的措施保证整个组织朝着既定目标的方向前进，如社会的法律法规、政府主管部门的行政管理规定等。管理，在一定意义上也具有自律性，这意味着被管理者要对目的地共同的价值追求有所认识，并在与其他利益主体协调行为中接受社会道德习俗的自觉约束，并表现出良好的自律行为。这样才能形成更为和谐发展的旅游目的地。

（四）管理措施

管理措施是用以规范管理对象的办法和工具，必须根据管理主体的性质、管理对象的性质以及二者之间的关系制定，同时必须兼顾各种管理措施和方式的互补或结合，形成一个在现有环境下的完备体系；还要兼顾旅游目的地的性质，对它的管理措施应该具备以下特点。一是一个包含多方面内容的复合体。由于游客在目的地的体验以及目的地的可持续发展包括社会、文化等多个方面，因此，管理措施必然包含道德、经济、文化等多方面的内容。二是一个有层次的结构。管理目的地这样复杂、多层次的结构，必然需要在管理的措施上予以层次上的区分。因此，管理的措施也是一个包含微观和宏观的结构。宏观的措施构筑良好的环境，保证整个目的地的存在和健康发展，并协调部门之间、商业服务和公共服务之间的矛盾，这个职能由政府完成。诸如“企业契约”等微观管理对目的地的运行质量予以保障。三是一个硬性规定和柔性约束互补的结构。目的地包含旅游企业、居民、政府部门和游客，性质不一，不能用统一的硬性标准进行管理。硬性的措施主要是法律和法规，柔性的措施主要包括一些号召、不具有法律效力的契约等。如对于目的地居民的“好客精神”，只能通过引导的方式加以培育，硬性的规定则效果欠佳；游客的文明行为也是需要熏陶与教育的。而对于无论是企业、居民、政府部门或游客的违法行为则只能运用法律的手段解决。

（五）管理内容

管理的内容依据管理的目的以及影响目的地长期发展的主要矛盾而定。目的地存在的主要目的是为了向游客提供高质量的旅游体验并促进目的地的可持续发展，而高质量旅游体验既来自单体企业的高质量服务，也来自企业之间高质量合作关系；既来自高质量商业服务，也来自高质量公共服务。因此，可以说管理内容必须从企业组织内扩展到企业组织间，注重企业组织关系管理和目的地公共服务管理。换句话说，无论是哪方面的管理，都需要在协同化发展的基础上实现。而目的地协同可以分为战略层协同、策略层协同和技术层协同，在旅游目的地动态变化背景下，管理的内容不仅要包括这些不同层面的管理，而且要随着动态变化趋势的演进进行相应方面的协同效应的反馈和跟踪，以便于更好地调整管理内容和管理手段，实现动态视角下的管理目标。

二、旅游目的地管理概念的界定

旅游目的地通常被看作是一个由众多利益相关者所构成的复杂网络系统。因此，旅游目的地管理可以定义为“目的地为了处理或解决相关政策、发展战略或具体事务而设置、开发和形成的涉及所有相关机构和个体的各种规则、机制和方法，以及这一设置、开发和形成的过程”[①]。

由于目的地通常可以指称国家、区域、地方、社区等不同尺度的空间，所以目的地管理问题可能对应于不同的空间尺度。在现有文献中，绝大部分目的地管理研究都是在地方和社区层次上展开的，只有较少的文献涉及国家层次[②]和区域层次[③]的管理问题。但是，国家/区域层次与地方/社区层次的目的地管理结构并不能截然分开，后者必然要受到前者的制约影响，前者也会在后者中得到具体体现。

（一）目的地管理组织

在大部分目的地，目的地管理组织（DMO）是旅游产业最高团体，往往能对外对内代表着旅游目的地整体利益。事实上，目的地管理组织并不是一个单一的利益相关者群体，而是目的地众多利益相关者群体的合作性机构。但目的地管理组织一旦建立并发展，就会逐渐产生自身独特的利益，因此也就成为了一个独特的利益相关者。目的地管理组织由跨越公私部门的正式网络和非正式网络所共同支持，可能包括既定部门子网络和其他基于某一地点、问题或共同价值观而形成的地方化利益子网络。

① Center of European Policy Studies (CEPS). Corporate Governance [R]. Working paper report no.12. Brussels, Belgium,1995. p. 34.

② S. A. Haugland, Havard Ness, Bjørn-Ove Grønseth, & Jarle Aarstad. Development of Tourism Destinations: An Integrated Multilevel Perspective [J]. *Annals of Tourism Research*, 2011, 38 (1): 268-290.

③ Beritelli, P., Bieger, T., & Laesser, C. Destination Governance: Using Corporate Governance Theories as a Foundation for Effective Destination Management [J]. *Journal of Travel Research*, 2007 (46): 96-107.

目的地旅游网络是在政府、产业、公民和社会之间产生合作行为的正式组织结构与非正式社会关系的集合。其中，旅游产业的机构与地方政府之间的联系代表了塑造地方旅游发展的最重要和最有影响力的网络。理解旅游产业的机构与地方政府之间关系的结构、动力机制和联系强度，将有助于理解旅游网络能力的性质和建立生产性公私伙伴关系的机会和约束[①]。网络的“连接性”为知识的转移和分享提供了机会，这恰恰是开展旅游创新和提升竞争力的重要特征。随着时间推移，稳定的网络能够发展准制度化的结构、行为规则，并和政府一起分享政策制定和实施的责任。

Dredge 认为目的地管理组织的特征取决于目的地、现行网络以及其中的行动者的具体特征，其有效管理关键在于处理好以下问题：①地方政府和产业行动者运用的不同类型的权力，尤其是网络领导权的配置；②广泛的社区参与；③地方政府和地方旅游组织的角色和责任需要被清楚地锁定和表达；④行为规则需要被公开讨论和商议；⑤旅游资金来源是一个引起大量矛盾的问题，并与网络的领导和控制联合在一起。

概括而言，需要密切关注两个平衡：一是地方政府与旅游产业的地位的平衡；二是在政策网络中积极的网络行动者和消极的社区成员之间的平衡。

（二）旅游目的地管理过程：合作与竞争

1. 合作的性质

大量文献表明，在旅游规划和目的地管理过程中应该使旅游发展影响所及的所有人都积极参与，并通过合作性努力共同管理旅游系统。[②]事实上，地方旅游规划和目的地管理过程中存在着公私部门合作和社区成员参与，并且逐渐成为主流趋势。[③]这种合作是“多个组织构成的社区旅游领域内，自主的重要利益相关者之间形成的一个联合决策过程，其目的是为了解决特定范围内的规划问题或管理与特定地域规划和开发相关的问题”。[④]这种合作涉及一定数量的利益相关者通过正式的跨部门方法，就一个共同问题或“问题域”进行互动性工作，通过整合知识、专业技能和资本资源，形成一致性意见和创造性协同，导致新的机会、创新性解决办法和更好的效果。[⑤]因此，合作为地方或区域层面上解决规划问题和协调旅游发展提供了一个动态过程机制。

---

① Dredge, D. Local Government Tourism Planning and Policy-Making in New South Wales: Institutional Development and Historical Legacies [J]. *Current Issues in Tourism*, 2001, 4 (2-4): 355-380.

② Keogh, B. Public Participation in Community Tourism Planning [J]. *Annals of Tourism Research*, 1990 (17): 449-465.

③ Selin, S., & Beason, K. Interorganizational Relations in Tourism [J]. *Annals of Tourism Research*, 1991 (8): 639-652.

④ Selin, S. Developing a Typology of Sustainable Tourism Partnerships [J]. *Journal of Sustainable Tourism*, 1999 (7): 260-273.

⑤ Jamal, T. B., & Getz, D. Collaboration Theory and Community Tourism Planning [J]. *Annals of Tourism Research*, 1995, 22 (1): 186-204.

目的地社区范围包含着诸多对旅游发展抱有差异化观点，但又相互依赖的利益相关者。[①]在目的地层面通过多边合作管理旅游发展及其相关问题至关重要，通过合作在处理大量问题领域时能够有效推进构建目的地管理能力的潜力。

2. 合作的利益与阻碍

Bramwell 和 Sharman 概括了旅游合作的潜在利益：一是避免解决对抗性矛盾的成本；二是合作如果使利益相关者获得了对自己生活相关决策的更大影响力，会被认为更具政治上的合法性或正当性；三是合作促进了政策及相关行动的协调，增强了对旅游的经济、社会、环境影响的考虑，会导致更持续性的结果；四是合作通过增强目的地利益相关者的知识、见识和能力而形成“价值增值”，导致对问题更丰富的理解和更具创新性的政策；五是合作会形成最终决策的“共同所有权”，为联合实施或合作生产提供动力。[②]

虽然旅游合作的潜在利益推动了旅游合作实践广泛发展，但旅游合作也存在着某些局限，并面临着实施上的困难。例如，旅游合作中的协商往往只能导致“部分共识”，从而可能导致无法形成最终决策，延误目的地发展或问题的解决；资源配置、政策理念和植根于地方社会的制度实践都可能导致利益相关者在合作安排中的权力通常是不平等的，现有不平等的权力关系在合作过程期间和之后都保持不变，无法保证所有利益群体都能获得最优利益，这会阻碍部分利益相关者的参与。[③]

Jamal 和 Getz 指出：“获得政府部门之间、公私部门之间、私人企业之间的协调是一个挑战性任务，需要发展能够整合旅游系统内多样化成分的新机制和新过程。”[④]同时，他们提出了促进社区旅游合作的六项建议：①要求认识到旅游规划和管理中的高度相互依赖性；②要求认识到合作过程所带来的更多个人和共同利益；③要求认识到合作过程所形成的决策能够被实施；④需要包含以下重要利益相关群体，即地方政府及其他直接影响稀缺资源分配的公共机构、各级旅游主管机构和商务主管机构、旅游产业协会、社区居民组织、社会机构、特殊利益团体等；⑤需要有个具有合法性、专业技能、资源、权威性的召集人来发起和推进；⑥要求形成旅游发展的愿景陈述、总体目标和具体目标、合作性组织并辅之以随时的监管和修订。[⑤]

---

① Scott, N., Cooper, C., & Baggio, R. Destination Networks: Four Australian Cases [J]. *Annals of Tourism Research*, 2008, 35 (1): 169-188.

② Scott, Bramwell, B. & Sharman, A. Collaboration in Local Tourism Policymaking [J]. *Annals of Tourism Research*, 1999, 26 (2): 392-415.

③ Scott, Bramwell, B. & Sharman, A. Collaboration in Local Tourism Policymaking [J]. *Annals of Tourism Research*, 1999, 26 (2): 392-415.

④ Jamal, T. B., & Getz, D. Collaboration Theory and Community Tourism Planning [J]. *Annals of Tourism Research*, 1995, 22 (1): 186-204.

⑤ Reed, M. Power Relations and Community-Based Tourism Planning [J]. *Annals of Tourism Research*, 1997, 24 (3): 566-591.

3. 合作有效性的影响因素

在 Jamal 和 Getz 概念性思想的基础上，Bramwell 和 Sharman 仔细研究了可能影响合作行动实际有效性的因素。他们基于组织间合作理论、规划中的沟通方法和社区居民参与理论三个来源，提出了一个框架来评价地方合作性旅游政策制定是不是包容性的，是否涉及集体学习和合意达成，并试图回答如何改进地方合作性安排的问题。这个框架主要考虑合作的范围、合作的强度和合意的程度等三组问题。①

Vernon、Essex、Pinder 和 Curry 在报告合作理论、合作项目的有效评估标准、合作行动方案及其管理的实践指南等发展演进基础上，通过案例研究了合作组织、潜在利益相关者的参与程度、结果的有效性②，从中他们得出了四个结论：①在一个碎片化产业中，企业通常不会自动对日益增长的环境优先性做出反应，公共部门在提供战略方向和推进创新方面扮演的领导角色极具重要性，这为公共部门在这类活动的启动、组织和资源获取中占主导地位提供了正当理由，这也显示了在管理方法中如何推进企业从依赖性文化向自立性文化转变的挑战③；②因为意愿、能力和资源的差异，在合作中要想保证公平地投入和参与是困难的，贯穿项目期间的持续性公共关系运动以提高对合作目标与过程的知晓程度是十分重要的；③合作伙伴的作用不是静态的，而是会随着时间的变化减弱或增强，这与不同利益相关者影响任务的能力有关，时间维度为确立合作项目的评估标准增加了另外的复杂性；④尽管合作项目过程中会存在某些问题，但合作项目将推动公共部门为实施可持续旅游而开发创新性和有价值的方法。

（三）旅游目的地管理结构与绩效：理论解释

1. 基于网络理论的解释

通过枚举利益相关者及他们之间的联系，目的地可以被考虑为一个网络复杂系统。④旅游领域中运用网络理论的研究主要有两条脉络：一是来自组织研究，网络为理解企业的演进、产品开发、产品整合和产品更新提供了一个有用的框架⑤，为理解组织间关系如何形成和被管理、集群化和互补性如何最大化等提供了重要的视角；二是来自政策分析，网络被看作是理解管理结构的一个重要工

---

① Scott, Bramwell, B. & Sharman, A. Collaboration in Local Tourism Policymaking [J]. *Annals of Tourism Research*, 1999, 26 (2): 392-415; Bramwell, B. & Sharman, A. Collaboration in Local Tourism Policy-Making [J]. *Annals of Tourism Research*, 1999, 26 (2): 392-415.

② Vernon, J., Essex, S., Pinder, D., & Curry, K. Collaborative Policymaking: Local Sustainable Projects [J]. *Annals of Tourism Research*, 2005, 32 (2): 325-345.

③ Halme, M. Learning for Sustainable Development in Tourism Networks [J]. *Business Strategy and the Environment*, 2001 (10): 100-114.

④ Pavlovich, K. The Evolution and Transformation of a Tourism Destination Network: The Waitomo Caves, New Zealand [J]. *Tourism Management*, 2003 (24): 203-216.

⑤ Tinsley, R., & Lynch, P. Small Tourism Business Networks and Destination Development [J]. *International Journal of Hospitality Management*, 2001 (20): 367-378.

具[①]，聚焦于网络对公私旅游伙伴关系的作用与影响。这两条脉络必然是重叠的，创新性生产网络必然要求能对规划和管制环境做出及时性反应，政府要适应产业的需要和利益，社区群体需要通过一个能在政府与非政府行动者之间培育学习、创造和创新的论坛平台，参与到政策和决策的制定过程之中。[②]

Dredge 指出，政策网络方法在理解旅游领域中公私部门关系时有四个优势：首先，网络方法承认网络的重叠性和共时性，即一个政策社区中的多个问题可以通过运行在不同尺度和时间的不同网络来处理；其次，网络方法承认通过实施基于管理观念的集体行动和共享责任，公共和私人领域之间的差异是模糊的，这很好地吻合了旅游作为公私部门之间多维度政策利益领域的现实；又次，网络方法承认对于一个政策网络中的不同政策问题，可以存在不同水平的政治支持；最后，网络方法承认政策行动者可以加入不同的政策网络，他们在这些政策网络中的权力、角色、功能、支持和互动水平是不一样的。[③]

同时，Dredge 聚焦于围绕地方旅游协会发展的网络，示范了目的地网络研究的方法思路[④]：①在操作中如何识别和调查网络？——定性方法（深度访谈、参与式观察、报纸、地方志/史、政府档案）；②怎么决定调查网络的哪些维度和特征？——行动者或机构、网络功能、网络结构、制度化特征、行为规则、权力关系和行动者策略；③怎样确定网络对于发展公私伙伴关系的影响？——调查网络为建立和维持公私合作和沟通的结构所提供的机会和阻碍；④如何处理证据？——福柯主义者的文本解释方法，收集网络运行的宏观/中观/微观数据，检查社会、政治、经济、环境等因素。

Dredge 的研究结论有两个：一是通过批判性讨论，证明网络理论可以用于理解目的地的政府、LTO、产业和社区等之间的复杂关系；二是目的地网络案例研究为超越结构功能分析，理解网络动力学和塑造管理战略提供了一个有用的研究方法。

2. 基于产权理论的解释

根据产权理论，目的地的管理结构和发展绩效在相当程度上取决于产权管理制度。Russo 和 Segre 根据竞争程度 X（通过企业数量引出集中度指标/通过空间规模引出密度指标）和服务质量 Y（直接质量指标/间接可用价格）两个维度及其

---

① Tyler, D., & Dinan, C. The Role of Interest Groups in England's Emerging Tourism Policy Network [J]. *Current Issues in Tourism*, 2001, 4 (2-4): 210-252.

② Dredge, D. Local Government Tourism Planning and Policy-Making in New South Wales: Institutional Development and Historical Legacies [J]. *Current Issues in Tourism*, 2001, 4 (2-4): 355-380.

③ Dredge, D. Local Government Tourism Planning and Policy-Making in New South Wales: Institutional Development and Historical Legacies [J]. *Current Issues in Tourism*, 2001, 4 (2-4): 355-380.

④ Dredge, D. Local Government Tourism Planning and Policy-Making in New South Wales: Institutional Development and Historical Legacies [J]. *Current Issues in Tourism*, 2001, 4 (2-4): 355-380.

两种状态（高/低），将目的地发展状态分为四种类型。[①]“五星级目的地”（X低Y高）的发展是土地及相关设施的产权集中化的结果，如迪拜、坎昆和马尔代夫；“大众型目的地”（X高Y低）的发展是土地及相关设施的产权碎片化的结果，代表了“组织化的混乱”，集中了大量的寻租型生产者，几乎没有水平或垂直方向上的协调，如大城市巴黎、伦敦、巴塞罗那，以及西班牙、土耳其和巴西的一些大众海滩度假区。如果把可持续发展简单理解为“长期具有可预见的吸引旅游者到来并获取利润的能力”，那么这两种目的地发展状态通常都被认为是“不可持续的”。他们认为从“大众旅游模式”向“五星旅游模式”的转换或相反都不是真正的可持续改进，如何转入更可持续发展的过程就成了关键性问题。

传统的可持续旅游政策通常包括绿色化、分区规划、客流管理、社区参与和促进企业家精神，但这些政策都暗含地指向一种特殊的产权形式，即土地等资源开发和使用的私人产权，以及对私人产权管制的系列变化方式：限制小型所有者参与竞争的现实可能（可能导致产权合并）或者直接推进分散化产权的集中化；降低进入障碍，促进分散化，减少大所有者对目的地发展的权力和控制。Russo和Segre认为，管制私人产权只是一种可能，基于决定目的地吸引力的无形要素的集权产权可以作为替代性考虑，从而提出了属于马歇尔意义上产业区概念的第三种目的地模式“创新性旅游区”（Creative Tourism District，CTD）：基于游客能够参与地方创新性知识体验的生产系统。创新性旅游区的长期存在可以看作是拥有不同战略视野的诸多行动者之间的一场“协调博弈”。在创新性旅游区，地方生产者和旅游者之间的情感建立可能增强目的地发展面对外部冲击和内部市场转换的弹性；面对全球旅游市场的“标准化”压力，目的地的服务质量和多样性更有可能得到保持。[②]

3. 旅游目的地绩效评价的多视角性

无论是基于网络理论还是基于产权理论，旅游目的地管理结构及其绩效评价都不是单一的，而是复杂、多元地交织在一起的，也可以说是在对立统一中实现价值共创的过程和结果。多方利益主体共同参与，在竞争与合作中追求共有价值的最大化，在自我价值实现评估中调整自己的位置和策略，从而实现目的地的和谐发展和利益最大化。

---

① Russo, A. P., & Segre, G. Destination Model and Property Regime: An Explosion [J]. *Annals of Tourism Research*, 2009, 36 (4): 587-606.

② Russo, A. P., & Segre, G. Destination Model and Property Regime: An Explosion [J]. *Annals of Tourism Research*, 2009, 36 (4): 587-606.

第二部分　职能篇

第三章　旅游目的地计划

【学习目标】

1. 了解管理计划理论基础知识。

2. 掌握旅游目的地计划内涵及宗旨和使命。

3. 掌握旅游目的地的目标管理和战略管理理论。

【本章导读】

安义文化旅游的“三年强攻计划”

为大力发展旅游业，做大旅游产业规模，江西省安义县在齐聚多位旅游专家把脉献策后，将推出文化旅游三年强攻计划，争创全省旅游强县。预计目标为，到 2016 年，将拥有 4A 级景区 2 家、3A 级景区 2 家，旅游接待人次达 220 万，实现旅游综合收入 8 亿元。

近年来，安义县紧紧围绕打造“文化旅游名县”目标，以不断发展乡村旅游为抓手，取得了较好的工作成效，呈现出重大项目快速推进、节庆活动影响广泛、景点功能不断完善的局面。然而，如今安义旅游的发展也遇到了“瓶颈”，该如何加快文化旅游名县建设步伐，如何争创全省旅游强县？把脉献策的诸位旅游专家给出了不同的意见。

首先，在发展乡村旅游上，安义还缺乏鲜明的个性。“安义拥有紧邻省会的区位优势、四通八达的交通优势、好山好水的生态优势、特色鲜明的农业优势和厚重人文的资源优势，怎样利用安义本身的这些优势，挖掘自身特点，才是关键。”

其次，安义发展乡村旅游，形成了以古村群为龙头的“古色游”、以农庄生态休闲形式的“绿色游”和油菜花海为主的“金色游”产业集群，但却存在“千篇一律”的问题，每一个农庄或基地呈现出的旅游产品都十分相似。因此，要打破“雷同”，以差异谋发展。

最后，旅游大发展必须依靠大项目，安义发展旅游这么多年，却没有大酒店、大型游乐场、温泉等大型配套设施，旅游的六要素：吃、住、行、游、购、娱还不够完善。例如，南昌县黄马凤凰沟景区也遇到过发展“瓶颈”，经过长达半年的策划，凤凰沟景区增设了丝绸文化馆，引进了不少丝绸产品，成为景区的一大特色，提供了良好的购物空间，也满足了游客的购物欲望。

结合专家的意见和建议，对于下一步安义旅游的发展，安义县制订了文化旅游“三年强攻计划”，将全力推进“1310”工程，即1批省市乡村旅游点、3条精品旅游线、10个重点项目。到2016年，拥有4A级景区2家、3A级景区2家；四星级酒店1家，三星级酒店2家；省、市乡村旅游点25家。旅游接待人次达220万人，实现旅游综合收入8亿元。到2020年，拥有5A级景区1家、4A级景区2家，四星级酒店2家，旅游接待人次达350万，实现旅游综合收入14亿元。

（资料来源：《南昌日报》，2014年4月21日：第6版）

计划是管理的重要职能之一，也是任何组织或群体进行管理活动的首要步骤。旅游目的地的管理同样首先需要一个科学的、合理的发展计划。虽然目前旅游业的发展态势变化迅速，旅游市场需求日趋复杂和个性化，但制订一个系统的、实际的、权变的计划仍是旅游目的地科学管理的首要工作。它能够为目的地的具体发展工作提供依据，为将来的各种决策和工作方案的落实提供实施保证。

第一节 管理计划理论

计划工作职能是管理活动的一项最基本职能，它在管理的各项职能中居于主导地位。计划工作对其他各项管理活动的开展具有激励、工具、手段等多方面的作用。

一、计划的含义

计划是组织未来发展的蓝图，是对组织未来一段时间内的发展目标以及实现目标途径的策划与安排。一般来说，计划工作有广义和狭义之分：广义的计划工作，是指包括制订计划、执行计划和检查计划执行情况等三个环节在内的整体工作过程；狭义的计划工作，主要是指制订计划。

二、计划的构成

管理学中的计划一般由九个要素构成，包括宗旨、使命、目标、战略、政策、程序、规章、规划、预算，它们共同组成一个系统的计划层次体系（如图3-1）。

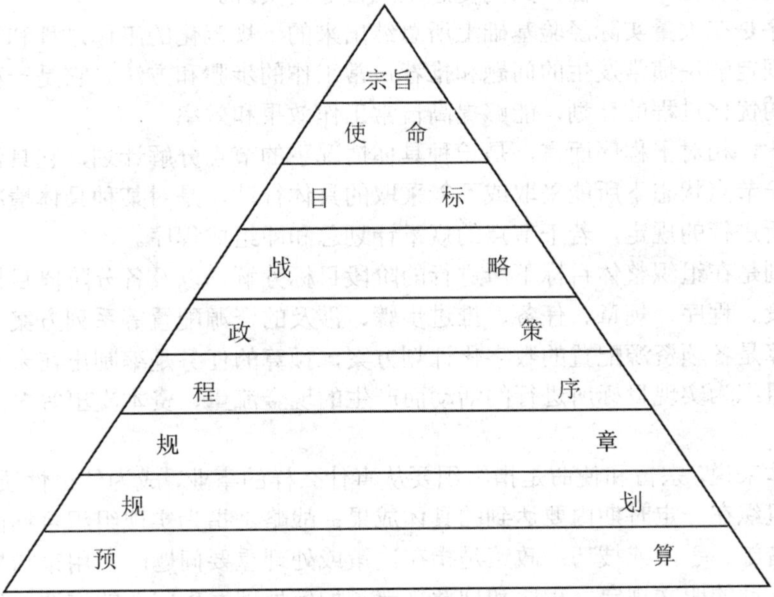

图 3-1　计划的层次体系

资料来源：张玉利. 管理学（第二版）[M]. 天津：南开大学出版社，2004：185

宗旨是一个组织存在的基本理由，是组织最基本的目标，它一般有两个目标指向，或者是为组织之外的自然、社会发展做贡献，或者是为组织内部构成的生存和发展做贡献。这两种目标指向并不矛盾，而是紧密相联系并相辅相成的。旅游目的地的发展宗旨既包括维护自然环境的可持续发展，促进社会经济文化的和谐发展，也包括促使旅游者获得完美的旅游体验，使目的地居民获得物质和文化方面的多重收益。

使命是实现组织宗旨所选择的一项手段，即组织所投身经营的一项事业。旅游目的地的使命是实现当地旅游业的可持续发展。

目标是在组织确定宏观层面的使命后，更加具体地说明在使命内部所要达到的一定时期内的预期结果，这个预期结果既有组织整体层面的综合目标，也包括内部各个子系统层面的具体目标。

战略是组织明确目标后所选择的发展方向，以及在此方向上的具体行动方案和资源配置安排。战略的首要目的是促进组织目标的实现，其核心任务是为目标实现指明发展方向，并设置各项资源使用的先后次序和数量。

政策是为促进和保障目标及使命的实现而规定的各项活动行为的指导方针，是组织进行各项决策活动时的思想指南，它的主要功能是使组织内部各项资源的调配使用具有协调统一性，共同促进组织目标的实现。

程序是在大量实际经验基础上所总结出来的、规范化的工作过程和方法，主要用来规定解决惯常发生的问题和推荐日常工作的步骤和方法。它是一种经过总结凝练的优化过程的计划，能够提高日常工作效果和效率。

规章，相对于程序而言，是一种具体情况下的节点分解计划，它具体规定在程序某一节点状态下所能采取或不能采取的具体行动，是对某种具体情况下的组织行动所进行的规定，若干节点的规章计划总和即组成程序。

规划是在组织整体目标下所进行的阶段目标分解，以及各分阶段目标实现所需的政策、程序、规章、任务、推进步骤、涉及的资源配置等系列方案。

预算是各项资源配置的数字化计划方案，预算的任务是编制出在未来一段时间内，组织为实现目标所进行的活动而产生的现金流量、资本支出等多方面的具体安排。

总体来说，宗旨和使命是指组织要从事什么样的事业，成为什么性质的组织；目标是组织在一定时期内要达到的具体成果；战略是指为实现组织目标而采取的一系列措施、手段或技巧；政策是指在决策或处理重要问题时，用来指导和沟通思想与行动的明文规定；程序和规章规定了如何处理发生问题的方法、步骤和采取什么样的行动；规划是指为实现既定目标、战略等而制订的综合性计划；预算是用数字形式表示的计划，如成本预算、销售费用预算、广告预算等。

三、计划的性质

（一）计划工作的目的性

每一个计划都是为着实现组织的战略和目标。计划的制订具有明显和必然的目的性。

（二）计划工作的首要性

计划工作处于其他管理职能的首位，并且贯穿于管理工作的全过程。组织、领导和控制等其他管理工作都是围绕着计划工作展开的，而且其他各项管理活动的开展都是为了支持和保障计划目标的实现。

（三）计划工作的普遍性

组织的一切活动，无论大小、重要与否、宏观或具体，其开展都必须有计划，计划工作从始至终贯穿渗透在组织的各种活动之中。计划是组织内每一位管理者都要做的事情，无论是高层管理人员，还是中层、基层管理人员，或多或少都需要做一定层次的计划工作。

（四）计划工作的效率性

组织管理活动的基本目标是优化各项工作的效果和效率，因此在制订各类、各层次的计划时，都要以高效率为出发点，以较低的成本投入来实现计划目标最大的产出。

（五）计划工作的权变性

计划虽然是即将拟定的方案，但在面临复杂多变的环境时，各种相关因素的变化必然影响目标的实现及效率。因此，计划的制订必须保持灵活可变性，能够随机应变，当出现预想不到的情况时，有能力改变原来确定的方向且不必花费太大的代价。

（六）计划工作的创造性

计划工作总是针对需要解决的新问题和可能发生的新变化、新机会而做出决策，它在选择发展方向和配置各项资源时常常体现出突破以往和常规的创新特征。

四、计划的类型

（一）战略计划和作业计划

根据计划广度的不同，可以将其分为战略计划和作业计划。

战略计划应用于整个组织，为整个组织设立长远发展目标和确定实现目标的方针、步骤、措施。作业计划规定了实现总体目标的具体方法。

（二）长期计划、中期计划和短期计划

根据计划所覆盖的时间跨度不同，可以将其分为长期计划、中期计划和短期计划。

长期计划通常是指战略性计划，主要规定组织在较长时期内要达到的目标以及为实现目标应采取的措施和步骤。短期计划通常是指一年以内的计划，是根据中长期计划和当前实际情况，对计划年度的各项活动做出的具体安排。中期计划介于长期计划和短期计划之间。

（三）综合计划和专项计划

根据计划内容的不同，可以将计划分为专项计划和综合计划两种。综合计划是指对组织活动所作的整体安排。专项计划是指为完成某一特定任务而拟定的计划。

（四）专业计划

根据组织管理职能的不同，可以将计划分为市场营销计划、研发计划、生产与运营计划、财务计划、人力资源计划、供应计划等。

五、计划工作的程序

计划工作主要围绕两个核心问题：一是拟实现哪些目标；二是如何实现这些目标。围绕这两个核心问题，一般计划制订的程序包括以下八个步骤：机会分析、确定目标、明确计划的前提条件、提出可供选择的各种方案、评价各种备选方案、优选方案、拟定派生计划、编制预算。具体如图 3-2 所示。

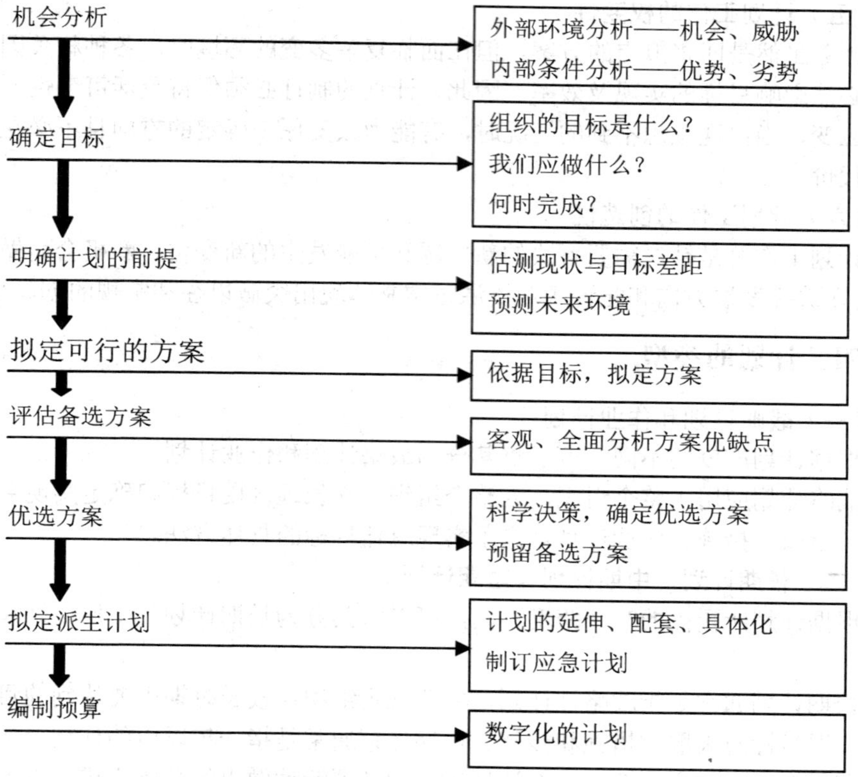

图 3-2　计划工作的程序

（一）机会分析

机会分析，主要包括两个方面的内容：一是通过对组织外部环境的分析，了解组织所面临的外部环境包含的机会和威胁；二是通过对组织内部条件的分析，明确组织内部实际情况的优势和劣势。

（二）确定目标

确定目标，主要是根据机会分析的结果，确定组织在一定时期内所要达到的预期成果。

一般情况下，组织的目标不止一个，各个目标之间也可能存在矛盾，因此要进行多目标的处理。首先，要尽可能减少目标的数量；其次，要按目标的重要性排列先后次序，明确不同目标的重要程度；最后，要协调各目标间的关系，如果目标之间存在矛盾，要以总体目标为基准来协调调整。

在确定目标时要把握以下几个原则：

1. 明晰性原则，即要明确目标主题，清楚明了地说明要达到什么结果；

2. 可行性原则，即目标的确定要符合实际条件，在实现能力范围内；

3. 激励性原则，即目标要有一定的难度，对组织成员能够起到一定的激励作用，这条原则与可行性原则是辩证统一的，在具有激励功效的同时要保证目标具有实现的可能；

4. 共识性与一致性的原则，即确定的目标一方面要在组织内部所有成员间达成共识，得到一致认可，另一方面组织的总体目标和各部门目标要保持一致；

5. 数量化原则，即所有确定的目标都可以用数字形式来检验和衡量。

（三）明确计划的前提

这个步骤主要包括两方面的内容：一是要明确组织现状与目标之间的差距；二是要对未来的发展环境做出详细的预测。以此为计划方案的制订奠定基础。

（四）拟定可行方案

方案的拟定，应以组织目标为依据，寻求并拟定各种可行方案。根据异途原理，任何事物只有一种可行方案是极少见的，完成某一任务总有许多方法，即每一项行动均有异途存在。所谓异途，就是不同的途径、不同的解决方式和方法。有些异途是潜在的，需要我们不断地去思考、去寻求。

在拟定方案的过程中，应广泛采用各种智囊技术，如头脑风暴法、形态方格法、戈登法、逻辑思维法，等等。

（五）评估备选方案

对于拟定的各种可行方案，要客观、全面地进行科学的评估，详细列出每种方案的优点和缺点、可行性和风险性，为下一步优选方案奠定基础。

（六）选优方案

选优方案，即从各种可行方案中选出一个最为满意的方案，这无疑是整个计划流程中的关键一步。

基于权变管理的理念，在优选方案过程中，一般为了应对环境变化的影响，保持计划的灵活性，优选的结果往往可能不止一种方案，而是选择两个甚至两个以上的方案。在最终决定首先采取哪个方案后，将其余的优选方案也同时进行细化和完善，作为后备方案备用。通常优选方案的过程分为以下几个步骤。

1. 通过各种形式和渠道，召集有关专家进行评议，科学论证；同时，也可召集群众座谈会，广泛听取意见。

2. 修改补充计划草案，拟出修订稿，然后通过各种形式和渠道征集意见和建议。这一程序必要时可反复多次。

3. 比较选择各个可行方案的合理性与效益性，从中选择一个满意的计划，然后由权力机关批准、实行。

（七）拟定派生计划

派生计划，也称引申计划，即组织内部各个业务部门和下属单位拟定的细节计划。

在完成优选方案过程之后，计划工作并没有结束，还必须帮助涉及计划内容的各个下属部门制订支持总计划的派生计划。几乎所有的总计划都需要派生计划的支持和保证，完成派生计划是实施总计划的基础。

此外，对于一些无法预料的突发情况，也应该有所准备，针对某些易发生突变的环节制订相应的应急计划，减少环节不确定性所隐藏的危机。

（八）编制预算

计划的最后一步工作就是将计划转变为预算，使之数字化。这主要有两个目的：

第一，计划必然要涉及资源的分配，只有将其数量化后才能汇总和平衡各类计划，分配好资源；

第二，预算可以成为衡量计划是否完成的标准。

第二节 旅游目的地计划

旅游是一项极具活力的经济交换、文化交融、环境影响的活动，分别表现为旅游者花费金钱和时间去换取体验和经历、旅游者与目的地进行文化的互相学习和渗透、旅游活动对目的地环境的影响和改变，等等。然而，瞬息万变的消费价值观念、文化演变趋向、环境变化隐患，以及政治力量、信息技术革新等各方面的驱动力，常使旅游目的地的管理者和经营者遭受源于多方面驱动力的牵扯，目的地的发展和管理容易发生不确定性的方向漂移。为避免这种情况的时常发生，一个科学的、系统的、稳固的、可持续的旅游目的地计划是我们首先要完成的重要工作。

一、旅游目的地计划的内涵

旅游目的地计划是指旅游目的地在未来一段时间内的预定目标和实现预定目标的途径，以及对未来行动进行的规划和安排。这一概念包括两方面的含义。

（一）静态的计划

静态计划指的是一种结果。它是在旅游目的地的计划工作所包含的一系列活动完成之后产生的，是对旅游目的地未来行动方案的说明。其基本内容包括：

（1）旅游目的地未来的目标是什么；

（2）旅游目的地将采取哪些活动（步骤）来实现目标；

（3）这些活动步骤的先后顺序；

（4）每一步骤的时间范围；

（5）未来活动中将要投入哪些资源、由谁来执行；

如此等等。

（二）动态的计划

动态计划指的是一种旅游目的地的管理活动，是为实现旅游目的地的预期目标而拟定的实施方案和措施的计划管理活动。

本章所指的旅游目的地计划同时包含这两层含义。

二、旅游目的地的宗旨和使命

我国高度重视旅游业发展，2009 年国务院发布《关于加快发展旅游业的意见》（国发〔2009〕41 号），提出“加强统筹协调，转变发展方式，提升发展质量，把旅游业培育成国民经济的战略性支柱产业和人民群众更加满意的现代服务业”，并制定了相应的发展目标：旅游服务质量明显提高，市场秩序明显好转，可持续发展能力明显增强，力争到 2020 年使我国旅游产业的规模、质量、效益基本达到世界旅游强国水平。

旅游目的地是我国旅游业的基本构成单位，旅游目的地的宗旨和使命都应该与我国旅游业的整体发展方向和目标保持高度一致。因此，各类型、各层级的旅游目的地，其宗旨和使命都应是“转变发展方式，提升发展质量，促使旅游业成为当地战略性支柱产业和人民群众满意的现代服务业，实现旅游业的可持续发展”。

三、旅游目的地的目标管理

目标是旅游目的地开展运营旅游业的出发点，是制订计划的基础。旅游目的地的目标管理是一个全面的管理系统，就是围绕旅游目的地的目标进行管理。

旅游目的地的目标是一定时期内旅游业发展的期望成果。根据现代管理的理念，旅游目的地的目标不应是单纯地追求旅游经济的发展，还要将旅游业的社会责任、环境责任等都作为其目标的组成部分。

（一）旅游目的地的目标性质

1. 旅游目的地的目标多重性

旅游目的地的运营和发展，既要为当地社会经济发展服务，又要为旅游业经营者谋求利润，还要向旅游者提供满意的产品和服务，同时兼顾目的地居民的物质和文化收益，并对自然生态和社会文化环境承担一定的责任，单一目标是无法胜任上述诸多任务指向的。因此，兼顾目的地旅游业发展的利益相关者，互相联系、互相支持的目标群才能构成旅游目的地的总目标。

在旅游目的地的目标类型方面，可以分为主要目标、次要目标、并行目标：主要目标由旅游目的地的宗旨和使命决定，它是旅游目的地为全国旅游业发展做出贡献的目标；次要目标是旅游目的地自身发展和地方经济发展的目标；并行目标，按照旅游业利益相关者的不同，又可细分为旅游经营者目标、旅游消费者目标、目的地居民目标等。

在旅游目的地的目标内容方面，根据管理学对一般组织所提出的目标观点，旅游目的地应该在以下几个领域订出绩效和成果的目标。它们包括：市场地位、产品创新、资源投入和产出、旅游企业业绩、从业人员素质和态度、社会责任心，等等。

2. 旅游目的地的目标层次性

旅游目的地的目标要通过目的地旅游业各组成部分和各环节的经营活动去实现。因此，目的地旅游业各组成部分应围绕旅游目的地的总目标制订出各自的细分目标，并作为子目标支持总目标的实现。这样旅游目的地的目标就成为一个有层次的体系和网络。这种层次性体现为旅游目的地的目标从综合的总目标到具体化为各组成部分的中层目标，直至具体到特定的单体目标，例如某个景区或旅游饭店的经营目标。

3. 旅游目的地的目标灵活性

旅游目的地的目标内容和重点是随着旅游业运营的外界环境、发展理念、自身优势的变化而变化的。目标内容和重点既不能经常变化，但也不能僵化死板，要具有能随着环境和相关因素变化而灵活应变的权变性。例如，互联网时代的发展使在线旅游业务迅猛增长，旅游目的地的目标就应该随着互联网技术的普及和革新发展新的在线旅游业务目标，并随之调整目的地的总体目标。

（二）旅游目的地确定目标的原则

1. 可行性原则

要确定旅游目的地的目标，首先要对目的地内外环境进行充分分析的基础上，从外部环境进行分析，梳理目的地旅游业发展的机遇和威胁；从内部环境进行分析，明确目的地自身资源和条件的优势与劣势；从内外部环境综合分析，寻找并发现如何利用自身优势、把握机遇，并能规避劣势和威胁的最佳发展方向。此外，还要灵活地利用区域之间的旅游发展合作来壮大自身的优势和淡化自身的劣势，从而为目的地发展目标的制定提供科学的、全面的、系统的支撑，使预期结果能够更加充分地发挥各项资源功效。

其次，要确定旅游目的地的目标，就要通过一定的程序，一般要经过理论专家把脉、实业专家论证、管理者和从业人员广泛讨论等基本环节，甚至征集目的地居民公众的意见等，以此来保证目标的科学性，以及保证其可行性。

2. 定量化原则

旅游目的地的目标要实现由上至下的逐级量化，这一逐级量化过程，同样是以充分发挥目的地发展各组成部分的资源功效为首要目标，并且使计划目标的实现在不同环节、不同时间具有可测性，以随时检验发展绩效，对管理活动做出必要调控，甚至修改计划目标。

3. 协调性原则

旅游目的地的各层次目标之间，同一层次的并行目标之间要保证指向和量度的协调，因为目的地旅游业的发展组成部分是一个系统的整体，它们之间的相互支撑、相辅相成才能最终实现旅游业的整体顺畅运营，任何一部分的过快或过慢发展都将产生“木桶定律的短板效应”，例如，旅游住宿接待的目标量度较大，其目标实现后将导致旅游住宿设施的闲置浪费，旅游交通接待的目标量度较小，其预期结果将导致游客在目的地的滞留或拥挤，等等。因此，各级目标、各项目标的协调一致既能充分保证分目标的实现，同时，也能促使总体目标的必然实现。

4. 权变原则

目标并不是一成不变的，旅游目的地的目标要时刻感应全国甚至世界经济和旅游业环境的变化趋势，顺应旅游市场群体的需求走向，根据外部环境的变化及时调整与修正，使其更好地实现资源利用并完成目的地的宗旨和使命。

根据管理学的一般理论，相比较而言，目的地的长期目标应保持一定的稳定性，短期目标要保持较高的灵活性。

（三）旅游目的地目标管理的实施过程

根据目标管理理论，旅游目的地目标管理的实施可以分为目标建立、目标分解、目标控制、目标考核与刷新四个阶段。

1. 目标建立

从内容上看，旅游目的地计划构成中的宗旨和使命与上文所述基本是一致的。在明确了目的地的宗旨和使命后，目的地的目标确立主要应通过内外部的环境分析来确定一定时期内的具体工作目标。

根据现代管理学所提倡的参与式目标设定法，目的地管理组织应广泛征求多方意见，使目的地的利益相关者参与到目标的建立过程中。

管理学中的目标制订常见的有自上而下的目标制订法和自下而上的目标制定法。

2. 目标分解

把旅游目的地的总目标分解成各组成部分的分目标，分目标的设置要充分考虑各组成部门和利益相关者的实际情况，使目的地旅游业各组成部分都乐于接受目的地的目标体系，明确自己在完成这一目标中应承担的责任。

3. 目标控制

目的地管理组织必须进行目标的控制，随时了解目标实施情况，及时发现问题并协助解决。必要时，也可以根据环境的变化对目标进行一定的修正。

4. 目标考核与刷新

旅游目的地的目标实现之后，并不等于过程的完结。目标管理注重结果，因此对目标必须进行自我评定、群众评议、领导评审。通过评议，肯定成绩，发现问题，总结目标执行过程中的成绩与不足。

旅游目的地目标考核一般需要进行三方面的评价：一是评价实现目标的各种旅游业资源的使用情况，比如多少、优劣等；二是实现的目标是否还有弹性空间，比如是否可以制定得更高等；三是所实现的目标对于旅游业可持续发展能否带来推动和促进等。

此外，以终为始是目标管理的最高境界。经过评价的目的地目标成果，正是新的目标管理的开始，它是下一个目标的平台。因此，从目的地的发展成果评价到目的地的目标刷新，也是一个旅游目的地发展的自我超越过程。

四、旅游目的地的战略管理

战略是指组织为了实现长期生存和发展，在综合分析组织内部条件和外部环境的基础上做出的一系列带有全局性和长远性的谋划。

旅游目的地的战略是在目的地计划目标的基础上，进一步选择目的地为实现目标的重点发展方向，并进行资源调配实现目标的一系列过程。

（一）旅游目的地战略管理的含义

旅游目的地战略管理是指对目的地在一定时期内全局的和长远的发展方向、目标、任务和政策，以及资源调配做出的决策和管理过程。它是根据目的地外部环境和内部条件来设定目的地的发展方向，为保证目的地目标的正确落实和实现进度进行全局谋划，并依靠目的地的内部资源和能力将这种谋划和决策付诸实施，以及在实施过程中进行控制的一个动态管理过程。

（二）旅游目的地战略管理的核心问题

旅游目的地战略管理主要围绕三个核心问题进行：

一是目的地的现实发展状况；

二是目的地的未来发展方向；

三是目的地应采取的竞争行动和策略。

（三）旅游目的地战略管理步骤和过程

1. 战略分析——了解目的地所处的环境和相对竞争地位

目的地的战略分析主要是评价影响目的地发展的关键因素，并确定在战略选择步骤中的具体影响因素。这个步骤主要包括三个方面。

（1）明确旅游目的地的发展使命和预期目标。这是目的地战略制定和评估的基本依据。

（2）目的地的外部环境分析。要了解目的地所处的宏观环境（包括世界或全国范围内的自然环境、经济环境、社会环境等）和微观环境（包括当地的生态环境、行业环境、政策环境、技术环境等）的现状及变化趋势，这些变化将给目的地带来什么样的发展机遇，或是隐藏着什么样的发展威胁。

（3）目的地的内部条件分析。要了解目的地自身在旅游业内部所处的相对地位，目的地本身具有哪些优势旅游资源以及战略发展能力；还需要了解目的地利益相关者的利益期望，在战略制定、评价和实施过程中，这些利益相关者会有哪些反应，这些反应又会对目的地的发展产生怎样的影响和制约。

2. 战略选择——战略制定和选择

上一阶段的工作过程使我们明确了目的地的目前实际状况，第二个步骤就是要解决“目的地将走向何处”的问题。

首先，需要制定旅游目的地的战略选择方案。在制定战略过程中，目的地可以从理论界的专家、行业界的精英、有责任心的公众等，或者是目的地旅游业各组成部门机构等多角度征集选择方案，也可以选择自上而下的方法、自下而上的方法或上下结合的方法来制定战略方案。

其次，是评估战略备选方案。评估备选方案通常使用两个标准：一是考虑所选择的战略是否发挥了目的地自身的资源和能力优势，克服了突出的劣势，是否利用了旅游业的发展机会，将威胁削弱到最低程度；二是考虑所选择的战略能否被目的地发展的利益相关者所接受。需要指出的是，因为诸多利益相关者之间价值取向的必然矛盾性，实际上可能不存在最优的发展战略方案，政府管理层或旅游经营者的价值观和期望值在很大程度上影响着目的地战略的选择。

再次，是选择战略。即最终的战略决策，确定准备实施的战略。如果由于用多个指标对多个战略方案的评价产生不一致时，最终的战略选择可以考虑以下几种方法：

（1）根据目的地目标选择战略；

（2）聘请外部专家机构，即聘请外部咨询专家进行战略选择工作，利用专家们广博和丰富的经验，能够提供较客观的看法；

（3）提交上级管理部门审批，即提交上级管理部门，能够使最终选择方案更加符合旅游业的整体战略目标；

最后，是战略政策和计划，即制定有关研究与开发、资本需求和人力资源方面的政策和计划。

3. 战略实施——采取措施发挥战略作用

战略实施就是将战略转化为行动。这个过程主要涉及以下一些问题：

如何在目的地内部各部门和各层次间分配及使用现有的资源；

为了实现目的地目标，还需要获得哪些外部资源以及如何使用这些资源；

为了实现既定的战略目标，需要对组织结构做哪些调整；

如何处理可能出现的利益再分配问题，如何进行目的地的旅游影响管理，以保证目的地战略的成功实施等。

4. 战略评价和调整——检验战略的有效性

战略评价就是通过评价目的地的旅游发展业绩，审视战略的科学性和有效性。

战略调整就是根据目的地情况的发展变化，即参照实际的发展事实、变化的旅游业外部环境、新的政策和新的机会，及时对所制定的战略进行调整，以保证战略对目的地管理进行指导的有效性。

第四章　旅游目的地组织

【学习目标】

1. 了解管理组织理论基础知识。

2. 掌握旅游目的地管理组织的角色和任务。

3. 了解世界主要旅游目的地组织的组织结构。

【本章导读】

从数字看世界旅游目的地现状与趋势

所谓旅游目的地管理组织（DMO）通常是指负责旅游目的地管理和营销的组织，一般可分以下几种类型：

1. 负责在国家一级进行旅游管理和营销的国家旅游局（NTA）或国家旅游组织（NTO）；

2. 负责在一定区域内进行旅游管理和营销的地区、省或州 DMO（RTO），有些地区的组织归当地政府（如县、州或省政府）管理；

3. 负责地方 DMO，指负责在比较小的地理区域或城市城镇范围内进行旅游管理和营销的机构；

4. 负责其他 DMO（如度假区管理组织）。

组织形式最简单而且具有高度一致性的是 NTO/NTA，世界上 80%以上的此类组织是国家政府部门或国家政府资助的机构，只有极少数是非营利性公私合作机构。

地区一级 DMO 的组织形式相对多样一些，其中大部分仍是有地区、省或州政府背景的，或是当地政府的一个部门或是由当地政府资助的机构。

接近 40%的城市 DMO 有地区、省或地方政府的背景，而公私合作机构占 30%以上，另有少数是营利性公司。

第一节 管理组织理论

组织管理是为了有效地实现计划所确定的目标而在组织中进行部门划分、权力分配和工作协调的过程。它是计划工作的自然延伸，包括组织结构的设计、组织关系的确立、人员的配置以及组织的变革等。

现代组织是一个有多种元素构成的复合体，如果没有一套分工明确、权责清晰的组织结构，组织的各种资源就得不到合理配置，组织目标就难以高效实现。因此，建立合理高效的组织结构就成为管理工作的一项重要内容。

一、组织

管理学中，可以从静态和动态两个方面来理解组织的含义。

静态方面，指的是组织结构，即反映人、职位、任务以及它们之间的特定关系的网络。

动态方面，指的是维持与变革组织结构以实现组织目标的工作过程。

因此，管理学中的组织工作就是设置组织结构，并维持与变革组织结构以实现组织目标的工作系统。

二、组织结构

组织结构是表明组织各部分排列顺序、空间位置、聚散状态、联系方式以及各要素之间相互关系的一种模式，是整个管理系统的“框架”；是组织的全体成员为实现组织目标，在管理工作中进行分工协作，在职务范围、责任、权力方面所形成的结构体系。

正确认识组织结构的含义，必须把握三方面的要素：

1. 组织结构决定了组织中的正式报告关系；
2. 组织结构明确了将个体组合成部门、部门再组合成整个组织的方式；
3. 组织结构包含了确保跨部门沟通、协作的制度设计。

三、组织结构设计的原则

组织结构设计是指一个正式组织为了实现其长期或者阶段性目标，设计或变革组织的结构体系的工作。

设计组织结构应该遵循以下基本原则。

1. 有效性原则

（1）组织结构设计要为组织目标的实现服务。

（2）力求以较少的人员、较少的层次、较少的时间达到较好的管理效果。

（3）组织结构设计的工作过程要有效率。

2. 分工与协作原则

分工与协作是相辅相成的，只有分工没有协作，分工就失去意义，而没有分工就谈不上协作。

3. 权责利对等原则

责任、权力和利益三者之间是不可分割的，必须是协调的、平衡的和统一的。在委以责任的同时，必须委以必要的权力，还必须有利益来激励。有责无权，有权无责，或者权责不对等、不匹配等，都会使组织结构不能有效运行，组织目标也难以实现。

4. 分级管理原则

每个职务都要有人负责，每个人都知道他的直接领导是谁，下级是谁。正常情况下，等级链上的下级只接受一个上级的命令；每一个上级领导不得越权指挥但可以越级检查，下级也不要越级请示但可以越级反映情况和提出建议。

5. 弹性结构原则

具有弹性是指一个组织的部门机构、人员的职责和职位都应适应环境的变化而作相应的变动。它要求部门机构和职位都具有弹性。

四、影响组织结构设计的因素

在组织结构设计的过程中，必须考虑到各种因素的影响，如战略、环境、技术、组织规模等，综合考虑这些因素才能产生良好的组织绩效。

（一）战略

战略是关于组织长远目标、发展方向、资源配置的设想与筹划。组织结构必须服从组织所选择的战略需要。

（二）环境

任何组织都是在一定的环境之中生存和发展的，组织结构必须适应环境变化，才能和环境动态匹配，在环境中生存下来。如果环境是稳定的，组织就可以采用机械组织结构。在快速变化的环境中，组织就需要设计有机的组织结构。

（三）技术

技术是指组织将输入转化为输出的知识、工具、技能和活动。技术不仅影响组织活动的效果和效率，而且影响组织结构的设定。通常，组织所采用的技术方法与水平不同，组织结构的形式也会不同，或集权式，或分权式等。

（四）规模

组织的规模不同，与之相适应的组织结构形式也有很大的差别。一般来说，规模越大的组织，管理层次越多、工作和部门的数量越多、职能和技能的专业化程度越高、组织正规化程度越高、组织分权程度越高、高层领导的比例越小、专业技术支持人员的比例越高、书面沟通的文件越多，等等。当然，规模不是决定组织结构设计的唯一因素，它与战略、环境、技术等因素一同决定着组织结构的设计。

第二节　旅游目的地组织

一、旅游目的地管理组织

世界各国，几乎所有的旅游目的地都设有旅游目的地管理机构组织（Destination Management Organization，简称DMO）。鉴于目的地的级别和类型的差异，目的地管理组织的性质和名称也有很大不同。

在国家层次上，旅游目的地管理组织通常是指国家旅游组织（National Tourism Organization，简称NTO）。例如我国的国家旅游局（CNTA）、英国旅游局（BTA）、澳大利亚旅游委员会（ATC），等等。

在州或省这一层次上，旅游目的地管理组织通常是州或省的旅游局、旅游主管部门。例如我国广东省旅游局、美国俄勒冈州旅游局、加利福尼亚州旅游会展局，等等。

在城市这一层次上，旅游目的地管理组织常见的名称是旅游局或会议局。例如，中国各城市的旅游局、美国纽约市旅游会展局、西班牙马德里会议局等。

二、旅游目的地管理组织的角色和任务

根据不同国家和地区的社会经济情况和国情体制，旅游目的地管理组织可能是一个公共组织，也可能是一个私人组织，但无论其组织形式和性质有何不同，都应该在目的地旅游业发展中承担以下角色和相应任务。

1. 该组织对目的地复杂的旅游系统构成的各方面资源和力量负责统一协调与指导。

2. 该组织需要能够支配目的地旅游系统构成的相关部门，并获得主要参与者的支持。

3. 该组织需要能够影响相关公共部门和私人企业的决定和行动，并能够对目的地到访旅游者的旅游体验和质量产生支持和保障作用。

4. 该组织需要制定有利于营造目的地良好的整体旅游环境氛围的政策，并推行鼓励旅游供给发展和调动旅游需求扩大的诸多手段。

5. 该组织要能够独立地、灵活地制定改革策略，以便在市场和环境发生重大变化时及时采取相应策略。

根据学者 J. R. Brent Ritchie 和 Geoffrey I. Crouch 的研究，目的地管理组织的职能包括以下内容：

- 领导全局，指导目的地旅游规划与发展的方向；
- 推动并促进对目的地优先发展内容的认识；
- 作为旅游部门的代言人，致力于提高政府和公众对旅游业在经济和社会发展中重要性的认识和理解；
- 负责协调目的地营销与促销工作；
- 在所有公共和私人场所，代表旅游部门阐述和解释其观点和立场；
- 为旅游业和其他经济行业之间提供一个更容易认识和进入的交流平台；
- 协调商业性旅游服务的识别与提供（如信息/服务中心）；
- 识别并满足目的地旅游业各部门对信息/调研的需要；
- 确保旅游部门能顺利开展教育与培训工作；
- 对于目的地健康发展具有重要意义的旅游设施的建设，DMO 应该承担起投资者、所有者或经营者的角色；
- 组建并协调目的地各部门的联盟与合作，从而增强目的地的竞争力；
- 根据情况的可能与可行，协助旅游企业寻找资金来源。

三、旅游目的地管理组织的组织结构

（一）旅游目的地管理组织的层级结构

旅游目的地因范围大小、层级高低，其管理组织结构的复杂程度往往具有较大差异。但同一国家内部的不同层级旅游目的地管理组织的结构构成仍然具有统一的结构体系。

对于旅游目的地，最为常见的层级划分方式是按公认的行政区划进行划分，按地域范围大小基本可以分为以下六个层级：

- 由若干国家组成的世界大区（如欧洲），或者由其他方式组合而成的世界大区，既可以是跨国界的世界大区（如欧洲里维埃拉海岸地区），也可以是地区性的经济贸易区（如北美自由贸易区）；
- 国家；

- 一个国家内的某一大区，如西加拿大地区、中国西部地区、美国西北地区；
- 一个国家内的省或州；
- 城市或城镇；
- 某一非常独特的区域，如某一国家公园、历史遗址、纪念地、专设景区（如美国奥兰多市的迪斯尼世界、罗马的圣彼得大教堂）等，这类区域因本身对旅游者具有足够大的吸引力可以划定为旅游目的地。

实际上，对这些不同层级的目的地管理，真正起到管理作用的组织机构一般仅包括三个层级：国家级、地区/州/省级和市/区/县级。

在跨国界的世界大区层次目的地中，或许存在具有协调或沟通功能的旅游业相关组织存在，但因跨越不同国家国界的主权范围，必然不会存在具有统一管理职能的目的地管理组织机构。

最后一个层级的独特的区域，因其并不涉及旅游部门以外的其他产业或公共部门，所以其管理机构也并不属于具有一定综合管理性质的目的地管理组织。

（二）旅游目的地管理组织的设置结构

1. 非独立的目的地管理组织的存在原因

从管理学观点来看，一般认为最有效的机构形式是独立的机构。然而纵观世界各地的旅游目的地，并非都存在独立的目的地管理组织，其原因在于两个方面。

（1）在不同的国家、地区、城市中，旅游业在整个地区经济结构中具有不同的产业地位，或许是一个相对并不重要的经济部门，那么也就不值得付出较高代价来支持建立一个独立的目的地管理组织。而目的地管理组织的角色和职能一般由其他较大的机构或组织，例如与文化、经济、环境发展相关的组织部门来承担。

（2）不同国家、地区、城市的政治背景、管理体制等历史沿承也会影响和决定目的地管理组织机构是否独立存在。例如在美国，各个州的管理体制各不相同，而其相对来说很多私人旅游机构组织的实力和业务范围非常强大广阔，对整体旅游业的发展具有较强的影响和主导作用，这也决定了公共部门对旅游目的地发展的领导力处于较低水平。

在一个国家内部，尽管不同层级目的地管理组织的角色和任务具有高低级别、大小权重、范围宽窄之差，但在具有较为一致的国家管理体制下，其组织结构设置必然具有较大的共性。因此，我们以较有代表性的国家级旅游管理组织作为典型，进行这一问题的说明。

2. 国家级旅游目的地管理组织的类型

从世界范围来看，不同国家的国家级旅游目的地管理组织设置，概括起来可以分为以下三类。

（1）单设国家级旅游目的地管理组织的国家

单设国家级旅游目的地管理组织的国家有 37 个，其中亚洲 9 个、中南美洲 11 个、西亚和非洲 15 个、欧洲 2 个，主要是亚洲、非洲和拉丁美洲的发展中国家。

这些国家的共有特点是：国民经济总量不大、工业不发达，因而旅游业有可能在国家经济中占较大份额。这些国家旅游业大都起步较晚，旅游业在该国国民经济，特别是国家创汇和就业中具有重大作用，但旅游基础设施和服务设施不够完善，旅游企业不够成熟；在世界旅游业分工中，这些国家大都是国际旅游目的地，而不是重要的国际旅游客源地。

（2）国家级旅游目的地管理组织与中央政府其他部门结合的国家

这一类国家的国家级旅游目的地管理组织，一般与中央政府（内阁）的工业、商贸、文化、环境、交通等部门相结合进行设置。例如澳大利亚中央政府内，旅游与商务、工业等经济部门合在一个部中；意大利、比利时等国家的旅游管理组织与文化部等相结合设置，因为这些国家都具有丰富的文化遗产，文化旅游是这些国家的特色或主打旅游产品；非洲国家大都将旅游管理组织与环境部相结合，这些国家都有特色鲜明的自然生态环境，特别是丰富的野生动植物资源，生态旅游是这些国家的特色或主打旅游产品；其他许多以入境旅游为主的小国，旅游管理组织往往与交通运输部相结合，对于这些国家来说对外交通对发展旅游具有至关重要的作用，特别是航空运输，政府把旅游与交通部结合起来管理和发展，充分体现了“旅”与“游”的互补互利、不可分割的特点。

（3）国家级旅游目的地管理组织设置在中央政府其他部门之内的国家

这一类国家的国家级旅游目的地管理组织，往往设置在中央政府（内阁）的工业、商贸等经济部门之内，主要是西欧、北美国家及亚太地区的新加坡与新西兰等。

这些国家大都经济发达、法治完善，中央政府实行精悍的“大部制”。这些国家既是世界主要的旅游目的地，也是重要的客源产出地。在管理体制上，大多由中央政府的商务、工业等经济部门主管旅游业，而其中直接主管旅游的组织机构比较精简，旅游行业组织较为完备。一般目的地的国际旅游宣传推广工作会由公私合作的专业化营销组织承担。

我国香港地区的旅游管理组织设置也属于这一类型，其设置为香港特别行政区政府——商务及经济发展局——旅游事务署——旅游发展局——旅游业议会。

四、旅游目的地管理组织结构设置的影响因素

从管理学组织理论来看，影响组织结构设计的因素包括战略、环境、技术、

规模等方面。世界各国的国家级旅游管理组织的设置也在一定程度上契合这一理论。虽然各国从来没有一个统一的旅游管理组织设置模式，也没有一成不变的管理模式，但旅游管理组织设置模式的多样性依然主要受以下几个因素影响。

（一）旅游产业的自身属性

从理论来看，虽然旅游业单独作为一个产业尚未得到认可，但世界经济活动中的旅游经营本质属性不可否认是一个经济产业，属于服务贸易业。从现实来看，世界贸易组织（WTO）也是把“旅游和与旅行有关的服务”划分在国际贸易分类中的服务贸易类之下。

由于旅游产业是服务贸易业的一个下游行业和依托性行业，旅游管理组织作为一个行政机构缺乏足够的权责，难以独立与其他行政主管机构平等协调，更无职权指挥其他行政主管机构服从自己的安排，所以即使设有独立的主管机构也往往在政府（内阁）中排在比较靠后的位置，缺乏实质性的职权。如果旅游管理组织是政府（内阁）的商贸部或产业部的一个次级机构，由商贸部或产业部出面协调与旅游运行相关的部门，则会顺畅合理一些。这也是为什么大多数经济发达、市场机制规范和旅游产业成熟的国家这样设置旅游管理组织的缘由。

因此，欧洲、美洲和大洋洲地区的许多国家政府中把旅游业的管理纳入商务、产业、手工业等经贸管理部门之内或与之相结合，这是符合旅游产业的自身经济属性的，也与当代国际贸易的共同规则及惯例一致。

这种模式的优点是把旅游开发、管理、经营纳入国家经济发展战略与规划之中，并与其他服务贸易业和工业、农业发展相结合，便于旅游与相关产业、行业和部门的协调，最充分地实现旅游的经济功能。

（二）旅游产业在目的地中的规模地位

一个国家旅游管理组织在中央政府中的设置方式与地位，与旅游业在该国国民经济中的规模、作用、地位直接相关，也与该国政府对旅游业的认识与重视程度有关。一般情况下，旅游业如果在国民经济和对外贸易中占据较大规模比例、具有重要作用，能成为支柱产业和外汇创收的重要渠道，则旅游管理组织在中央政府中的地位就较高，就会单独设立诸如旅游部或旅游与其他部结合设置的旅游管理组织，主管官员是内阁政府成员；反之，旅游管理组织的地位较低，往往设在其他部之下。

纵观世界各国旅游管理组织设置的现实，首先，在单设旅游部的国家中，墨西哥是占世界旅游经济前十位的旅游大国，旅游产值占全国 GDP 的 10%以上；马来西亚旅游业是国家第三大经济支柱，第二大外汇收入来源。突尼斯旅游业是国家第一大外汇来源；喀麦隆政府重视发展旅游业，设有旅游部并成立了以总理为主席的国家旅游理事会；安提瓜和巴布达旅游收入约占国内生产总值的 50%。

总而言之，单设旅游部的国家绝大多数是第二产业不发达、经济总量不大的发展中国家。

其次，旅游管理组织的设置与相关部合为一体的国家中，旅游业大多在国民经济中同样占有重要地位。例如西班牙的旅游业是重要支柱产业和创汇来源，旅游产值占 GDP 的 10%以上；巴西旅游业是国家外汇的主要收入等。

随着旅游业的产业规模和地位的提升，旅游管理组织在该国家政府中的地位也随之上升。例如，1949 年印度在交通部下设旅游交通局；1966 年成立印度旅游开发公司，兴建基础设施；1982 年设立文化旅游部；1986～1991 年先后成立全国旅游委员会和印度旅游财政公司；1993 年又提升为民航旅游部，现在又为文化旅游部。此外，日本为了实施观光立国政策，2008 年 10 月 1 日，把原本作为国土交通省综合政策局内一个科室的旅游管理组织，提升为国土交通省内的“观光厅”。

（三）旅游目的地发展的战略方向

一个国家的旅游管理组织的设置，还与该国旅游业的战略方向选择，即充分发挥本国旅游资源特点有较大关系。

有些国家的旅游资源优势主要在于生态旅游资源，其旅游业的战略发展方向也重在开发该类旅游资源，最典型的是非洲一些国家，以奇特的自然风光和珍奇的野生动植物资源著称。因此，这些国家的旅游管理组织设置与环境管理、生态旅游资源管理部门相结合，如南非、博茨瓦纳、布隆迪、刚果、肯尼亚、马拉维、斯威士兰和赞比亚等国。

而亚洲和欧洲有些国家的旅游资源主要依托丰厚的文化遗产旅游资源，文化旅游常常作为这些目的地的战略发展方向。因此，这些国家的旅游管理组织与文化管理部门相结合，如意大利、印度、韩国、阿富汗、巴基斯坦、马来西亚、印度尼西亚和越南等国。

这种模式的最大优点是目的地的战略发展实施更加顺畅，有利于把旅游开发、管理与自然或文化资源的保护、利用有机地结合起来，发挥资源优势、形成旅游特色，有利于妥善处理资源保护与旅游开发的矛盾，协调旅游部门与环境资源部门的关系，形成发展旅游业的合力。

（四）交通在目的地发展中的重要性

旅游业运营的一个最大特性是消费者的流动性，作为消费者的旅游者为了寻求旅游体验而做离开惯常居住地的流动，使交通运输成为构成旅游活动的核心要素之一，交通运输也常被称为旅游产业的构成支柱之一。

亚洲、欧洲、非洲、美洲和大洋洲都有一些国家，特别是那些以吸引国外、洲外客源为主的国家，把旅游管理组织与交通管理（主要是民航）结合起来，或设立民航与旅游部，或把旅游管理组织设在交通运输部门之内，如日本、孟加拉国、蒙古、希腊、克罗地亚、斐济、马尔代夫、马达加斯加、科摩罗等国。除日本外，这些实行旅游管理组织与交通部门合一的国家大多是面积较小、本国人口较少的岛国，交通运输业的客源主要是入境游客。

这种模式的最大优点是把旅游与交通最紧密地结合在一起，协调和解决旅游产业构成的核心要素，便于域外游客进得来、散得开、回得去。交通部与旅游部合二为一为顺畅接待大量入境游客提供了运输保证。

例如，希腊全国人口1100万，多年来年均接待外国游客1400多万，2013年接待入境游客超过1700万；克罗地亚全国人口仅444万，每年接待外国旅游人数约为其全国人口的两倍；马尔代夫全国人口不到30万，2012年接待入境游客超过100万，仅中国游客即占三成以上，是该国第一大经济支柱，旅游收入对GDP贡献率多年保持在30%左右；巴哈马全国人口仅37.2万，年接待入境游客超过400万人次，旅游业是国民经济的第一大支柱产业，占国内生产总值的50%以上。

（五）目的地政治环境的特殊性

一个国家的政体特征等政治环境对旅游管理组织设置模式也有很大的影响关系。

纵观单设旅游部或国家旅游局等旅游管理组织的国家，其中央政府大多部门设置比较细、管理权力比较分散，如设有旅游部的缅甸有31个部（仅能源部就设了2个）、菲律宾内阁成员有27名、新西兰内阁成员有31人、埃及内阁成员共26名部长和4名国务部长、委内瑞拉有25个部、巴西有23个部。

相反，纵观不单设旅游部等旅游管理组织的国家，其政府机构设置大多是实行"大部制"，把相近或相关的政府职能部门合在一起，如美国政府为13个部、日本内阁设1府12省厅、德国为15个部、英国为18个部、澳大利亚为16个部、新加坡为18个部、韩国为18个部。在这些"大部制"的国家中，即使旅游业十分发达，中央政府一般也不会单设旅游部或国家旅游局，在其经济管理理念中，旅游产业毕竟只是众多经济部门、服务行业中的一个分支。

在中央政府与地方政府的关系上，一方面，有些国家实行中央集权制，在旅游管理体制上表现为中央政府的旅游管理组织在行业管理、建设和市场营销等方面具有很大的控制权，对地方旅游管理组织有直接的管辖职权；另一方面，有些国家实行各种形式的地方分权制，尤其是联邦制，在旅游管理体制上表现为中央政府的旅游管理组织的职能主要是国家形象总体推广和国际宣传促销，而在行业管理和开发建设等方面主要由地方旅游管理组织行使管辖权，如美国、加拿大、英国和西班牙等国，中央政府的旅游管理组织也相对简约。

有些国家旅游管理组织的变动与该国的执政党更替、政局变动有关，如厄瓜多尔1992年设信息和旅游部，1994年独立为旅游部，1999年旅游部与外贸部合并，2000 年又与环境部合并，该年 4 月旅游部再次独立设置，这些变动都与该国总统人选变动有关。

【补充阅读材料】

各国旅游管理体制评述

作者：王兴斌

一、亚洲国家概况

1. 单设国家旅游部（局）的国家

中华人民共和国国家旅游局。

朝鲜民主主义人民共和国国家旅游总局，1985 年成立，下设国际旅行社、青年旅行社。

菲律宾共和国旅游部，1973 年成立，其首长为旅游秘书（部长级），下设财务管理司、行政管理服务司、国际旅游促进局、国内旅游促进局、旅游发展规划办公室、产业调研与发展办公室、旅游协调办公室、旅游信息办公室、旅游标准办公室、首都与地区办公室。

柬埔寨王国旅游部，下设国际合作与东南亚联盟、营销与促进、规划发展、旅游业、教育与培训、文化旅游开发、人员与人力资源开发、财务、统计与旅游信息、检察处、省旅游办公室等部门。

泰国旅游局，由总理办公室部长任董事会主席，其成员有外交部、交通部和内务部高级官员，旅游局局长为董事会成员兼秘书，下设局长办公室、曼谷旅游业务及导游注册办公室、行政司、预算会计司、美洲地区办公室、日本地区办公室、市场促销司、市场服务司、项目与规划发展司、规划与投资协调司、调研与培训司。

斯里兰卡民主社会主义共和国旅游部，1966 年建立旅游委员会，制定旅游发展规划，提出政策建议，开展对外旅游宣传推广。

乌兹别克斯坦共和国总统于 1992 年 7 月 27 日颁布一项法令，成立乌兹别克斯坦全国旅游机构（Uzbek Tourism National Company），该机构由旅游与游览委员会、联盟贸易委员会、国际青年旅游局、合资旅游企业及前苏联的旅游公司合并而成，成为乌兹别克斯坦旅游发展的领导与协调机构。

缅甸联邦饭店与旅游部。

文莱达鲁萨兰国旅游局。

2. 旅游部与文化部结合的国家

韩国，1954 年在陆地运输局和交通部内设旅游科，1963 年升格为旅游局，隶属交通部，后隶属文化体育部。1998 年成立文化观光部，旅游局隶属该部。

马来西亚文化、艺术和旅游部，下设旅游促进局，局内设有规划研究开发与工程管理处、执行处、营销处、国际关系和会展处、财务管理处和综合处，在国外设有 18 个旅游办事处，负责旅游推广促销是马来西亚推广委员会。

印度尼西亚共和国先为旅游、邮电和通信部，后改为文化旅游国务部，下设旅游促进局。旅游促进局下设国际市场开发司、国内旅游司、旅游景点开发司、旅游设施开发司、旅游服务发展司、计划司、财务司、人力资源司和法规司，设有 18 个旅游办事处。

越南社会主义共和国文化、体育和旅游部，下设国家旅游总局。

印度共和国文化与旅游部。1949 年印度政府成立“旅游交通局”，设在交通部内。1982 年制定了成文的旅游法规和政策并设立了民航旅游部，后又改为文化旅游部。该部是印度旅游业的最高管理机构，下设旅游局。

阿富汗伊斯兰共和国文化、旅游和青年部。

巴基斯坦伊斯兰共和国文化旅游部，下设国家旅游组织（NTA），主要职能是对外旅游宣传促销。巴基斯坦旅游开发公司是国营旅游企业。

摩尔多瓦共和国文化和旅游部。

土库曼斯坦文化、体育和旅游部。

阿塞拜疆共和国青年与旅游部。

3. 旅游部与交通部结合的国家

尼泊尔王国旅游和民航部，下设旅游业委员会，由旅行商协会、航空、工艺品、筏子运输、导游、喜马拉雅山救援等组成。

马尔代夫共和国旅游和民航部。

孟加拉人民共和国民航与旅游部。

蒙古国在 20 世纪 80 年代成立蒙古旅游总公司，与外国旅游主管机构与旅行企业开展旅游交往，现设有交通运输和旅游部。

4. 旅游局设置在工商或交通等相关部之内的国家

日本国，1997 年前，观光部（相当于司级）设于运输省内。1998 年后，运输省与建设省合并为国土交通省，观光部升为观光局（相当于副部级），2008 年成立观光厅。日本观光振兴会（JNTO，又译国家旅游组织），特种法人，是全国性宣传推广机构。

新加坡共和国旅游促进局，1964 年成立，归贸易和工业部管辖，内设旅游促销组、商务旅游发展组、区域旅游开发组和机构服务组等，负责执行政府制定的旅游法规，开展宣传促销，完善旅游景点，审批和颁发旅行社执照等。新加坡全国旅行代理商协会（National Association of Agents Singapore）是旅游行业组织，设有出境旅游部、入境旅游部、交通运输部和票务部，协调旅游行业与民航界关系，培训行业人员。

亚美尼亚共和国，1995 年 7 月把物资部、商贸部和对外旅游部合并为“商业、服务与旅游部”。1997 年 6 月又把商贸、服务与旅游部与工业部、经济部合并，改名为“工业与贸易部”，2003 年 3 月又改组为“贸易与经济发展部”。该部内设有旅游局。

5. 由国家旅游公司管理的国家

巴基斯坦伊斯兰共和国旅游开发公司（PTDC）是巴政府发展旅游的龙头企业，成立于 1970 年，政府有 96%的股份，在全国有 20 个旅游咨询中心、4 家大型连锁酒店及 18 家汽车旅馆。巴基斯坦旅游有限公司是其下属的子公司，负责招徕海外团体及散客旅游。

6. 设有政府咨询决策协调机构的国家

日本的旅游决策和管理机构可以分成四个层次：行政主管、政策咨询、政策协调和地方旅游管理。

行政主管机构是运输省及其观光厅。第二次世界大战后日本政府的旅游管理部门是原运输省观光部，2001 年日本各省厅重新整编后设在国土交通省综合政策局内的相关科室。日本旅游业内人士认为，旅游管理部门设置分散、职权有限，不利于国家旅游业的发展。2007 年 6 月 26 日，日本国土交通省决定将目前负责旅游工作的各个部门进行整合，2008 年财政年度设立“观光厅”，以推进日本政府的“观光立国”政策。

旅游政策咨询机构是观光政策审议会，原由总理府领导，现由运输省领导，主要职能是审议旅游方针政策和法规。

旅游政策协调机构是部际旅游联络会议，设在总理府（首相府），由内阁总理大臣官房内政审议室长（总务长官）主持，成员由 21 个与旅游业有关的省厅（部或部级机构）的代表组成。

除国家管理机构外，还有很多非官方旅游组织和旅游行业的协会，如日本观光协会（JTA，社团法人）、日本交通公社基金会（JTBF，社团法人）、日本饭店协会（JHA，社团法人）、日本旅行业协会（JATA，社团法人，国际旅行社行业组织）和日本旅行协会（JATA，社团法人，国内旅行社行业组织）等。这些团体对加强旅游促销宣传，协调各部门、各行业之间的关系，促进旅游业的发展，发挥着重要作用。

韩国《旅游振兴法》规定，在国务总理领导下设旅游政策审议委员会，由 20

人组成，成立于1965年，直属国务院总理办公室，由总理任委员长，审议、制定旅游发展战略、政策和重大措施，协调部署旅游振兴事宜，审议和决定有关旅游开发、宣传促销事项。旅游政策审议委员会下设旅游政策工作委员会处理日常工作。

泰国旅游业的最高管理机构是总理府下设的旅游发展委员会，由各常务部长任委员会主席，吸收有关部门（内务部、交通部、外交部、国家环境委员会）参加。政府内设泰国体育与旅游部。

马来西亚政府设立旅游委员会，由一位副总理任该委员会主席，由文化旅游部、财政部、旅行商、饭店和航空界等代表参加，协调旅游工作。

二、大洋洲国家概况

1. 旅游部与产业部结合的国家

澳大利亚联邦工业、科学与旅游部。澳大利亚联邦政府的旅游管理机构由国家旅游局、旅游研究局和澳大利亚旅游委员会组成。国家旅游局是负责制定和执行旅游发展政策与规划，下设地区和环境旅游部、国际与行业开发部和旅游运输与企业开发部，受工业、科学与旅游部领导。旅游研究局是一个非执行机构，隶属于工业、科学与旅游部，其职责是收集和发布旅游数据，从事战略性研究，监察旅游发展动向，为政府和企业进行决策服务。

澳大利亚旅游委员会（ATC）是一个由政府相关机构、旅游企业和行业组织及旅游专业人士组成的对外营销机构，实行董事会制，经费主要来自政府拨款，主要职能是对外旅游宣传促销，增加入境旅游者，在外国设有8家旅游办事处。工业、科学与旅游部在全国6州派驻旅游局局长，其旅游调研职责是协调联邦与各州的旅游协作。

萨摩亚独立国由一名副总理兼任工商劳工部部长并兼管旅游。

2. 旅游部与交通部结合的国家

斐济群岛共和国设有旅游和运输部，2003年成立斐济旅游局（Fiji Visitor Bureau）。该局是斐济政府资助的法定团体，主要职能是旅游宣传促销并对政府的旅游发展战略与实施措施提出建议等，在国外设有4个旅游办事处和3个市场代表。

3. 旅游部与环境部结合的国家

汤加王国由一名副首相兼环境和旅游大臣。

4. 隶属于商业部的国家旅游局

新西兰旅游局，隶属于商业部的特殊法人，主要职责是制定旅游业和经济发展政策，规划旅游设施建设，实施对环境、渔业和海洋旅游资源的使用和保护，在尊重当地人价值观的同时将毛利人的文化遗产开发成新西兰旅游景观。旅游部下设新西兰旅游促进局（主要职能是旅游宣传促销）、重大活动办公室和旅游政策室。在国外设有16个旅游办事处。

三、欧洲国家概况

1. 旅游局设置在相关部之内的国家

英国旅游局根据1969年《旅游发展条例》设立，隶属于就业部之下。英国旅游局的主要职能是宣传促销、促进旅游基础设施建设，旅游局下设秘书处、旅游市场委员会（宣传促销）、旅游设施委员会（协调相关部门旅游设施建设）、旅游开发委员会（改善旅游交通及标识、环境卫生）、饭店餐馆委员会（饭店星级评定）、文物遗产委员会（文物保护宣传），并设有驻外旅游办事处30个。另设三个半官方的英格兰旅游委员会（又译为旅游局）、苏格兰旅游委员会（又译为旅游局）和威尔士旅游委员会（又译为旅游局），主要职能是宣传促销与旅游合作。英国旅游协会成立于1929年，其成员有船运公司、铁路、饭店和有度假地的地方政府。

德意志联邦共和国国家政府机构中未专设旅游管理机构，有关旅游的事务分别由联邦经济部、联邦外交部、联邦地区规划—建设与城建部、联邦交通部、联邦内政部等17个部委负责。经济部下设旅游政策处，主要职能是调查研究和制定政策。旅游管理主要由德国旅游协会承担，与总理府和政府相关部门进行对话，协调旅游行业事务。对外旅游宣传促销由半官方的旅游中心承担。联邦议会经济委员会下设旅游委员会，由一名国务秘书负责联络工作。旅游委员会主要负责协调各部委的旅游管理工作，下设旅游驻外办事处14家。旅游管理分为四级，即联邦级、州级、地方级和行业协会级。联邦政府和州政府对旅游业实施行业性宏观调控，负责制定方针政策和法规；地方和行业协会则根据各自的需要制定措施，并负责监督方针政策和法规的贯彻执行。

法兰西共和国根据1910年《财政法》成立国家旅游局，1993年起该局设在公共工程、住房和交通部内，主要职责是制定关于旅游企业的法规条例。1997年起由一名副部级的国务秘书专管旅游局。该局下设战略与人事司（含战略发展处、旅游统计处、人力培训处和财务行政处）、旅游政策司（含企业处、国土规划和地方企业管理处）、山地旅游研究管理中心、国际事务处、对外联络和公共关系处。另设有“法兰西之家”、旅游工程规划署、国家旅游咨询署、国家旅游观察研究署、法国“度假支票”管理局。

1986年11月建立半官方的旅游组织“法兰西之家”，由原旅游局宣传司牵头，吸收95个省的旅游委员会和2823个咨询中心参加，统一负责法国对外旅游推销活动。“法兰西之家”协助组织全国专业性俱乐部，俱乐部的主要任务是进行市场分析，向旅行商提供信息，从而推出旅游产品，进行联合旅游推销活动等，在国外设有34个旅游办事处。各省都设有旅游局。

俄罗斯联邦1992年成立国家旅游总局，后与文化部合并组成文化与旅游部。

普京就任总统组建经济发展与贸易部后，国家旅游总局又置于该部内，主要职能是旅游对外联络和宣传促销。

爱尔兰司法、平等及法律改革部下设国家旅游局，负责旅游宣传推广的是爱尔兰旅游委员会和公私合作会“海外旅游促销机构”（OTMI）。

荷兰王国经济事务部下设旅游局，为公共法人。负责旅游宣传推广的是荷兰旅游委员会。在国外设有13家旅游办事处。

芬兰共和国旅游局属贸易与工业部管辖，由外交部、财政部、交通部、饭店餐饮业和他方代表组成的旅游理事会领导。芬兰国家旅游局（1973年成立），在各市镇设有旅游办公室。

奥地利共和国国家旅游局属经济部管辖，受经济部监管的公共法人，在国外设有20家旅游办事处。

瑞士联邦国家旅游局属经济部管辖的特殊法人，是个半官方的协会性事业机构，主要任务是制定旅游政策和长期规划，代表瑞士从事国家级的旅游宣传促销工作。经费来源主要靠政府拨款，约占经费来源的63%，其下依次是组织成员费（由联邦铁路局，电信局，邮政局，饭店协会，公路局，航空公司，乳制品联合会，瑞士统一联合会，各州、区等500多个成员缴纳）、经营性收入和其他非经营性收入。成员费缴纳在瑞士已形成惯例，自筹经费部分约占37%。瑞士各地还有区域性的旅游局。瑞士在国外设有20多个旅游办事处。

丹麦王国国家旅游局。曾设旅游部，1996年撤销旅游部，单设国家旅游局。

葡萄牙共和国国家旅游局是经济部下属机构，财政自立、自主运行，有22家驻外办事处。

瑞典王国外交部内设旅游局，对外旅游宣传推广的工作由公私合作的瑞典旅游开发公司负责。

捷克共和国旅游促进局。

塞浦路斯共和国旅游组织。

2. 旅游部与商贸等部结合的国家

西班牙王国工业、商业和旅游部。1996年前设旅游与贸易部，1996年撤销旅游与贸易部，旅游总局并入经济财政部，由贸易、旅游及中小企业国务秘书处（副部级）主管旅游总局。2000年后改由贸易与旅游国务秘书处主管旅游总秘书处，该总秘书处下设旅游研究所、合作协调司、竞争发展司和旅游促进会。旅游总秘书处的主要职能为：制定提高旅游企业质量及技术的总体计划，设计旅游业发展战略，批准旅游对外促销政策，制定各地区与旅游企业合作规划，开展旅游培训等。旅游促进会是一个公私结合的自治性机构，主要负责对外旅游宣传，协助各自治区进行旅游产品的对外销售，并在国外设有27个旅游办事处。各自治区政府均有旅游行政部门负责本地区的旅游管理，但管理机构的设置和名称很不统一，如安达卢西亚自治区设旅游与体育局，卡斯蒂利亚—莱昂自治区和加泰罗尼亚自治区设工商旅游局。地方旅游行政部门享有较大自主权，与中央旅游行政部门没有从属关系。因此对西班牙进行旅游促销，主要与地方旅游行政部门打交道。

罗马尼亚共和国中小企业、贸易、旅游与自由职业部，政府内设有交通建设旅游国务秘书。在外国设有16个旅游办事处，国内设有旅游信息中心。

塞浦路斯共和国商工旅游部。

圣马力诺共和国旅游、体育、通信及经济合作部。

塞尔维亚共和国国家旅游组织。

3. 旅游部与文化部结合的国家

意大利共和国文化遗产与旅游部。1919年成立国家旅游局，曾隶属工业商业手工业部管辖，该部还管辖历史文物、影视及娱乐。现为政府文化遗产与旅游部，下设16家旅游驻外办事处。从1935年起，各省相继成立旅游局。各地旅游局在执行全国旅游发展的方针、政策和计划时，享有相当大的自主权。

阿尔巴尼亚共和国旅游、文化、青年和体育部。

马耳他共和国旅游与文化部。

比利时文化部下设旅游局。

波兰共和国国家运动与旅游部，下设旅游局，负责旅游宣传促销的是波兰旅游推广机构。

4. 旅游部与交通部结合的国家

希腊共和国旅游与航空部，由主管旅游的部长主持旅游委员会。希腊国家旅游组织（GNTO）创立于1927年，1950年重建，据2004年10月11日政府公报，该组织在雅典设有总部，各地方设有分部，包括各类旅游企业，由旅游部部长领导，由酒店、旅行社、旅游企业、游船、导游、露营地、出租车、教育、文化部、运输、经济、规划、法律专家组成。

克罗地亚共和国海洋、旅游、交通和发展部。

5. 单设国家旅游部（局）的国家

希腊共和国旅游发展部，下设国家旅游局（GNTA）。

捷克共和国旅游局。

6. 旅游部与环境部结合的国家

安道尔公国旅游与环境部。

四、美洲国家概况

1. 旅游局设置在商贸经济部之内的国家

美利坚合众国商务部国际贸易管理局所属的旅游产业办公室承担旅游政策和

旅游调研两项主要任务。该办公室由商业部次部长助理领导，代表美国政府出席与旅游相关的政府间会议和谈判。旅游产业办公室下设两个主要机构——旅游政策协调部和旅游发展部。旅游政策协调部负责协调联邦旅游政策，代表美国政府参加贸易和投资的谈判，并使旅游企业的利益得到充分的保障。旅游发展部的主要任务是收集、分析和出版国际旅游的调研信息，包括现有旅游市场的规模和特点，评估旅游需求和模式的变化，提出对潜在国际旅游市场的预测和判断等。

1996 年美国官方的国家旅游局撤销后，成立了美国国家旅游组织（National Tourism Orgnization），隶属于商务部，为非营利性的民营组织，主要职责是宣传美国整体形象。

旅游宣传促销活动由美国旅游协会（Travel Industry Association）承担。协会创办于 1941 年，总部设在华盛顿，是一个全国性的非营利性的民间行业组织，代表美国旅游业界的整体，促销和推动美国的入境旅游与国内旅游的发展，并从事旅游调查研究、信息咨询、行业交流和编制旅游供给与市场开发计划，其经费主要来源于会员缴纳的会费收入。美国旅游协会在联系和协调民间旅游组织方面起到了领头作用，包括全国州旅游理事会、国家旅行信息中心理事联盟、全国区域旅游组织理事会、全国风景区理事会、全国城市组织理事会和国际会议与游客协会等民间旅游组织。

美国各州政府均设有旅游管理和促销机构，有的是由非营利的民间组织，如夏威夷会议和游客局承担发展与管理旅游的工作。由于美国的联邦体制，各州政府旅游局在促销和宣传本州旅游业方面所发挥的作用相当独立,且资金来源充足。各州旅游局资金的主要来源是州政府公共资金。

加拿大，1995 年撤销旅游部，旅游局隶属于加拿大工业部之内，负责加拿大旅游业的发展、管理和市场营销等事务。加拿大旅游局下设 4 个机构：政策计划协调处、行政管理处、旅游推销处和旅游发展处，在国外开设了 20 多个旅游办事处。1995 年组建的加拿大旅游委员会（Canada Tourism Commission，CTC）是一个独特的联邦政府、地方政府与私营部门的协调组织，其执行管理机构是由 26 位业内成员组成的董事会，主席和总裁由加拿大总理直接任命，其余的 24 位董事则是来自加拿大公/私营旅游部门的各个领域的专家代表。董事会负责制定旅游委员会的总体市场营销战略，核准审批资金分配计划及商务计划，选举负责实施总体战略的执行委员会主席。旅游委员会下设加拿大市场营销、美国市场营销、会议与奖励旅游、拉丁美洲市场营销、欧洲市场营销、亚太市场营销、市场促销及市场调研、行业与产品开发和技术应用部。

智利共和国经济部内设国家旅游服务局，并由智利旅游推广公司专门从事旅游宣传推广。

2. 单设国家旅游部的国家

墨西哥合众国旅游部，1999 年设立墨西哥旅游促进委员会（又译旅游局），由 4 名政府成员、7 名旅游行业代表组成，主要职能是海外旅游宣传促销，在国外设有 16 家旅游办事处。全国 31 个州均设有旅游局，业务上受国家旅游部指导，行政上归各州政府管辖。

巴西旅游部，原隶属通商产业旅游部。下设旅游局，主管旅游宣传促销。

安提瓜和巴布达旅游部。

厄瓜多尔共和国旅游部，1992 年 8 月创建信息和旅游部。1994 年 6 月，随着旅游的成长，旅游从信息部中分离为独立的旅游部。1999 年 8 月，旅游部与外贸部合并。2000 年 2 月，又与环境部合并。同年 4 月，旅游部再次独立设置。旅游行业组织有旅馆联盟、旅馆经营者协会、旅行社协会、公共运输公司、小零售商联盟、食物协会和出租汽车司机协会等。

古巴共和国旅游部。

哥斯达黎加共和国旅游部，下设旅游局，主要职能是旅游宣传促销。

特立尼达和多巴哥共和国旅游部。

委内瑞拉共和国旅游部。

萨尔瓦多共和国旅游部。

牙买加旅游部（Tourist Board），由牙买加旅游委员会主管旅游宣传促销。

洪都拉斯共和国旅游机构（或协会，Tourism Institution）。

3. 旅游部与工商经济部门结合的国家

秘鲁共和国工商、旅游和一体化部。

哥伦比亚共和国工业和旅游部，内设国家旅游总局，专门从事旅游宣传推广的是国家旅游开发公司。

4. 旅游部与运输及文化部门结合的国家

格林纳达旅游、民航、文化部。

巴哈马国旅游和航空部，下设旅游促进基金会（Tourism Promotion Fund），主要职能是旅游宣传促销。

巴布亚新几内亚独立国文化和旅游部。

乌拉圭东岸共和国旅游和体育部。

5. 设立旅游协调机构的国家

美国商务部旅游产业办公室下设有内阁级的旅游协调部，由国务卿、内政部、劳工部、交通部、移民局、海关、国家旅游组织、美国商会、国际行业管理、管理与预算办公室的代表组成，负责协调联邦旅游政策。

巴西《巴西共和国旅游管理法》规定成立国家旅游委员会，由工商部主持，成员由与旅游相关的官方与民间、企业代表组成，其职能有制定旅游发展方针政策、参加国际旅游组织、审批地方旅游机构、审批与检查国家旅游资金等。

墨西哥成立部际旅游执行委员会，各州成立旅游促进委员会。

哥伦比亚《旅游法》规定成立旅游高级委员会，由经济发展部部长领导，旅游局、外交部、外经贸部、交通部、环境部、国家计划部部长组成。

厄瓜多尔《旅游法》规定，由总统代表、工业/贸易/一体化/渔业部、外交部、财政/公共信贷部部长和全国发展委员会规划秘书长等组成旅游业最高决策协调机构。

五、西亚和非洲国家概况

1. 单设国家旅游部的国家

阿拉伯埃及共和国旅游部，下设埃及旅游局（ETA），该局负责宣传促销、教育培训等，接受私营企业经济资助。埃及全国旅游联合会，下设旅游饭店协会、旅行商协会、旅游教育协会和旅游商品协会。旅游局和旅游协会承担国家旅游推广促销工作，派有15个驻外办事处。

以色列国旅游部，20世纪80年代从工商部分离出来。内设公关与促销司、基础资料司、会议司、大型活动司和国际司，其重点是对外宣传促销，同时还负责与旅游有密切关系的历史文物保护。国内18个地区设有旅游办事处，负责当地旅游管理与咨询服务。以色列政府在欧洲和北美洲一些国家设立了20多个旅游办事处，大力开展促销活动。旅游部设有一所直属旅游院校。

土耳其共和国原设文化和旅游部，1989年1月为加强旅游业，经内阁提议、议会批准单设旅游部。内设14个部门：研究、计划和协调委员会，投资总局，建设总局，企业总局，促销总局，培训总局，国际关系总局，人事司，行政财务司，促销周转基金管理司，检查委员会，法律顾问办公室，部长顾问办公室，新闻、公关顾问办公室。国内80个地区设有旅游办事处，在国外设有23个办事处。国内12个地区设有旅游培训中心。

突尼斯共和国旅游部。

叙利亚共和国旅游部。

安哥拉共和国饭店旅游部。

阿曼苏丹共和国旅游部。

厄立特里亚国旅游部。

刚果民主共和国旅游部。

喀麦隆共和国旅游部。

莫桑比克共和国旅游部。

加纳共和国旅游部。

塞内加尔共和国旅游部。

乍得共和国旅游发展部。

也门共和国旅游部，下设旅游促进局，主要职能是旅游宣传促销。

坦桑尼亚联合共和国国家旅游管理委员会。

卡塔尔国旅游局（QTA）成立于2000年，设有活动委员会、计划和开发委员会、质量管理委员会。

2. 旅游部与环境资源部结合的国家

南非共和国环境和旅游事务部，下设旅游局。南非旅游委员会（法人、政府出资80%，自筹20%）是全国最大的旅游组织，在很多情况下行使政府授权的职能，如饭店的分类、定级，发放营业执照，市场研究与开发，资料收集和促销活动等。它的高级职员由政府聘请企业家担任，以加强政府与私营旅游企业之间的联系。其附属的旅游联络委员会由各行业协会组合而成，具有广泛的代表性和权威性。主要行业协会有：南非旅行代理商协会、南非接待同盟协会、南非车辆出租协会和非洲旅行与游猎协会。各省也有旅游委员会之类的机构，负责本省旅游法规的制定以及国内旅游的开发。国家旅游论坛是政府的旅游政策咨询机构，负责对即将出台的旅游法规进行调研和提出修改意见。1996年2月新成立了南非旅游行业委员会，该组织为私人旅游业主的行业组织。南非在国外设有15个旅游办事处。

阿尔及利亚民主人民共和国国土整治、环境与旅游部。

博茨瓦纳共和国环境与野生动物和旅游部。

津巴布韦共和国环境与旅游部。

布隆迪共和国国土整治、环境与旅游部。

刚果共和国旅游和环境部。

肯尼亚共和国旅游和野生动物部，下设肯尼亚旅游局。

马拉维共和国旅游与野生生物部。

斯威士兰王国旅游、环境和通信部。

赞比亚共和国旅游、环境和自然资源部。

3. 旅游部与工商部门结合的国家

毛里塔尼亚伊斯兰共和国手工业与旅游部。

摩洛哥王国旅游、手工业与社会经济部。

几内亚共和国工商、旅游和手工业部。

科特迪瓦共和国旅游与手工业部。

卢旺达共和国商业、工业、投资、旅游和合作社部。

阿拉伯叙利亚共和国旅游和传统工业总局。

中非共和国旅游和手工业发展部。

利比亚共和国旅游和传统工业总局（General Board）。

4. 旅游部与交通部结合的国家

加蓬共和国交通、民航和旅游部。

科摩罗联盟交通运输、邮政、电信、新闻和旅游部。

马达加斯加共和国交通与旅游部。

塞舌尔共和国旅游和交通、公共管理部。

毛里求斯共和国旅游、休闲和对外通信部。

5. 旅游部与文化部结合的国家

埃塞俄比亚文化和旅游部。

利比里亚共和国新闻、文化与旅游部。

约旦哈希姆王国旅游与文物部，1998 年 3 月下设约旦旅游局，主要职能是旅游宣传促销，在欧美设有 11 个旅游办事处。

巴勒斯坦国旅游和文物部，下设旅游促进局。

（资料来源：旅游调研，2008 年第 3 期）

第五章　旅游目的地领导

【学习目标】

1. 了解管理领导理论基础知识。
2. 掌握旅游目的地领导作用的决定因素。
3. 了解旅游目的地领导的工作任务。

【本章导读】

海南建设国际旅游岛

海南省为加快国际旅游岛建设的推进，进一步提高全省旅游管理组织领导干部的能力素质，组织举办了“旅游城市规划建设与经营管理”专题培训班，为1452名领导干部集体“充电”。

该次培训班侧重国际旅游岛建设中有关知识型、经验型、技能型的培训，以进一步提升各级领导干部在城市化建设、统筹城乡发展、落实国际旅游岛建设各项任务等方面的能力和水平。

培训班邀请了国家部委领导干部、在城市建设方面有突出实绩的地方领导干部、国内知名专家学者、境外政府公务员或专家等担任教师。培训内容包括七大专题：城镇化道路与国际旅游岛建设，城乡规划法、规划体系与运作规程，新区开发、旧城改造、公共服务设施建设与城市经营，旅游城市基础设施建设的国际化改造和城市运营管理，旅游城市交通系统的规划建设和运行管理，低碳城市建设与产业发展，旅游城市设计与特色定位等。

据介绍，该培训班共举办12期，每期2～4天，培训对象以省委工作部门和派出机构、省政府组成部门和直属机构、省直事业单位等部门的省管干部为主，此外还包括市县发改、旅游、农业、国土、交通等相关业务单位和特色旅游小镇的主要负责人。

（资料来源：《海南日报》2011年4月20日第A03版）

旅游目的地的发展与管理到底需要什么样的领导者，领导者应如何使用和规划自己的权力和资源进行旅游目的地的建设和管理，不同国家和地区的旅游目的地发展实践都有不同的经验和教训。本章主要从管理学的领导理论出发，探讨旅游目的地的领导者及领导行为的一般理论。

第一节 管理领导理论

一、领导的含义

领导是在一定的社会组织或群体内，为实现组织预定目标，领导者运用其法定权力和自身影响力去影响被领导者的行为，并将其导向组织目标的过程。领导是管理的基本职能，它贯穿于管理活动的整个过程。

领导活动是一个复杂的系统，并不是领导者个人的孤立行为，而是一个包含领导者、被领导者、领导行为和客观环境等多种因素在内的活动过程。

二、领导与管理者的区别

领导是由领导者、被领导者、领导行为、组织目标、行为结果等共同构成的内容体系；领导者则是领导行为的主体，是领导的基本要素和领导活动的能动主体。每一个组织都有领导者，领导者是引导组织实现其最终目标的管理者。

需要注意的是，领导者又不同于管理者。

首先，领导更侧重战略性。领导侧重于重大方针的决策和对人、事的统御，强调通过与下属的沟通和激励实现组织目标；而管理则侧重于政策的执行，强调下属的服从和组织控制实现组织目标。领导追求组织乃至社会的整体效益，管理则着眼于某项具体效益。

其次，领导更具有超脱性。领导重在决策，管理重在执行。工作重点的不同，使领导不需要处理具体、琐碎的事务，主要从根本上、宏观上把握组织活动。管理则必须投身于人、事、财、物、信息、时间等具体问题的调控与配置，通过事无巨细的工作实现管理目标。

三、领导者的权力来源

领导者的权力来源有两种：一种是基于职位的权力来源；另一种是非职位的权力来源，即个人自身影响力。

1. 职位权力

职位权力包含三种：（1）法定权力，是组织内部正式的管理职位所拥有的权力；（2）奖励权力，是领导者对他人实施奖励的权力；（3）处罚权力，是一种实施处罚的权力。

2. 自身影响力

自身影响力就是领导者以自身的专业知识、个性特征等影响或改变被领导者的心理和行为的力量。

构成领导者影响力的因素，包括以下几个方面。

（1）品德。领导者要努力修炼自我品德，廉洁奉公、不以权谋私，等等。

（2）学识。学识既包括知识、学问，也包括领导者的见识。

（3）能力。领导者还要有很强的工作能力和操作能力。

（4）情感。情感主要是指领导者要真诚地关心下属，帮助下属，与下属进行情感交流，以情感人。

四、领导行为理论

领导行为理论就是通过对领导者的行为特点与绩效关系的研究，寻找最有效的领导风格。

1. 俄亥俄州立大学的研究（四分图理论）

1945 年俄亥俄州立大学的研究者霍尔平和维纳通过调查研究，归纳出描述领导者行为的两个维度：关怀维度和定规维度。

关怀维度是指领导替下属着想、尊重他们的思想和感情并与之建立相互信任关系的程度。定规维度是指领导者以任务为导向、引导下属为实现目标而努力的程度。如图 5-1 所示。

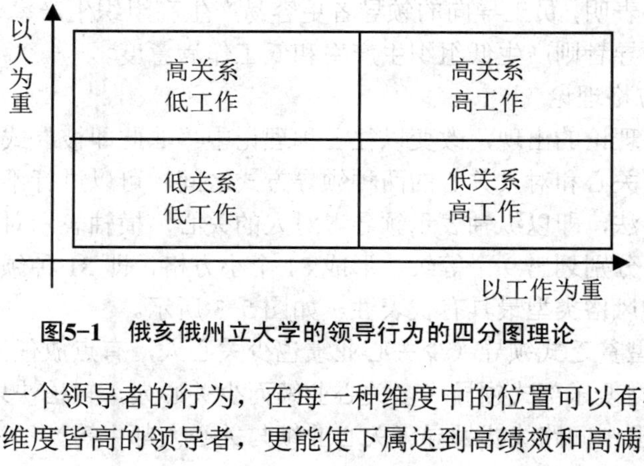

图5-1　俄亥俄州立大学的领导行为的四分图理论

研究表明，一个领导者的行为，在每一种维度中的位置可以有很大的变化。一般来讲，两个维度皆高的领导者，更能使下属达到高绩效和高满意度。

2. 密歇根大学的研究

密歇根大学的研究者伦西斯·利克特通过对企业、医院和政府各种组织机构的领导者进行详细的研究，把领导行为划分为两个维度，员工导向和生产导向。如图 5-2 所示。

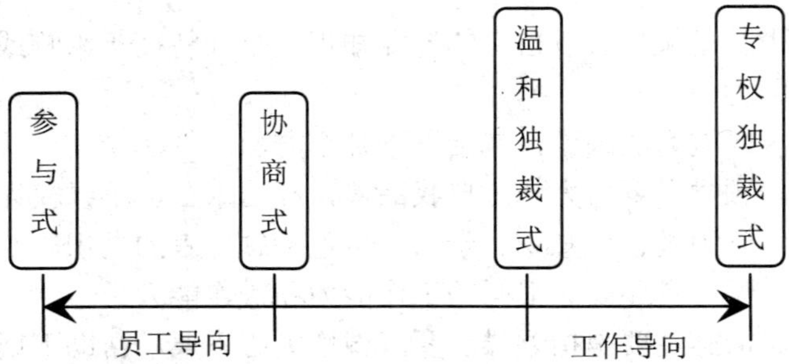

图 5-2 密歇根大学的领导行为理论研究

利克特提出两种领导方式的类型。

（1）工作导向型——以工作为中心的领导方式

强调工作任务的完成、强调技术、规范、严格监督，主要关心任务的完成，视下属为达到目标的工具，缺乏人情味，以工作为重。

（2）员工导向型——以员工为中心的领导方式

重视人际关系、关心下属的需要（满意度），注重调动人员的主观能动性去实现组织的目标。

员工导向的领导者十分重视员工需求。生产导向的领导者更强调工作的过程和结果。

研究结果表明，员工导向的领导者更容易产生高组织生产率、高工作满意度。生产导向的领导者则产生低组织生产率和低工作满意度。

3. 管理方格理论

管理方格理论的出现，改变以往各种理论中“非此即彼”式的绝对化观点，指出在对生产关心和对人关心的两种领导方式之间，可以进行不同程度的结合。

管理方格法，即以纵轴表示领导者对人的关心，横轴表示对生产的关心，在两个坐标轴上分别划出 9 个等级，形成 81 个小方格，即 81 种领导风格类型。其中有五种领导风格类型最具有代表性。如图 5-3 所示。

- 1-1 型贫乏式领导（少关心业绩也少关心人，有点放任）；
- 1-9 型俱乐部式领导（多关心业绩而少关心人，轻松快乐）；
- 5-5 型中间路线式领导（关心业绩与关心人都中等）；

- 9-1 型任务式领导（多关心业绩而少关心人，有点专制）；
- 9-9 型理想式领导（多关心业绩也多关心人，全面投入）。

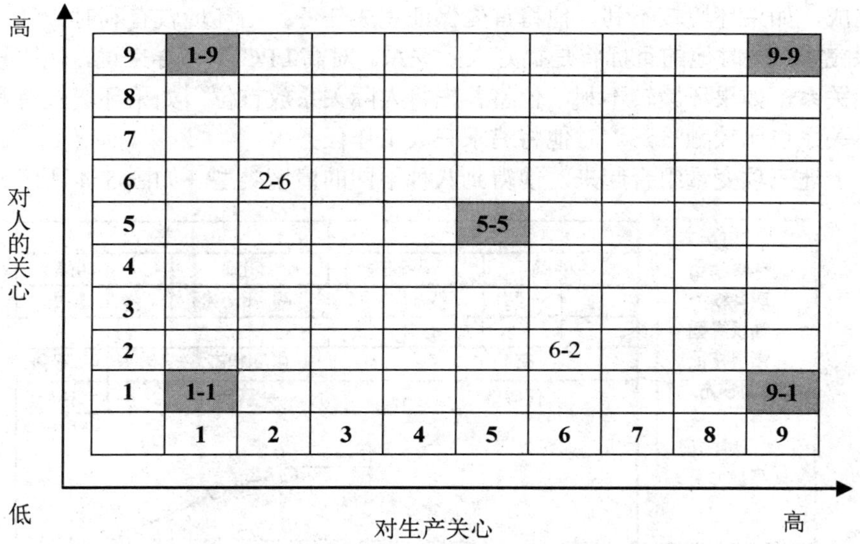

图 5-3 管理方格理论

五、领导权变理论

领导权变理论亦称随机制宜理论。强调领导无固定模式，领导效果因领导者、被领导者和工作环境的不同而不同。影响较大的权变理论有以下几种。

1. 菲德勒的模型

菲德勒认为不存在一种“普遍适用”的领导方式，任何形态的领导方式是否有效，取决于该领导方式与环境是否适应。他认为决定领导有效性的环境因素主要有三个：职务权力、任务结构和上下级关系。

（1）职务权力，指领导者所处的职位具有的权力和权威的大小。一个具有明确的并且高的职位权力的领导比缺乏这种权力的领导者更容易得到他人的追随。

（2）任务结构，即工作任务的明确程度和部下对任务的负责程度。任务清楚，工作的质量就比较容易控制，也更容易为组织成员规定明确的工作职责。

（3）上下级关系，指领导者受到下级爱戴、尊敬和信任以及下级情愿追随领导者的程度。

菲德勒设计了一种问卷来测定领导者的领导方式。该问卷的主要内容是询问领导者对最不与自己合作的同事即“最难共事者”（Least Preferred Co-worker，LPC）的评价。如果领导者对这种同事的评价大多用敌意的词语，则该领导趋向工作任务型的领导方式（低 LPC）；如果评价大多用善意的词语，则该领导趋向人际关系型的领导方式（高 LPC）。对低 LPC 型领导来说，他比较重视工作任务的完成，如果环境较不利，他将首先保证完成任务；当环境较有利时，任务能够确保完成，这时他的目标将是搞好人际关系。对高 LPC 型领导来说，他比较重视人际关系，如果环境较不利，他将首先将人际关系放首位；如果环境较有利时，人际关系也比较融洽，这时他将追求完成工作任务。

上述三项变量组合起来，便得到八种不同的情境类型（如图 5-4 所示）。

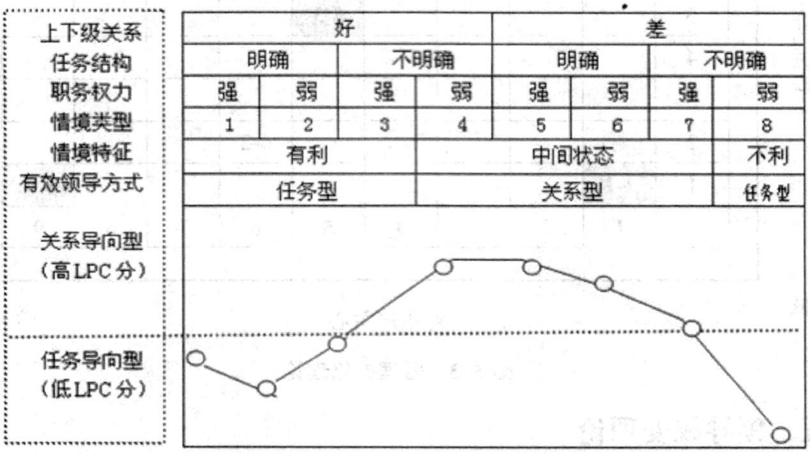

图 5-4　菲德勒的权变理论模型

菲德勒指出，在实际管理工作中要做到领导者与情境的匹配，两者相互匹配时，才会达到最佳的领导效果。菲德勒研究了 1200 个工作团体，对八种情景类型的每一种，均对比了关系取向和任务取向这两种领导风格。其结论是：任务取向的领导者在非常有利的情景和非常不利的情景下工作更有利，即在这种环境下任务取向的领导会干得更好。而关系取向的领导者则在中等有利的情景中干得更好。

2. 赫塞—布兰查德的情境理论

这是一个重视下属的权变理论。赫塞和布兰查德认为，领导的有效性取决于工作行为（指领导者和下属为完成任务而形成的交往形式，代表领导者对下属完成任务的关注程度）、关系行为（指领导者给下属以帮助和支持的程度）和下属的成熟程度（指人们对自己的行为承担责任的能力和意愿的大小。包括工作成熟度和心理成熟度）。根据下属的成熟水平选择正确的领导风格才会使领导取得成功。

下属的成熟程度，是个体对自己的直接行为负责任的能力和意愿。它包括两个因素：工作成熟度和心理成熟度。高成熟度的下属，既有能力又有信心做好工作。下属的成熟度可以自低而高分为四个阶段：①无能力且不愿意；②无能力但愿意；③有能力但不愿意；④有能力并愿意。

当下属成熟度不断提高时，领导风格的变化表现为四个阶段，如图 5-5 所示。

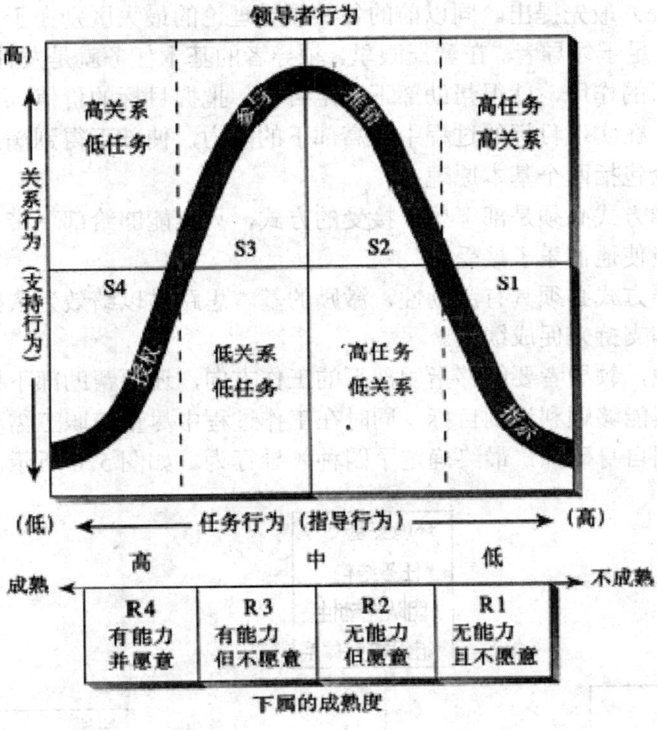

图 5-5　赫塞——布兰查德的情境理论

（1）指示或命令（高任务—低关系）。这时领导者需要提供清晰和具体的指令，明确告诉下属具体该干什么、怎么干以及何时何地去干。

（2）推销或说服（高任务—高关系）。这时领导者既要表现出高度的任务取向以弥补下属能力的缺乏，又要表现出高度的关系取向以使下属“领会”领导者的意图，要同时提供指示性行为和支持性行为。

（3）参与（低任务—高关系）。这时领导者的主要角色是提供便利条件与沟通渠道，与下属共同决策，运用支持与参与风格。

（4）授权（低任务—低关系）。这时的领导者是不需要做太多的工作的，换句话说，这时领导并非必要。

当下属的成熟度越来越高时，领导者不仅要不断降低对他们活动的控制，还要不断减少关系行为。就如同家长与孩子的关系一样，当孩子越来越成熟并能承担责任时，家长需要逐渐放松控制。

3. 豪斯的目标—路径理论

路径—目标理论由加拿大多伦多大学的组织行为学教授罗伯特·豪斯（Robert House）最先提出。同以前的各种领导理论的最大区别在于，它立足于部下，而不是立足于领导者。在豪斯眼里，领导者的基本任务就是发挥部下的作用，而要发挥部下的作用，就得帮助部下设定目标，把握目标的价值，支持并帮助部下实现目标。在实现目标的过程中提高部下的能力，使部下得到满足。

这一理论包括两个基本原理：

一是领导方式必须是部下乐于接受的方式，只有能够给部下带来利益和满足的方式，才能使他们乐于接受；

二是领导方式必须具有激励性，激励的基本思路是以绩效为依据，同时以对部下的帮助和支持来促成绩效。

也就是说，领导者要能够指明部下的工作方向，还要帮助部下排除实现目标的障碍，使其能够顺利达到目标，同时在工作过程中尽量使职工需要得到满足。

豪斯根据自身研究，最终确定了四种领导行为。如图 5-6 所示。

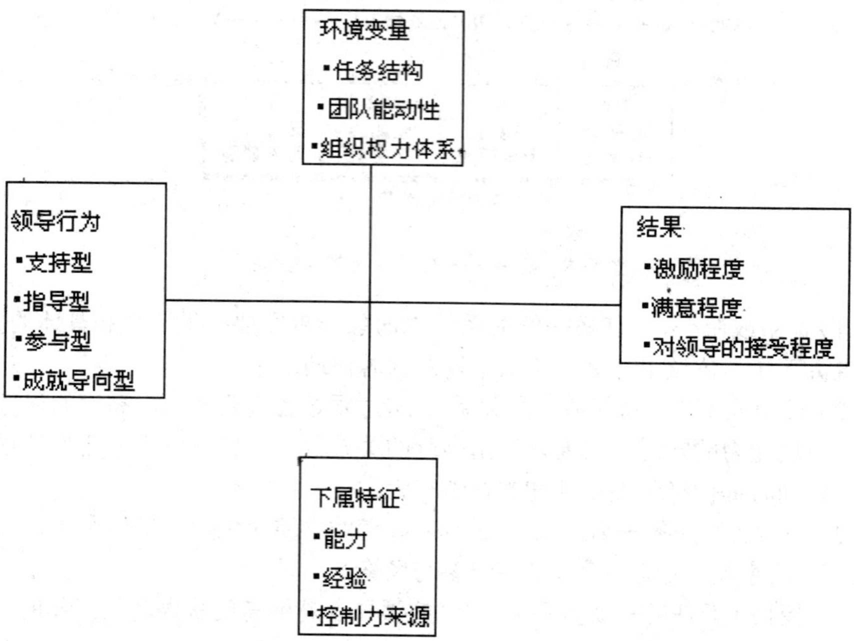

图 5-6 豪斯的目标—路径理论

- 指导型领导（Directive Leadership）：领导者对下属需要完成的任务进行说明，包括对他们有什么希望，如何完成任务，完成任务的时间限制，等等。指导型领导者能为下属制定出明确的工作标准，并将规章制度向下属讲得清清楚楚。指导不厌其详，规定不厌其细。

- 支持型领导（Supportive Leadership）：领导者对下属的态度是友好的、可接近的，他们关注下属的福利和需要，平等地对待下属，尊重下属的地位，能够对下属表现出充分的关心和理解，在部下有需要时能够真诚帮助。
- 参与型领导（Participative Leadership）：领导者邀请下属一起参与决策。参与型领导者能同下属一道进行工作探讨，征求他们的想法和意见，将他们的建议融入到团体或组织将要执行的那些决策中去。
- 成就导向型领导（Achievement-Oriented Leadership）：领导者鼓励下属将工作做到尽量高的水平。这种领导者为下属制定的工作标准很高，寻求工作的不断改进。除了对下属期望很高外，成就导向型领导者还非常信任下属有能力制定并完成具有挑战性的目标。

在现实中究竟采用哪种领导方式，要根据部下特性、环境变量、领导活动结果的不同因素，以权变观念求得同领导方式的恰当配合。

六、领导者的素质要求

领导者素质是指在先天禀赋的生理素质基础上，通过后天的实践锻炼和学习形成的，在领导工作中经常起作用的诸内在要素的总和，是领导者进行领导活动的自身基础条件。主要包含以下几个方面。

（一）政治素质

政治素质是对领导者政治作风和思想品德方面的要求。

（二）知识素质

作为领导者，需要具有广博的科学文化知识和相关的管理知识，还需要具备相关的专业知识。

（三）能力素质

领导者在领导过程中需要具备以下能力：

- 认知能力，是指领导者认识事物的能力；
- 情感能力，是指领导者处理人际关系的能力和克服自己情绪波动的能力；
- 意志能力，是指领导者在认识和变革现实的过程中，自觉地确定目的，有意识地根据目的调节支配行动，克服困难，实现目标的心理过程；
- 行为能力，是指领导者在实践过程中表现出来的技巧与艺术。

七、领导的决策艺术

（一）确定是否需要决策

领导决策艺术的首要问题就是确定究竟什么问题需要决策。当不采取行动会让情况变糟或者不采取行动会让机会白白溜走时，就需要进行决策。

（二）鼓励人们提出不同意见

由于人们的价值观不同，对于同一事物，人们的看法会各不相同。为了更接近事实的真相，做出正确的决策，领导者需要多倾听人们的不同见解。

（三）提出各种可能的方案

做决策时要提出若干方案，能够应付突发事件和不时之需。

（四）执行决策的人要参与决策

做决策时，领导要适当地下放权力，让执行决策的人参与决策，这样既能调动下属的积极性，又能提高决策的可行性和科学性。

（五）建立有效的反馈制度

决策被执行的时候，领导者首先要以书面形式明确决策执行的效果，然后制定决策执行的反馈制度，定期或者不定期检查决策的执行情况，根据执行情况提供必要的支持或者调整原来的标准。

第二节 旅游目的地领导

一、旅游目的地领导作用的决定因素

西方管理学家约翰·科特提出了权力和影响力对于领导作用的理论。权力是支配他人行为的制度性力量，一个人只要在某个组织中担任某个职位，就可以获得与这个职位相应的权力。而影响力则是一种不依靠权力就能够使人心甘情愿追随你的能力。

一般而言，如果没有某种形式的权力，组织就不能实现目标。然而，随着一些社会和经济发展趋势的变化，对管理工作、技术工作和专业工作产生了无以复加的影响，使之呈现出日趋复杂的局面。约翰·科特通过对大量综合性企业进行对比研究，最终发现只有重新发掘领导作用，企业才更具竞争能力、适应能力和应变能力。他认为领导不必以获得职权为前提和保障，领导活动也不应是上位职权对下位职权的单向影响。正确认识领导的前提是区分领导与管理的不同。

当一个有领导职务的人以强制性为基础，以外推力的形式对部下发挥强制作用力的时候，他已经把自己的角色转化为管理者了。管理和领导是有本质区别的：领导更基于一种特殊的影响力，尤其是非强制性特征的影响力，它是以被领导者的自愿追随和服从为前提的。领导的影响力有多种形式，科特把这些基础概括为：

- 一个人所掌握的信息和知识；
- 良好的工作关系；
- 良好的个人履历和声誉。

科特认为，只有具备足够的影响力，才能弥补领导工作中固有的权力空隙。管理者需要他人的协作，但常规的职权又缺乏对这些人的实际控制权。这时，影响力的作用就凸显了出来，正确运用影响力才能有效、负责地管理形形色色的人员和错综复杂的依赖关系。

对旅游目的地的管理而言，目的地管理组织的管理者要明确认识管理与领导的真正差别。加强领导首先需要培养能够充分利用一切影响力来弥补组织结构赋予的权力空隙，充分发挥各类资源的效用来实现目的地的战略发展目标。作为一名旅游目的地的领导者，不能仅靠制度性的权力，更重要的是要靠影响性权力，坚持以影响性权力为主，制度性权力为辅，把科学性与艺术性有机结合起来。要认识到“管理立足于科学，重点在控制和有序；领导立足于艺术，重点在远见与变革”。

二、旅游目的地领导能力的培养

旅游目的地的领导者是目的地发展创新、改进产品与服务质量、提高目的地综合效益的带头人。如果没有优秀的领导者确定发展观念和目标、对下属进行指导和鼓励，目的地的发展就无法实现。

领导才能并不是天生的，旅游目的地应采取一系列的措施，挖掘、发现、培养自己的领导者，提高目的地的质量管理水平，为目的地的发展和消费者提供卓越的服务以及发展环境。

（一）为培养对象提供晋升空间

让合适的培养对象随着职务的晋升承担更多的责任，以便使培养对象在实践中逐步提高并更好地发挥领导才能。

有一定领导才能的管理者在更多地参与目的地管理工作的同时，也为其他培养对象树立了榜样，这对培养他们的领导观念和领导技巧有重要意义。

（二）激励培养对象积极参与目的地全面质量管理

参与目的地全面质量管理工作，可以提升培养对象的知识能力水平，为其创造发挥才干的机会，充分调动其主动性、积极性、创造性，增强他们敬业爱岗精神，进而逐步提升领导能力。

（三）强调信任感

目的地高层管理人员应充分相信培养对象的判断力和能力，这样有助于增强培养对象的主人翁意识，使其增强主动积极思考、把工作做得更好的动力，更愿意为目的地的发展承担责任和风险。

（四）鼓励领导能力的学习

领导才能、领导技巧是可以学习的，旅游目的地的发展过程中应该鼓励培养对象学习，提高领导能力，并为其学习提供必要的帮助，进行不断的投资。

三、旅游目的地领导的工作任务

（一）目的地的经济增长是发展核心

旅游目的地管理组织从本质上来说是区域内部的行业管理部门，是旅游产业发展的推进部门。旅游目的地领导只有担负起旅游产业推进的职责，通过提供政府运营旅游产业的设计，借助政府的整体力量，才能真正做到落实目的地旅游开发的推进工作。

要做好一个旅游目的地的领导，必须站在党政领导核心的立场上，把握区域旅游产业发展的大思路，深刻认识旅游产业发展对区域经济社会发展的贡献，并提供推进旅游产业发展可运用的手段。

对于任何一种类型的旅游目的地，保持和加快经济增长速度都是必须完成的任务。就中国目前旅游目的地的发展历程来看，观光旅游已经不再是旅游目的地发展的中心，休闲旅游具有更快、更易发展的特点，而泛旅游产业对区域经济增长的贡献则非常大了。

因此，旅游目的地领导应该用泛旅游产业联动发展的理念，来制定发展规划，把康体、会展、商务休闲、娱乐等结合起来，形成系统整合与推进，这样才能保证对经济发展速度的贡献与推动能力，促进目的地的快速发展。

（二）国家的重点方针政策是前进方向

国家的重点方针政策、党中央的重大精神，是旅游目的地发展的方向标，是目的地领导需要认真思考、努力研究的重要课题。例如，近几年提出的科学发展观，这是中国发展模式的转变。对于旅游产业而言，生态环境的保护及绿色旅游产业的实现，是科学发展观的最佳体现，旅游目的地领导应该从产业结构调整，贯彻科学发展观的角度，结合环境治理工程、水利工程、退耕还林、生态城市建设等，推进旅游目的地发展。再如，社会主义新农村建设，是解决“三农”问题的新模式。旅游产业与农业产业的融合发展，乡村旅游的大力推进，是旅游目的地推进社会主义新农村建设的有力举措，是当前旅游目的地领导应该重点研究和推进的工作。

（三）区域内部的综合发展是基本模式

旅游目的地的发展，既要谋求经济上的发展，同时要带动环境、交通等基础设施的共同发展，这是旅游目的地领导需要思考的另一项工作任务。目的地区域内部的综合发展，就是要在旅游业经营的基础上，以经济发展带动城市基础设施和景观风貌建设，推进环境建设、城市面貌等的改善，包括河流整治、污染治理、矿区整治等土地整治的项目，城市商务与休闲区域发展的升值性土地运作，小城镇规划发展，乡镇与农村集体用地和宅基地的合理整治，等等。

旅游目的地领导应该综合思考如何利用土地开发的条件与政策，借助旅游景观打造与休闲项目建设，形成目的地旅游业经营中土地升值性开发，推动经济聚集和综合发展。

例如，城市中央游憩区的打造，休闲步行商业街区的开发，滨湖、滨江休闲带的开发，都是目的地经营中领导者应该坚决推动的大型项目；旅游小城镇的规划开发，环城郊区休闲带的发展，沿国道、省道、中心城市花园大道的休闲带的开发等，都是目的地领导者应该学习运用的模式；城市风貌打造与城市名片运作，是目的地领导者应该研究并协助政府完成的重要工作。

（四）目的地经济结构调整是发展目标

在中国目前的经济发展态势下，加快第三产业发展，提升“三产”比重，是全国一致的目标。目的地领导应该深入思考，怎样以游客流动带动“三产”经济结构调整，形成龙头带动效应，把游客带动模式，具体化为目的地“旅游带动‘三产’发展的行动计划”。这是因为，旅游及休闲会展等形成的泛旅游产业，在第三产业中占有较大的比重，以商务休闲接待、会议会展、观光旅游、自驾休闲、康体疗养、郊野运动、乡村休闲等为依托，包括城市商务旅游和家庭休闲旅游为主体的旅游产业，带动了城市和乡村多方面的经济发展，作用非常明显。

第六章　旅游目的地控制

【学习目标】

1. 了解管理控制理论基础知识。
2. 掌握目的地服务质量控制。
3. 掌握目的地环境影响控制。

【本章导读】

北京旅游控制规模创新发展

转方式、调结构，是党的十八大提出的工作重点，北京旅游经过30多年的发展，已经形成了巨大的产业规模和市场规模，在世界范围内也形成了一定的影响力。下一步，需要以市场为导向完成从大到强的转化，重点要从扩大规模转向优化结构。

一、优化结构体系

第一，涉及国民经济产业结构的问题。旅游产业是创造幸福的产业，所以如果重新创造一个结构的话，则旅游应该叫作第六产业。第一产业：种植，保障生存；第二产业：制造，缓解短缺；第三产业：服务，提供便利；第四产业：信息，提高效率；第五产业：文化，引领发展；第六产业：旅游，创造幸福。

第二，是时间结构的问题。现在大家觉得旅游产业供不应求。不是总量问题，而是短期的高峰问题。由于休假的集中，使旅游产业的需求和供给长期不能匹配，更容易形成旅游结构的不合理。

第三，是产品结构的问题。建设复合型的旅游产品体系，将是北京旅游发展的战略之举。包括都市旅游产品、商务旅游产品、休闲度假产品、乡村旅游产品、观光旅游产品，构造成为体系化格局。

第四，是公共旅游体系。包括公共环境、公共服务、公共产品。这几年正在努力开展，但是较之旅游发达国家，这仍然是北京旅游较大的短板。

第五，是产业结构的合理化与高级化。从新兴产业来说，正在成长，但还没有形成大格局，应当通过产业融合，大力发展。

第六，是空间结构。北京1.68万平方公里，首先是城市，之后是郊区，再后是乡村，就有不同的产品，不同的市场，不同的旅游发展模式等结构性问题，也有互为市场的问题。

二、做结构文章，谋发展大局

第一，形成共识。结构认识到位，结构分析深化，首先是调整思路，之后是调整既存的旅游经济结构。深化结构，优化结构，这是我们的当务之急。最终要培育结构竞争力，创造结构性效率。我们现在要从旅游大国走向旅游强国。北京已经超越了这种所谓的大和强的概念，进一步提出建设国际一流旅游城市，这个目标一步到位。

第二，调整结构。调整结构是当务之急，优化结构是长远战略。总体而言，控制规模、优化结构、提高水平、增加效益，企业是基础，效益是根本。回过头来说，项目还是要上的，但是重点应当在结构优化方面，重点上短板性项目，填平补齐项目，精品项目。

第三，管理转换。对应整个结构性的需求，或者说进一步结构性的提升，从管理方面需要转换。旅游行政管理部门从企业管理到行业管理，再到产业管理，最终的发展趋势是公共管理，到了公共管理，政府才能真正到位。核心就是抓四个方面：一是要素市场化，二是发展社会化，三是运行智能化，四是推进国际化。同时也涉及一个总的治理结构的转换问题，从旅游部门管理到协同管理，从旅行社管理到旅行业务管理，从星级饭店管理到流动住宿管理，从旅游景区管理到旅游吸引物管理，从供给管理到需求管理，从行业管理到公共管理，从国内管理到国际协作。这一系列的转换实际上就反映了一个问题，我们讲了多年的大旅游，如果有结构性的基础，大旅游就能够实实在在地做起来。

（资料来源:《中国旅游报》2012年11月23日第010版）

第一节　管理控制理论

一、控制的含义

控制是指管理者为确保组织目标以及为实现目标所制订的各项计划得以完成，对计划的执行过程进行监督、检查，如果发现偏差，及时采取纠偏措施的活动。控制在管理实践中具有不可替代性。这是企业组织中从高层到基层的所有管理人员都必须承担的职责。

二、控制的主要类型

依据控制措施作用的环节，可将控制划分为现场控制、前馈控制和反馈控制。

（一）现场控制

又称即时控制，是指在某项活动或者某种工作过程中，管理者在现场对正在进行的活动或行为给予必要的监督、指导，以保证活动和行为按照规定的程序和要求进行的管理活动。

有效的现场控制需要具备如下必备条件：较高素质的管理者、下属人员的积极参与和配合、适当的授权、层层控制、各司其职。

（二）前馈控制

又称预先控制，是指通过观察情况，收集整理信息，掌握规律，预测趋势，正确预计未来可能出现的问题，提前采取措施，将可能出现的偏差消除在萌芽状态。简言之，前馈控制就是“防患于未然”。前馈控制是控制的最高境界。

（三）反馈控制

指管理者通过分析工作结果，将它与控制标准进行比较，发现偏差并分析成因，然后拟定纠偏措施并予以实施，以防止偏差继续发展，或防止今后再度发生。

三、控制系统及其特点

控制系统是指由控制主体、控制客体、控制信息和控制措施组成的具有自身目标和功能的管理系统。

控制系统具有自身的一些特点：

1. 控制系统具有明确的目的性；
2. 控制系统是一个信息反馈系统；
3. 控制系统具有较强的环境适应性。

四、控制工作过程

控制工作包括三个步骤：制定控制标准——衡量工作绩效——纠正偏差。

（一）制定控制标准

没有控制标准，就无法实施控制。制定控制标准，一要确定控制指标，二要制定控制标准的要求。

（二）衡量工作绩效

它又可以分为两个小步骤：一是评定或预测计划的执行情况；二是进行实绩与控制标准的比较，并判定偏差的程度大小。

（三）纠正偏差

首先分析偏差的成因，然后采取包括改进工作方法、改进组织工作和领导工作、调整或者修正原有计划或标准等措施纠正偏差。

五、控制工作的原则

（一）目标明确原则

控制工作必须围绕既定的组织目标及为达成目标而制订的计划展开。

（二）控制关键点原则

应将主要精力放在最为重要的事项、活动或环节上。

（三）及时性原则

一方面，要能及时、准确地获取控制所需要的信息；另一方面，纠偏措施的安排应具有一定的预见性。

（四）灵活性原则

控制要有弹性，要制订多种应对变化的预案且留有一定的后备力量，并采取多种灵活的控制方式、方法来达到控制目的。

（五）经济性原则

要把控制所需的费用与控制所产生的效果进行经济上的比较，只有当有利可图时才实施控制。一方面，要有选择地实施控制；另一方面，要努力降低控制的各种耗费，从而提高控制效果。

第二节　旅游目的地控制

一、目的地服务质量控制

围绕旅游者旅游活动的服务是旅游目的地的核心产品，服务质量的优劣决定着旅游目的地的生命周期。尽管在旅游业发展初期的很长一段时期里普遍会出现，甚至目前仍存在着这样的现象，即旅游经营者以价格作为竞争手段，然而随着消费者的日益成熟，旅游经营者越来越认识到优质的服务才是旅游业长期发展的根本保证。因此，服务质量越来越受到旅游目的地管理组织的关注。

（一）什么是服务质量

关于“服务质量概念”，到目前为止尚未形成一个权威的表述，但纵观中外学者从不同的角度对服务质量概念的界定，可以归纳出服务质量概念的内涵主要包括以下三个要点。

1. 服务质量包括两部分内容，即技术质量和功能质量。

技术质量是指某项服务带给旅游者的价值，包括所使用的设备和作业方法等技术层面的内容。如酒店为客人提供的美味菜肴、干净卫生的床上用品等。

功能质量是指旅游者接受服务时的心理体验和感受。如餐厅服务人员的态度、旅行社处理质量投诉时的方式等。

2. 无论技术质量，还是功能质量，都是旅游者的主观感受。

旅游者所感受的质量与供应商所感受的质量在性质上是一致的，他们借以进行质量判断的外在依据也是一致的，唯一不同的是他们的感受角度。直接影响旅游者评价服务质量的因素并不是服务质量的客观属性，而是旅游者感受到的服务质量。

3. 服务质量并不是一个单纯的概念，而是旅游者的感受和供应商的资源及行动之间的一个互动函数。

即便旅游者对服务质量的感受带有主观色彩，旅游目的地仍可以通过有目的地选择信息发布来影响人们的感受，从而引导旅游者形成良好的服务质量评价。

（二）服务质量管理模型

瑞典著名的管理学家 Gronroos 于 1983 年提出了感知服务模式，他认为服务质量是期望服务与感知服务两者之间的匹配状况。[①]对于服务质量来说具有决定意义的是旅游者对服务效果的“感知”，而非真实服务本身。服务质量的优劣其实是旅游者将自己的质量感知与质量预期相比较的结果。当顾客期望与顾客感知之间不相匹配时，就出现了“质量差距”。

1. 预期质量阶段

由于服务基本上是以行为方式存在，它不能像实物产品那样在实际消费之前进行展示和存储。因此，旅游者在形成对某一特定旅游服务产品质量预期时，旅游目的地及供应商的品牌、形象和声誉就作为旅游者知觉背景发挥着重要的作用。

旅游者可以根据看到的服务工具、设备、接触的员工、其他旅游者、价目表等，综合成初步的质量价值信号，来形成对服务质量的预期。旅游者会根据他可以掌握的服务产品的背景、外观等各种有形或无形的价值信号，来对产品的质量进行预评估，从而形成预期质量。

综上所述，我们可以看出，预期质量表面上看是旅游者先入为主的主观意念，但实质上还是旅游者对外在价值信号的反映。因此，旅游目的地并非对旅游者的预期质量毫无控制之力，而是需要在信息的发布、信号的选择等方面做好文章，

① Gronroos, C. Marketing in Service Companies [M]. Malmo Liber, 1983.

使旅游者的期望处于一个旅游业能长久满足的水平。

2. 感知质量阶段

在实际感知阶段的服务质量，是对一次次具体的不同内容的服务过程的感知所组成的。就整体性而言，服务质量和一般实物产品的质量有很大的区别。实物产品如果某一部分的质量不合格，只需进行零件的调换即可恢复原有的性能，重新满足质量标准。服务质量的某一部分不合格，可能会导致旅游者对整个服务质量的否定，饭店在服务质量管理中有一个流行公式：100-1=0，这是由旅游者对服务质量的整体观念所导致的。

（三）服务质量控制手段

1. 推行旅游服务标准化管理

旅游服务标准化管理，是使旅游服务走上规范化、系统化的重要保证，是从整体上提高旅游目的地经营管理水平和服务质量的重要措施。

旅游服务标准化管理包括两方面内容：一是国家对旅游行业制定的行业通用的管理、服务标准和人员素质标准；二是旅游目的地结合自身实际，对日常服务活动进行的管理，规定统一的方法和程序，并用制度形式固定下来，形成行业规范。

2. 全面控制服务质量

为了提高旅游服务质量，旅游目的地要建立一套完整的质量管理体系。具体应该包括以下几个要点：

- 强烈地关注旅游者的需求及其变化；
- 坚持不懈地改进；
- 改进组织中每项工作的质量；
- 精确地度量；
- 向雇员授权。

旅游目的地要按照全程控制质量管理模式，通过全体员工的参与来改进流程、产品、服务和公司文化，为游客提供高质量的服务产品。

3. 提高旅游服务的过程质量

过程质量不仅与服务人员的仪表仪容、服务态度、服务程序、服务方法以及工作效率等因素有关，还受到旅游者心理特点、知识水平、行为偏好的影响。过程质量是旅游目的地的“软件”，它说明旅游目的地是如何提供服务的。

首先，旅游目的地必须履行有利于旅游者和社会的道德行为。其次，一线服务人员要用友好的方式、可信的态度、主动的关心和周到的照顾服务于旅游者，并以实际行动为旅游者排忧解难。最后，认真听取旅游者意见的反馈。

二、目的地环境影响控制

在旅游业发展初期的很长时间内，存在着一个偏颇的观念，认为旅游业是无烟工业，投资少、见效快、收益高。于是在很多发展中国家和地区，旅游业被设立为龙头产业、支柱产业、主导产业而进行跨越式超前发展。这种做法通常由于过于强调经济效益而忽略了环境污染问题。这一问题在亚太地区的国家中表现得尤为突出。

在旅游业的深度发展过程中，各界人士越来越重视旅游对环境的影响，开始逐渐并日益关注环境影响的控制问题。

（一）旅游造成环境污染的原因

这里我们引入环境经济学中的两个基本概念：公共物品和外部效应。

公共物品是指那些不具有消费排他性的物品，环境就是一个内涵很丰富的公共物品，例如，清洁的空气、干净的水、物种的多样性，等等。每个人都是消费者，任何一个人对环境的消费，都不排斥其他任何人同等数量的消费。但当环境被污染后，其危害是巨大的，因为消费的不排他性而使污染结果被其他消费者同时消费。

外部效应指企业或个人的行为对活动以外的企业或个人的影响，外部影响的好坏对应外部效应的正和负。如植树造林对所有公众都有益，属于正的外部效应，而噪声、空气污染则属于负的外部效应。

对于作为公共物品的旅游业环境而言，环境的过度使用及不当使用，很容易产生外部效应，这类现象非常普遍。为了眼前利益、局部利益，以牺牲环境、透支未来收益来取得旅游经济的高增长，掠夺性开发旅游资源，将环境污染造成的外部成本转嫁给社会，从而夸大了旅游的经济效益。

因此，从根本上看，旅游造成环境污染等影响，关键是因为环境的公共物品属性，而在旅游开发使用过程中没有很好地体现其原有价值。

（二）旅游环境质量控制的措施

1. 科学制定旅游生态环境容量

环境容量是用来限制发展的一个最常用的概念，在旅游景区人数的控制应用中，环境容量的定义包含几层意义：一是旅游者的心理容量，它涉及游人对景区体验的满意度；二是旅游地容量，包括旅游地社会容量、旅游地经济容量、旅游地生态环境容量等，其中生态环境容量是有效控制环境质量的前提。

影响生态环境容量大小的因素主要有两个：一是靠大自然的自净能力，二是靠人的有效管理和污染物的人工处理能力。前者需要我们花大量的精力去调查、观察和研究，如一块草地在有能力自我恢复的前提下究竟能容纳多少人。后者则主要在于目的地管理者是否重视环境保护问题。大量研究表明，目前旅游目的地环境污染是以局部污染和季节性污染为主，可见很多污染是可以通过合理组织旅游活动，平衡淡旺季差异，重视对污染物的人工处理而得到有效避免的。

2013 年 10 月 1 日起实施的《旅游法》明确规定："景区接待旅游者不得超过景区主管部门核定的最大承载量。景区应当公布景区主管部门核定的最大承载量，制定和实施旅游者流量控制方案，并可以采取门票预约等方式，对景区接待旅游者的数量进行控制。"因此，各旅游目的地一方面要尽快测定各种生态环境系统的自净能力，不能盲目开发，操之过急，另一方面，要重视污染物的人工处理，科学测定生态环境容量，为旅游业发展规模的确定提供依据。

2. 外部效应内部化

外部效应的存在使旅游生态环境不可避免地面临污染，有效的解决途径之一就是将外部效应内部化，即将它转为私人物品，这样旅游供应商就会自觉地去考虑它的成本—效益问题。

目前我国许多旅游目的地管理体制没理顺，产权不清晰，这很容易产生外部效应，使旅游资源不能有效利用，环境污染难以控制。如在一些景区内，森林由林业局管理，水体由水利局管理，旅游设施和企业由旅游局或其他投资主体管理，相互之间利益分配不均，容易产生众多矛盾。因此，明晰产权，理顺体制，即将外部效应内部化，使集团内的利益趋向一致，资源才会得到最优配置。

3. 环境资源产业化

即使不能有效地将外部效应内部化，也可以考虑环境资源产业化。环境资源产业化是指专门从事环境资源的保护、治理、恢复、再生、增值和积累的产业部门，其生产活动主要包括土壤改良、耕地恢复、采种育林、飞播育草、濒危野生动物保护与饲养、水产育苗、废水废气净化、各种资源保护等。

4. 排污权交易

自然界有一定的自净能力，它允许人类排放一定的废弃物。但是环境作为一种资源，向其排污实际上就是对环境资源的破坏性使用和消耗，因此排污不能没有代价。目前虽然有多种收费方法，如排污费、排污罚款等，但终因种种原因，达不到控制环境质量的目的，且环境成本高，所收各种税费、罚没款项不能满足环境恢复需要。

旅游目的地管理组织应根据所监测到的环境质量状况，及时参与排污权的交易，达到有效控制环境质量的目的。这种方法在许多国家已广为采用。

第三部分　内容篇

第七章 旅游目的地规划

【学习目标】

1. 了解旅游规划发展历史。
2. 掌握旅游规划的结构体系。
3. 掌握旅游规划的内容与程序。
4. 掌握旅游规划的理论。

【本章导读】

福建省打造国际知名旅游目的地创新提升规划

2 月 19 日，《福建省旅游产业创新提升规划》(以下简称《规划》) 评审会在北京福建大厦举行。《规划》以“两带三核三区”的旅游发展格局来实现福建产业抓龙头、铸链条、建集群。“两带”为：蓝色生态旅游带、绿色生态旅游带；“三核”是：厦门、福州、武夷山；“三区”为：闽东北山海画廊旅游区、闽西南滨海文化度假区、闽西北文化生态旅游区。

通过实施精品倍增战略、品牌提升战略、全面融合战略、改革创新战略，建设“多功能、综合型、高品质的国际知名旅游目的地”的福建旅游总体目标。

据了解，此次《规划》包含了八大重点议题。

第一，打响了“清新福建”品牌。通过全方位、高品质的内容建设与营销推进，用三年的时间，让“清新自然”与“清新人文”的独特福建味道深入人心。

第二，建设“三个一批”旅游项目库体系。抓好精品龙头带动，以十大省级重大项目建设，形成示范引领体系；抓好城旅融合、文旅融合、区域联动的项目建设，形成整合提升体系；大力发展清新空气游、长寿健康游、高铁邮轮联动游、茶瓷雕艺术游等福建特色旅游新业态，形成创新培育体系。

第三，加强旅游公共服务体系建设。抓好八大公共服务建设工程，实现福建旅游的便民、为民、惠民发展。

第四，做强“生态旅游”。率先探索国家公园体制，建立国家级生态旅游示范区体系，建立景区和旅游城市 PM 2.5 发布制度，实施“百镇千村”生态乡村旅游工程，着力发展庄园经济，建设森林人家、水上渔村，重点将“福建茶庄”打造成为中国旅游品牌。

第五，做大“对台旅游”。协力将“海峡两岸旅游区”建设成为世界级旅游目的地。全力推进厦门邮轮母港建设，做热两岸旅游水陆空通道。通过“双向72小时免签”和“海峡一卡通”等工程，实现两岸的游客互送；通过两岸共同申报世界文化遗产、世界自然遗产与一系列的节事工程，实现文化互动；通过平潭岛、黄岐半岛—马祖列岛、厦门—金门三地建设两岸“自由旅游区”，共建“闽台乡村旅游试验基地”和“闽台温泉旅游试验基地”，实现投资互惠。最终，实现由两岸联手打造“海峡旅游”世界品牌!

第六，做亮“海洋旅游”。以滨海名城、旅游海岛建设为引领，以六大品牌海岸拱卫一个“国家文化海岸带”建设；打造“钻石海岸海景大道”；大力发展邮轮、游艇新业态。

第七，大力建设三核，形成对三区两带的全面带动。通过福州“闽都文化城”、厦门“全城5A”、南平“武夷新区”建设，将三核打造成国际性旅游综合服务中心和集散枢纽。

第八，深化改革创新，落实综合改革与旅游产业提升保障。通过设立旅游产业发展和改革领导小组、旅游发展委员会强化组织领导，转变以GDP为导向的激励考核机制。

（资料来源:《华夏时报》2014年3月3日第A07版）

第一节　旅游规划发展历史

所谓规划，用通俗的话说，就是实施总体目标的行动计划。一般说，它是目标确定以后的继续，是实施总体目标的重要手段。总体目标只有通过具体的规划来加以实施，才能最后达到预期的效果。

规划是融合多要素、多人士看法的某一特定领域的发展愿景，是个人或组织制订的比较全面长远的发展计划，是对未来整体性、长期性、基本性问题的思考和考量，设计未来整套行动的方案。

旅游规划是国家或地区为发展旅游事业，对所属旅游资源和旅游地的开发、利用、保护进行全面规划和总体部署，确定旅游业的发展总方向，各种建设项目在一定地域范围内的布局，以保证旅游业各部门的协调发展。

一、国外旅游规划的发展历史

（一）20世纪50年代前的旅游规划

从19世纪60年代起，随着可自由支配的收入、时间的增多，交通工具和闲暇设备的改进，人们开始频繁旅行，最初的旅游规划开始出现。这一时期的旅游规划并不是一个独立的领域，而仅仅是包含在城市规划中的附带成分。尽管旅游在发展，规划者并没有更多地关注旅游，他们考虑的只是建造更多的物质设施如旅店、餐馆和旅游设施，而且这一时期的旅游由那些追求利益的经营者所控制。

直至20世纪50年代，开始出现了国家、地区和旅游地总体规划或综合性科学规划。例如，在亚洲—太平洋地区，1959年夏威夷把旅游作为州立规划的重要组成部分。

（二）20世纪50年代至70年代的旅游规划

在20世纪50～70年代，许多旅游规划仅是尝试进行基本的市场评估，并且加入了旅游设施和基础设施的物质性规划，但规划者完全忽略了旅游对社会和环境的影响。

到了20世纪60年代，为了满足快速增长的旅游需求，专项规划在旅游领域开始发展。旅游产业快速增长在带来大量经济收益的同时，也对目的地的资源产生了很多负面影响。由于开发商是旅游的主要经营者，他们只注重短期的经济效益，忽视了旅游对物质和社会环境的长远影响，因此，政府开始参与到旅游规划中。

20世纪60～70年代的旅游规划只是遵循经济理念，考虑如何吸引投资，并没有对旅游市场做科学的分析。

20世纪70年代初期，一些学者建议对目的地实行可持续旅游的规划方法。Gunnis 1972年提出把地区旅游资源融入园林设计原则中。[①]

20世纪70年代末，规划者开始意识到需要更多的参与性方法。例如，Gunn 1988年提倡多个利益主体参与到旅游规划过程中。[②] de Kadt 1979年建议考虑旅游的非经济成本和收益，并且要求对旅游进行社会规划。[③]

（三）20世纪80年代旅游规划的发展

20世纪80年代，旅游规划在一些发达国家得以实施。由于意识到一些不负责任的旅游规划的社会影响和环境影响，不少政府和发展机构除了关注旅游的经

---

① Gunnis, C.A. Vacationscape: Designing Tourism Region [C]. Bureau of Business, Austin, Texas, University of Texas, 1972.

② Gunn, C. A. *Tourism Planning: Basic* [M]. New York: Taylor and Francis, 1988.

③ de Kadt. *Tourism: Passport to development? Perspective on Social and Cultural Effects of Tourism in Developing Countries* [M]. New york: Oxford University Press, 1979.

济作用外，也开始考虑到环境、社会和文化问题。更多的国家开始采用全面和综合的规划，希望通过控制旅游的发展去减轻不可预测的社会经济和环境影响，避免潜在的问题发生。Baud-Bovy 等人 1982 年提出了“户外游憩产品分析序列规划模型”（Product's Analysis Sequence for Outdoor Leisure Planning, PASOLP），该模型应用综合和内部联系的方法，不仅考虑旅游市场，还考虑国家结构和旅游资源的本质。①

随着对旅游系统的强调，Getz 1986 年建立了旅游理论和实践的综合模型，并且提倡更为科学的旅游规划方法。②这个模型包含了对于系统、系统模型、投影、预测的理解和调控策略的实施。Baud-Bovy 和 Getz 的模型都把旅游从单一对经济的强调转向对系统的综合思考。

Mill 和 Morrison 1985 年构建的旅游政策模型为旅游规划提供了有用的指导方针。他们认为，旅游规划应该从规划先行转向旅游政策和战略规划的制定；目的地应该以战略而非物质规划的方式提出它们的问题。③这个模型表明由于目的地规划受旅游系统内部和外部因素的影响，不可能仅仅通过技术来解决。

由于旅游对目的地社区影响很明显，许多研究者提倡分权规划以便能融入更多社区发展目标，使得这一时期社区旅游成为研究的主题。例如，Murphy 1985 年出版了《旅游规划：社区的方法》一书，强调在旅游决策制定之前，旅游规划过程中居民早期的参与，同时还强调成功的旅游规划必须把社会和环境的问题作为必不可少的因素。④此外，Pearce 1989 年指出旅游规划应该关注把社会和经济发展计划融入旅游中。⑤

（四）20 世纪 90 年代至今的旅游规划

20 世纪 90 年代，旅游规划从以设计为导向演变到可持续的社区方法。计算机技术和信息系统为旅游规划提供了新的工具，全球化使旅游市场更具竞争性和多元化，更多的政府意识到旅游规划的重要性。这一时期的网络、合作、伙伴和参与理论也推动了旅游规划理论和实践，可持续发展成为制定旅游政策和规划的新概念，它为旅游规划注入了新的元素并且被认为是规划和发展的主题。

1993 年，WTO 也为规划者提出了可持续指导方针。如今的规划者不仅需要考虑到市场、资源的限制，国家政治、经济和社会文化的情况；社区参与和利益相关者，还要考虑规划的实施和可持续资源的有效利用，同时在旅游规划中要强

① Baud-Bovy, M. & Lawson, J. *Tourism and Recreation Development* [M]. London: The Architetural Press, 1977.

② Getz, D. Model in Tourism Planning: Towards the Integration of Theory and Practice [J]. *Tourism Management*, 1986, 7 (1): 21-32.

③ Mill, R. C., & Morrison, A. M. *The Tourism System* [M]. Englewood Cliffs, Prentice-Hall, 1985.

④ Mupphy, P. E. *Tourism: A Community Approach* [M]. New York: Methuen, 1985.

⑤ Pearce, D. G. *Tourism Development* [M]. Harlow: Longman Scientific.1989.

调公平、有效、平衡、和谐、负责任、可适性、全面发展以及经济、文化完整性等原则。由于目的地社区被看作旅游发展的关键，专家和实践者提倡用自下而上参与规划的方法取代自上而下的等级方法，社区赋权使旅游利益相关者之间更好地合作，也使个人、公众和非营利组织之间更好地联系。

二、我国的旅游规划发展历史

邹统钎2009年对我国旅游规划发展的历史做过较为详尽的论述，在此择其主要观点进行介绍。[①]

我国旅游规划事业起步于20世纪70年代末。1979年，国家旅游局出台了第一个在国家层面规划旅游业发展的正式文本——《关于1980年至1985年旅游事业发展规划（草案）》，由此，正式的旅游规划开始在我国产生。我国旅游规划经历了20世纪70年代末的起步时期、80年代的资源基础旅游规划时期、90年代的市场导向旅游规划时期和21世纪初至今的目的地整合旅游规划时期。

（一）20世纪90年代前的资源基础旅游规划时期（1979～1991年）

1978年，随着“真理标准大讨论”带来的经济改革和对外开放方针的逐步确立，一系列拨乱反正的措施使得我国一切工作的中心开始回到经济建设上来。在这次改革浪潮中，旅游业创汇的作用被许多中央领导所重视。其中，邓小平连续五次对旅游业的发展发表讲话。在中央领导的关注下，以国务院名义组织召开的四次全国旅游工作会议为旅游业的发展提供了切实的条件和动力，其中每年5亿元的投资和投资背后的政策倾斜对旅游业产生了明显的促进作用。

到了1984年，《经济地理》上刊登了一篇张克东翻译的文章《旅游业规划》（译自H. Robinson所著的*A Geography of Tourism*）一书，这是我国最早以旅游规划为题的论文。而当时最为重要的旅游规划工作是郭来喜等人完成的我国学术界第一个严格意义上的旅游规划课题——“华北海滨风景区昌黎段开发研究”（即中国黄金海岸的旅游规划与开发研究）。[②]这项课题的完成是旅游规划资源基础理论的重要成果。

旅游规划的规范化管理从20世纪80年代中期开始起步，主要表现为1985年《风景名胜区管理暂行条例》和1989年《中国旅游资源普查规范》的制定以及1990年6月20日国家建设部、国家旅游局、商业部颁发的《旅馆设计规范行业标准》，将星级标准正式列入了国家设计标准规范。

---

① 邹统钎，万志勇．中国旅游规划思想的演变——中国旅游规划30年回顾与反思（上）[J]．北京第二外国语学院学报，2009（05）：1～7；邹统钎,万志勇．中国旅游规划思想的演变——中国旅游规划30年回顾与反思（下）[J]．北京第二外国语学院学报，2009（07）：13～22

② 郭来喜，杨冠雄，宋力夫等．华北海滨风景区昌黎段开发研究[J]．地理学与国土研究，1985，1（1）：27～35

在这一时期，由于地理学研究工作者早期对旅游规划的直接参与，使得我国旅游规划带有明显的地理学色彩。绝大多数旅游规划的研究起源于对旅游地理资源的分析。

这一时期的旅游规划之所以是资源基础规划，一部分原因是深受国外旅游思想的影响。20 世纪 30 年代，美国学者多从土地利用角度进行旅游规划的工作，一部分学者认为，我国早期旅游规划的实践深受这种思想的影响。[①]资源基础规划产生的另一个原因是早期旅游规划工作的研究者多是从地理学进入旅游规划领域的。于是地理学者的研究角度决定了旅游规划对旅游资源的重视，这种认识在地理学中被称为“地域综合体”思想。

总而言之，早期的旅游规划客观上取得了重大的成就。许春晓 2004 年指出，这个时期初步建立了旅游资源的基本概念体系和分类系统，形成了旅游资源定性评价和定量评价的方法体系，初步建立了旅游规划的内容体系和基本规范，同时旅游市场、旅游地形象、旅游环境、旅游文化等思想也都已经被提出。[②]我国旅游规划研究的基本框架已经形成。

（二）20世纪90年代至21世纪初期的市场导向旅游规划时期（1992～2002年）

1992 年是从资源基础时期到市场导向时期的转折点，政府主导旅游市场开发的意识开始成熟。

1992 年，国家旅游局为了对全国旅游资源进行普查，迫切需要一整套资源分类和评价的手段。在这种需求的促进下，国家旅游局和中国科学院地理研究所共同完成了《中国旅游资源普查规范》，这部规范对于旅游资源的认定和评价有着极其重要的意义。它使得资源评价有了统一的标准，而且它具有可操作性，可以在实践中进行使用。

1993 年，林业部制定了《森林公园旅游规划设计规范》，1994 年 1 月发布了《森林公园管理办法》。

1997 年，国家旅游局出版了两部重要的旅游规划专著，它们分别是《旅游规划工作纲要》和《旅游业可持续发展——地方旅游规划指南》。前者汇集了全国各省市“九五”计划和 2010 年远景目标纲要以及世界旅游组织推荐的旅游规划方法、规范以及典型范例，后者介绍了国外地方旅游规划的经验，对当时我国旅游开发研究和实践具有指导意义。

1999 年下半年，国家旅游局公布了《旅游发展规划管理暂行办法》，并且在 2000 年 11 月份颁布了《旅游发展规划管理办法》，随即又于同月颁布了《旅游规划设计单位资质认定暂行办法》。这些规范和办法的出台说明我国旅游规划已逐渐

---

① 郭来喜．中西融通互鉴，加快旅游规划体系建设[J]．国外城市规划，2000（3）：34

② 许春晓．当代中国旅游规划思想演变研究[D：博士学位论文]．长沙：湖南师范大学，2004

成熟。

同年，国家改革国民休假制度，由此出现了我国的第一个“黄金周”，旅游消费受到较强刺激，之后每年的三个“黄金周”（“五一”、“十一”和春节）对我国旅游业的作用明显，加上政府换届形成的规划需求，2000年出现了明显的旅游规划热。

自20世纪90年代末期开始，国际旅游规划的先进经验以合作的方式直接进入中国，与国内专家的旅游规划思想形成了鲜明的对比。1999年四川省不惜巨资邀请WTO旅游规划专家编制全省旅游发展总体规划，在全国拉开了洋专家做中国省级旅游规划的序幕。据袁亮1999年的点评，四川省省委、省政府对规划成果十分满意，专家评价也很高。①在引进和介绍国外理论方面，范业正2000年在对国外旅游地规划的现代理论和技术方法进行评述时，将其归纳为以下几个方面：旅游地演化理论；旅游地资源优化配置理论；旅游社区和谐发展理论或社区方法；一些方便有效的方法，如SWOT分析、组合分析、名义组技术等。②

（三）21世纪初期的目的地整合旅游规划（2003年至今）

2000年形成旅游规划热以后，国家旅游局开始加快对旅游规划管理的步伐。2003年5月，三部涉及旅游规划的中华人民共和国国家标准正式开始实施，它们分别是：①《旅游规划通则》；②《旅游资源分类、调查与评价》；③《旅游区（点）质量的评价和划分》。旅游规划的管理逐渐规范。这一领域的另一个重要措施是加快建立中国国家旅游卫星统计账户项目。我国2001年开设的江苏省区域旅游卫星账户是中国第一个旅游卫星账户，并于2004年9月在国家旅游局和国家统计局的联合主持下进行了评审。广西、河北等省区也进行了类似的实践研究。旅游卫星账户为制定旅游业发展政策和规划提供了重要依据。

2004年，我国旅游规划界突然井喷式地发生了几件影响深远的事件。首先是2月，江西、上海、福建、广东、陕西、河北、北京七省市签署《郑州宣言》，宣言提出“打造红色旅游品牌、推动红色旅游大潮”的口号。这一宣言正式拉开了我国红色旅游和红色旅游规划的大幕。8月，国家旅游局宣布启动“红色旅游工程”。12月，国家发改委、中宣部和国家旅游局等部门共同研究制定和出台了《2004～2010年全国红色旅游发展规划纲要》。为了进一步推动红色旅游的发展，国家旅游局正式宣布把2005年定为“红色旅游年”。

我国区域旅游合作也在2004年加快了脚步，先后签署了一系列宣言和合作协议。4月，《区域旅游合作（烟台）宣言》在10个省市之间签订。这是北方最大的区域旅游协作协议。6月，“泛珠三角”区域合作论坛在香港特区举行，我国最

① 袁亮．点评四川省旅游发展总体规划[J]．今日四川，1999（2）：50～51

② 范业正．国外旅游地规划的理论与技术方法[J]．国外城市规划，2000（3）：2～6

大规模的区域经济合作正式启动。9 月，我国最大的无障碍旅游区在“泛珠三角”正式启动。随后，山东半岛区域旅游合作、大西北区域旅游合作、长三角区域旅游合作、闽浙赣皖区域旅游合作相继签署协议。一时之间，全国掀起了区域旅游合作的高潮。

2006 年，我国将当年的中国旅游主题定为“中国乡村旅游年”，这可以说是迄今为止我国主题年活动影响最为深远的一次。之后，乡村旅游的理论和实践研究风起云涌，成为众多学者关注的热点。为了进一步推动乡村旅游的发展，国家旅游局将 2007 年的旅游主题定为“中国和谐城乡游”，乡村旅游目的地规划成为当年旅游规划的热点。

这一时期初期，外国学者相继接受委托承担了云南、四川、山东等地的旅游规划，针对这些旅游规划的优劣，吴必虎在 2001 年和 2003 年先后发表评论阐述自身观点。他认为“洋”规划的优势在于市场分析和形象策划，但由于缺乏对中国国情的清晰认识，难免出现定位把握不牢等诸多问题。但“洋”规划强调市场分析，以目的地整合为主体框架对中国旅游规划有重要启示。①Ritchie 和 Crounch 于 2003 年出版的《旅游目的地竞争力管理》（*The Competitive Destination: A Sustainable Tourism Perspective*）被世界旅游组织视为旅游界经典之作，Brent Ritchie 因此获得 2005 年世界旅游组织颁发的尤利西斯杰出学术贡献奖。该书为旅游目的地规划提供了系统的理论框架。②

2005 年 1 月 9 日，首届“中国生态旅游产品创新与旅游目的地规划”研讨会在海口市召开，魏小安在会上明确指出：旅游目的地规划将成为中国旅游规划发展的新趋势。

第二节　旅游目的地规划的结构体系

一、旅游目的地规划概述

（一）旅游目的地规划的概念

旅游目的地规划简称旅游地规划，又称旅游社区规划。它是一个国家或区域

---

① 吴必虎．“四川省旅游发展总体规划”述评[J]．城市规划，2001，25（4）：21～25；吴必虎，张伟．“山东省旅游发展总体规划”评析[J]．人文地理，2003，18（4）：26～31

② J. R. Brent Ritchie，Geoffrey I. Crouch 著．李天元，徐虹等译．旅游目的地竞争力管理（*The Competitive Destination: A Sustainable Tourism Perspective*）[M]．天津：南开大学出版社，2006

内的一个地方的旅游规划，它比区域旅游规划低一个层次，是区域旅游规划的进一步落实。规划应根据现行的国家或区域旅游政策和规划框架制定，与旅游产品具体形式和旅游区功能有具体联系，包括对旅游目的地开发项目和设施建设进行的设计安排。

与区域旅游规划相比，旅游目的地规划的特点有三个方面：从空间和功能两个角度来看，旅游目的地规划用地面积较小，在土地利用上以旅游功能为主要指向，其他非旅游用地占较小比例；从时间的角度来看，旅游目的地规划年限一般较短，属于近中期规划；从规划要素角度来看，旅游目的地规划更侧重于地方政策、地方可进入性、基础设施、景点类型和规模、项目设计、环境影响和实施方式等要素。

（二）旅游目的地规划类型

根据目的地产品性质和景观类型、国家有关管理部门的隶属关系，以及它们的接待和服务功能，旅游目的地规划可分为风景名胜区规划、历史文化名城（镇）规划、旅游城市（镇）规划、旅游度假区规划、自然保护区规划和森林公园规划等。

从规划要求和等级看，旅游目的地规划可分为总体规划、控制性详细规划、修建性详细规划等。如果旅游地的情况比较复杂或地位重要，则需要编制规划大纲，提出发展战略。

从规划的内容看，旅游目的地规划可分为项目开发规划、旅游线路规划、旅游地建设规划、旅游营销规划、旅游区保护规划等功能性专项规划，以及专题研究等。

（三）旅游目的地规划原则

1. 强调目的地类型及其环境独特性

每个旅游目的地及其位置都是独特的，规划必须依据当地情况，树立目的地特有的“形象”特征，这种形象特征应与旅游者的常住地环境形成反差对比。

2. 重视当地社区与居民参与

将社区作为旅游发展的主体融入旅游规划和开发中，是旅游可持续发展的一个重要内容和评判依据。

3. 旅游目的地空间关系的适宜性

这主要是指正确处理旅游目的地内的景区、依托城镇（旅游接待中心）及连接各景区和依托城镇的交通线路之间的关系。

4. 旅游目的地规划的阶段性

旅游目的地规划应分阶段进行，兼顾长期目标和近期目标。

二、旅游目的地规划的基本模型

首先，在区域旅游规划的指导下，目的地旅游规划的首要任务在于确定目的地的旅游发展现状及其存在问题。

其次，调查分析阶段应侧重于目的地的环境及承载力分析、用地需求分析、地方性特征分析。

又次，在综合调查分析基础上，应确定规划的组织框架、基本原则、依据、要求和阶段性目标，进而编制相应的总体规划、专项规划及详细规划。

再次，在整个规划制定和实施过程中，应重视社区参与。

最后，旅游目的地规划需要一个良好的保障体系，包括效益评估、管理调控、政策支持、财务预算等，尤其强调旅游开发与管理并重。

三、旅游目的地规划的结构体系

（一）旅游目的地规划的社区参与分析

1. 社区参与旅游规划是将社区作为旅游发展的主体纳入旅游发展重大事宜的决策和执行体系中。

2. 作为旅游可持续发展的一个重要内容和评判依据，社区参与旅游发展是实现旅游业可持续发展的重要途径之一。

3. 社区参与分析是在上述环境影响分析及承载力分析的基础上，将社区作为支持旅游发展的最基层单元，通过社区组织的建立和目标活动的开展，达到综合整治与共同参与建设旅游地的目的。

4. 居民利益分析是社区参与分析中的重要内容，居民利益调控也是目的地旅游规划的主要内容。

（二）旅游目的地规划的形象分析

形象是对某事物内涵的高度概括，是受众对象对该事物灵魂的感知。只有形象明确，才能在受众对象心中造成强烈冲击，留下深刻印象，形成强大的吸引力。

旅游目的地形象是一个整体概念，指有关旅游目的地的各种形象在旅游者脑海中形成的主观映像，是对旅游目的地总体特征的高度概括和评价。这一概念最早是在 20 世纪 70 年代初提出的，诸多研究者对这一概念的内涵有不同的理解，研究结果所共同认可的含义包括以下几个方面：（1）旅游目的地形象的目标对象是旅游者，包括潜在的和现实的旅游者；（2）旅游目的地形象是旅游地客观现实和旅游者主观映像的综合体；（3）旅游目的地形象隐含有目的地规划者对旅游目的地的一个期望形象，即规划者所设计的，想要传达给旅游者的未来的形象；（4）旅游者的实地感知形象是旅游者对旅游目的地的期望形象的验证，旅游目的地的期望形象与旅游者消费决策过程中的感知形象越符合，旅游者消费满意度就越高。

1. 旅游目的地形象的认知

旅游目的地形象具有良好的识别功能、信息浓缩功能、利益承诺功能和招徕功能。[①]对目的地形象的认知是一个复杂的多层面系统，不同消费需求的旅游者对旅游目的地形象的认知关注目标差异性较大，从单方面的产品或服务，到复杂的多因素集合，这一结果也反映了旅游者对目的地形象认知层次的差异。旅游目的地形象的认知多层面性如图 7-1 所示。

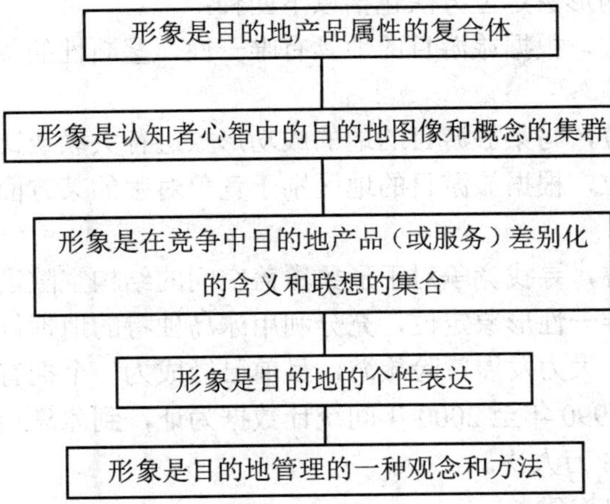

图 7-1　旅游目的地形象认知的多层面系统

（资料来源：黄震方、李想. 旅游目的地形象的认知与推广模式[J]. 旅游学刊，2002（03）：65～70）

2. 旅游目的地形象的建立方法及步骤

（1）目的地形象调查

目的地形象调查是指通过各种方法、技术手段收集信息，判定目的地目前的形象状态和发展环境，为下一步的形象定位和构建奠定基础。

一般而言，调查内容需要包括以下几个方面：

- 外部旅游需求调查，指对目的地目标市场的调查，衡量旅游目的地形象在目标市场群体中的知名度、美誉度和认可度；
- 内部旅游供给调查，包括旅游从业人员和旅游企业的调查，衡量旅游目的地形象在自身内部供给层面的认知度和清晰度；
- 竞争对手调查，指对同类型有潜在替代性的目的地的调查，衡量旅游目的地形象与竞争对象相比的替代度和可比度。

① 黄震方、李想. 旅游目的地形象的认知与推广模式[J]. 旅游学刊，2002（03）：65～70

（2）目的地形象定位

目的地形象定位是指旅游目的地为了适应旅游者心目中的某一特定地位而进行的选择性设计，具体而言就是为旅游目的地确定一个市场地位，体现独特性并与竞争对手相区别。如果不做明确定位，就会造成旅游者对目的地感知模糊；如果定位不清晰，就会造成旅游者对目的地感知混乱；如果定位不准确，则会造成旅游者的实际感知与预期形象产生巨大差距，导致消费不满意。

对旅游目的地进行形象定位，重在寻求树立独特的形象，是相对于竞争者而言的，一般可采用的形象定位方法包括以下四种：

- 唯一性定位，根据旅游目的地具有唯一性、垄断性的某方面属性进行定位；
- 比附性定位，与某旅游目的地的成功形象进行关联或比较性定位；
- 差异性定位，根据旅游目的地区别于竞争对手的某方面特色属性进行定位；
- 空隙性定位，寻找竞争对手形象覆盖空间的结构空隙进行定位。

例如，冰岛的唯一性形象定位，充分利用冰岛独特的地理位置优势，发挥地形地貌多样性特征，大力发展冒险旅游，目前已经成为一个拥有特定旅游市场的旅游目的地。仅以 1990 年至 2000 年间统计数据为证，到冰岛观光的国外游客由 14.2 万人次增至 30.3 万人次。

（3）目的地形象构建

旅游目的地形象构建是一个系统工程，并非仅仅通过一个抽象化的主题或几句辞藻华丽的宣传口号就能实现，这一系统工程要贯穿目的地旅游资源、旅游设施、旅游产品、旅游服务、旅游环境以及监督管理等一系列“硬件”和“软件”的建设发展过程中。具体而言要进行以下七个方面的设计和考虑：

- 理念形象，目的地形象构建的核心价值观体现，要充分展现地方性内涵和产品特色；
- 视觉形象，目的地的 LOGO 设计（包括徽标、中英文名称、标准色、吉祥物等），以及目的地与旅游者接触点的视觉形象统一设计，包括：办公系统（名片、信纸、信封、员工胸卡、工作证等）、悬挂展示系统（条幅、旗帜等）、广告系统（灯箱、纸杯、旅行袋、徽章等）、环境系统（指示牌、遮阳伞、各部门标牌等）、空间导向标示系统（路标、方向牌等）、着装系统（员工制服、演出服装等）、出版发行系统（地图、指导手册、影集、书籍等）、购物品系统（日用品、纪念品、土特产品等）；
- 行为形象，包括管理及服务标准、服务用语、目的地居民行为规范等；
- 听觉形象，包括宣传口号、宣传歌曲、MTV、宣传主题片等；

- 文化景观形象，包括文化活动、艺术交流活动、宣传推介活动等；
- 电子形象，目的地的网站建设；
- 核心景观形象。

（4）目的地形象推广与传播

随着科学技术的发展，信息传播方式日益丰富创新，旅游目的地的形象推广与传播的方式及技术手段也在不断变化和复杂。这里，我们对此不做过多讨论。但对于较为稳固的旅游目的地形象推广与传播媒介，则要做一些简要介绍。

媒介一，宣传口号，指能够充分体现旅游目的地形象的简短话语，要求简洁、易懂、响亮、独特，力求突出自己的地位和与其他目的地的不同，将自己从众多目的地中突现出来。如波兰定位宣传口号“欧洲大陆升起的明星”，泰国定位宣传口号“远东地区的旅游天堂”。

媒介二，旅游目的地象征物，指在公众心目中能持久、甚至永恒地代表一个目的地形象的具体事物。例如，我国北京的天安门、英国伦敦的大本钟、法国巴黎的埃菲尔铁塔、美国纽约的自由女神像、韩国济州岛的“石头爷爷”，等等。

媒介三，特殊事件和活动，指通过举办某类特殊事件和活动，在公众中树立地区的特殊形象。例如，1998 年，牙买加旅游局组织的一次效果非常好的旅游形象推广活动，推广牙买加作为一个友善之邦的目的地形象，在前往法国世界杯途中，牙买加足球队从首都出发，把世界上有史以来最大的足球（五层楼高），带到纽约、伦敦、巴黎等许多城市，恳请人们在球上签名以祝福好运，整个活动只投入了 88.6 万美元，却收到了相当于价值 500 万美元的媒体版面报道的效果。并且，当年牙买加旅游人数比上年增加 3.36 万人次，收入增加 5000 万美元。

（三）旅游目的地规划的用地分析

1. 旅游用地的含义

梁栋栋、陆林指出：“旅游用地是一个有旅游地各项与旅游相关的自然因素并综合了相应人类劳动成果的自然经济地域综合体，是自然作用与人类活动相互作用的动态系统。”①从广义来看，旅游目的地的规划用地包括为旅游者提供游览、观赏、知识、乐趣、度假、疗养、娱乐、休息、探险、猎奇、考察研究等活动，以及目的地管理等工作所有占用土地。可见，目的地的旅游用地主要集中在以自然资源和人文资源为主体的旅游吸引物用地和以旅游交通、旅游饭店等为内容的旅游接待服务设施用地上。

2. 旅游用地结构分析

由上述含义分析可见，目的地的旅游用地主要集中在旅游吸引物用地、旅游

① 梁栋栋，陆林. 旅游用地的初步研究[J]. 资源开发与市场，2005，21（5）：462～464

接待服务设施用地，以及旅游生产管理用地三个方面。

黄养山、王建萍对这三类用地进行了分别界定：

- 旅游服务用地包括游憩用地、旅游接待用地、旅游商业用地和休憩疗养用地；
- 基础设施用地包括交通设施用地和基础保障设施用地；
- 生产管理用地包括旅游管理用地、居住用地、旅游加工用地和旅游农副业用地等。①

3. 旅游用地利用原则

首先，要坚持可持续性发展原则。在开发旅游资源拓展旅游用地的同时，必须要做到保护自然景观的生态风貌、人文景观的历史价值以及社会文化景观的原始意义，从可持续发展含义的经济效益、社会效益、环境效益三方面共赢目标出发，力求短期效益与长远效益、局部利益与整体利益的协调发展。

其次，要坚持特色与效益原则。旅游目的地的规划建设要选择最有特色的旅游资源进行深度开发，切忌盲目照搬模仿、浅层数量化开发，要深入挖掘旅游资源的多层面价值，注重特色创新，力求高效益发展。

最后，要坚持安全及便捷性原则。目的地规划过程中的旅游用地要充分考虑土地的环境容量限度、地质安全程度、交通便捷程度等方面，既要保证旅游活动运营和管理的用地需求，又要关注尽可能消除旅游者各方面的安全隐患，以及提升空间通达的便捷性，以提高旅游者满意度。

4. 旅游用地规模预测

旅游用地规模预测主要是针对旅游服务用地和基础设施用地规模的预测，也就是关于游览用地、旅游设施用地和交通用地规模的预测。

（四）旅游目的地用地规划的功能分区

1. 目的地旅游用地评价

对目的地的旅游用地做出客观评价，为确定旅游开发规模及旅游地性质提供依据，使旅游地开发收到良好的经济、社会和生态效益。

2. 目的地旅游功能区划

旅游功能区以用地功能划分，据此可以将旅游地划分为以下诸类型功能区：游览区、旅游接待区、休（疗）养区、野营区、行政管理区、居民区、商业服务区、文化娱乐中心、农林园艺场（包括副食品供应基地）、加工工业区、引景区、边缘区等。

每个旅游地不一定包括上列的所有功能区，根据具体情况，不同旅游地功能

---

① 黄养山，王建萍. 旅游规划[M]. 福州：福建人民出版社，1999

区的划分可有所不同。

3. 目的地旅游用地规划

这主要是指人们为了改变并控制旅游用地方向和旅游用地结构，提高旅游用地生产力，根据社会发展要求和当地自然、经济和社会条件，对一定区域范围内的旅游用地进行空间上和时间上的优化组合。

第三节　旅游目的地规划内容和程序

一、旅游目的地规划的指导思想

1. 以旅游资源为基础

旅游资源的稀缺性和独特性是对旅游者产生吸引力的根本原因，也是通过开发转化为经济优势的潜在优势。旅游资源的数量、分布状况和地域组合，直接影响所在区域旅游业的发展规模；旅游资源的质量和品位、与主要客源地的联系、与所依托中心城市的距离等因素决定了旅游客流的流量和流向，在一定程度上决定了区域旅游业发展的方向，决定了区域旅游产品的吸引力和竞争力。

2. 以客源市场为导向

旅游业的发展以旅游者的空间流动为特征，旅游客流的流向变化、流量大小，影响着区域旅游的发展。

3. 以规划区域社会经济实力及区位条件为依托

区域作为旅游业发展的地域背景，区域经济实力是制定规划必须考虑的因素。

二、旅游目的地规划的主要组成要素

1. 自然、文化和社会经济环境

主要包括旅游区的自然区位、经济区位、气候条件、历史文化、社会经济、旅游交通、旅游资源等。

2. 住宿接待设施

一般指旅游者在旅行途中过夜的饭店及其他类型的住宿设施和相关服务。

3. 旅游吸引物和活动

旅游地主要的旅游吸引物及旅游产品。

4. 交通条件

进入一个国家、地区或开发区的交通设施及区内连接景点的内部交通系统，包括各类陆路、水路和空中交通设施。

5. 其他基础设施

包括供水、供电、污水垃圾处理、给排水和通信等。

6. 其他设施和服务

餐厅及其他类型的餐饮供应设施、手工艺纪念品及特殊商品零售店等相关服务设施。

7. 社会因素

旅游开发和管理机构，人力资源规划和教育培训计划、营销战略和促销计划等。

8. 客源市场群体

客源市场范围、客源地、客源规模、客源结构和消费水平。

三、旅游目的地规划的主要内容

进行旅游目的地规划，首先应该对其含义和属性有清晰的认识和把握。

旅游规划是社会经济发展规划的一个组成部分，或称为专项规划，它的制定应该与社会经济发展规划的目标、结构比例、发展速度、发展阶段、发展水平和总体方针政策相适应。

旅游目的地规划是广义上的旅游规划的一个细分层次。根据冈恩对旅游规划的层次分类，旅游规划可以分为区域规划（包括国家级、省级或州级）、目的地规划、景点规划三种，具体含义分述如下。

- 区域规划，包括旅游发展政策和开发规划，主要内容有：确定主要旅游吸引物和活动；确定重点保护区或开发区；确定主要旅游市场细分；确定旅游者入境口岸、旅游区或旅游带、交通网络；确定与社会有关的主要因素。
- 目的地规划，包括旅游开发区、度假地和旅游吸引物的土地利用规划，城市和其他社区的旅游规划，综合考虑旅游业作为当地整体发展的有机组成部分。该层次也对主要旅游吸引物和相关旅游设施进行规划。
- 景点规划，包括建筑物及其他构造物、停车场所、景观、娱乐设施、各类相关设施的选址和布局等。

根据以上的层次划分结果，旅游目的地规划的主要内容包括以下几个方面：

- 全面分析规划区旅游业发展的历史与现状、优势与制约因素，以及与相关规划的衔接；
- 分析规划区的客源市场需求总量、地域结构、消费结构及其他结构，预测规划期内客源市场需求总量、地域结构、消费结构及其他结构；
- 提出规划区的旅游主题形象和发展战略；

- 提出旅游业发展目标及其依据；
- 明确旅游产品开发的方向、特色与主要内容；
- 提出旅游发展重点项目，对其空间及时序做出安排；
- 提出要素结构、空间布局及供给要素的原则和办法；
- 按照可持续发展原则，注重保护、开发和利用的关系，提出合理的措施；
- 提出规划实施的保障措施；
- 对规划实施的总体投资分析，主要包括旅游设施建设、配套基础设施建设、旅游市场开发、人力资源开发等方面的投入与产出方面的分析。

四、国外旅游目的地规划编制程序

1. 研究准备

明确规划范围，组建由多学科专家组成的规划队伍。

2. 目标确定

在当地居民和政府机构密切合作下，确定旅游业发展的预期目标，然后在规划制定过程中依据反馈信息加以改进。

3. 实地调查

包括市场、旅游设施现状、道路交通与基础设施、土地利用现状、经济社会发展模式、旅游项目开发现状、自然文化环境特征、政府发展政策和计划现状以及地方的投资能力。

4. 分析和综合

在市场、吸引物调查分析的基础上，确定市场目标、旅游开发计划、促销方案以及住宿、道路、交通、基础设施需求预测，进行旅游开发的经济、环境和社会影响评价，提出发展旅游业的重大机会和制约因素。

5. 政策和规划的形成

将旅游业发展作为该地区总体发展政策和规划的一部分加以综合研究，以可持续发展为原则，进行多方案比较和环境影响的评估。

6. 实施与调整

在规划制定过程中，必须考虑实施各项规划内容的措施，同时要对旅游发展和环境变化进行动态监测，确保发展依据规划而行。

五、我国旅游目的地规划编制程序

1. 任务确定阶段

（1）委托方确定编制单位

委托方应根据国家旅游行政主管部门对旅游规划设计单位资质认定的有关规

定确定旅游规划编制单位。通常有公开招标、邀请招标、直接委托等形式。

公开招标：委托方以招标公告的方式邀请不特定的旅游规划设计单位投标。

邀请招标：委托方以投标邀请书的方式邀请特定的旅游规划设计单位投标。

直接委托:委托方直接委托某一特定规划设计单位进行旅游规划的编制工作。

（2）拟订项目计划书并签订旅游规划编制合同

委托方应拟订项目计划书并与规划编制单位签订旅游规划编制合同。

2. 前期准备阶段

（1）政策法规研究

对国家和本地区旅游及相关政策、法规进行系统研究，全面评估规划所需要的社会、经济、文化、环境及政府行为等方面的影响。

（2）旅游资源调查

对规划区内旅游资源的类别、品位进行全面调查，编制规划区内旅游资源分类明细表，绘制旅游资源分析图，具备条件时可根据需要建立旅游资源数据库，确定其旅游容量。调查方法可参照《旅游资源分类、调查与评价》（GB/T 18972—2003）。

（3）旅游客源市场分析

在对规划区的旅游者数量和结构、地理和季节性分布、旅游方式、旅游目的、旅游偏好、停留时间、消费水平进行全面调查分析的基础上，研究并提出规划区旅游客源市场未来的总量、结构和水平。

（4）竞争力分析

对规划区旅游业发展进行竞争性分析，确立规划区在交通可进入性、基础设施、景点现状、服务设施、广告宣传等各方面的区域比较优势，综合分析和评价各种制约因素及机遇。

3. 规划编制阶段

（1）确定规划区主题。在前期准备工作的基础上，确立规划区旅游主题，包括主要功能、主打产品和主题形象。

（2）确立规划分期及各分期目标。

（3）提出旅游产品及设施的开发思路和空间布局。

（4）确立重点旅游开发项目，确定投资规模，进行经济、社会和环境评价。

（5）形成规划区的旅游发展战略，提出规划实施的措施、方案和步骤，包括政策支持、经营管理体制、宣传促销、融资方式、教育培训等。

（6）撰写规划文本、说明和附件的草案。

4. 征求意见阶段

规划草案形成后，原则上应广泛征求各方意见，并在此基础上，对规划草案进行修改、充实和完善。

第四节　旅游目的地规划的理论发展和实践

一、环城游憩带（ReBAM）理论

1999 年吴必虎提出环城游憩带（ReBAM）理论，2001 年他又指出 ReBAM 发生在大城市郊区，主要为城市居民光顾的游憩设施、场所和公共空间，特定情况下还包括位于城郊的外来旅游者经常光顾的各级旅游目的地，一起形成环大都市游憩活动频发地带。①在旅游规划的空间结构分析中，城市显然处于核心定位。

ReBAM 在区域旅游规划中具有重要指导意义。在旅游规划的空间结构分析中，城市处于核心地位，城市不仅是旅游的客源地，在很多情况下它本身就是重要的旅游吸引物而成为重要的目的地。城市化进程对城市的旅游环境具有双重作用。一方面，城市化改善了交通和通信条件，改善了旅游综合接待能力，也提高了居民的生活水平，给旅游业发展创造了更多的机会；另一方面，城市化也造成了交通拥挤，环境污染，并且破坏了许多重要的旅游资源，对旅游业造成了压力。在这种压力之下，促进了城市近郊的娱乐带的形成，并逐渐成为城市的一个特殊功能部分。

由于土地租金和旅行成本双向力量的作用，投资者与旅游者达成一种妥协，促使了 ReBAM 的形成。ReBAM 模型在中国的区域旅游规划和城市旅游规划中尤为适用，这是因为它的形成是在居民出游力（指客观条件，即闲暇时间和可自由支配收入）普遍较为低下的情形下出现的。

二、三元理论与 AVC 理论

刘滨谊教授 2001 年提出“三元”理论，指从景观规划设计的核心入手，研究以人为中心的游憩规划设计和以环境为主导的景观资源筹划；从景观规划设计的操作落实着手，研究各类景观活动项目空间与时间分布的规律以及相应的规划设计；从景观规划设计诸纲目因素的分析评价突破，分析判定景观规划设计的价值观念，把景观经济、社会、环境的三大效益评价与景观规划设计关联的各个要素

① 吴必虎．大城市环城游憩带（ReBAM）研究——以上海市为例[J]．地理科学，2001（04）：354～359

挂钩量化，寻求发现满足社会市场需求的中国景观规划设计的内在规律。①

AVC 理论的核心是“三力”，即景观与旅游区域的吸引力（Attraction）、生命力（Vitality）和承载力（Capacity），简称 AVC。AVC 理论主张全面的景观与旅游规划应包括“旅游—景观—生态”这三元规划，并以此为重点，创建具备吸引力、生命力、承载力的“和谐城市景观”（H-City）。②

AVC 理论是风景旅游规划的核心，是风景旅游规划三元理论的核心与深化，以风景旅游地资源保护、规划建设、开拓发展为总目标，目的在于深入揭示风景旅游“吸引力——生命力——承载力”的内在规律，寻求风景旅游规划评价方法与指标。通过这种规划评价，使风景旅游区具有鲜明的市场形象和鲜明的特点，具有明确的市场卖点和市场识别，使旅游产品具有满足市场需求并具有长期性和持续性，保持风景旅游区在旅游大市场中旺盛的生命力。

三、泛旅游产业的规划理念

所谓泛旅游产业，是指超出观光、休闲、度假等传统旅游概念的更加泛化的旅游产业概念，是为人们提供具有趣味性、艺术性、知识性、刺激性等特性的体验消费的一系列产业门类的总称，其内容包括会展、运动、康体、娱乐，等等。泛旅游产业的各产业之间可发挥融合效应，形成很高的附加值和溢出效应。泛旅游产业通过提供具有吸引力的体验内容系列，可产生极大的产业要素聚集作用，带动整个区域的城镇化进程，形成休闲区、度假区、旅游小镇等类型的城乡一体化旅游产业功能空间。③

泛旅游产业可以分为七类，即观光农业、会展产业、运动康体产业、参与型娱乐产业、休闲商业、博彩业及创意产业。

1. 观光农业

观光农业是农业和旅游业有机结合的一个新兴产业。它以发展绿色农业为起点，以生产新、奇、特、优农产品为特色，依托高新科技开发建设现代农业观光园区，是农业产业化的一种新选择。

2. 会展产业

会展业是会议业和展览业的总称，即通过举办各种形式的会议和展览，吸引大量商务、旅游客流，促进产品和服务市场开拓、信息和技术交流、对外贸易和旅游观光，以此带动交通、住宿、商业、餐饮、购物、金融、保险、电信等多项

---

① 刘滨谊．旅游规划三元论——中国现代旅游规划的定向·定性·定位·定型[J]．旅游学刊，2001（05）：55～58

② 刘滨谊，杨铭祺．景观与旅游区 AVC 评价量化模型——以玄武湖景观区总体规划为例[J]．中国园林，2003（06）：63～64，69～70

③ 时显力．旅游城市群支撑体系研究——关联密切的泛旅游产业集群[N]．中国旅游报，2014-12-29（006）

相关产业的发展。随着经济全球化程度的逐步加深，会展业已经成为衡量一个城市国际化程度和经济发展水平的标志之一。

3. 运动康体产业

从世界范围来看，欧美和日本等经济发达国家，一直领导着世界康体新潮流，其领先地位主要表现在：康体项目开发能力强、康体设施设备水平先进、康体项目设计水平高超、康体项目普及率高、康体活动的文化色彩浓厚等方面。

随着经济发展，我国康体行业也在逐步成熟完善，具体体现在，康体设备与经营场所的数量大幅度增加、康体项目比赛技术水平不断提高、康体设备与项目越来越多、参与康体活动的人们越来越多、高刺激和高惊险的康体项目逐步发展、经营康体项目的主体不断扩大，等等。

4. 参与型娱乐产业

早在20世纪中叶，世界各主要发达国家和地区就已经实现了由生产型主导向消费娱乐型主导社会的过渡。娱乐的高速发展，更使"市场上的产品和服务相应地提供娱乐功能或与娱乐活动相结合，从而形成娱乐经济。"据美国学者预测，休闲、娱乐活动和旅游业将成为下一个席卷全球的经济大潮。尤其以传媒为核心的文化娱乐产业，更成为21世纪令人炫目的暴利产业。

5. 休闲商业

休闲商业是指不单纯以购物为主要目的，而以追求精神消费为主要目的的商业业态。休闲商业十分重视环境、气氛、服务内容和文化主题的营造，强调顾客在消费过程中的观赏性、联想性、体验性和参与性。由于人们精神消费的需要会受到年龄、职业、经历、性格、情绪甚至气候等各种因素的影响，个性化程度会更强，所以"休闲商业"也就有了更多差异化发展的空间。

6. 博彩业

一般认为，完整的博彩业由彩票、以人或动物为对象的竞猜游戏和卡西诺娱乐场三个分支产业共同组成。世界上已经有100多个国家和地区规定博彩业合法，并通过税收等政策对该产业进行引导和管理。博彩业的发展还可以拉动旅游、交通、房地产、餐饮、卫生、报业、广告、书店、集藏、娱乐等的发展，促进经济繁荣，解决一部分群众就业难问题。

7. 创意产业

创意产业是指那些从个人的创造力、技能和天分中获取发展动力的企业，以及那些通过对知识产权的开发来创造潜在财富和就业机会，并促进整体生活环境提升的活动。它通常包括广告、建筑艺术、艺术和古董市场、手工艺品、时尚设计、电影与录像、交互式互动软件、音乐、表演艺术、出版业、软件及计算机服务、电视和广播，等等。此外，还包括旅游、博物馆、美术馆、遗产和体育等。

四、旅游规划中的社区参与

社区参与成为新时期旅游规划的明确导向，主要效应表现在：社区参与更加充分地体现了以人为本的旅游规划理念，并且能使旅游者提高在旅游活动过程中对旅游目的地体验的真实性，更有助于发挥多方面主体作用来促进目的地社会文化的保护与发展。

1. 对社区参与旅游目的地规划的认识

首先，社区参与旅游目的地规划是将社区作为旅游发展的主体纳入旅游规划等涉及旅游发展重大事宜的决策、执行体系中。

其次，作为旅游可持续发展的一个重要内容和评判依据，社区参与旅游发展是实现旅游业可持续发展的重要途径之一。

再次，社区参与是将社区作为支持旅游发展的最基层单元，通过社区组织的建立和目标活动的开展，达到综合整治与共同参与建设旅游目的地的目的。

最后，社区居民利益分析是社区参与规划中的重要内容，居民利益调控也是目的地旅游规划的主要内容。

2. 国内外社区参与研究内容

国外学者关于社区参与旅游发展问题的研究起步较早，内容包括：社区参与旅游发展的类型、旅游发展与社区的相互关系、社区参与旅游发展的内容、利益主体理论的运用、社区参与旅游发展的限制性因素研究等。

国内社区参与研究起步较晚，处于初始阶段，直接或间接的研究成果主要集中在四个方面，包括利益主体理论在旅游规划中的应用、旅游系统中利益主体的经济互动关系、利益主体的经济利益行为对生态环境的影响、相应的协调措施等。

3. 社区居民参与旅游规划基本范式

基本范式主要探讨社区居民参与旅游规划的一般模式和核心内容，换句话说，即回答如何参与、参与做什么的问题。

社区参与最常见的一般模式就是规划师在编制规划时，广泛征求当地居民的意见和建议，然后将这些想法“加工”后反映到规划文本中，但这种模式在具体实施时往往由于缺乏保障而流产。

社区参与的核心内容包括以下四个方面：

- 了解本地社会文化发展的未来状态；
- 参与讨论重大旅游项目的立项、设计；
- 共同商定旅游开发的利益分配方案；
- 协助制定面向当地居民的就业政策。

4. 实现社区参与的措施

为了更好地促进社区居民参与旅游目的地的规划和发展建设，目的地政府应该充分发挥主导推进的作用，从以下四个方面实施有力的措施：

- 给居民提供参与旅游规划、发展决策以及优先参与旅游就业的机会；
- 提高居民整体素质和参与能力；
- 建立科学有效的社区参与机制；
- 加强利益主体之间的协调与合作。

社区参与的真正实现是一项艰巨而复杂的工程，需要决策者和立法者、非政府组织、旅游开发商、社会其他辅助力量、旅游研究者、旅游者等多方参与和推动，才能通过旅游开发促进社区发展，提升居民的自我组织、自我管理、自我发展能力，建立良性的发展机制，形成环境效益、经济效益和社会效益的协调发展。

第八章 旅游目的地营销

【学习目标】

1. 了解旅游者的需求、动机、知觉。
2. 掌握市场细分与定位。
3. 掌握目的地形象管理。
4. 了解目的地营销系统。

【本章导读】

中国香港特区的目的地营销

与其他世界著名旅游胜地相比，中国香港特区的旅游资源相对贫乏，它没有闻名遐迩的名山大川，也没有独一无二的历史文化遗迹，但就是这样一块弹丸之地却造就了现代旅游业“神奇的伟大事业”。

据世界旅游组织2004年对全球各个国家和地区游客的统计数字显示,香港以2180万人次的破纪录成绩，跻身全球第七位，旅游收入达918亿港元，不仅为香港赚取了大量的外汇，同时有力地带动了旅游关联产业发展，促进了地区经济发展和社会繁荣。2000年、2001年香港连续两年被美国著名消费者旅游杂志《旅游与怡情》评为“亚洲最佳城市”；2004年香港被美国旅行社极具影响力的刊物《领英》(Recommend)评为：“亚洲—太平洋最佳旅游目的地”；2005年香港被美国《国家地理杂志》选为全球14个经典旅游点之一。

香港在旅游资源并不具有竞争优势的情况下，凭借什么因素打造了现代旅游业的神话？究其原因，旅游目的地营销策略的成功实施是促进香港旅游业在短时期内迅速腾飞的重要因素之一，具体体现在以下几个方面。

第一，成员多样化的营销组织机构。

由于旅游目的地营销的对象是整个地区的旅游形象以及地区内的所有旅游产品和服务，因此它在很大程度上具有外溢效应和公共产品特征，地区内所有旅游企业都会从中受益。而旅游企业出于自身利益最大化的考虑，往往只关心企业微观范围的信息建设和营销活动，而对于公共旅游信息建设和地区旅游形象营销等公共产品则很少涉及。但是这种旅游公共产品对于一个地区旅游业发展是不可缺少的重要因素。

香港旅游发展局作为旅游目的地营销的实施主体，不仅负责旅游目的地营销公共产品的建设，而且肩负着协调政府部门、城市规划部门、商务发展部门、旅游部门、基础设施管理部门（交通、教育、环境卫生）、房地产开发商、金融机构、接待企业和零售业、建筑业、旅游业、当地居民等众多利益相关者共同开展旅游目的地营销活动的职责。

香港旅游发展局是特区政府资助的半官方机构，它的成员构成具有广泛的代表性。根据2001年《香港旅游协会条例》规定，香港旅游发展局成员为20人，其中规定8人必须来自：客运商、旅馆营运人、持牌旅行代理商、旅游经营商、零售商及食肆营运人；其余12名成员由香港旅游发展局邀请有不同经验的人才出任，其中包括委任来自市场推广、法律、银行财经界人士，以及消费者委员会代表、旅游业前线工作者代表。它的主要职责是在世界各地宣传和推广香港作为旅游胜地的品牌以及提高游客的旅游体验；就地区旅游设施的范畴及素质向特区政府和相关机构提供建议。它的主要活动内容包括如下三个方面。

①定期收集市场数据以促进开拓客源市场。香港旅游发展局经常针对游客的需要和来访动机，定期收集有关游客人数、原居地、国籍、性别、年龄、所乘交通工具、住宿酒店、消费方式及金额、停留时间、对港印象及意见和会否重访等方面的资料。这些资料为旅游发展局制定针对性的市场营销策略提供了依据，例如对亚洲游客突出宣传香港是"购物天堂"；对欧美游客则重点宣传香港的传统东方色彩；旅游旺季时重点营销会议、展览及奖励旅游，以占领高端旅游市场，提高地区旅游收入。

②广泛建立国际旅游网络。香港旅游发展局通过与世界旅游组织广泛建立联系的方式，将其客源网络成功地延伸至全球的每一个角落。20世纪六七十年代，中国香港旅游协会（香港旅游发展局的前身）先后加入了国际旅游机构联合会、太平洋旅游协会、英国旅游协会、美国旅游协会等国际旅游业组织；1999年香港更成为世界旅游业协会会员。同时，它还在主要客源地广泛设立办事处以拓展市场网络，香港旅游发展局在芝加哥、伦敦、纽约、大阪、巴黎、奥克兰、多伦多等多个城市设立了海外办事处，在其主要客源市场——内地更是设立了三个办事处。

③通过五大渠道，即消费者推广、同业推广、媒体推广、会议展览及奖励旅游推广、名人推广，以达到宣传香港旅游形象，吸引潜在旅游者的目的。

第二，务实有效的营销策略。

近几年来，香港策划、实施了一系列精彩的旅游节庆活动，为塑造和宣传香港旅游目的地品牌形象，创新旅游产品，并最终达到广泛的客源聚集效应做出了重要贡献。除了利用一些传统的中西方节日举办活动，例如中国传统的春节、中秋节、端午节等，西方的万圣节、圣诞节等，还通过香港购物节、“香港缤纷冬日节”、国际电影节、香港艺术节、大型体育赛事等丰富多彩的商业、文化节庆活动，将香港打造成为“亚洲盛事之都”。

大量节庆活动不仅给香港旅游业带来了大量的客流和滚滚财源，而且促进了目的地知名度、美誉度、品牌形象的大大提升。

第三，宣传手段多样化。

在市场经济时代，“好酒也怕巷子深”。旅游宣传作为基本的营销手段，其重要性不仅没有减弱，反而日益增强。

香港的旅游营销方式十分灵活多样，一方面，花费巨额资金用于电视、广播、报纸、橱窗等传统宣传媒介，以“宣传轰炸”的态势来打造“眼球经济”，例如，香港在 2005 年至 2006 年动用 5 亿港元资金用于一系列的旅游宣传及推广活动，以期达到吸引超过 2700 万游客的目的。具体营销方式有在海外散发各类印刷品，如《香港旅游指南》和《香港购物指南》；通过当地电视节目播放香港风光纪录片；参加各地举办的国际旅游展览；在各地举办“香港节”、香港美食节以及以香港为主题的橱窗设计比赛、摄影比赛等。

另一方面，互联网等高科技营销手段以及主题营销活动等多样化的营销手段为香港旅游目的地形象宣传起到了重要的辅助作用。香港旅游网、香港行旅游网、“香港旅游家”以及“香港旅游发展局”等一批旅游网站为宣传香港旅游，为游客提供旅游信息服务起到了重要作用。

从 2001 年起，为了向全球营销即将开业的香港迪斯尼乐园，香港旅游发展局参与策划了在主要客源市场——内地市场的一系列主题营销活动，2004 年 8 月香港迪斯尼在广州举行了一个梦幻派对现场表演，2005 年 3 月以“睡公主城堡”等 12 个展位亮相 2005 年广州国际旅游展销会，2005 年 4 月 15 日至 5 月 8 日在深圳、东莞、中山和广州等珠三角城市开展了名为“奇妙之旅”的巡回路演。多样化的营销手段极大地提高了香港旅游目的地的知名度与美誉度。

第四，产品追求标新立异。

标新立异是使旅游目的地营销达到轰动效应的重要条件，其核心就是“新”，以新形象、新产品、新形式给旅游者“耳目一新”的感觉，以达到吸引旅游者，占领目标市场的目的。为了准确把握来港游客的旅游需求变化，香港旅游发展局每年都要定期开展旅游市场调查和咨询项目，调查的项目包括旅客的需要和来访动机、游客属性、消费偏好、对港印象及意见等。通过对这些一手市场资料的分析来了解游客旅游需求的变化和有针对性地创新目的地营销策略。

在旅游主题形象创新方面，从2001年开始直到2003年，香港的旅游主题是“动感之都，就是香港”，展示出一个充满生机和活力、东西方文化汇聚的都市形象，既树立了自己的旅游形象，又张扬了城市个性；2003年“爱在此，乐在此”主题形象宣传很好地塑造了香港作为国际性都市的健康美丽新形象；随着家庭群体及商务客人逐渐成为香港旅游客源的主体，香港于2006年开展了“2006精彩香港旅游年”主题活动，目的在于短期内令香港成为亚洲最热门的旅游目的地，进一步巩固了香港在国际旅游市场的领导地位；目前香港特区政府部门的旅游策略小组正在研究如何借鉴国际大都市的经验，打造香港大都会旅游的新品牌。

在产品创新方面，香港不断举办精彩纷呈的大型旅游活动，如“香港节”、香港美食节、香港购物节、“香港缤纷冬日节”、国际电影节、香港艺术节、大型体育赛事等；不断新建旅游景点，如香港迪斯尼乐园、幻彩咏香江第二期、东涌吊车发展项目、香港湿地公园、中区警署建筑群文化旅游发展计划以及多项热门旅游景点改善及美化计划等。不断创新的旅游形象和旅游产品为不同旅游需求的游客提供了多元化、特色化的旅游选择，最大限度地满足了不同细分市场的旅游需求。

第五，利用名人效应提高认可度。

旅游目的地安排知名人士参加地区营销活动，利用名人的知名度和公众对名人的信赖度来增强旅游者对旅游目的地的关注度和认可度。

香港利用名人策略开展目的地营销的活动包括：聘请成龙、郭富城、莫文蔚、李嘉欣、黎明等知名演艺明星担任香港旅游形象大使，利用明星效应分区域进行推广活动宣传；香港旅游发展局每年派出约100名“学生大使”，对前往外国留学的学生进行短期培训，并提供资料、图片让他们向外国人民宣传香港；派出“香港小姐”作为“亲善大使”出访外国介绍香港；香港民间艺人以及有经验厨师每年定期到海外做现场表演。

（资料来源：《中国旅游报》2005年8月26日第011版）

美国著名旅游学者莫里森教授在一次访谈中曾说：中国的旅游业取得了很大的发展，新建了很多酒店、景区、交通设施等，给我的印象是，中国主要强调的是总体规划方面的基础设施建设，但是在旅游景区的管理和营销方面做得很少。营销是最后才关注的问题。相对于发达国家来说，中国的发展速度非常快，发达国家目前主要关注通过竞争的方式来吸引客户，在产品和营销方面做得很好，而在中国，旅游目的地管理方面还处于初级阶段。旅游目的地需要在旅游产品和旅游营销方面对自己进行有效的定位。中国有上百个非常有名的地区，但是在国际上知名的也就五六家。[①]

不管是一个省、一个城市，还是一个旅游目的地，都需要考虑这样的问题：形象是什么？定位是什么？目标市场是什么？差异性又是什么？

第一节　旅游者的分析

一、旅游者的需要与动机

（一）旅游需要

需要是个体感到某种缺乏或不平衡而力求满足的心理状态。需要是一切活动产生的动力和源泉，常以动机、兴趣、理想、信念、价值观等形式表现出来。

旅游需要是旅游者或潜在的旅游者感到某种欠缺而力求满足的内心状态。旅游需要对旅游者的行为有重要的影响和决定作用：

- 旅游需要决定旅游行为；
- 旅游需要的强度决定旅游行为实现的程度；
- 旅游需要层次决定旅游行为方式；

（二）旅游动机

旅游动机是推动人们进行旅游活动，并使人处于积极状态以达到一定旅游目标的动力或内驱力。基本的旅游动机包括：

- 身体动机（放松、健康、娱乐、愉悦）；
- 文化动机（观光、体验）；
- 发展提高动机（求知、信仰、时尚）；
- 情感动机（冒险、怀旧、浪漫、成就）；
- 交往动机（探亲访友、增加友谊、回避冲突）。

旅游动机的激发一般有以下三个途径：

- 增加旅游新产品的吸引力，努力开发有特色的旅游产品；
- 加强旅游企业管理，提高旅游服务质量和职工素质，增强旅游业的组织接待能力；
- 旅游产品要满足旅游者的需要，使旅游设施和机构具有较强的供应能力。

---

① 摘自网络文章：满雪岩．中国旅游目的地管理和营销的关键与战略抉择——与国际旅游专家莫里森（Alastair M. Morrison）教授的对话[EB/OL]．http://m.rj.com.cn/blog/0828489948,6093077a.html

二、旅游者的知觉

知觉是人脑对直接作用于感觉器官事物的整体反映。例如汽车由颜色、外观、品牌等各种属性组成，我们感知这些属性，并将它们相互联系、加工、综合，在头脑中形成“汽车”这样一个具体映像。再如对人的长相、衣着、谈吐、行事等各种特征组分，同样经过我们头脑加工、综合，在头脑中形成“个体人”这样一个具体映像。

知觉是我们对客观事物的认识，是进行各种高级心理活动的基础。对客观事物的记忆、思维、想象、创造都是从知觉开始的。它使人产生需要，进而产生行动动机，最后进行实践活动。

对旅游者来说，旅游者的直觉与旅游消费的关系如图 8-1 所示。

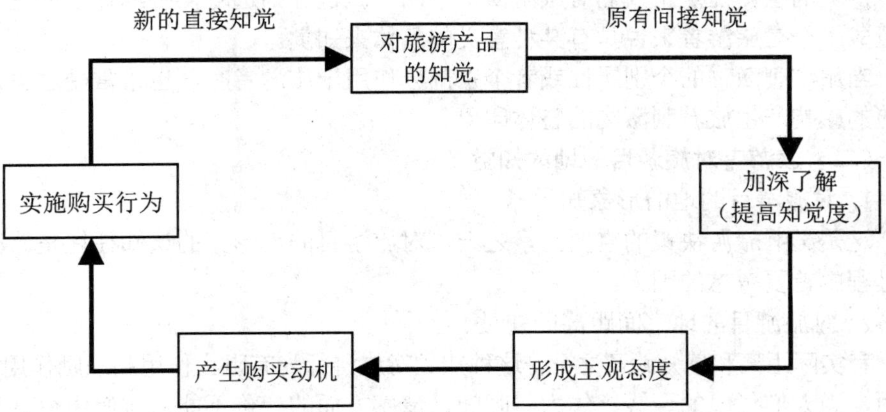

图 8-1　旅游者知觉与旅游消费关系

（一）旅游者知觉的基本特征

1. 旅游者知觉的选择性

知觉的选择性是指人们对外界的刺激有选择和加工的能力。知觉具有选择性和选择性注意的特性。这一特征使旅游者能够把注意力放在重要的旅游刺激和刺激的重要方面，排除次要干扰，产生良好的知觉，获得旅游乐趣。例如，旅游者同样去一个目的地，有的人为美景，有的人为美食，有的人二者兼顾。

2. 旅游者知觉的理解性

在选择过程中，人们往往根据以前的知识经验和知觉时的兴趣动机来理解、觉察刺激，并进行取舍和加工，用一定的形式理解客观事物的含义，从而形成整体的知觉映像。这是理解性的特征。例如，同样进入原始森林，有的人看植物，有的人看动物，有的人看地貌，还有的人只为享受清新的空气等。

所以，当知觉对象与自己以往的经验、态度、价值观相矛盾、相冲突时，比如解释信息有可能放大或缩小某些特征，这时就会产生知觉失真或知觉歪曲现象。从众心理就是一种典型的知觉歪曲，是旅游者根据他人的反应作为自己旅游决策的参考点，这是旅游活动中的普遍现象。

3. 旅游者知觉的恒常性

恒常性是指当旅游条件发生一定程度的变化时，旅游者对旅游对象的知觉仍然保持相对不变的特性。例如，看完山水美景之后，美景的映像仍停留在脑海里不散去，而这种选择性的保持才能对后续的旅游行为产生影响。因为人们总是在已有知识和经验的基础上知觉客体并按已有的印象理解当前变化的客体。

4. 旅游者知觉的整体性

知觉的整体性是指人们对旅游活动中的刺激进行筛选时，有选择地把有关刺激组成一个对旅游者来说具有某种意义的整体来知觉。

当旅游刺激物的个别属性或者个别部分作用于旅游者时，也常常受过去知识经验的影响产生旅游刺激物的整体印象。

（二）旅游者对旅游目的地的知觉

1. 对旅游目的地的形象知觉

这是影响旅游决策的重要因素之一，对旅游目的地形象的认知往往是旅游决策过程中首要考虑的因素。

2. 对旅游目的地空间距离的知觉

有实际距离和感知距离之分，这种知觉对旅游行为有阻止作用和激励作用。一方面，当人们付出的金钱、体力、时间、情感方面的代价不能从旅游中得到足够的补偿，抵消这些因素对旅游出行产生的“摩擦力”，旅游行为便不会发生，这就是距离对旅游行为的阻止作用。另一方面，距离常产生神秘感、朦胧感，会对旅游行为产生“推动力”，如异地游、跨国游等，这就是距离对旅游行为的激励作用。

3. 对旅游目的地时间间隔的知觉

这种知觉体现在旅游者希望在目的地的旅游活动过程“旅行要快、游览要慢、活动要准时”。

● 旅行要快。交通顺畅，要适度安排旅途活动中的趣味性，以降低旅途中的枯燥、乏味。

● 游览要慢。避免走马观花，游览时要保证旅游者充分领略旅游地的自然风光和人文特色的时间。

● 活动要准时。安全准时保证旅游者按计划安排活动，否则易产生不安、不满情绪而导致焦躁、焦虑。

4. 对旅游目的地进入性的知觉

这方面一般直接体现在交通条件的好坏，这会直接影响对一次旅游经历的评价。一般来说，旅游者对飞机的知觉与三个因素有关：时间、安全、舒适度；旅游者对火车的知觉与三个因素有关：速度、时间、舒适度；旅游者对旅游巴士和游船的知觉影响因素包括：车窗是否宽敞、座椅是否舒适、空调温度、车身减震、乘务员的服务、路况、游船到达港口城市和旅游景点的数量、航程的远近、停靠点的观光娱乐项目、游船上的就餐与休息、游乐设施是否完善、陪伴是否满意、购物是否方便，等等。

5. 对旅游目的地安全的知觉

满足旅游者的安全需求是旅游服务的基本条件。在此基础上，还要做到方便、舒适。

（三）影响旅游知觉的主要因素

1. 知觉对象的强度和突出属性

一般而言，具有较强刺激属性的对象比弱刺激属性的对象更能引起人的注意。旅游者总是注意到最大、最强、最好、最有特色的事物，而忽视特征不鲜明的事物。出乎人的预料会对知觉产生十分重大的影响。

2. 知觉对象的对比

背景原则说明这个道理。知觉对象和背景的差别越大，越容易被人知觉。营销过程中应突出主打产品设计，如价格、服务、项目的性价比更高，然后用辅助产品衬托。

3. 知觉对象的组合

这是指将所有的刺激组织起来，知觉为一个整体。

4. 旅游者的需要与动机

能满足旅游者需要，符合旅游者动机的事物，往往会首先成为知觉对象。例如，同样是登山，有观光的，有健身的，有疗养的，有团队活动的。需要与动机不同，其感知的范围和对象就会有很大差异。

5. 旅游者的知识与经验

凭借以往的知识和经验，对知觉对象做出理解和判断，可节约感知时间，扩大感知范围，获得更深入的直觉体验。旅游实践表明，人们对旅游目标的选择是基于个人和亲朋好友过去旅游的知识和经验。

6. 旅游者的情绪和情感

情绪和情感是人对客观事物态度的一种反应。情绪和情感影响着人们游玩的主观感受。如三亚饭店“宰人”事件、黄山卖假茶叶的新闻，都会影响旅游者对目的地的情感变化，从而引起知觉变化，结果导致不同方向性的决策。

7. 旅游者的阶层意识

年龄、价值观念、生活方式、经济收入、受教育水平的差异形成不同的社会阶层，导致人们的旅游方式、时间、地点、目的、消费方式差异很大。同阶层会表现出一定的共性。例如，老年专项旅游活动和少年儿童夏令营、高尔夫运动和登山等。

三、旅游者的学习

（一）什么是学习

“学习”有狭义和广义之分。广义的学习是指人和动物在生活中获得经验的过程，是有机体适应环境变化的基本途径。狭义的学习是指人在社会实践中对客观现实的认知过程。

学习又可分为认知学习和行为学习两种基本过程：收集资料，征求意见，整理，评估，做决策，是认知学习过程；亲身参与、体验、购买产品是行为学习过程。

（二）旅游者学习的内容

1. 旅游动机学习

不同动机决定着不同的出游需求、期望和目的。不同的旅游产品组合提供给游客不同的体验，满足不同的欲望或期望。

动机主要基于价值、规范、习惯、身份、情感五个方面而产生。如避暑、健身、休闲、考古、采摘等。

2. 旅游态度学习

旅游态度决定着旅游者对旅游产品和服务的选择。态度的强度和稳定性受具体因素影响，会有方向和强度的变化。例如，从喜欢到不喜欢的转变，从犹豫到坚决的变化。这些都为制定广告和宣传册提供理论依据。

3. 学习应对旅游风险

旅游风险有两类：功能风险和心理风险。功能性风险主要涉及旅游产品的质量和旅游服务的优劣问题。心理风险是指旅游产品和服务能否增强旅游者的满足感和改善自我形象，改变他人对自身的看法。

减轻或消除旅游风险的方法是：降低对旅游产品和服务的期望值；参加有信誉的旅行社团；了解更多旅游信息。

4. 学习处理旅游疑虑

（1）旅游疑虑产生的原因

一方面，由于接触信息量的变化或其他各种原因导致的旅游者需求变化，旅游者在做出消费决定行为后又发现了更令其满意的产品，这时旅游者出现疑虑状态；另一方面，旅游者在旅游过程中因各种因素变化导致意外情况的出现，这时旅游者也会产生疑虑。

（2）消除疑虑的方法

一方面，要尽可能扩大旅游者获得旅游信息的接触面，同时关注提升有效信息的吸引力，淡化旅游者单方面的选择性接触效应；另一方面，要加强旅游者对旅游过程中美好印象的关注度，力求调动旅游者关注美好而遗忘缺憾，实现旅游者的选择性遗忘效应。

（三）旅游者的学习过程

旅游者的学习过程主要是一个从信息获取、积累经验到形成习惯的过程。

旅游宣传要注意达到 AIDA 效果①，即引起旅游者注意（Attention）、产生兴趣（Interest）、激起欲望（Desire）、付诸行动（Action）。

旅游消费者通过学习养成知觉、思维和行动的习惯，会做出顺应性学习。所以旅游开发要考虑旅游者的习惯，并引导消费习惯。

第二节　市场机会选择

一、目的地市场机会选择的主要步骤

目的地的市场机会选择需要经过四个主要步骤。这四个步骤是一个系统的循环过程。如图 8-2 所示。

第一，市场的机会—风险分析：对目的地的整体发展、内外部环境进行分析，为目的地营销提供宏观方向指导。

第二，市场细分化：按照旅游者所需要的旅游产品，将一个市场分为若干个不同的购买者群体，并描述他们的轮廓。

第三，目标市场选定：选择一个或几个准备进入的细分市场。

第四，市场定位：建立与在市场上传播产品的关键特征与利益。

（一）机会与风险

1. 含义

机会就是对旅游目的地营销活动具有吸引力、能享有竞争优势和获得差别利益的环境机会，即营销环境中对旅游目的地营销的有利因素。

风险就是对旅游目的地营销活动的不利因素，我们要度量、评估有关风险对实现既定目标的不利影响及其程度。

---

① 艾尔莫·里维斯在 1898 年首次提出“AIDA 模型”，缩写字母代表“注意”（Attention）、“兴趣”（Interest）、“愿望”（Desire）和“行动”（Action）。

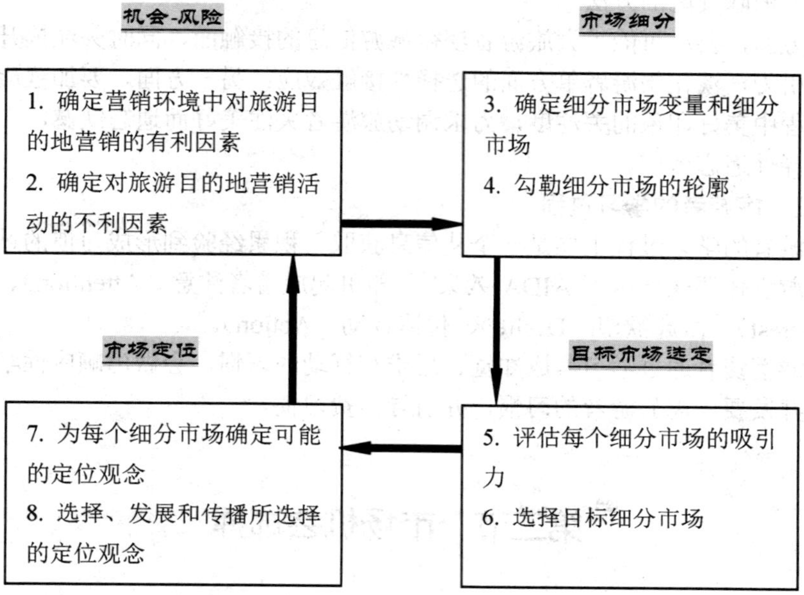

图 8-2　目的地市场机会选择步骤

2. 机会—风险分析

（1）SWOT 模型分析

S、W、O、T 分别代表旅游目的地的优势（Strength）、劣势（Weakness）、机会（Opportunity）和威胁（Threats）。因此，SWOT 分析实际上是将对旅游目的地内、外部条件各方面内容进行综合和概括，进而分析目的地的优劣势、面临的机会和威胁的一种方法。

优劣势分析主要是着眼于目的地自身的实力及其与竞争对手的比较，而机会和威胁分析将注意力放在外部环境的变化及对目的地的可能影响上。在分析时，应把所有的内部因素（即优劣势）集中在一起，然后用外部的力量来对这些因素进行评估。

SWOT 分析的做法是：针对某一旅游目的地，列出对该目的地发展有重大影响的内部与外部环境因素，继而确定标准，对这些因素进行评价，判定是优势还是劣势，是机会还是风险，最终决定营销策略。如图 8-3 所示。

（2）机会—风险方格

这种分析方法是指对目的地营销机会的分析从两个方面进行：一是潜在的吸引力即获利能力；二是成功的可能性。

内部分析 外部分析	**优势 S** 1. 2.　列出优势 3.	**劣势 W** 1. 2.　克服劣势 3.
机会 O 1. 2.　列出机会 3.	**SO 战略** 1. 2.　发挥优势 利用机会 3.	**WO 战略** 1. 2.　克服劣势 利用机会 3.
威胁 T 1. 2.　列出威胁 3.	**ST 战略** 1. 2.　利用优势 回避威胁 3.	**WT 战略** 1. 2.　减少劣势 回避威胁 3.

图 8-3　SWOT 分析模型

对目的地营销风险的分析，也从两个方面进行：一是潜在的重要性；二是发生的可能性。如图 8-4 所示。

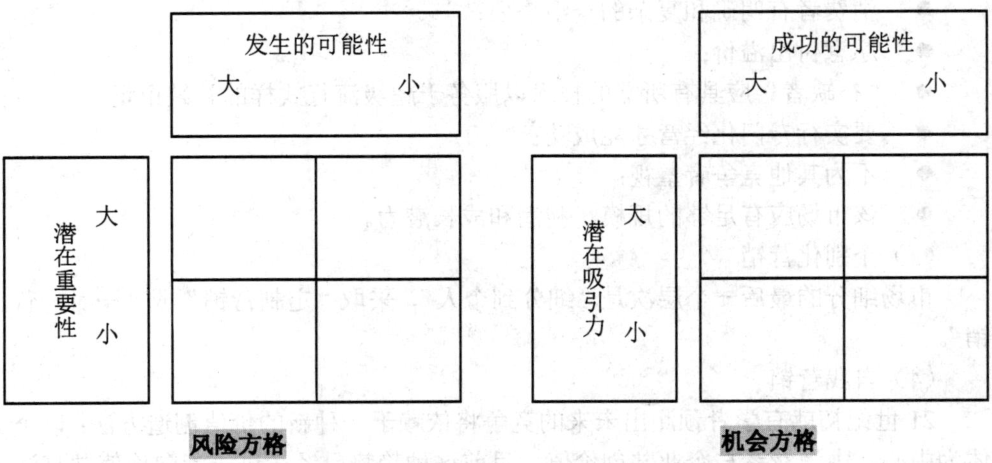

图 8-4　机会—风险方格分析模型

（二）市场细分

1. 市场细分的层次

传统的反细分市场观点即大众化营销，这种观点认为，它能创造目的地最大的潜在市场，因为它的成本最低，这又转化为较低的营销成本和较高的毛利。这种营销观念受到许多批评，因为旅游者市场正在因需求的日益复杂化而分裂为诸多需求不一的小群体。

因此，目前的旅游目的地营销正在放弃大众化营销而转为在市场细分的某一层次上的微观营销。市场细分是增加旅游目的地营销目标群体精确性的一种努力，一般可以分为以下几个层次。

（1）细分营销

细分市场片由在市场上大量可识别的各种群体构成。细分片是介于大众化营销与个别营销之间的中间层群体，属于一个细分片的旅游者是假设他们有相同的需要和欲望。

细分营销相对于大众化营销有几个优点。旅游目的地能创造出针对目标受众的更适合的旅游产品，选择分销渠道和传播渠道更方便，如果竞争者也注重细分市场片，那么目的地将面临较少的竞争者。

（2）补缺营销

补缺就是更窄地确定目的地的某些市场群体，通常确定补缺市场的方法是把细分市场再细分。往往补缺营销者高度了解该补缺市场旅游者的需要，以致旅游者愿出溢价实施旅游消费活动。

一个有吸引力的目的地补缺市场特征如下：

- 消费者有明确和复杂的一组需要；
- 愿意付出溢价；
- “补缺者”应具有所需的技术以服务于超级流行式样的补缺市场；
- 要实行专门化经营才能成功；
- 不为其他竞争者重视；
- 该市场应有足够的规模、利润和成长潜力。

（3）个别化营销

市场细分的最后一个层次是“细分到个人”，采取“定制营销”或“一对一营销”。

（4）自我营销

21世纪初就有学者预测出未来的竞争将依赖于一种新的价值创造方法：以个体为中心，由消费者与企业共创价值。目前这种趋势已经在进一步向价值共享演变，即消费者在参与价值共创过程中获得应有的价值分享。自我营销即属于这一趋势的一种应变。该营销是个别化营销的一种形式，它使旅游者本人对决策产品和品牌的购买负有更大的责任。

2. 市场细分的程序

美国市场学家麦卡锡提出细分市场的一整套程序，可供旅游目的地进行市场细分借鉴。这一程序包括如下七个步骤。

（1）选定产品市场范围

即确定开发什么旅游产品。产品市场范围应以旅游者的需求，而不是产品本身特性来确定。例如，某一目的地打算开发乡村旅游，若只考虑产品特征，该目的地可能认为乡村旅游的通常对象是城市工薪阶层，但从该目的地临近市场需求角度看，高收入者才可能是该目的地最主要核心的潜在顾客。因为高收入者可能更频繁地向往乡间的清静，并且消费水平远远高于普通工薪阶层，是目的地发展的最佳顾客群体。

（2）列举潜在顾客的基本需求

目的地可以通过调查，了解潜在消费者对产品的基本需求。例如上述的乡村旅游，消费者这些需求可能在基本的遮蔽风雨、安全、方便、宁静等基础上，因为群体阶层地位、职业等特殊性，对环境设施档次、现代信息时代需求、设计合理、工程质量等有更高的要求。

（3）了解不同潜在用户的不同要求

对于列举出来的基本需求，不同顾客强调的侧重点可能会存在差异。比如经济、安全、遮蔽风雨是所有顾客共同强调的，但有的用户可能特别重视乡土风情的原汁原味，另外一类用户则对环境的安静、内部装修等有很高的要求。通过这种差异比较，不同的顾客群体即可初步被识别出来。

（4）抽掉潜在顾客的共同要求，而以特殊需求作为细分标准

上述共同要求固然重要，但不能作为市场细分的基础。如遮蔽风雨、安全是每位用户的要求，就不能作为细分市场的标准，因而应该剔除。

（5）根据潜在顾客基本需求的差异划分子市场

在对不同群体划分之后，赋予每一个子市场一定的名称。例如，上述乡村旅游市场可以分为周末休闲家庭消费者、商界精英、政府人士、老年回乡怀旧消费者等，并据此采用不同的营销策略。

（6）进一步分析每一细分市场需求与购买行为特点

尤其重在分析其原因，以便在此基础上决定是否可以对这些细分出来的市场进行合并，或做进一步细分。

（7）估计每一细分市场的规模

在调查的基础上，估计每一细分市场的顾客数量、购买频率、消费水平等，并对细分市场产品竞争状况及发展趋势做出分析。

3. 有效细分的要求

一般而言，成功、有效的市场细分应遵循以下四条基本原则。

（1）可衡量性

细分的市场是可以识别和衡量的。细分出来的市场不仅范围明确，而且对其

容量大小也能大致做出判断。有些细分变量，如具有"依赖心理"的青年人，在实际中是很难测量的，以此为依据的细分市场就不一定有意义。

（2）可进入性

细分出来的市场应是目的地营销活动的影响力能够抵达的，也是通过努力能够使产品对潜在旅游者施加影响的市场。否则，该细分市场的价值就不大。比如，旅游目的地的产品主要以某种传统文化资源为核心吸引力，但如果将具有文化差异性较大的某外国客源地作为一个细分市场，恐怕在一个较长时期内都难以进入。

（3）有效性

细分出来的市场，其容量或规模要大到足以支持目的地旅游业持续发展并获利。进行市场细分时，必须考虑细分市场潜在旅游者的数量，以及他们的购买能力和出游频率。如果细分市场的规模过小、市场容量太小、细分工作烦琐、成本耗费大、获利小、就不值得去细分。

（4）对营销策略反应的差异性

各细分市场的消费者对同一市场营销组合方案会有差异性反应，或者说对营销组合方案的变动，不同细分市场会有不同的反应。如果不同细分市场顾客对产品需求差异不大，行为上的同质性远大于其异质性，此时就不必费力对市场进行细分。此外，对于细分出来的市场，目的地应当分别制订出独立的营销方案。如果无法制订出这样的方案，或其中某几个细分市场对是否采用不同的营销方案不会有大的差异性反应，便不必进行市场细分。

（三）目标市场选定

1. 评估细分市场

在评估细分市场时，必须考虑细分市场结构的吸引力、目的地的战略目标和资源优势。也就是细分市场对目的地有吸引力，同时和目的地的战略目标和资源优势保持一致。

2. 选择细分市场

依据市场营销学的一般观点，可以考虑采用以下选择细分市场模式。如图 8-5 所示。

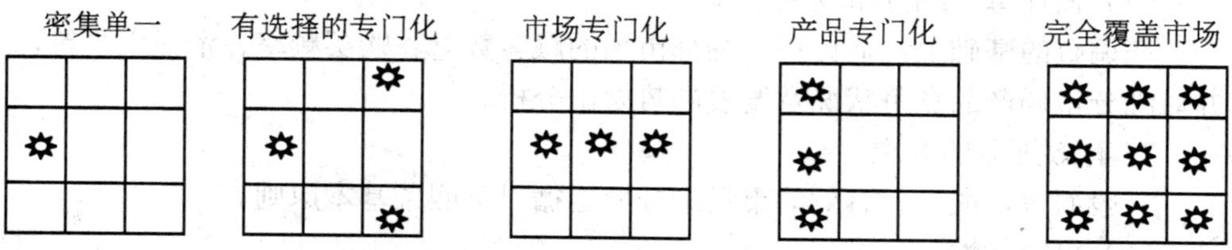

图 8-5 选择细分市场模式

（四）市场定位

市场定位即旅游目的地为赢得竞争优势，对它提供的旅游产品进行有效的差异化和定位。对这一过程主要解决三个核心问题：

- 可利用的主要差异化属性有哪些；
- 怎样在市场上选择有效的定位；
- 怎样把它的市场定位向市场传播。

差异化属性设计是指设计一系列有意义的差异，以便使旅游目的地的产品同竞争者产品相区分的行动。

1. 产品差异化

产品差异化是指产品的特征、工作性能、一致性、耐用性、可靠性、易修理性、式样和设计等方面的差异。也就是说，某一企业生产的产品，在质量、性能上明显优于同类产品的生产厂家，从而形成独自的市场。对于同一行业的竞争对手来说，产品的核心价值是基本相同的，所不同的是在性能和质量上，在满足顾客基本需要的情况下，为顾客提供独特的产品是差异化战略追求的目标。

2. 服务差异化

服务差异化是指企业向目标市场提供与竞争者不同的优异的服务。尤其是在难以突出有形产品的差别时，竞争成功的关键常常取决于服务的数量与质量。

3. 形象差异化

形象就是公众对产品和企业的看法和感受。形象差异化是指通过塑造与竞争对手不同的产品、企业和品牌形象来取得竞争优势。

第三节　目的地形象管理

一、旅游目的地形象

形象是高度的概括，是灵魂，只有形象明确，才能在游客心目中造成强烈印象，形成强大的吸引力。

“旅游目的地形象”概念的提出，最早是在20世纪70年代初。研究者对旅游目的地形象概念的内涵有不同的理解，多侧重于个体特有的目的地形象。这一概念包括以下几个方面的含义：①旅游目的地形象的目标对象是旅游者，包括潜在的和现实的旅游者，即市场；②旅游地形象是旅游地客观现实和旅游者主观映像的综合体；③旅游地形象隐含有目的地规划者对旅游地的一个期望形象，即规划者所设计的，想要传达给旅游者的未来的形象；④旅游者的实地感知形象是旅游者对旅游地的期望形象的验证，旅游地的期望形象与旅游者的决策形象越符合，旅游者满意度就越高。

二、目的地形象战略管理

目的地形象战略管理是一个持续的过程。在这个过程中，需要研究目的地在受众中的形象，根据受众的人口统计特征细分并选择特定的目标形象，确定目的地能提供的核心利益来支撑其已有的形象或创造新形象，然后把这些核心利益传达给目标受众。拟选择的形象必须尽可能真实、可靠、简洁、有吸引力并与众不同。

为了做到这一点，可供形象管理人员选择的方法有三种：一是简洁的口号；二是视觉形象或标志性建筑；三是节庆活动。

遭遇负面形象对目的地形象管理者来说是一个巨大的挑战，因为他们无法控制那些影响旅游者的外在环境因素，如自然灾害、政治动荡，而最难控制的是媒体和出版物对负面问题的报道。这些报道通常可能使人对目的地形成长久难以改变的定式。

目的地品牌营销有多种方式，常见的是广告、网上直销或用宣传人员推销，也可以通过公共关系、媒体关系或者目的地营销组织，通过与新闻记者、节事组织者、电影制片人的合作来进行。

如今旅游者越来越重视生活方式的完善和旅游体验的获取，而不太在意目的地有形产品如食宿、吸引物的优劣，因此品牌化也许是当代旅游目的地营销人员最强有力的市场开发武器。目的地有必要树立独特的形象，把自己与竞争者区别开来。

强有力的品牌会推动整个市场营销和开发战略，它渗透到全部的沟通活动中，刺激旅游消费者的行为，影响其决策过程，从而树立起目的地在市场中富有竞争力的地位。

品牌建设中，实现前后一致性是很重要的，例如某地是“天然”，其旅游产品必然是一系列的自然景色。

例如，威尔士旅游机构发现的高尔夫旅游市场动态为：随着 29～49 岁年龄段人数的增加，高尔夫旅游者的人口统计学特征正在改变，另外超过 50%的新高尔夫球手是女性，即年轻化和非男性主宰化。于是威尔士在宣传画中设计出全新的不同于以往穿着僵硬制服的高尔夫俱乐部会员形象，以一对年轻而时髦的夫妇相对照，以突出其清新、年轻、新颖、悠闲的形象，来吸引高尔夫世界里有活力的年轻一代。其形象塑造最终得到认可并产生良好效果。2003 年世界各地高尔夫旅游作家投票，选举威尔士成为2003年的“本年度优秀的高尔夫旅游胜地”，威尔士的高尔夫球俱乐部也报告说，其游客数量增加。

第四节　旅游目的地营销系统

旅游目的地营销系统可充分支持旅游部门的市场营销任务，如作为该系统组成部分的旅游网站，可自我管理网站，收集、编辑、发布信息，生成目的地电子地图，接受和处理网上投诉，并将旅游企业纳入网络化营销中，进行网上交易。它还支持传统的营销手段：电子触摸屏、游客信息中心、电话中心以及出版物的制作等。由于网络传播没有地域限制，该系统可以将旅游营销范围扩展到世界各地。在英国、新西兰、澳大利亚、西班牙等十多个发达国家，它已经演变成为一种新的旅游营销模式，广泛地支持了当地的旅游企业。

在我国，总的来说，旅游业信息化发展滞后于旅游业的整体发展，存在着重硬件轻软件、旅游信息资源开发程度和服务质量低下、旅游信息技术人才短缺等情况。已开发的旅游信息中，“静止”的信息太多，不断更新的信息少。多数旅游信息距离及时、快速、准确、全面这四个方面的要求，还存在着很大的差距。

2001年国家旅游局在全行业实施“金旅工程”，旅游信息化建设已步入健康发展的快车道。“金旅工程”集全国旅游行政办公网、旅游行业管理业务网、公众信息网和旅游综合数据库（即“三网一库”）于一体，其中公众信息网包括了旅游电子商务网和政府网假日旅游预报系统，实现了全国参报单位的网上数据交换，及时准确地完成数据汇集、传输、审核、分析功能，为“黄金周”的信息预报和发布提供了有力的技术手段。办公自动化系统、旅行社年检管理系统、导游网络管理系统、旅游招商投资信息系统等一批全国性网络系统的推广应用，初步实现了行政办公和行业管理部分功能的电子化，全国旅游目的地营销系统的中心平台建设已初具规模，粤港澳、大连、三亚、珠海、南海、深圳、厦门、苏州等十多个区域或城市的目的地营销系统已投入运营或正在建设中。

第九章　旅游目的地服务管理

【学习目标】

1. 了解服务管理的重要性。
2. 掌握目的地服务管理体系。
3. 掌握目的地服务管理的目标和原则。

【本章导读】

调查旅游体验店：让服务“3D”起来

近年来，中青旅、广之旅、恺撒、携程等线上线下旅游企业纷纷推出旅游体验店，力求打破游客在柜台前咨询旅游产品的传统模式，为游客提供更立体、更富有体验感的旅游产品服务。

旅游体验店更像是一个集体验、休闲、线下活动于一体的开放场所。在设计布局上，体验店融入了更多的旅行元素，为游客预留了更多的休闲空间；在软件服务上，店内的咨询人员更像是“旅游顾问”，而不是简单的销售人员；在硬件设施上，店内通常配有电子查询工具，游客能同时获得线上线下信息，拥有更多出行选择。

旅游体验店，游客实际感觉如何？他们还希望在体验店内获得哪些服务？

● 携程体验店

走进携程新开业不久的北京银河 SOHO 体验店店内，能感受到清新的度假气息：地板上镶嵌着贝壳、海星、白沙组成的微缩海景，天花板上装饰着蓝天白云图案的顶灯，游客和服务人员的洽谈区设计在爬满绿藤植物的木架下，背景是阳光明媚的海滩图……体验店内还摆放着 IPAD、大尺寸 LED 触屏，供游客随时查询感兴趣的信息、旅游目的地视频和图片资料。游客张先生是第一次来到旅游体验店，他说，在旅游体验店能获得更为全面系统的信息，自助查询和咨询人员推荐的形式也让出行选择变得更多。

“携程开设旅游体验店，最重要的一个功能是对线上产品服务的补充。”携程旅行网旅游营销高级经理顿继东介绍，游客来到旅游体验店，能获得“咨询——

报名——提交材料——付款——售后”一条龙服务。有些游客可能不熟悉在线预订技巧，在海量信息中无法找到适合自己的产品，而在体验店，工作人员可以在携程网上百家供应商的上万条线路中找到适合咨询者个性化需求的产品。同时，游客也可以通过咨询专业领队获得最新鲜的第一手资料。

● 中青旅体验店

中青旅是国内最早开设旅游体验店的旅行社之一，据中青旅遨游网首席运营官廖文勇介绍，中青旅的第一代体验店实现了用户通过线上平台进行产品查询的功能；第二代体验店则更注重线上线下渠道的互动：游客可以在遨游网查询筛选产品，前往体验店进行线上签约、支付、证照交接，也可以在体验店了解旅游产品详细信息，回家通过遨游网进行在线签约、支付。

从中青旅在北京开设的大北窑、和平门等多个旅游体验店可以看出标准化的品牌管理体系，如统一的“中青旅遨游网”LOGO、统一的橙色主题颜色、统一的咨询服务系统，等等。“我们并不需要旅游体验店增加多少销售量，而是想让更多的游客通过它更好地认知中青旅的品牌。”廖文勇说。

● 中国台湾雄狮旅行社的体验店

中国台湾雄狮旅行社的旅游体验店在加强旅游体验上的做法值得借鉴。“雄狮旅行社会和很多旅游目的地合作，开展定期的主题活动宣传。例如，与湖北合作期间，体验店通过 3D 旅游地图、宽屏触摸屏、互动艺术表演等高科技手段，模拟出立体灵秀湖北的山水人文画卷；还不定期举办荆楚文化沙龙，免费向游客开放。”

● 结语

尽管目前旅游体验店发展势头良好，但业内人士提醒，如何让“无形”产品化为“有形”体验，需要旅行社下一番功夫。顿继东坦言，携程的旅游体验店在“体验”环节还有提升空间。“之前考虑引进一套 3D 仿真旅游体验设备，通过 360 度采集器拍摄旅游线路的核心景区实景，让游客戴上 3D 眼镜，如临其境地感受整个旅程。但因为体验设备的技术不够成熟，目前没有实现。如果将来能引进类似设备，我们在‘体验’二字上会更名副其实。”

从一种创新模式到逐步普及，旅游体验店在精耕细作的旅游市场中发挥的作用越来越大。如何与游客体验更好地挂钩，把产品做深做透，旅游体验店还可以走得更远。对于游客而言，除了希望获得更好的旅游体验，他们最关注的还是产品质量。例如旅游达人白小鱼的观点得到了很多游客认同：“旅游体验店能给人提供更好的购物消费环境，至于买不买，还是要看产品本身的质量和服务。”

（资料来源：《中国旅游报》2014 年 6 月 30 日第 004 版）

第一节 服务管理的重要性——从旅游体验谈起

旅游业按其产业属性属于第三产业——服务业。服务是旅游产品的核心内容。服务管理对于旅游业来说至关重要。对这一点的说明，我们从学术界对于旅游体验的研究来进行论述。

一、旅游体验

国内外诸多学者对旅游体验进行了深入的分析和研究，基本达成一致的共识：旅游体验是旅游消费活动的主要目的所在。谢彦君 2004 年指出，旅游是现代人的文化消费活动，是一种寻求文化体验的活动，并指出旅游本质上是一种文化体验活动。他还认为，旅游使得人们离开日常居住地和离开日常的工作生活压力，到一个新的环境中去寻找新感受、新体验，从而减轻日常工作压力。[①] Prem 等人 2004 年也指出，旅游体验是旅游者在某种境遇中受多种感官信息刺激对可感知和可认知事物的总体印象，这种总体印象与不同水平的愉快及舒适程度密切相关。[②]

综观国内外对于旅游体验的研究，基本都一致认为旅游体验是旅游者的主观感受，是旅游者基于个人主观因素与旅游活动过程接触群体（包括同游者、旅游企业员工、目的地居民等）互动的体验过程，以及在此过程中个人对旅游历程中消费的餐饮、住宿、购物、交通、娱乐、景点的体验所获得的产品和服务的综合感受。

二、旅游体验要素

旅游体验具有参与性、互动性、综合性、主观性等特点，对旅游体验的要素进行分析，既要考虑旅游供给的各种因素，又要考虑旅游者的实际需求，还要考虑各种旅游情境中旅游者与接触群体的互动。Chris Ryan 1991 年曾经指出，影响旅游体验的因素可以划分为先在因素、干涉变量、行为和结果几个因素，并且这些因素相互作用决定了旅游体验的质量。[③]如图 9–1 所示。

---

① 谢彦君．基础旅游学（第二版）［M］．北京：中国旅游出版社，2004

② Prem Chhetri, Colin Arrowsmith, & Mervyn Jackson. Determining Hiking Experiences in Nature Based Tourist Destinations [J]. *Tourism Management*, 2004 (1): 31-43.

③ Chris Ryan. *Recreation Tourism: A Social Science Perspective* [M]. London: Routledge, 1991.

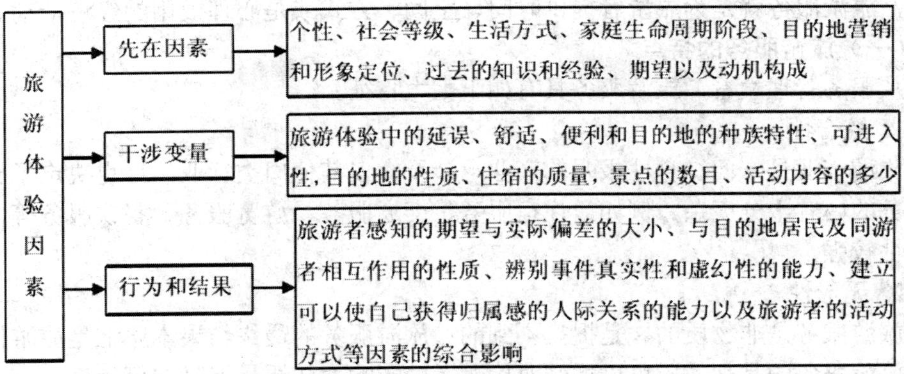

图 9-1　旅游体验因素

（资料来源：Chris Ryan. *Recreation Tourism: A Social Science Perspective* [M]. London: Routledge, 1991）

从图 9-1 可以看出，影响一个旅游者对旅游体验评价的因素分三个层次，其中先在因素主要是源于旅游者自身的因素，干涉变量则是目的地供给层面的因素，而行为和结果则是旅游者在目的地旅游过程中的双方互动因素。从目的地的角度来说，为了影响和改善旅游者的旅游体验，对于先在因素进行行为操控改变的意义不大，更多的应该放在供给层面的干涉变量，以及在与旅游者接触互动过程中的行为和结果两个方面，而这两方面中旅游服务即是目的地供给的核心内容，也是旅游者与目的地接触互动的主要纽带。因此，对于服务进行优化和完善的管理工作是目的地旅游业发展的重要工作内容。

陈可可 2013 年从旅行社的角度出发，对游客感知服务质量产生影响的旅游体验构成要素进行了实证分析，同样也验证了我们的这一观点。她指出其中影响最大的首先是住宿产品、景点和交通工具，其次是旅行社前台、与旅游体验相关的其他人、购物以及餐饮产品四大体验要素，最后是旅游者主观因素中的知识能力及付出成本，相比来说旅游者主观因素中的个性心理特征对于游客感知旅行社服务质量并不显著。①

三、旅游服务管理的重要性

旅游服务是指旅游从业人员通过各种旅游业接待设施、设备、方法、手段、途径和“热情好客”的种种表现形式，在为旅游者提供能够满足其生理和心理的物质和精神的需要过程中，创造一种和谐的气氛，产生一种精神的心理效应，从而使旅游者在旅游过程中产生惬意和幸福之感，进而乐于消费的一种活动。换句

① 陈可可．旅游体验要素文献综述[J]．旅游纵览，2013（2）：19～20

话说，旅游服务就是为旅游者提供时间、空间、方式或是心理效用的经济活动。

（一）旅游服务的特点

从服务管理学看，旅游服务具有如下七大特征。

1. 综合性

旅游产业是一门综合性极强的产业，涉及众多其他门类行业，这也决定了旅游服务的内容十分庞杂，例如，住宿服务、交通服务、游览服务、餐饮服务等，综合性较强。

2. 无形性

旅游服务是非物质的、是捉摸不到的；旅游服务的最终结果本质上是旅游体验；旅游服务的品牌效应可以增强对旅游者的影响力和质量保障的可信度。

使旅游服务有形化的另一个重要而直接的方法是不断地与旅游者保持良好的对话和交流，注重服务过程中的交流和过程后的反馈。

3. 旅游服务与物质条件的相互制约性

旅游服务依托相关物质设施和条件进行供给，良好的物质条件是优质旅游服务供给的基础，旅游服务的质量优化同时也会促进物质条件功效的正常发挥，甚至产生超效应的升华作用，使旅游者获得高于物质条件本身功效的旅游体验价值。

4. 不一致性

同一种旅游服务面对不同旅游者会产生不一致的服务体验；同一种旅游服务在不同时空条件下会产生不一致的服务体验；不同旅游从业人员操作同一种服务程序和内容会产生不一致的服务体验。

5. 不可分离性

旅游服务的生产和消费同时进行；旅游服务的生产和消费集中于同一时空点。因此，旅游服务的前期准备工作至关重要。

6. 不可存储性

旅游服务是即时的、无形的，不能像有形产品一样进行存储。

7. 旅游者的参与性

旅游服务是在从业人员与旅游者互动过程中产生的，一个好的旅游服务设计应该包括如何使旅游者与整个服务递送战略相匹配。

（二）旅游服务的作用

- 旅游服务可以起到扩大目的地客源，提高经济效益的作用。
- 旅游服务项目、内容的丰富程度反映了旅游目的地供给水平的高低。
- 旅游服务的高低关系到旅游目的地的形象和声誉，成为目的地旅游业发展的生命线。
- 旅游服务的优劣体现了目的地从业人员的素质和管理水平的高低，成为评价旅游目的地管理的重要标准。

第二节　旅游目的地的服务管理体系

服务管理体系是指以持续的顾客满意为目标的，指挥和控制接触过程的管理体系。旅游目的地的服务管理体系则是指以持续的旅游者满意为目标的指挥和控制接触过程的管理体系。它主要包括两方面的内涵：第一，旅游目的地服务管理体系是指挥和控制目的地各方面旅游供给与旅游者的接触过程的管理体系；第二，这个管理体系的目标是持续的旅游者满意。

一、旅游目的地服务管理体系的结构

旅游目的地服务管理体系是由服务管理职责、服务资源管理、服务实现、服务的测量和分析及改进等四个关键方面所构成的循环过程，并把与旅游者接触作为控制和改进这个循环过程的核心。如图 9-2 所示。

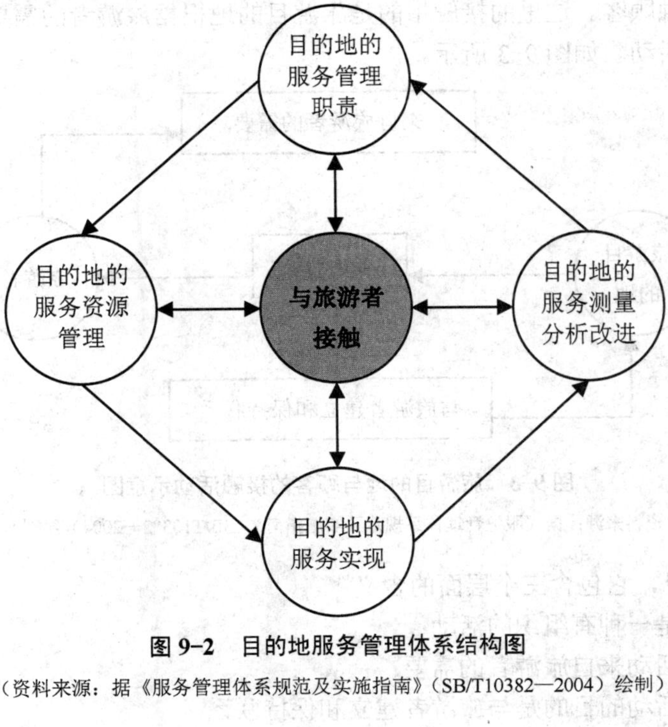

图 9-2　目的地服务管理体系结构图

（资料来源：据《服务管理体系规范及实施指南》（SB/T10382—2004）绘制）

旅游目的地服务管理体系的循环过程是从服务管理职责开始的，而整个体系的循环过程围绕与旅游者的接触为中心。

旅游目的地服务管理的职责包括服务管理承诺、树立服务理念、制定服务方针和服务目标、服务管理的职责和权限、服务管理体系策划、服务管理评审等活动。这些活动都必须以与旅游者的接触过程作为客观依据。与旅游者的接触过程既包括旅游服务人员与旅游者的接触，也包括旅游目的地服务场所、服务设施、服务用品与旅游者的接触。

旅游目的地的服务资源管理所解决的问题就是接触过程所需要的人力资源和物质资源的提供和使用。

旅游目的地的服务实现就是服务提供过程的实现。

旅游目的地的服务测量、分析和改进就是对旅游服务提供过程的测量、分析和改进，同样这个环节也离不开与旅游者的接触过程。

二、相关概念的解释

（一）接触

与顾客接触是服务的基本特征。从古到今，从国内到国外，没有任何一种服务可以不接触顾客。这里的接触指的是旅游目的地根据旅游者的需要与其建立和保持联系的活动。如图 9-3 所示。

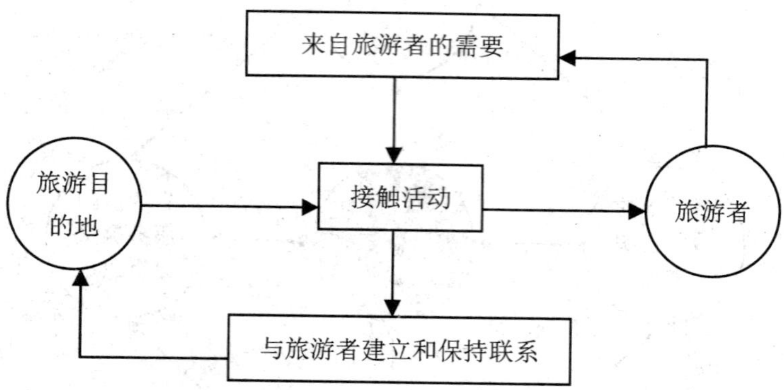

图 9-3　旅游目的地与顾客的接触活动示意图

（资料来源：据《服务管理体系规范及实施指南》（SB/T10382—2004）绘制）

如图可见，它包含三个层面的含义：

1. 接触是一种有组织的活动；
2. 这种活动来自旅游者的需要；
3. 这种活动的目的是与旅游者建立和保持联系。

虽然从实际情况来看，在目的地的旅游服务提供过程中与旅游者直接接触的往往只是目的地从业人员中的部分人员，而不是全部人员，但是这些人员是以目的地的名义并代表目的地与旅游者进行接触的，他们往往就是旅游目的地的形象代言人，这也是为什么世界著名的目的地都关注服务管理的原因所在。

旅游目的地的接触活动和目标指向有很多，但目的地服务管理中的接触活动仅指向目的地的顾客，即旅游者，因此，这里的接触主要是指来自旅游者的消费需求。

这个接触活动的目的并不仅仅是接近或触及旅游者，而是为了在接近或触及旅游者的过程中与旅游者建立和保持良好的联系和关系，使旅游者在旅游活动中获得优质的旅游体验，不仅自己乐于到目的地旅游消费，而且还为旅游目的地传递良好的口碑，促进旅游目的地良好品牌形象的建立。因为只有与顾客建立和保持联系，才能更好地识别和满足顾客要求，才能更好地向顾客提供服务。

此外，需要注意的是，旅游目的地与旅游者的接触活动不仅是旅游者与目的地从业人员之间的人与人的接触，而且包括与目的地的旅游服务设施、服务用品和服务环境等要素的接触。

（二）旅游服务接触点

旅游服务接触点是目的地与旅游者接触时的位置，是一个空间概念，是接触活动的空间表现形式。旅游服务的接触活动在空间上是通过某个接触点表现出来的。

旅游服务接触点可以分为两类：一类是有人接触点；另一类是无人接触点。其中，旅游服务人员与旅游者接触的位置，称有人接触点。旅游服务设施与旅游者接触的位置，称无人接触点。

（三）旅游服务接触过程

接触过程是指旅游活动过程中接触主体之间的一组同时或先后发生的、具有连续性的接触活动。接触过程具有一定的连续性，它不仅存在于旅游服务提供的起点和终点，而且贯穿于服务提供的全过程。

接触过程通常包含旅游服务提供之前、旅游服务提供之中、旅游服务提供之后三个阶段。

由于旅游服务的生产与消费具有不可分割性，因此旅游服务提供之中，接触过程是必然存在的。

为了使旅游服务能够良好地满足旅游者的需求，在旅游服务提供过程开始之前识别和确定旅游者的要求就是必需的过程，这一过程的目的就是使旅游目的地能够尽可能地按照旅游者的需求来设计提供旅游服务。因此，旅游目的地在旅游服务提供过程开始之前也必须与旅游者进行接触。

旅游服务的提供过程结束之后，旅游者对目的地的服务和产品具有什么样的感受？目的地的旅游服务是否符合旅游者的需求？旅游服务内容和环节有哪些需要改进的地方？现有的旅游者能否因现在的服务质量而继续到目的地消费或者吸引更多的潜在旅游者？这些问题都需要在旅游服务提供之后继续保持与旅游者的接触并获得相关信息。因此，这种获得信息反馈的活动也是一种与旅游者在服务提供之后的接触活动。

（四）旅游者要求

包含旅游者明示的、隐含的、潜在的需要和期望。

旅游者明示的要求通常表现为写进旅游合同的要求以及旅游者口头表达的要求。

旅游者隐含的要求通常表现为有关法律法规的要求以及约定俗成的社会责任或旅游行业规范。

旅游者潜在的要求通常表现为旅游者对不合理因素的改进要求、旅游者实现自我价值的要求以及可能在接触过程中产生或变化的要求。

旅游者的明示要求和隐含要求构成了旅游者对旅游服务提供的期望值。旅游者的潜在要求则构成了超越旅游者期望值的必要性和可能性。

（五）旅游目的地的服务资源

旅游服务是接触过程的输出，旅游目的地的服务资源是接触过程的输入。旅游目的地的服务资源就是为旅游者提供服务的人力资源和物质资源的总和。

它包括两类资源和四大要素。

1. 两类资源

- 旅游目的地人力资源；
- 旅游目的地物质资源。

2. 四大要素

- 旅游目的地从业人员；
- 旅游目的地服务设施；
- 旅游目的地服务用品；
- 旅游目的地服务环境。

三、旅游目的地的服务管理职责

服务管理职责是旅游目的地服务管理体系循环过程的第一个重要方面，包括服务管理承诺、以旅游者为关注焦点、服务方针和服务目标、服务管理的职责和权限、服务管理评审、服务管理体系策划等要求。如图 9-4 所示。

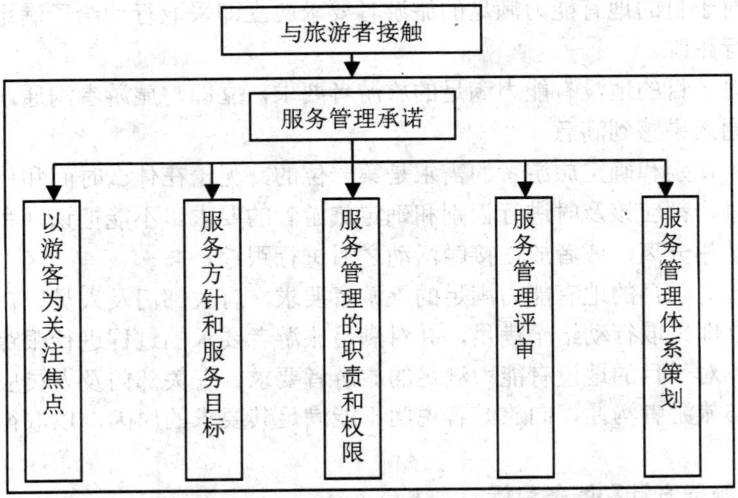

图 9-4　旅游目的地服务管理职责示意图

（资料来源：据《服务管理体系规范及实施指南》〔SB/T10382—2004〕绘制）

（一）服务管理承诺

依据《服务管理体系规范及实施指南》（SB/T10382—2004）对服务管理承诺的规范，旅游目的地服务管理的最高管理者应通过以下活动为目的地旅游服务管理体系的承诺提供证据：

- 向目的地传达与旅游者接触并在接触过程中满足旅游者要求的重要性；
- 制定服务方针和服务目标；
- 确保目的地内的职责、权限得到规定和沟通；
- 建立直接服务旅游者和听取旅游者意见的机制；
- 确保服务资源的获得；
- 进行服务管理评审。

服务管理承诺是对旅游服务管理的最高管理者的要求，服务管理承诺的实质就是让最高管理者为自己的领导作用提供证据。

服务管理承诺涵盖了旅游服务管理职责的各个方面，这些要求是和服务管理职责的要求相互对应的。

（二）以旅游者为关注焦点

旅游目的地服务管理的最高管理者应建立首问负责制，确保在接触过程中对旅游者的要求做出快速反应，以实现持续的旅游者满意的目的。它包括以下三个方面的含义：

- 在第一时间和第一地点识别和确定旅游者的要求；

- 对于目的地有能力满足的旅游者要求应立即采取行动给予满足并对有关的过程进行跟踪。
- 对于目的地没有能力满足的旅游者要求，立即与旅游者沟通，并确保旅游者对沟通效果感到满意。

首先，识别和确定旅游者的需求是第一位的，无论在什么时间和什么地点与旅游者接触，都应该及时进行识别和确定旅游者的要求。不能把识别和确定活动与接触活动相分离，或者放在接触活动之后进行跟踪。

其次，对于目的地有能力满足的旅游者要求，有关部门及人员应在各自的职权范围内立即采取行动给予满足，并对满足旅游者要求的过程进行跟踪。

最后，对于目的地没有能力满足的旅游者要求，有关部门及人员应采取有效办法立即与旅游者沟通，向旅游者说明不能满足其要求的原因，以取得旅游者的谅解。

（三）服务方针和服务目标

旅游目的地服务管理的最高管理者应制定目的地的旅游服务方针和服务目标。

1. 服务方针

服务方针要为服务目标提供框架。其要求包括：

- 与服务宗旨及与持续旅游者满意的目的相适应；
- 确定目的地的服务定位、服务特色与服务的等级；
- 包括对服务品牌和目的地联系的追求；
- 符合与旅游者接触的需要。

2. 服务目标

服务目标应是可以测量和评价服务质量并与服务方针保持一致的指标。其要求包括：

- 总目标和分解目标应以旅游者满意作为客观依据；
- 总目标和分解目标应构成目的地的服务质量评价体系。

（四）服务管理的职责和权限

首先，旅游目的地服务管理的最高管理者应根据与旅游者接触的相关性和重要性规定服务管理的职责与权限。从事接触活动的部门及人员是直接接触旅游者的部门及人员，其职责与权限应符合接触活动的要求。从事内部活动的部门及人员是间接接触旅游者的部门及人员，其职责与权限应符合内部活动的要求。目的地应把直接接触旅游者的部门及人员作为控制重点。

其次，所规定的职责与权限应使接触活动与内部活动保持一致。因为接触活动和内部活动是相互影响的。虽然直接接触旅游者的部门及人员是控制重点，但绝不意味着间接接触旅游者的部门及人员不重要。如果没有后者的配合，前者就不能很好地履行自己的职责。所以，无论哪一个部门及人员，也不管其职责与权限有什么不同，都应当符合与旅游者接触的要求并且以旅游者为关注焦点。

（五）服务管理评审

旅游目的地服务管理的最高管理者应定期对服务管理体系进行评审。

第一，最高管理者应按策划好的时间间隔评审服务管理体系，以确保其持续的适宜性、充分性和有效性。评审应包括评价服务管理体系改进的机会和变更的需要，包括服务方针和服务目标。

第二，应保持管理评审的记录。

第三，管理评审的输入应包括以下方面的信息：

- 审核结果；
- 旅游者反馈；
- 过程的业绩和服务对旅游者需求的符合性；
- 预防和纠正措施的状况；
- 以往管理评审的跟踪措施；
- 可能影响管理体系的变更；
- 改进的建议。

第四，管理评审的输出应包括与以下方面有关的任何决定和措施：

- 服务管理体系及其过程有效性的改进；
- 与旅游者要求有关的服务的改进；
- 资源需求。

（六）服务管理体系策划

旅游目的地服务管理的最高管理应对上述各项活动进行策划，其策划的基本要求就是要满足服务目标以及服务方针的要求，保持服务管理体系的完整性。

四、旅游目的地的服务资源管理

旅游目的地的服务资源管理是服务管理体系循环过程的第二个重要方面，它包括以下几个方面的要求。

（一）以人为本的管理理念

旅游目的地的服务资源管理应该以人为本。

首先，把旅游人力资源看作是与旅游者一种接触的主导因素。

因为旅游服务人员与服务环境、服务设施、服务用品不同。旅游服务人员与旅游者的接触是人与人的接触。服务环境、服务设施、服务用品与旅游者的接触是物与人的接触。当人与人的接触和物与人的接触同时发生的时候，人与人的接触比物与人的接触更容易引起旅游者的关注。

而且，服务人员在接触过程中往往扮演双重角色，一方面在直接接触旅游者，另一方面把有形产品的提供和使用作为服务的一部分，不断引导旅游者与服务环境、服务设施、服务用品直接接触。

由于上述原因，旅游服务人员在接触过程中往往占据着比服务环境、服务设施、服务用品更加重要的地位，既影响着旅游者也影响着与旅游者接触的服务环境、服务设施、服务用品。所以，以人为本的第一个要求就是不能把旅游服务人员与服务环境、服务设施、服务用品同样看待，应当把旅游服务人员视为与旅游者接触的主导因素。

其次，与旅游者接触的物质资源符合人的生理需要和心理需要。

虽然服务环境、服务设施、服务用品都是物，但接触的旅游者却是人。要想让旅游者感到满意就必须适应人的需要，就必须方便人的接触。所以，以人为本的第二个要求就是不能把服务环境、服务设施、服务用品当作一般的物质资源，而应当把它们视为人性化的物质资源。

（二）旅游人力资源的管理

结合服务管理与质量管理的理论观点，对于目的地服务资源管理中的旅游人力资源管理提出以下几个方面的要求：

第一，确定从事影响服务质量工作的目的地从业人员所必要的能力；

第二，提供培训或采取其他措施以满足这些需求；

第三，评价采取措施的有效性；

第四，确保目的地旅游从业人员了解如何为实现服务目标做出贡献；

第五，保持教育、培训、技能和经验的适当记录。

（三）旅游物质资源管理

结合服务管理与质量管理的理论观点，对于目的地服务资源管理中的旅游物质资源管理提出以下几个方面的要求：

第一，旅游目的地应确定、提供并维护为达到旅游服务符合旅游者要求所需要的基础设施；

第二，旅游目的地应确定并管理为达到旅游服务符合旅游者要求所需要的工作环境。

五、旅游目的地的服务实现过程

旅游目的地的服务实现是服务管理体系循环过程的第三个重要方面，它包括旅游服务策划、旅游者要求的识别和确定、旅游服务设计、旅游者沟通、服务承诺、服务特性控制、旅游者接触控制、旅游服务质量的维护和回访等要求。如图9–5 所示。

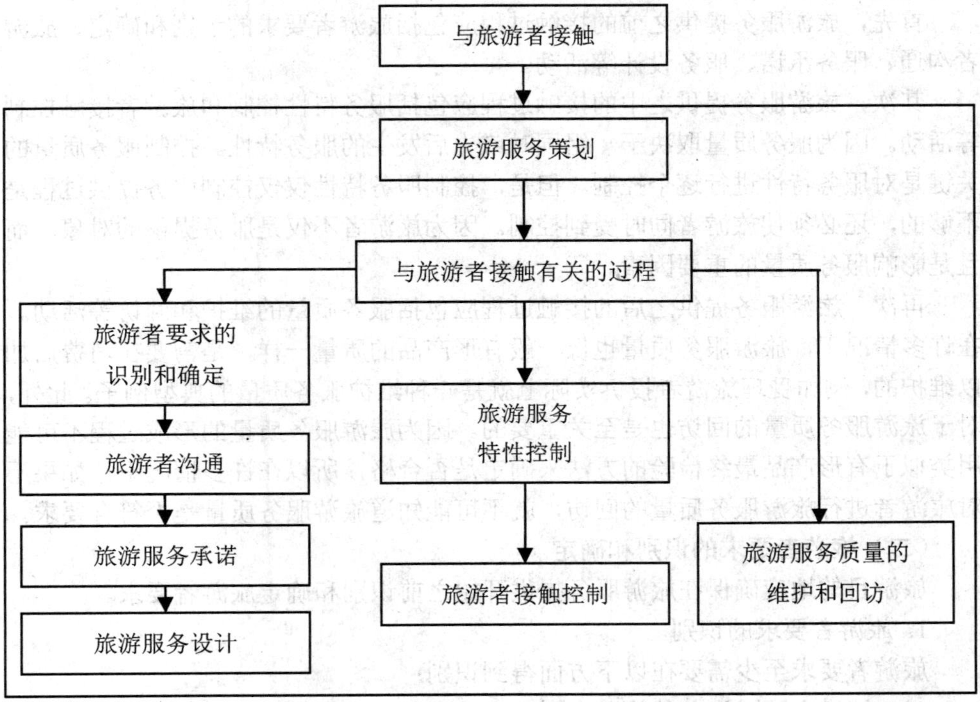

图 9-5　旅游服务实现过程要求示意图

（资料来源：据《服务管理体系规范及实施指南》〔SB/T10382—2004〕绘制）

（一）服务策划

旅游目的地应策划和开发服务提供过程并规定与旅游者接触有关的过程。详见表 9-1。

表 9-1　旅游服务策划对接触过程的要求

服务策划过程	接触活动要求
服务提供之前	旅游者要求的识别和确定
	旅游者沟通
	服务承诺
	服务设计
服务提供之中	服务特性控制
	旅游者接触控制
服务提供之后	旅游服务质量维护
	旅游服务质量回访

首先，旅游服务提供之前的接触过程应包括旅游者要求的识别和确定、旅游者沟通、服务承诺、服务设计等活动。

其次，旅游服务提供之中的接触过程应包括服务特性控制和旅游者接触控制等活动。因为服务质量取决于一组同时或先后发生的服务特性。控制服务质量的关键是对服务特性进行逐个控制。但是，控制服务特性仅仅控制服务提供过程是不够的，还必须使旅游者同时受到控制。因为旅游者不仅是服务提供的对象，而且是影响服务质量的重要因素。

再次，旅游服务提供之后的接触过程应包括服务质量的维护和回访等活动。在许多情况下，旅游服务质量也像一般有形产品的质量一样，是需要在消费后加以维护的，例如受理旅游者投诉实际上就是一种维护服务质量的典型例子。此外，对于旅游服务质量的回访也是至关重要的。因为旅游服务质量的形成过程不可能用类似于有形产品最终检验的方法来确定是否合格，所以在许多情况下，如果不对旅游者进行旅游服务质量的回访，就不可能知道旅游服务质量是否符合要求。

（二）旅游者要求的识别和确定

旅游目的地应确保在旅游服务提供开始之前识别和确定旅游者要求。

1. 旅游者要求的识别

旅游者要求至少需要在以下方面得到识别：

- 写进合同或订单的旅游者要求；
- 旅游者口头表达的要求；
- 有关法律法规的要求；
- 约定俗成的社会责任或行业规范；
- 旅游者实现自我价值的要求；
- 可能在接触过程中产生或变化的要求。

2. 旅游者要求的确定

旅游目的地应在向旅游者提供服务承诺之前对旅游者要求进行评估分析，以确定有能力提供满足旅游者要求的服务特性。这些服务特性至少应包括：

- 服务环境、服务设施、服务用品、服务人员等服务资源所构成的有形特性；
- 服务范围、服务程序、服务技巧、服务礼仪等服务内容所构成的无形特性。

（三）服务设计

旅游目的地应对满足旅游者要求的服务特性进行设计，应根据目的地服务管理的服务方针和服务目标制定旅游服务规范、旅游服务提供规范和旅游服务控制规范。

1. 旅游服务规范

旅游服务规范是旅游目的地对服务范围、服务程序、服务技巧、服务礼仪等服务活动的输出要求。其中包括：

- 服务范围指每个旅游服务接触点所包含的接触活动；
- 服务程序指每个旅游服务接触点所包含的接触过程；
- 服务技巧指每个旅游服务接触点应掌握的接触技巧；
- 服务礼仪指每个旅游服务接触点应注意的接触礼仪。

2. 旅游服务提供规范

旅游服务提供规范是旅游目的地对旅游服务人员、旅游服务设施、旅游服务用品、旅游服务环境等旅游服务资源的输入要求。其中包括：

- 每个旅游服务接触点对旅游服务人员的要求；
- 每个旅游服务接触点对旅游服务设施的要求；
- 每个旅游服务接触点对旅游服务用品的要求；
- 每个旅游服务接触点对旅游服务环境的要求。

3. 旅游服务控制规范

旅游服务控制规范是旅游目的地将旅游服务资源的输入转化为服务输出的过程控制要求。其中包括：

- 每个旅游服务接触点对监视和测量的要求；
- 每个旅游服务接触点对不合格控制的要求；
- 每个旅游服务接触点对数据分析的要求；
- 每个旅游服务接触点对持续改进的要求。

（四）旅游者沟通

旅游目的地应在识别和确定旅游者要求的过程中与旅游者进行沟通，其内容包括如下五个方面。

1. 使旅游者了解目的地已经提供或将要提供的服务。如果旅游者不了解已经提供或将要提供的服务就不知道如何确定自己对服务提供的要求。

2. 对需要配合的旅游者进行必要的培训和指导。如果服务提供过程需要旅游者配合，但对旅游者又没有进行必要的培训或指导，服务提供过程就不可能顺利进行，旅游者要求也不可能得到满足。

3. 与旅游者建立良好的认知、信任和协调关系。如果与旅游者直接接触的服务人员不能与旅游者建立良好的人际关系，即使满足了旅游者的明示要求和隐含要求，旅游者还是会感到不满意。

4. 对旅游者的要求做出快速反应。旅游者要求发生变化或产生新的旅游要求时不能及时做出快速反应，就不能实现持续旅游者满意的目标。

5. 征求旅游者的意见和建议并取得共识。如果不征求旅游者的意见或建议并取得共识，即使是有利于旅游者的意见或建议，旅游者也会感到难以接受。

（五）服务承诺

旅游目的地应识别和控制服务承诺。其中包括合同承诺、口头承诺、广告承诺等。防止为开发市场而滥用承诺的现象发生。

旅游服务的提供不能事先提供样品，所以旅游服务提供过程是先有承诺，后有服务。因此服务承诺在旅游服务提供过程中具有十分重要的作用。它不仅可以在旅游目的地与旅游者之间产生行为互动和感情交流，而且有助于增强旅游者对旅游目的地的信任感以及旅游目的地对旅游者的责任感，促使旅游目的地内的每一个成员把兑现服务承诺作为本人的自觉行为。

为了防止目的地在经济利益的驱动下，向旅游者提供不能切合实际的服务承诺，从而产生欺骗或误导旅游者的现象，旅游目的地应识别和控制服务承诺。其中包括合同承诺、口头承诺、广告承诺等。

合同承诺比较容易受到控制。因为合同承诺需要得到旅游者的认可。口头承诺和广告承诺不需要得到旅游者的认可，所以控制难度比较大。应当成为服务承诺的控制重点。

（六）服务特性控制

服务特性是指旅游服务接触过程中目的地所提供的，可以使旅游者观察体验并加以评价的有形或无形特性。其中，有形特性是指旅游服务人员、旅游服务设施、旅游服务用品、旅游服务环境等固有旅游服务资源的特性。无形特性是指旅游服务范围、服务程序、服务技巧、服务礼仪等服务活动的固有特性。旅游目的地应确保同时或先后发生的服务特性能够逐步满足旅游者要求。

（七）旅游者接触控制

旅游者是旅游服务提供的对象，旅游目的地应确保旅游者及其人身财产等在受控状态下接受旅游服务。

怎样确保旅游者及旅游者人身财产在受控状态下接受服务呢？

第一，采取有效方法为旅游者保持良好的心理状态和身体状态提供保障；

第二，旅游者自身及其随身携带的财产提供有效的保护；

第三，与旅游者接触的旅游服务资源有适宜的标识；

第四，必要时对旅游者及旅游者财产实行特殊的保护和赔偿措施；

第五，发现提供超值服务的机会并实施。

（八）服务质量的维护和回访

当旅游服务提供过程结束后，旅游目的地有时需要对服务质量进行维护和回访。旅游服务质量维护和服务质量回访，应当被视为旅游服务提供过程的延续，按照旅游服务提供的过程控制方法进行控制。既要使旅游者继续处于受控状态，又要使服务特性继续处于受控状态。

六、旅游服务的测量、分析及改进过程

旅游目的地的服务测量、分析和改进是目的地服务管理体系循环过程的第四个重要方面。其中包括监视和测量、不合格控制、数据分析、服务改进等要求。

（一）旅游服务的监视和测量

提升旅游服务质量的前提是了解当前旅游服务质量水平，明确服务质量存在的问题，这必须依赖于有效的旅游服务质量评价模式。自20世纪80年代以来，国内外学者一直在探索有效的旅游服务测量机制，积累了较为丰富的研究成果

1. 旅游服务测量的视角

旅游服务可以分别从企业管理者、一线服务提供者以及旅游者三个视角进行测量。管理者、服务者和旅游者对相同的服务具有不同的感知，他们对服务质量各要素重要性的认识以及对绩效的评价都会存在差异。由于旅游服务测量的目的是为了实现旅游者满意，因此当前旅游服务测量评价的主流视角是从旅游者角度出发。北欧服务管理专家格罗鲁斯于1982年提出了感知服务质量的概念，认为服务质量是顾客的一种主观评价，重要的是顾客对质量如何理解，而不是企业对质量的诠释。从旅游者角度出发对旅游服务进行测量评价的理念已经得到了世界范围内旅游业的广泛认同。

沃格特和弗森麦尔1995年通过研究发现，企业不能真正理解旅游者对旅游体验的程度，服务者通常会低估对全面服务的评价。①而唐·尼尔森和屈海林2010年以酒店为对象的研究则认为，在多数情况下管理者会过高评价旅游服务质量。②因此，对旅游服务测量评价必须综合上述几个视角来进行。

2. 旅游服务测量的维度

（1）根据旅游服务内容设计测量维度。例如，威尔曼和富克斯1999年从“餐饮和住宿、体育活动、活力和文化、交通、滑雪及相关活动、自然风光、购物等各个方面”研究了旅游者对阿尔卑斯山滑雪胜地的服务质量评价。③

（2）根据服务属性设计，如帕拉索拉曼、泽丝曼尔和贝里从“可靠性、响应性、保证性、移情性、有形性”五大属性来评价旅游目的地服务质量。④

（3）混合设计，既包含服务内容维度，又包含服务属性维度，如纳拉彦2009

---

① Voget, Christine A., & Fesenmaier, Daniel R. Tourist and Retailers' Perceptions of Services [J]. *Annals of Tourism Research*. 1995, 22 (4): 763-780.

② Tsang Nelson, & Qu Hailin. Service Quality in China's Hotel Industry: A Perspective from Tourists and Hotel Managers [J]. *International Journal of Contemporary Hospitality Management*, 2010, 12 (5): 316-326.

③ Weiermair, Klaus, & Fuchs, Matthias. Measuring Tourist Judgement on Service Quality [J]. *Annals of Tourism Research*, 1999, 26 (4): 1004-1021.

④ Parasuraman, A., Zeithaml, Valarie A., & Berry, Leonard L. A Conceptual Model of Service Quality and Its Implications for Future Research [J]. *Journal Marketing*, 1985 (49): 41-50.

年在评价目的地服务质量时涉及“核心服务、设施、交通、餐饮”等方面属于服务内容，而“殷勤、安全、卫生”等要素则属于服务属性方面。①

（4）同步设计，即每个维度都涉及服务要素和服务属性，如艾伦等人 2007 年在评价目的地服务质量时提出“好的地理位置、现代 SPA 设施、简洁热烈的装修、舒适的房间、有竞争力的价格”，等等。②

（二）不合格控制

1. 旅游目的地应确保不符合旅游者需求的产品和服务得到有效识别和控制，不合格服务的控制以及不合格服务处置的有关职责和权限应在形成文件的程序中做出规定。

2. 旅游目的地应采取一系列措施处置不合格服务的出现和形成。

- 采取措施，消除已发现的不合格服务现象；
- 经有关授权人员批准，适用时经旅游者允许，让步使用、放行或接受不合格服务；
- 采取措施，防止其原预期不合格服务的使用或应用。

3. 应保留关于不合格的性质以及随后所采取的任何措施的记录，包括所批准的让步记录。

4. 在不合格得到纠正之后应对其再次进行验证，以证实符合要求。

5. 当发现旅游服务不合格时，旅游目的地应采取与不合格的影响或潜在影响的程序相适应的措施，以求淡化或消除不合格服务对目的地造成的负面影响。

（三）数据分析

旅游目的地应确定、收集和分析适当的数据，以证实服务管理体系的适宜性和有效性。这应包括来自监视和测量的结果以及其他有关来源的数据。

（四）服务改进

旅游目的地应持续改进服务管理体系：

- 针对不合格服务采取纠正措施；
- 针对潜在不合格服务采取预防措施；
- 必要时应采取补救措施，确保不满意的旅游者感到满意。

---

① Narayan Bindu, Rajendran Chandrasekharan, Sai L. Prakash, & Gopalan Ram. Dimensions of Service Quality in Tourism – An Indian Perspective [J]. *Total Quality Management*, 2009, 20 (1): 61-89.

② Alen Gonzalez Maria Elisa, Comesana Lorenzo Rodriguez, & Fraiz Brea Jose Antonio. Assessing Tourist Behavioral Intentions Through Perceived Service Quality and Customer Satisfaction [J]. *Journal of Business Research*, 2007 (60): 153-160.

第三节　旅游目的地服务管理的目标和原则

一、旅游目的地服务管理的目标

旅游目的地的服务管理，一是为了实现旅游服务质量的不断改进，二是为了获得持续的旅游者满意。

（一）旅游服务质量的改进

1. 旅游服务质量差距

旅游者对旅游服务的期望与旅游者对旅游服务的感受之间的差别就是旅游服务质量差距，它是改善旅游服务质量的基本依据。

一般情况下，以下四个方面的因素会影响到旅游服务差距。

（1）认识差距。

认识差距是指旅游者期望与旅游目的地管理者对旅游者期望的认识之间的差别。旅游目的地管理者有时不能正确地感知旅游者的需求。例如，管理者可能认为旅游者需要贴身、细致的旅游服务，但实际上旅游者需要的是更自由自在的游览和休闲的体验，而当出现旅游过程中的困惑或困难时，能够立刻得到旅游从业人员的帮助。

不了解旅游者期望是无法满足旅游者需求的基本原因之一。造成这种现象的原因很多，如没有与旅游者建立互动关系，不进行深入的旅游者需求调查，漠视旅游者的抱怨，想当然地认为自己已经了解旅游者需要，等等。当管理人员不能完全理解旅游者服务期望时，他们会做出一系列不恰当的决策。因此，要提高旅游服务质量，管理层首先必须获得正确的旅游者期望信息。

（2）标准差距

标准差距是指旅游目的地管理者对旅游者期望的认识与所制定的旅游者服务标准之间的差距。对旅游者期望的准确描述，对于实现高质量的旅游服务来说必不可少。旅游服务管理者可能正确地感知了旅游者的服务需求，但没有建立正确的旅游服务标准，在旅游服务管理过程中一样无法满足旅游者的预期。

当旅游服务标准不具体或采用的标准不能反映旅游者期望时，旅游者感受到的服务就可能非常糟糕；当标准准确反映出旅游者期望时，旅游者得到的服务质量就可能增强。

（3）传递差距

传递差距是指旅游目的地管理的服务标准与实际提供给旅游者的服务之间的差别。大量事实表明，即使建立了如何提供良好旅游服务和正确接待旅游者的标准，高质量的服务也未必能水到渠成地实现。旅游服务标准必须由适当的资源支持（人、系统和技术），而这些支持必须行之有效，也就是说，对旅游服务人员要进行培训、激励，对他们的表现要按照标准进行奖惩。如果目的地不能为旅游服务标准的执行提供支持，即使标准能准确反映旅游者的期望，也无济于事。

现实中，许多原因会导致旅游从业人员不按服务标准为旅游者提供服务，例如，旅游从业人员未能清楚理解目的地服务管理的宗旨，旅游从业人员在工作中感到在旅游者和管理层之间左右为难、缺少授权和团队合作，旅游服务的评价和奖惩不当，旅游从业人员缺乏必要的技能训练或劳累过度，以及无能力或不愿意按照服务标准行事等。目的地管理人员必须尽力消除这些原因，以便缩短服务差距。

（4）沟通差距

沟通差距是指旅游目的地提供给旅游者的实际服务与目的地对外沟通中承诺的旅游服务之间的差别。目的地通过广告媒介和其他沟通途径所做的服务承诺可能会提高旅游者对服务的期望，但旅游者实际到达后却发现目的地的一些服务并非如宣传所述，那么这种外部沟通就扭曲了旅游者的期望。

造成沟通差距的原因有很多，如无效的营销沟通、广告和人员推销中的过度承诺，经营中各部门的不协调，权力分散导致各部门的旅游服务政策与程序不一致等。要缩小沟通差距，目的地在宣传和营销过程中，除了不能做过度承诺和表达失误外，还必须管理旅游者，培养旅游者的现实态度和对服务的正确期望。

2. 缩小旅游服务质量差距，改进旅游服务质量

（1）了解旅游者的真实需要

提供优质旅游服务必须建立在了解旅游者的基础上，设身处地为旅游者着想，最大限度地满足旅游者的期望。

（2）寻找并控制关键的接触点

接触点是目的地与旅游者接触过程中能够提供的服务交会位置。要提升旅游服务质量，必须确认关键的旅游服务接触点，并进行不断地改进。

（3）设计具体可行的旅游服务标准

由于旅游服务是一种无形的软性的工作，因人而异，旅游服务人员总会出于心情、身体状况等各种原因影响服务质量，也会由于每个服务人员的个人素质、经验、训练程度的差异造成服务水平差异。因此，有些人认为旅游服务无法用一个统一的标准来测量。事实上，旅游活动中的许多服务工作是常规性的工作，管

理人员很容易确定该类旅游服务的具体质量标准和行为准则，而消除服务水平差异的方法可以通过建立规范化的服务标准。

（4）实施有效的服务补救计划

服务补救是旅游目的地针对服务失误采取的后续行动。即使有清晰的服务目标、完美的服务标准，现实旅游业复杂环境中的许多不确定因素也会导致有时的服务失误。服务失误可能因各种原因产生，如天气等不可抗的自然因素、交通事故等不可预期的社会因素、从业人员粗心或情绪不稳定等人为因素，所有这些因素引起的旅游服务失误都会导致旅游者消极情绪的产生。接下来可能的情况是导致旅游者提前离开目的地、进行旅游投诉、将其经历告知其他旅游者，甚至通过法律渠道进行维权。这些结果对旅游目的地都会造成直接的经济效益损失和不可衡量的间接负面社会影响。

一个有效的旅游服务补救计划有多方面潜在的功效，它既能提高旅游者的满意度和忠诚度，同时又能提供改善旅游服务质量的支持信息。目的地在实施有效的旅游服务补救计划时，首先，应当使不满意的旅游者能很容易地进行抱怨；其次，要求接待处理旅游者投诉的从业人员应得到良好的培训，并授权他们迅速、满意地解决旅游者的问题。研究表明目的地回应旅游者投诉的速度越快，修补的程度越高，态度越好，就越能减弱或淡化旅游者对目的地的不满意。

（二）持续的旅游者满意

旅游者满意是指旅游者在旅游服务接触过程中对于服务特性满足要求程度的一种瞬间形成且持续验证的主观感受。对此我们要注意以下两个问题。

1. 旅游者满意的总感觉是由边际感觉而不是由平均感觉决定的。后来形成的主观感受可能在旅游者心理上对以前形成的主观感受产生某种肯定或否定的边际作用。

2. 旅游者满意的瞬间性使目的地不可能用类似于有形产品的最终检验的方法对旅游服务提供进行过程控制。但是旅游者满意的持续性又使目的地有可能把适当的补救措施作为过程控制的一种有效方法。

我们已经知道，旅游服务质量是一组同时或先后发生的旅游服务特性逐个满足旅游者要求的程度。而旅游者满意则是旅游者对服务特性满足要求程度的主观感受。由此可见，旅游者满意实际上是旅游者对旅游服务质量的评价，是旅游服务质量在旅游者的主观感受中的表现形式。

二、旅游目的地服务管理的原则

从世界范围来看，旅游业的发展竞争异常激烈，很多目的地的管理者认识到，旅游服务质量是目的地管理的生命线。加强目的地的旅游服务管理是提高旅游目的地竞争力的关键。旅游目的地管理者要建立严密的服务管理控制体系，树立起明确的服务质量目标，让旅游从业人员形成主动服务的意识。

（一）执行严格的、规范的管理制度

建立起完善的定期与不定期服务质量检查管理体系，由目的地服务管理体系的各级管理人员负责，实施全面督导检查。

（二）坚持预防为主

“预防为主”，就是要预先分析影响旅游服务质量的各种因素，找出主导性因素，采取措施加以控制，变“事后补救”为“事前预防”为主，使旅游服务质量问题消灭在形成过程中，做到防患于未然。

（三）坚持以旅游者为核心

旅游服务的接触源于旅游者的需要，旅游服务管理的目标是为实现持续的旅游者满意，因此旅游服务管理始终要坚持以旅游者为核心，要求所有服务管理相关人员事事处处从旅游者需要出发，提供使旅游者满意的服务。

（四）重视系统管理

目的地的服务提供和控制是一个复杂的综合系统，由若干相互联系、相互影响、相互制约的因素或单元组成，目的地的服务管理要遵循系统论的指导，从宏观、微观、人员、物质、管理、环境等多方向进行跟踪和综合管理，充分体现系统管理的原则。

（五）重视以人为本

虽然影响目的地服务质量的因素是多方面的，但在诸因素中，人的因素是首要因素。毕竟旅游服务的提供和传递都是以人的活动为主。因此，目的地服务管理的根本途径在于不断提高旅游从业人员的素质，充分调动和发挥人的积极性和创造性。

第十章 旅游目的地信息管理

【学习目标】

1. 了解信息管理的重要性。

2. 掌握旅游目的地信息管理的结构体系。

【本章导读】

桂林旅游信息服务推进产业发展

随着人们对旅游品质要求的提高，率性、自由的自助旅游形式日益受到旅游者的推崇。如何为自助游客提供更全面、更准确、更便捷的旅游信息服务，是每一个旅游城市都面临的课题。

作为我国重要的国际旅游城市，桂林市把旅游信息咨询看作是城市功能的重要部分，通过构建“五位一体”的旅游信息咨询网络，为游客提供贴心的服务，促进了旅游产业的升级，推动了旅游产业的可持续发展。世界旅游组织官员徐京赞扬桂林旅游咨询服务中心说：这就是中国未来旅游目的地发展的方向。

1.“一站式”服务为桂林迎来美誉

无论你是来自国内还是国外的游客，只要你进入到桂林市“五位一体”的旅游咨询网络中的任何一站，就能及时地了解到你所需要的服务信息，为你的出游提供极大的便利。

今年春节“黄金周”期间，设在桂林机场路的自驾车咨询站点就遇到这样一件事：来自广东的陈先生一行20人，大年初二到达该咨询站点时，就桂林之行进行了一系列咨询，在得到满意的答复后去了阳朔游览。但是初三下午这一行人又风尘仆仆地从阳朔赶回头天给他们留下美好印象的机场路自驾车咨询站点求助。原来由于对来桂林的游览行程准备不足，他们没有预订初三在桂林的酒店，从阳朔返回后他们在桂林市区到处寻找都被告之预订满员，如果解决不了这个问题，晚上他们就得露宿街头了，他们只好向机场路自驾车咨询站点求助。咨询站工作人员马上通过旅游咨询网络与市内各大酒店进行联系，很快就为陈先生一行订到了酒店。

去年国庆期间，来自湖南的李先生一家 5 口来桂林旅游。“早就听说桂林市每个‘黄金周’都会在市区各路口设立咨询服务点，为我们自驾车出游的外地游客提供旅游相关信息咨询服务，今天终于有机会见识了，果然名不虚传!”李先生一家在桂黄公路路口的旅游咨询服务站接受完旅游信息咨询及酒店住宿、旅游预订等服务后，立刻就给家乡的朋友打电话述说自己的感受。

2. 旅游发展催生信息服务

作为国内外知名的旅游目的地，现在每年到桂林旅游的游客总数超过 1600 万人次，其中，通过旅行社组团进入桂林的旅游者不到 400 万人，1200 多万旅游者属于自助游类型，这些游客怎样才能及时了解到桂林在吃、住、行、游、购、娱等方面的旅游服务信息呢?

桂林市旅游局局长李志刚说，旅游咨询服务是现代国际旅游城市的一项重要服务功能，旅游信息咨询服务水平的高低，是衡量旅游目的地旅游产业发展水平的一个重要尺度。为适应桂林旅游业的可持续发展，桂林市政府于 1994 年成立了全国首个旅游信息咨询服务中心——桂林市旅游咨询服务中心，并提出“建一流旅游信息咨询服务中心，创一流旅游信息咨询服务品牌”的目标，为游客提供公益性旅游信息咨询服务。

3. 构建“五位一体”的网络

游客需要什么样的旅游信息服务，桂林市旅游咨询服务中心就提供什么样的服务。现在在桂林，旅游者随处可以获取所需要的旅游信息服务。

桂林市旅游咨询服务中心主任明桂生介绍道，作为为游客直接提供公共服务的专门机构，桂林旅游咨询服务中心通过多年的努力，构建了全方位的信息服务平台，建立和完善了覆盖桂林市 12 个县与境内外主要旅游城市相关联的旅游咨询服务体系、服务设施和设备、旅游网站集群等，走出了一条为游客提供全天候、全方位旅游信息服务的路子。

（1）免费咨询热线。设立旅游咨询站是桂林市开展旅游咨询服务工作的第一步。在桂林市区繁华地段人流汇集的地方和交通窗口，先后建设了 4 个旅游咨询服务站，4 个旅游咨询服务亭，4 个旅游县的咨询服务中心。开通了桂林旅游咨询服务热线 0773-2800318，免费咨询服务热线 800-8793-318，每天从上午 8 时至晚上 10 时为旅游者提供咨询服务。

（2）开展网上服务。桂林旅游网作为桂林旅游官方网站，它把桂林丰富的旅游资源和动态的信息向全球传播，以招徕众多的游客。网站有专人采集天气预报、景区活动、自驾车服务、各旅游企业接待准备工作、旅游提示等信息，让游客足不出户就能随时了解桂林旅游信息。目前，桂林旅游网拥有中文简体、繁体、英文、法文、日文、韩文等版本。

（3）建立办事处。桂林先后在上海和广州等重要客源城市建立了桂林旅游咨询服务中心办事处，扩展了桂林旅游信息咨询服务平台，同时又扩大了旅游咨询服务中心的品牌影响。

（4）设立服务站。从我国第一个旅游“黄金周”开始，桂林市旅游咨询服务中心就在进入桂林的三个高速公路路口设立自驾车旅游咨询服务站，组织主要景区及相关企业人员参加，提供桂林旅游信息咨询、发放宣传资料、介绍入住酒店、协助联系导游、汽车简单检修、交通安全指路等服务。

（5）与建立资料展示箱。桂林已在全市星级以上酒店和主要景区摆放统一的旅游资料宣传箱（架）100 多个，向游客提供桂林吃、住、游等方面的信息。

4. 为游客服务无终点

经过多年的发展，桂林旅游咨询服务的手段和方式更趋人性化、现代化和规范化,在满足旅游者日益增长的旅游信息需求和扩大桂林旅游业在国内外的影响，招徕更多旅游者等方面发挥了重要的作用。

（资料来源:《中国旅游报》2009 年 5 月 8 日第 009 版）

我国旅游目的地的信息服务尚处于发展初期阶段，不能满足消费者的需要主要表现在下面两个方面。

首先，从信息技术的应用来看，计算机技术真正应用于我国旅游企业是在 20 世纪 80 年代，航空公司的电脑订票网络系统、旅游企业办公自动化系统等适用于旅游企业的计算机系统开始得到逐步推广。计算机技术应用于我国旅游业虽然已经有 30 多年的历史，但这些应用可以说是被动的、零散的、不成体系的和实用性不强的。旅游业信息化发展滞后于旅游业的整体发展需要，存在着重硬件轻软件、旅游信息资源零散且共享性差、旅游信息资源开发程度和服务质量低下、旅游信息技术人才短缺等情况。在已开发的旅游信息资源中，“静止”的信息多，不断更新的信息少。多数旅游信息与及时、快速、准确、全面这四个方面的要求相比，还存在着很大的差距。

其次，是个性化定制服务能力弱。旅游信息内容一般涉及旅游目的地、景点、饭店、交通旅游线路和旅游常识等，普通旅游网站一般都有，但根据旅游者的特点和需求组合定制旅游产品，提供个性化旅游线路建议等方面做得好的旅游网站非常少。

现代信息技术的发展和广泛运用给旅游业带来了新的机遇,使旅游业的深度、广度和高度都有长足的发展。科学技术的不断进步可以有效地为可持续发展的决策提供依据和手段，建立健全规范、高效、有序的旅游目的地信息管理机制，充分发挥信息引导作用，这对实现旅游目的地的可持续发展有着特殊的意义。

第一节　信息管理的重要性及发展趋势

一、信息及信息管理

（一）信息的含义

信息是事物存在的方式和运动状态的表现形式，这里的“事物”泛指存在于人类社会、思维活动和自然界中一切可能的对象。人作为信息感知主体，其所感知的是外部世界向主体输入的信息，而主体所表述的则是主体向外部世界输出的信息。人们只有在感知了事物存在的方式和运动状态的形式，理解了它的含义，明确了它的效用之后，才算真正掌握了这个事物的信息，才能做出正确的决策。

信息与数据、知识之间既有差异，又存在着极为紧密的联系。如图 10-1 所示。

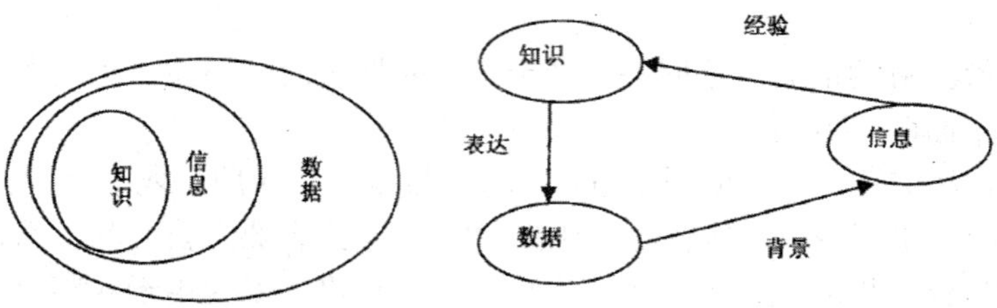

图 10-1　信息与数据、知识的相互关系

（资料来源：何斌，张立后. 信息管理原理与方法[M]. 北京：清华大学出版社，2006：3）

数据是未经整理的、可被判读的数字、文字、符号、图像、声音、样本等，是载荷或记录信息的按照一定规则排列组合的物理符号。信息是在特定情况下经过整理的、表达一定意义的数字、文字、符号、图像、声音、信号等。信息是数据载荷的内容，对于同一信息，其数据表现形式可以多种多样。而知识是在信息这一原材料的基础上形成的见解、认识，是信息接收者通过对信息的提炼和推理而获得的正确结论，是人通过信息对自然界、人类社会以及思维方式与运动规律的认识与掌握，是人的大脑通过思维重新组合的、系统化的信息集合。

简单来说，数据是信息的原材料，而信息则是知识的原材料，数据涵盖范围最广，信息次之，知识最小。

（二）信息的特征

1. 信息存在的绝对性和客观性

信息是事物存在方式和运动状态的表现，这种普遍存在的信息还具有绝对性和客观性。其绝对性表现在，客观的物质世界先于人类主体而存在，因此信息的存在不依主体而转移。其客观性表现在，信息不是虚无缥缈的东西，它的存在可以被人感知、获取、存贮、处理、传递和利用。

2. 信息产生的广延性和无限性

整个时空中的事物是无限丰富的，因而信息的产生是无限的，分布也是无限的。即使在有限的空间和时间段中，事物也是无限多样的，信息自然也是无限的。

3. 信息在时间和空间上的传递性

信息产生于事物的存在和运动，但信息可以相对于发生源而独立存在，可以由其他物质载体携载在时间或空间中传递。在时间上的传递是信息的存贮，在空间中的传递就是通信。它不仅使人类社会能够进行有效的信息交流和沟通，而且能够进行知识和信息的积累与传播。

4. 信息对物质载体的独立性

信息表征事物的存在和运动，但信息不是事物本身。离开这些物质载体，信息便无法存在。信息对物质载体具有依附性，但载荷信息的物质载体的转换并不改变事物存在的方式和运动状态的表现形式，信息对物质载体也具有独立性。信息的这一性质使得人们有可能对信息进行各种加工处理和变换。

5. 信息对认识主体的相对性

由于人们的观察能力、认识能力、理解能力和目的不同，他们从同一事物中所获得的信息量也各不相同。信息量的获得是因人而异的。

6. 信息对利用者的共享性

由于信息可以脱离其发生源或独立于物质载体，并且在利用中不被消耗，因而可以在同一时间或不同时间提供给众多的用户利用，这就是信息的共享性。信息的共享性是信息的一种天然属性（本质特性）。它既有积极的一面，也有消极的一面。

7. 信息的不可变换性和不可组合性

信息一旦产生，就表达某种特定的含义，它不是包含在信息中的各种要素的简单算术和，因而不能将这些要素以任意的顺序排列或以不同的组合加以归并。同样，构成信息的要素也是不能任意分割的。

8. 信息产生和利用的时效性

从信息的利用角度看，信息仅在特定的时刻才能发挥其效用，信息的时效性并不意味着生产出来的信息越早利用越好，这中间并没有必然的因果关系。利用者要善于把握时机，只有时机适宜，信息才能充分发挥效用。

（三）信息管理的含义

信息管理是人类综合采用技术的、经济的、政策的、法律的、人文的方法和手段对信息流进行控制，以提高信息利用效率和最大限度地实现信息效用价值为目的的一种活动。

信息管理是一个综合性非常强的领域，其理论方法涉及计算机科学、信息科学、图书馆学、情报学、社会学、管理学、经济学、法学、心理学、伦理学等众多的学科。

（四）信息管理的目标和任务

1. 信息管理的目标

保证社会信息流在不同渠道中有序流动，信息的开发和利用在有领导、有组织的统一规划和管理下，协调一致、有条不紊地进行，使各类信息以更高的效率、效能和更低的成本在社会进步、经济发展、人民物质文化生活水平提高等方面充分发挥作用。

2. 信息管理的任务

（1）宏观层次的信息管理

宏观层次的信息管理是一种战略管理，一般由国家有关部门运用经济、法律和必要的行政手段加以实施，其任务包括如下诸方面。

- 制定信息开发的战略、策略、规划、方针和政策，使信息开发有条不紊地进行并满足社会发展需要。
- 制定信息管理的法律、规章和条例，建立信息管理的监督和保障体系，使信息管理有法可依、有章可循，使信息得到及时有效的利用。
- 运用经济、法律、行政手段协调各部门、各地区、和各企业的关系，明确各自的责、权、利，最大限度地实现资源共享。
- 加强信息基础设施和网络建设，使信息的生产、开发利用和管理具有良好的硬件环境支持。

（2）微观层次的信息管理

微观层次的信息管理一般由基层组织负责实施。微观层次的信息管理任务包括如下诸方面。

- 了解各类人员的信息需求，制订不同方案（不能忽视任何人员的信息需求）以最大限度地满足不同的信息需求。
- 搞清信息来源和渠道，以便在需要时获取所需要的信息或向外输出信息。
- 选择适用信息技术，建设信息系统和网络，确定信息加工处理、存贮、检索和传递方法，建立高效的信息保障体系。
- 对信息管理进行评价，为改善信息管理提供依据。

二、信息管理的重要性及意义

（一）信息管理是提升一个国家或地区竞争力和影响力的必要条件

世界上任何一个国家或地区，若想在竞争中取得优势地位，都必须通过有效地利用好三种基本资源，即物质资源、信息资源和人力资源，才能不断提升自身的综合实力。

（二）信息管理是建设服务型政府和提升政府为民服务能力的必要条件

进入21世纪以来，我国政府已经把建设服务型政府作为政府建设的一个基本目标确定下来了。那么，如何才能有效地实现这一政府建设目标呢？我们认为，关键性的条件之一，就是要大力加强各级政府部门的信息管理，并通过有效的信息管理来实现政府信息资源的及时整合、有效加工，为社会公众提供公开透明的信息服务。

（三）信息管理是企业创造财富的必要手段

著名的管理大师彼得 • F. 德鲁克认为，企业的职责就是创造财富，而不是控制成本。他深刻地指出："企业必须作为企业来经营，也就是说必须创造财富。为此，企业管理者需要信息才能见多识广地进行判断。"[①]

（四）信息管理是个人和家庭赢得成功和创造财富的重要手段

加强信息管理是使信息资源真正得以合理开发和有效利用的必要条件，无论个人还是家庭，对外界输入的信息能够有效地整合利用，将能使信息作为生产力的关键因素使个人和家庭甚至社会发展获得良好的益处。

三、信息管理的历史沿革及发展趋势

（一）传统的信息管理

这一阶段以信息源管理为核心，以图书馆产生和长期存在为象征，同时也包含档案管理和其他文献资料管理。

早期的图书和档案的社会机构是"同源"的。随着社会经济、科技和文化发展，文献记录的类型大量增加，图书馆作为最初的文献收藏机构，逐渐与档案馆分流，成为知识和文献收集、整理和提供利用的社会信息交流中心机构，即形成了独立意义的图书馆。

同时，在科技领域出现了一类新兴的专职信息服务机构——科技信息机构。这类机构的任务就是对科技信息进行搜集、加工、存贮、检索和提供利用。由于科技信息主要以文献为载体，所以这类信息机构所从事的仍然是文献管理工作，只不过偏重于图书之外的文献。这类机构主要进行二次文献加工，为了克服传统图书馆提供文献信息利用方面的滞后现象以及过分重"藏"的缺点，在文献加工方面，既重视文献的外部特征，更重视内容特征，提供服务的方式主要是文献信息的多向主动传递。

---

① 彼得 • 德鲁克著. 李维安，王世权译. 德鲁克管理思想精要[M]. 北京：机械工业出版社，2009

从本质上看，科技信息机构与图书馆之间并无特殊差别。它们都是或主要是社会公益性事业机构，在国家财政拨款和公民税收支持下，从事以文献为载体的信息搜集、加工、存贮、检索和提供，着眼于“文献信息源”的管理。

（二）技术的信息管理

这一阶段以信息流的控制为核心，以计算机为工具，以自动化信息处理和信息系统建造为主要工作内容。

计算机具有科学计算功能和信息（数据）处理功能。计算机研制成功后不到10年就被应用于图书馆的文献信息加工和管理，目的是要提高文献信息加工处理和查找效率，实现对文献信息流的控制。技术管理阶段着眼于用计算机技术处理信息并对信息流进行控制，技术因素占主导地位，技术专家唱主角。

人们希望在高度发展的信息技术的支持下克服由“信息爆炸”带来的利用方面的困难，以实现对信息的有效管理和开发利用。当信息技术无能为力，达不到预定的目标时，他们误以为是技术还不够先进，于是拼命追求最先进技术的应用，完全忽略了信息管理中其他因素的作用。

（三）信息的资源管理

这一阶段取代了过去单纯以信息技术进行信息管理，主张对信息资源运用技术、经济、人文的手段，进行统筹规划全面管理，即管理特征是自上而下的集中式的、可控的、个性化的、实时的管理。

资源管理阶段不能把信息资源整合的问题简单看作一个专业或技术性层面的问题，而应看作是一个综合治理的问题，应当在政府统一规划和统筹规划协调下组织实施。

资源管理阶段的信息资源管理着眼于对人类信息过程的综合性、全方位的控制和协调，这一新概念的提出基于两个原因：一是技术管理阶段纯粹的技术手段不能实现对信息的有效控制和利用，因而提出信息资源管理这一新兴的管理模式；二是当代社会经济发展使得信息成为一种重要的资源背景下，迫切需要从经济的角度思考问题，并对这种资源进行优化配置和管理。

但是，信息资源管理也具有一定的局限性，具体表现为以下诸方面。

● 仅关注显在知识尤其是记录性信息的管理而忽略了对另一类十分重要的知识——隐性知识的管理，从而大大限制了其管理范围和信息管理效能的发挥

● 仅仅关注人类智力劳动的最终成果——记录型信息，对获得这一成果的学习与创新过程却视而不见，因而无法将信息的吸收与创造（生产）过程纳入管理范畴，不能实现全方位的信息管理。

● 仅仅关注将信息提供给利用者，而对利用者需求信息的根本原因重视不够，致使他们难以将信息升华为知识，从而限制了信息效用价值的实现。

● 仅仅关注信息在组织内部的免费流动，未能将信息看作一种资产，以资产管理的方式来管理和运作信息，从而忽视了信息的增值问题，影响了组织对信息的评价。

而且，目前高速发展的信息网也体现出越来越大的危害，具体表现为以下几方面。

● 信息量急剧增长，网络无序扩大，网上信息陷入严重混乱，使人们难以通过网络获取所需要的信息。

● 信息污染。由于没有质量控制标准，网络中存在许多质量低劣、粗制滥造的网络节点及大量不准确、不科学，甚至不合法的信息，使得互联网通信混乱，加之淫秽信息泛滥和病毒感染，网上信息污染严重。

● 信息侵权和安全问题。由于高速信息网存在着巨大的开放性，进出方便，存取自由，任何个人或团体均可以把自己的计算机和局域网联入，使得网络信息安全系数大大降低，因此信息产权保护变得十分重要和迫切。

● 根据需求和效率配置网上信息资源的难度更大。

（四）信息管理的发展趋势——知识管理

知识管理是一种重视与人打交道的信息管理活动，其实质是将结构化与非结构化的信息与人们利用这些信息的规则联系起来。知识管理重视学习、知识资产、竞争优势和创新，知识管理意味着独创性、创新能力、灵活性、适应性，重视智力的作用，并试图增强组织在这些方面的能力。知识管理的主要目标是改善组织或机构获取、共享和利用知识的能力。

在组织中构建一个人文与技术兼备的知识系统，让组织中的信息与知识通过获得、创造、分享、整合、记录、存取、更新等过程，达到知识不断创新的最终目的，并回馈到知识系统内；个人与组织的知识得以永不间断的积累，从系统的角度进行思考，这将成为系统的智慧资本，有助于组织做出正确的决策，适应市场的变迁。

第二节　旅游目的地信息管理的结构体系

信息是旅游业发展的基础。旅游者在旅行以前需要了解旅游目的地的信息，到了目的地以后的主要活动依然是了解这方面的信息。随着旅游业日趋复杂、旅游者日趋成熟、旅游者的要求日趋多样，客观上就使得这种信息的提供与服务越来越重要，也越来越困难。如果旅游目的地的信息易于获得，就可以降低在策划和组织旅游活动时所需要的寻找费用，从而也使得旅游业的市场交易容易达成。

从目前的研究来看，关于旅游目的地的信息是否容易获得，已经成为衡量目的地旅游业是否成功的一个关键性的要素，也是衡量旅游者是否满意的一个重要因素。早在1985年柏杜就曾提出建议说，向旅游者提供信息既会影响到他们对旅游目的地的选择，又会影响到他们在目的地旅游的满意程度，还会影响到他们以后的再次来访。[①]克劳茨等人也强调说，旅游目的地的信息是否易于获得，对旅游者是否满意有着极其重要的意义，并认为应当最大限度地发挥信息的作用。[②]

所以说，旅游目的地信息的提供与传播既是旅游供应商义不容辞的责任，又是旅游目的地管理组织的重要工作之一。

根据一般信息管理学理论的内容结构体系，信息管理可划分为宏观管理、中观管理和微观管理三个层次，主要的内容结构包括以下方面：

- 信息资源开发、调配与组织管理；
- 信息传递与交流组织；
- 信息研究、咨询与决策；
- 信息技术管理；
- 信息系统管理；
- 信息服务与用户管理。

对照这一结构体系，本章将对旅游目的地信息管理结构体系进行阐述说明，以供旅游目的地在信息管理过程中借鉴使用。

一、旅游目的地的信息资源开发与组织

旅游目的地的信息管理是否能更好地服务于目的地的发展，是否拥有充足、丰富、新颖、准确的目的地旅游信息是旅游业发展的前提和基础。信息的丰富性需要目的地重视信息资源的开发，而信息的准确和新颖则要求目的地重视旅游信息的组织。

要保持信息准确无误和新颖是很难的，因为旅游信息时间概念强，特别易于过时而成为无效信息。例如，房价、时刻表、体育比赛以及营业时间等，每天、每周、每个月、每个季节都在变，而且旅游产品需要有相当复杂的产品说明才能把无形产品向潜在的购买者讲清楚。

（一）旅游目的地的信息资源开发

旅游目的地的信息资源是目的地的旅游资源、旅游活动和旅游经济现象等客观事物的综合反映，具体包括旅游目的地基本信息、旅游企业信息、旅游产品信息、旅游供求信息等，这些信息资源与旅游者的旅游决策和旅游活动，与旅游企

① 转引自武彬．旅游目的地信息系统[J]．旅游学刊，1995（04）：43～52

② 转引自武彬．旅游目的地信息系统[J]．旅游学刊，1995（04）：43～52

业开展经营和旅游目的地的宣传营销等活动密切相关，它们是旅游目的地发展的重要信息资源。

虽然科学技术的进步使信息传递和交流更为快捷、方便、顺畅，但从目前旅游业的信息发展来看，信息资源的开发与质量远远落后于信息传递技术的发展。这一问题从众多旅游网站可见一斑，网站信息内容的单一局限性、重复同质性、过时滞后性等已经是较为普遍的问题。因此，加大目的地旅游信息资源的开发是目的地信息管理的首要问题。

1. 加强信息源的丰富性建设

信息源是人们在科研活动、生产经营活动、文化活动和其他一切活动中产生的成果和各种原始记录，以及对这些成果和原始记录加工整理所得的成品，是借以获得信息的源泉。

旅游目的地的信息源一般可以分为如下几方面。

印刷型信息源：例如，旅游类图书、期刊，旅游会展、会议资料，专门的旅游营销促销报告、旅游新闻报纸等。由于阅读、利用方便，是目的地传播信息的主要形式。其缺点是体积大，分量重。

计算机阅读型信息源：它是将目的地相关的文字和图像信息转换成二进制数字代码，记录在磁盘或光盘等载体上。阅读时，再由计算机将它转换成文字或图像。如目的地的宣传光盘等，它能存贮大量信息，并以极快的速度从中获取所需信息。

网络型信息源：它是旅游目的地的信息资源直接在网上产生、发布、存贮和传播。这类信息虽然也需要计算机帮助才能阅读，但它直接在网上存取，信息容量更加庞大，读取更快捷迅速。但是需要网络基础设施的支持。

实物型信息源：由某种实物携带或存贮旅游目的地的知识信息，例如，带有目的地形象或标识信息的物品、目的地的旅游商品、纪念品等。这类实物信息源能更直观生动的传达目的地信息，易于信息接受者理解和吸收。

旅游目的地信息源的丰富建设，首先，要注重开发具有品牌效应的印刷型信息源，以占有目前仍为广泛存在的传统信息接受者，并且注重利用信息传递的主题模式，为目的地建立良好的市场形象并经营忠诚的客户群体。其次，大力开发网络型信息源，在互联网时代的不断发展趋势下，网络基础设施的不断完善下，网络信息源是目的地信息传递的核心源泉，能够更广泛、快捷地传递目的地信息。再次，要注重优化利用实物信息源，实物信息源具有持久性的传递信息效果，如标志性的建筑、经典的旅游纪念品等，具有一次开发永续利用的优点，但对于所附载信息的质量要有严格的要求标准。

2. 增强对智力型信息源的利用

智力型信息源主要是指人脑存贮的知识信息，又被称为隐性知识。这类信息由人的活动携带，根据社会需求提供各类咨询服务，帮助用户解决问题。体现在旅游业当中的这类信息源主要指兴起时间较短的旅游咨询人员或机构。因为他们对于旅游信息掌握和利用的专业性和权威性，常常成为旅游者或部门进行决策的重要参考依据。

3. 注重发挥零次信息源的作用

零次信息是人们通过直接交流获得的信息，是信息客体的内容直接作用于人的感觉的结果，而不像记录型信息和实物型信息那样通过某种物质载体的记录形式发生作用。因此，零次信息具有直接性、及时性、新颖性、随机性、非存贮性等典型特征。

在旅游业中最主要的体现就是旅游者之间的信息传递。随着网络的兴起与普及，以及移动终端的迅速发展，旅游业零次信息的传递超越了时空限制，传播量、速度和影响面越来越大，例如，旅游者通过网络论坛、博客、微博、微信等渠道发布个人旅游体验等，对旅游目的地的发展具有重大的影响力。

但由于零次信息的存在形式、传播渠道具有较大的随机性，难以存贮和系统积累，这类信息的管理具有很大困难。目的地应采用特殊的搜集、记录、整理和存贮方法对这类信息源加以利用，为目的地发展决策提供信息依据。

4. 关注目的地信息产生与分布的马太效应

社会信息流的产生、传递和利用过程中，信息及相关因素常常表现出明显的核心趋势和集中取向，这就是信息产生和分布中的马太效应。旅游目的地的信息产生和分布同样存在这种马太效应，如旅游活动热点地区或项目常常产生或存在大量信息。

一方面，这种马太效应具有积极的意义，它可以帮助我们突出重点，摒弃平均，为信息源的选择、获取、评价和利用提供依据，为降低信息管理成本，提高信息利用效益提供指导和方法。

另一方面，马太效应同样对目的地的信息管理具有负面影响。有时，马太效应所形成的目的地信息分布汇集仅仅是表面的、外在的，带有一定的突发性，容易使目的地的信息价值失真。此外，马太效应优势积累产生的核心信息源，常常成为旅游者或部门机构决策选择和管理的重点对象，但如果过分注重核心信息源，就会忽略分布在其他信息源中有价值的信息，从而导致旅游者或部门机构决策的偏向性，从而不利于目的地的整体发展。再有，马太效应的积累和集中在一定程度上限制了目的地新思想、新知识和新信息的产生及传播。

因此，旅游目的地信息产生和分布的马太效应要适度，不能任其发展，为保证目的地信息的产生和分布比较科学合理，旅游目的地管理组织进行适当的干预是必需的。

（二）旅游目的地的信息组织

通常情况下，旅游目的地的信息组织通过目的地管理组织定期向供应商寄去问卷表，再从供应商处获得信息，或是将信息收集工作交给下级旅游部门去办理。但在信息组织过程中往往因为缺乏系统、科学的思考与规划，造成信息组织结果的不适用。

1. 信息组织的基本含义

信息组织，亦称信息整序，是利用一定的规则、方法和技术对信息的外部特征和内容特征进行揭示和描述，并按给定的参数和序列公式排列，使信息从无序集合转换为有序集合的过程。

信息组织按照信息表现形式可以分为以下几种：

- 文字信息组织；
- 图像信息组织；
- 声音信息组织；
- 视频信息组织。

2. 旅游目的地信息组织的基本内容

（1）信息选择

信息选择的目的就是从采集到的、处于无序状态的众多目的地信息流中甄别出有用的信息，剔除无用的信息，它是整个目的地信息组织过程的第一步。

（2）信息分析

信息分析是按照目的地管理或营销等不同工作目的，以一定的逻辑关系对选择过的信息内、外特征进行细化、挖掘、加工整理并归类的信息活动。它是信息描述与揭示的前提和基础，直接影响着信息组织的质量。

（3）信息描述与揭示

信息描述与揭示是指根据目的地对信息组织和检索的需要，对信息资源的主题内容、形式特征、物质形态等进行分析、选择、记录的活动。

（4）信息存贮

信息存贮是将经过加工整理序化后的目的地信息按照一定的格式与顺序存贮在特定的载体中的一种信息活动。信息存贮的目的是为了便于旅游目的地信息管理者和旅游者或部门机构等用户既快速又准确地识别、定位和检索信息。

3. 旅游目的地信息组织的原则

无论是对旅游目的地信息流的宏观信息组织，还是对旅游目的地宣传、开发、管理等微观信息组织，都必须在一定的科学原则的指导下，切实避免信息组织工作的随意性、无计划性和盲目性等现象的出现，从而使旅游目的地的信息组织真正发挥整序信息、科学分流、促进选择、保证利用的功能和作用，为旅游目的地的健康发展提供支持。

（1）客观性原则

旅游目的地信息组织过程中，描述和揭示信息的外在特征和内容特征必须客观而准确，要根据信息本身所反映的各种特征加以科学地反映和序化，形成相应的信息组织的成果。

我们不能损害信息的本来效用，不歪曲信息本身，也不肢解信息本身，要完整地、全面地、精确地反映信息的客观特征。我们还要不断跟踪信息源的发展变化，使信息组织与条件变化和目的地整体的环境变化保持客观一致。

（2）系统性原则

没有系统性的信息组织工作，是不可能实现整体目标的。要实现旅游目的地信息组织的系统性，必须把握四个关系：一是目的地宏观信息组织和各子系统微观信息组织的关系；二是目的地信息组织部门与其他旅游相关部门的关系；三是目的地信息组织工作各个环节之间的关系，要特别注意信息分析与描述的基础性地位，它是信息揭示和存贮的必要准备；四是不同信息处理方法之间的关系，要尽可能采用统一而规范的处理方法。

用系统的观点和方法进行旅游目的地信息组织工作的协调管理，有助于发挥目的地信息组织的整体优势，也有助于实现目的地信息组织的整体功能。

（3）目的性原则

旅游目的地的信息组织具有鲜明的目的性，必须围绕目的地管理的信息需求开展工作。一方面，要注意目的地自身发展管理过程中的内、外部环境信息需求，为管理决策活动提供依据，不断建设和提升目的地的竞争力；另一方面，要积极开展旅游者的信息需求研究，充分了解旅游者的信息需求，改进目的地的信息组织方式，使信息组织成果能极大地方便旅游者的选择和利用。

（4）现代化原则

一方面，目的地的信息组织在思想观念上，要注重信息组织的标准化，强调目的地信息组织工作的统一性、信息组织方法的规范性、信息组织系统的兼容性和信息组织成果的通用性。

另一方面，目的地的信息组织在技术手段上，要顺应信息组织自动化的发展方向，改变传统的手工方式，提高工作效率和工作质量，更好地满足旅游者和部门机构等信息用户的多样化信息需求。

（三）旅游目的地的信息评价

旅游目的地信息质量控制是极其重要的，由于旅游业较强的综合性，以及信息时代发展所带来的信息膨胀，目的地的信息源和信息量都十分复杂和庞大。如果旅游者或部门结构不加筛选，盲目收集，不仅浪费大量的人力、物力、财力资源，而且会造成信息利用的效率低下。此外，如果旅游目的地的信息用户发现数据有错或有误，那么，整个信息系统就会失去其可信度，这种危险是存在的。世界上诸多国家旅游管理组织都很重视这一问题。例如，奥地利的蒂罗尔信息系统以及丹麦的“丹麦库”（丹麦国家旅游局开发的旅游目的地信息系统）都认为地方旅游部门收集信息的责任是重大的，他们要保证数据准确、新颖。有些国家的旅游部门相信供应商提供的信息是正确的，而有些旅游部门则对信息进行检查核实，以确保信息准确无误。例如，瑞士的阿彭策尔旅游管理机构只让供应商提供具体的信息，如客房间数和房价等，旅游部门的工作人员则收集其他的信息，核实过以后再输进系统。

总而言之，旅游目的地信息资源的开发和组织还要注重信息质量并加以控制，以保证目的地信息资源的高效利用，因此，开展目的地的信息评价就是一项必要的工作。

1. 旅游目的地信息评价的一般指标

有价值的信息是在旅游目的地解决特定的问题和状态中被利用，并能有效发挥其功能的信息，是实现目的地管理某种目标所需要的知识，是目的地进行管理决策活动和旅游者进行目的地选择所必需的资料。因此，有价值的旅游目的地信息必须具备及时性、准确性、综合性、获取简易性、经济性等特性。具体表现为如下几个方面：

- 能够及时地以适当的方式提供解决问题所需要的依据；
- 信息符合旅游目的地或旅游者需求的内容；
- 信息的可信赖程度高；
- 信息具有综合性；
- 信息容易获取；
- 信息的费用与目标吻合。

2. 目的地信息源的评价

对目的地信息源的评价一般采用两种方法，即直接评价法和间接评价法。

（1）直接评价法。按照前述评价指标，从不同角度和侧面对目的地信息源的价值给予评分评价。特点是简单易行，但带有主观色彩。

（2）间接评价法。通过旅游者等目的地的信息用户来评价信息源。以调查表的方式调查旅游者或其他用户对信息源的需求和利用情况，然后对信息源的价值做出评定。特点是需要信息用户密切配合，工作量较大，但评价结果较为客观。

3. 目的地信息准确度的比较评价

（1）交叉检验。从各个方面或渠道获取目的地的同一信息，并进行交叉比较评价。

（2）要素检验。从信息所含的六个要素（5W+1H）出发评价信息的准确性，即信息的内容（What）、原因（Why）、时间（When）、地点（Where）、人（Who）、方法（How）。

二、旅游目的地的信息交流

（一）信息交流的内涵

1. 信息交流概念

信息交流是不同时间或不同空间上的认知主体（人或由人组成的机构、组织）之间相互交换信息的过程。

无论是哪种形式的信息交流过程，必须有一个信息传递者，他是信息的初始来源，实际上是信息生产者；还必须有一个信息接收者，他实际上是信息的最终利用者。

2. 信息交流的条件和要素

（1）信息发送者：也称信息传递者或信息生产者。他是信息的初始来源，是信息传递链上的初始环节。

（2）信息接收者：或称受信者。他是信息的最后接受者或利用者。

（3）交流通道：即信息达到受信者所经过的渠道。

（4）符号体系：它是信息传递交流时依附的载体。同时还包括这些符号体系内部各符号元素之间互相联系与组织的方式及规则。

（5）知识信息库：它是人脑知识信息的总称，包括人所创造的各种知识或信息，是信息交流的最根本来源和最终极的归宿。

（6）支持条件：它是信息交流得以实现的保障。包括自然条件、技术条件和社会条件

（二）旅游目的地的信息传递与交流

从目的地的管理工作来看，目的地信息的传递与交流主要发生在目的地与旅游者之间。一般来说，目的地可采用以下方法向旅游者提供目的地的信息。

1. 通过印刷载体向旅游者传递目的地信息。例如，在收到旅游者的询问信或询问电话后，给他们邮寄旅游手册和旅游指南。旅游者还可以直接到旅游办事处询问，并从柜台上拿走旅游手册阅读。或者通过其他旅游相关的报纸、杂志了解目的地信息。

2. 采用目的地内部设置的旅游问讯网络。旅游问讯网络的作用是向旅游者提供较为详细的、有关目的地的旅游设施的信息。一般可以采用信函、电话，或在柜台前解答旅游者的询问等方式。有些问讯处还代办旅馆订房或为其他旅游供应商代办业务。

3. 通过旅游目的地设在客源市场上的办事处开展信息传播工作。这些办事处实际上是目的地的市场销售部门，他们负责向潜在的旅游者传播信息，帮助他们选择旅游目的地，并策划旅游线路。

4. 通过目的地的网站向旅游者传递目的地相关信息。例如，我国各城市的政府门户网站常会有向旅游者宣传目的地信息的组成部分；一些著名旅游目的地常建有自身单独的宣传网站等。

旅游目的地向旅游者提供的信息交流内容既包括公共旅游设施方面的信息，也包括私营旅游设施方面的信息。对于私营旅游设施而言，这方面的信息包括食宿（种类、等级、场所、价格、设施、可获得的程度等）、交通（交通方式、时刻表、价格、可获得的程度等）、风景名胜、节庆赛事、娱乐设施（使用说明、场所、价格、营业时间、可获得的程度等）。对于公共旅游设施而言，信息内容包括公园、博物馆、艺术画廊（营业时间、解说、门票、场所、导游图等）、公共交通（时刻表、目的地、方式、价格等）、环境（交通状况、天气预报、滑雪状况、海滩状况等）及法律（出入境管理、卫生检查等）。

旅游目的地有些方面的信息是在旅游者出行之前、在计划酝酿阶段就需要了解的，有些信息是在旅游者到达目的地以后、在旅游的过程中需要了解的。总之，旅游目的地的信息是否易于获得对目的地发展至关重要。

旅游者计划出行时所依据的主要信息来源包括目的地信息印刷物（导游指南、旅游手册、旅游报刊等）、旅游供应商或目的地管理组织提供的音像资料、旅游代理商提供的网络平台和信息服务、旅游者相互之间的口头宣传等。无数的研究资料表明，旅游者在旅行之前所依据的最为常见的信息来源就是个人信息传播（如家庭成员、亲朋好友之间的互相传播等），人们一致认为这是最重要的信息来源。不过也有研究资料表明，旅游代理商是旅游者在旅行之前获得信息的最重要信息源。同样的研究还表明，旅游者在制订旅行计划时很少用到官方的信息来源（如旅游局等）。

（三）信息扩散的多向对称规律的应用

信息扩散的多向对称规律是指信息在传递或扩散过程中，如果信息源所处的外围介质是同质均匀分布的话，则信息传递就成一种各向对称结构，即在距离信息源同等距离的空间点上，信息接收者所接收到的信息是同样的。

在这种均匀介质环境下，则信息源到信息接收者是最直接、最快速的传递方式。因此旅游目的地与旅游者之间的信息传递应尽量做到减少中间环节，尽可能使信息从信息源直达旅游者或潜在旅游者，以提高信息的传递效率。现代互联网技术的普及在忽略各地区网络基础设施水平和旅游者信息技术能力的差异下，可视为目的地信息向旅游者传递的均匀介质环境。所以，旅游目的地要加大网络信息源的使用力度和提高使用效益。

但若是非均匀介质条件下，信息源到信息接收者的信息流就要出现拓扑变换，即在传递过程中会出现种种信息中转站来传递信息。现实中的目的地向旅游者传递信息往往是属于这种非均匀介质环境。目的地信息源与旅游者之间的自然介质、文化介质、社会介质等地区差异性较大，因此，目的地要有针对性地分析选择，采用多种通道实现与旅游者之间的信息交流。例如，经济发展好、基础设施水平高的地区，加大网络信息传递力度；基础设施较差地区，更多使用传统信息传递方式，如印刷物、音像资料、问讯机构等；文化差异较大地区，可更多采用实物信息源，以直接、生动方式进行信息传递。

（四）信息传递的密度递减法则的应用

信息传递是在一定信息时空中完成的。由于传递过程中种种因素的介入，任何信息流过程中，信息都要发生衰减。信息流过程越长，信息减少越严重。除了物理空间的信息密度递减外，在精神空间中亦是如此。

因此，旅游目的地的信息传递要尽量减少与旅游者之间的中间环节，控制信息衰减。同时，依据实际情况增加信息输出频率，减少时间上的衰减效应。

（五）信息变异的控制管理

信息传递与交流中的变异包括信息失真和信息附加两种现象。

信息失真是信息传递过程中因某种因素影响出现的信息生产者的表出信息与信息接收者的承受信息之间的不一致。导致信息失真的原因有技术或通道障碍、中间环节过多以及其他自然、社会因素等。对于旅游目的地来说，由目的地自身所发出的信息传递主要通过技术控制和传递流程控制来减少信息失真；而由旅游者进行的零次信息传递则管理难度较大，受旅游者个人素质和客源地社会文化条件等复杂因素影响，可控性很小。但通过旅游服务的维护与回访等方式，使旅游者在增加对目的地满意度的前提下，信息失真程度也会有所降低。

信息附加与信息失真不同，是信息交流过程中原信息之外的追加信息的生成与传递。这些追加信息有时是有用的，有时是无用的，甚至是有害的。例如目的地的供应商为获取利益而对目的地原有信息进行追加夸大，使旅游者产生超高预期，从而导致目的地服务质量的差距出现，造成不良后果。目的地的信息管理应对这种传递过程中的信息附加现象进行全程、持续监督与控制，避免负面影响产生。

三、旅游目的地的信息服务与研究

（一）旅游目的地的信息服务

旅游目的地的信息服务是用不同的方式向旅游者提供所需信息的获得总和。

它包括两个方面的内容：一是对分散在不同载体上的目的地信息进行收集、评价、选择、组织、存贮，使之有序化，成为方便利用的形式；二是对旅游者及其信息需求进行研究，以便向他们提供有价值的信息。

（二）旅游目的地信息服务的原则

1. 针对性原则

满足旅游者的特定需求是信息服务的基本出发点。目的地信息服务机构要认真研究旅游者的信息需求和需求的变化，掌握旅游者利用信息的习惯和特征，选择符合旅游者需求的信息内容、信息载体、信息渠道，向旅游者提供针对性很强的信息服务。

2. 及时性原则

信息具有时效性，即在特定的时间范围内才能发挥其效用。这个时间一般是在旅游者做出决策和选择需求信息之前。

3. 易用性原则

实践表明，旅游者利用信息受到可获得性和易用性的影响。在决定是否选择和利用信息时，可获得性和易用性往往超过信息本身的价值。因此，目的地信息服务机构应为旅游者获取利用信息提供最大的便利条件。

4. 成本/效益原则

目的地的信息服务既要讲求社会效益，更要讲求经济效益。虽然目的地信息服务的效益具有潜在性和延迟性，很难做出确定的评价，但不论是对信息服务机构还是旅游者都需要花费一定的成本，应当确保以最小的花费来获得信息服务的最大效益。

（三）旅游目的地信息服务的主要方式

1. 信息报道与发布服务，即目的地对搜集到的大量资料和信息进行整理、加工、评价、研究和选择之后，及时报道出去，满足旅游者的信息需求。

2. 信息咨询服务，即帮助旅游者解决信息需求和回答咨询问题的一种专门咨询活动。

3. 网络信息服务，即以互联网为基础的信息传递与交流服务，例如，与旅游者之间的电子邮件往来、文件传输、旅游者的远程登录等。

（四）旅游者及其信息需求的研究

旅游者是目的地进行信息传递交流的末端，是信息传递的归宿。旅游目的地信息服务的推动力是旅游者的信息需求。任何信息管理和服务系统都是和旅游者及其信息需求联系在一起的。

1. 旅游者及其信息需求研究的意义

（1）调查和研究旅游者及其信息需求是目的地信息机构开展信息服务工作的

依据，是提供优化信息服务的条件。只有及时掌握旅游者信息需求的变化，才能制定出目的地信息工作对策，使信息服务更好地把握时机，及时准确地为旅游者提供所需要的信息，使信息工作有力地促进目的地健康发展。

（2）调查和研究旅游者及其需求是设计和建立目的地管理机构或信息管理系统的基本依据。

（3）调查和研究旅游者及其信息需求，可以争取更多的旅游者全面地利用目的地的信息服务。只有经常性地调查和研究旅游者及其需求，才能采取有效的措施，使潜在需求转变为表达出来的需求，使大批潜在旅游者转变为当前旅游者，从而提高目的地信息服务的功效。

（4）调查和研究旅游者及其信息需求，可以了解旅游者获得目的地信息的非正规渠道组成及有关情况，有助于目的地利用和发挥信息交流的非正规渠道传递信息的效能。

2. 旅游者及其信息需求研究的内容

（1）旅游者构成及分类研究

根据信息机构或信息系统的性质、规模和任务，研究旅游者划分的依据或标准以及旅游者划分的类型，在此基础上研究各类旅游者的数量构成和知识构成。

（2）旅游者信息需求调查分析

调查分析旅游者需要什么内容、形式、范围和期限之内的信息，什么时候需要，习惯于以什么方式，从什么途径去获取自己需求的信息。可依据旅游者表达的形式从总体上进行分类，然后再加以分析研究，得出普遍性的结论。

（3）旅游者信息需求行为的心理规律研究

利用心理学的理论和成果研究旅游者信息需求的心理特点，探索旅游者信息需求变为信息查找行为的心理状态和过程，分析旅游者在查找信息和进行信息咨询过程中的心理规律。

（4）旅游者吸收信息的机理研究

调查旅游者如何选择和评价信息，研究旅游者吸收信息做出决策或进行创造的过程。

（5）影响旅游者信息需求的因素研究

要综合研究社会政治、经济、文化和科学技术对旅游者信息需求的影响。社会政治、发展国民经济和科学技术的方针政策决定一个国家的旅游者信息需求的一般性特点及其总的发展趋势。同时，还要分别研究旅游者本身的知识素养、个人兴趣、信息能力和职业特点对信息需求的影响。

综上所述，旅游者及其信息需求研究涉及许多方面的内容。要取得可靠的数据，获得正确的、富有指导性的结论，必须在调查、分析和研究中遵循科学性、求实性、系统性和针对性等原则，必须与目的地的信息服务密切联系，而不能脱离整个信息管理工作去进行纯粹的“旅游者需求”研究。

四、旅游目的地信息系统

（一）信息系统含义及功能

信息系统是由计算机硬件、网络和通信设备、计算机软件、信息资源、信息用户及规章制度组成的以处理信息流为目的的人机一体化系统。它由输入、存贮、处理、输出和控制等模块组成固定的逻辑和功能结构。如图 10-2 所示。

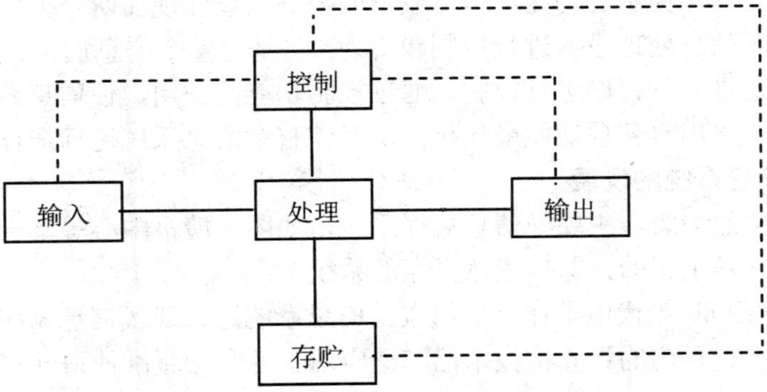

说明：实线表示信息流，虚线表示控制流。

图 10-2　信息系统的功能结构图

在信息流运动过程中，处理是核心功能，而在控制流的运动过程中，控制是核心功能。不同的信息系统的系统结构、处理能力往往差别很大，体现在以上各模块上，控制和处理功能的差别最大。

1. 输入功能

信息系统的输入功能决定于系统所要达到的目的及系统的能力和信息环境的许可。包括信息资源的采集、控制指令的输入、信息检索条件的输入，等等。

2. 存贮功能

信息系统的存贮功能是与输入功能紧密联系在一起的。存贮功能是指系统存贮各种信息资料和数据的能力。当原始数据和资料输入信息系统后，首先需要将其存贮起来，以便多次使用，并在多个处理环节和过程中实现数据资料共享。

3. 处理功能

大量的信息资料和数据得以存贮之后，必须及时进行加工处理。处理是信息系统内部的生产过程。计算机的应用使人类进行信息处理的能力大大增强。信息处理过程的机械化、自动化、协作化将会极大地提高系统的信息处理功能。信息系统处理功能的大小，取决于系统内部的专业技术力量和信息处理技术设备的现代化水平。

4. 输出功能

信息系统的各种功能都是为了保证最终实现最佳的输出功能。信息经过处理后，输出内容包括经过信息系统加工处理后的资料信息等。信息系统的输出功能、处理功能、传输功能、存贮功能都是根据输出功能来确定并不断进行调整的。

5. 控制功能

为了保持信息系统输入、存贮、处理、输出等环节均匀连续地进行，系统必须具有进行管理和控制的功能。信息系统的控制功能体现在两个方面：一是对构成系统的各种信息处理设备进行控制和管理；二是对整个信息加工、处理、输入、输出等环节通过各种程序进行控制。通过控制功能的作用，使信息系统的输入、处理、存贮、输出等各项功能最佳化，从而使整个信息系统运行最佳化。

（二）信息系统的发展

最初的信息系统，主要是信息处理系统，如图书情报中心等基于文档的信息检索系统。它是手工的，即传统意义上的系统。

自 20 世纪 40 年代电子计算机问世，信息系统进入现代信息系统阶段——计算机信息系统。目前的计算机技术已广泛应用于各个领域，使得计算机信息系统逐步脱离单纯的数据处理阶段，进入事务处理领域。与此同时，通信技术融入计算机信息系统中，形成了各种信息网络，使得信息系统的范围空间大大地拓宽，即我们常说的网络信息系统。

随着多媒体技术的日趋成熟，集图、文、声、像等于一体的多媒体信息在计算机中进行转换、存取、传输、显示等已成为可能，在已有的信息网络中融入多媒体信息，形成了多媒体信息系统。

而人工智能等技术的进步将使智能信息系统成为信息系统发展的未来走向。

（三）旅游目的地信息系统

简单来说，旅游目的地信息系统是由数据库组成的，数据库里储存着目的地旅游业相关构成的详细信息，而系统的组织结构、信息类型、所采用的信息技术以及与其他系统的相互交叉等，受不同因素影响差异较大，例如访问该地区的旅游者类型（散客还是团体）、喜欢的旅行方式（飞机、公共交通还是私人汽车）、国家政治环境、资金来源、目的地已有的其他旅行信息系统和预订系统等都对目的地信息系统有较大影响。

目前，从世界范围来看，旅游目的地信息系统的组织结构有三种形式，即全国性的目的地信息系统结构；地方性的目的地信息系统结构；地区间的目的地信息系统网络结构。

1. 全国性的目的地信息系统

其数据库储存有覆盖全国范围的旅游业相关构成的海量信息。这种结构的信息系统允许所有的下级旅游机构及设在外国市场的地区旅游办事处获得有关数据。在国家级旅游管理组织倡导下建立这种信息系统，并由国家提供资金支持，对于目的地的信息管理具有极大的积极作用。

这类全国性的目的地信息系统具有两方面的优势：一是旅游者可以通过该系统了解全国各地旅游相关信息，这对于主要经营散客旅游以及多重目的地旅行的国家而言尤为重要；二是它有利于和其他地方及行业的系统相互交叉。

其不利之处是信息系统运行费用高，并且容易出现技术问题，而且要搜集组织全国的旅游信息并不断更新内容也是相当费时费力的。

丹麦国家旅游局开发的旅游目的地信息系统（“丹麦库”）就是该类系统结构的榜样。如图 10-3 所示。

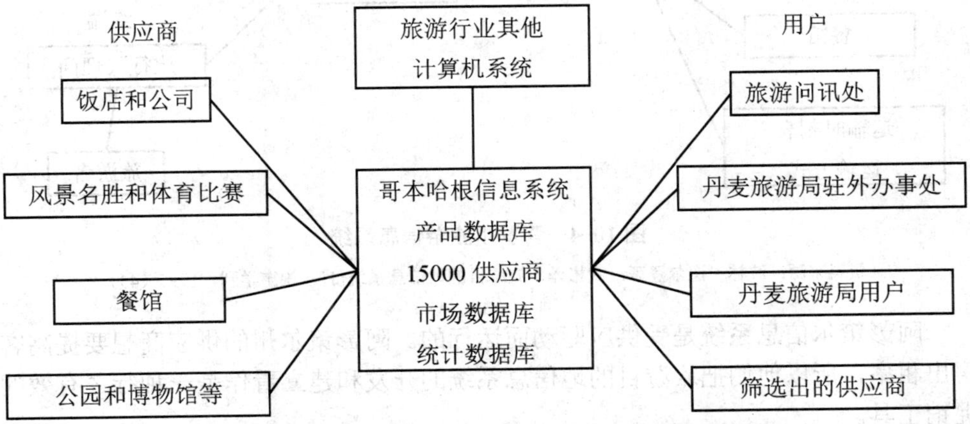

图 10-3　丹麦国家旅游局开发的旅游目的地信息系统（“丹麦库”）

（资料来源：波林·谢尔登著．武彬译．旅游目的地信息系统[J]．旅游学刊，1995（4））

这个信息系统有 100 家用户，分属于哥本哈根国家旅游局、地方旅游问讯处以及设在外国市场的旅游办事处。丹麦库由遍布全国的 15000 个旅游产品的产品数据库和市场数据库组成，市场数据库主要储存外国市场的详细信息。全国数据库通过地方旅游信息机构提供的最新信息而不断更新其内容。

2. 地方性的目的地信息系统

受诸多因素影响，许多国家并未建立全国性的旅游目的地信息系统，而是广泛存在以某级行政单位为范围的地方性的信息系统。例如，欧洲有两个成功的、地方性的旅游目的地信息系统，它们只储存一个地区的旅游设施的信息。它们分别是奥地利蒂罗尔信息系统和瑞士阿彭策尔信息系统（如图 10-4、10-5 所示）。

蒂罗尔州及阿彭策尔州都开发了旅游目的地信息系统，但是它们只提供本地区的旅游设施信息，没有提供全国的旅游设施信息。

为了满足蒂罗尔州旅游问讯的需要，为了提高旅游问讯的质量，蒂罗尔州开发、建立了蒂罗尔信息系统。到奥地利来的绝大多数旅游者都是由蒂罗尔州接待的。

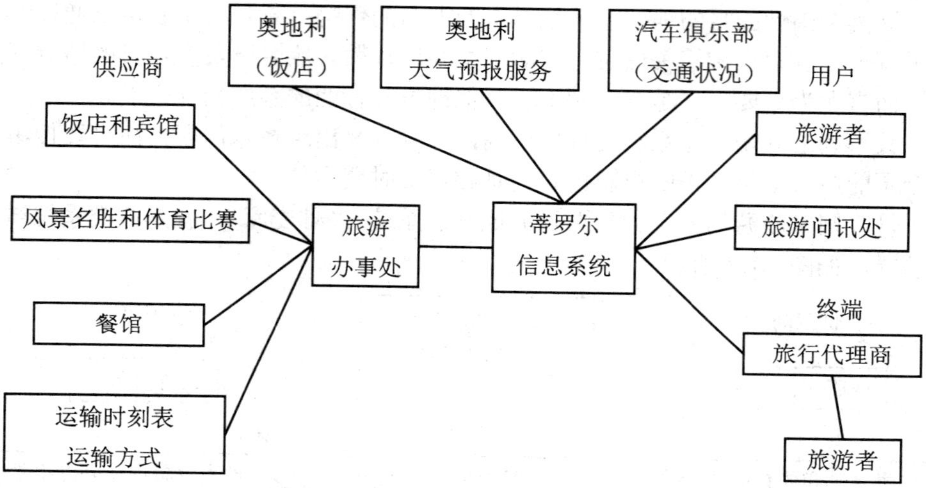

图 10–4　蒂罗尔旅游信息系统

（资料来源：波林·谢尔登著．武彬译．旅游目的地信息系统[J]．旅游学刊，1995（4））

阿彭策尔信息系统是受供应驱动而运行的。阿彭策尔州的供应商想要提高客房出租率，所以他们把旅游目的地信息系统的开发和建立看作是一种行之有效的促销工具。

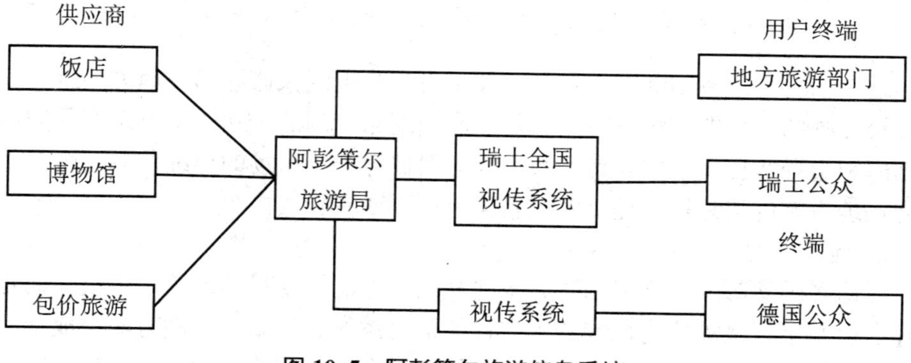

图 10–5　阿彭策尔旅游信息系统

（资料来源：波林·谢尔登著．武彬译．旅游目的地信息系统[J]．旅游学刊，1995（4））．

这类信息系统不受国家旅游管理机构的过多制约，如果地区性旅游活动相对集中在该行政范围内，那么，这类地方性的信息系统的组织结构是合适的；但是如果该地区的旅游活动涉及范围很广，大大超出地方行政范围限制，那么这种组织结构是不合适的。这类信息系统的优势是信息搜集、组织、更新速度快，相对费用低。

3. 地区间的目的地信息系统网络结构。这类信息系统是多个地方性的目的地信息系统之间的网络链接。荷兰率先建立了地区间的目的地信息联网系统。以前荷兰仅有地方性的信息系统，地区间的系统联网是旅游目的地信息系统进一步发展的必然结果。而且，在更进一步的发展态势下，国家之间也已经开始实现国家级目的地之间的系统联网，从而满足旅游者想要了解非本地旅游信息的需求。

对于这类系统，国家旅游管理组织起着制订标准的作用，并推荐所使用的硬件和软件。每个地区旅游管理组织负责建立本地区旅游设施的数据库。国家旅游管理组织定期把经过筛选的全国旅游信息输进地区性的数据库，从而使旅游者能够获得全国的旅游目的地信息。每个联网的地区性信息系统都可以提供本地区的信息，并可以分享彼此的信息。

这种联网系统的不利之处是标准很难制定，而且与外国的其他系统联网是一项很复杂的工程，如与计算机预订系统联网等。地区旅游信息系统的相互联系性，要求各地区的旅游部门采取合作的态度。如果一个地区保护主义态度浓烈，或者竞争意识强烈，那么，它是不会情愿与其他地区分享自己的信息资源的。

第十一章　旅游目的地游客管理

【学习目标】

1. 了解国内外游客管理理论。
2. 掌握游客管理的构成。
3. 掌握游客行为管理、影响管理、安全管理。

【本章导读】

门票限量，倡导预约，死守景区最大承载量底线

近日，新疆喀纳斯景区的核心区因受限于基础设施承载能力和服务设施容纳量等问题，不得不向疆内400余家旅行社发出通知：在今年旅游旺季期间，核心景区每天将最多出售8000张门票。这表明喀纳斯将从今年开始实施“高峰限客”措施。那么，喀纳斯景区为推出这项措施经过了怎样的历程？

近年来，喀纳斯景区加大基础设施建设，国内外游客越来越多，2013年接待游客量突破100万人次，随之而来的是核心景区内基础设施承载能力和服务设施容纳量面临着严峻考验。

往年数据显示，喀纳斯景区接待量单日最高达12000余人次的时候，核心景区就会出现景点拥堵、游客乘车不便、排队吃饭时间过长等问题，并且投诉剧增，游客在景点拥堵滞留还造成生态破坏。喀纳斯景区负责人称，推行“高峰限客”实在是迫不得已。

据了解，此次实施“高峰限客”的核心景区包括卧龙湾、月亮湾、鸭泽湖、图瓦老村和下湖口区等景点，而去观鱼台必须途径核心景区，所以观鱼台也因此成了“高峰限客”的连带景点。白哈巴、铁列克提、禾木村等三处景点则在核心景区以外。

喀纳斯景区管理委员会外宣办主任姚春莲表示，为实施“高峰限客”政策，景区将通过喀纳斯旅游官方网、西域游等网站向社会旅行社推行网上购票业务，同时将通过网络进一步扩散信息，并通过微信客户端及时向外界发布核心景区的门票售出情况。

喀纳斯景区为推动“高峰限客”措施，采取每天最多出售8000张门票的办法，提倡“预约服务”。据了解，现阶段喀纳斯将率先在旅行社中推行网上预约订票业务。喀纳斯景区有关部门负责人介绍：“若旅行社没能提前购票，到景区买票将与自助、自驾游客同等对待，达到限客数量后，将无法进入核心景区游览。”此外，针对自助、自驾游客的网上售票平台也在建设之中。

核心景区门票站站长李建龙说，假设有旅行社带团来没有在网上订票，就只有把他们按照散客团体对待，售票站如果有票就向他们出售，但享受不到网上购票的相关奖励，假设售票站没有票，就只能建议他们先去核心景区以外的三处景点游玩，第二天他们就有优先购票的机会。

不少游客对此存在担心。乌鲁木齐市民徐先生还没有去过喀纳斯，他正计划去一趟，但他疑虑道：“要是旅行社提前把连续两天的门票都预订一空，那么个人自助游客、自驾游客该怎么办？如果一些游客没有得到票务信息就前往景区，进不去该怎么办？”景区管委会相关部门表示，游客有这些担心是很正常的，不过根据往年经验，景区尚未出现过没办法安排的局面。“散客到了门口，若门票售完，我们将采取分流措施，先让他们到禾木村、白哈巴、铁列克提等三大景点游览。”

据了解，一般游客来到喀纳斯景区都会在贾登峪游客服务基地住上两天，这里有发往喀纳斯湖、禾木村的车，对于到了白哈巴景点的游客也有发往铁列克提景点的区间车，景区确实也可以将他们分流到这些景点，第二天他们就有了优先购票进入核心景区以及观鱼台的机会。

喀纳斯景区负责人称，通过设置“高峰限客”措施，一方面有效保护环境，另一方面有益于加强游客管理，提升对游客服务的质量和水平。

资料来源：(《中国旅游报》2014年5月19日第005版)

随着旅游业的大众化发展，以及我国假期制度的改革，上述案例中的游客拥堵现象，在近年来的“黄金周”连续在各大知名景区出现，甚至发生踩踏、暴力冲突等严重问题，使得诸多目的地和景区采用门票限量的方法进行化解，也使得旅游目的地管理组织越来越重视对游客的管理工作。

在实际旅游活动中，游客的管理工作内容远不止于此。为使游客能在目的地获得良好的消费体验，同时帮助游客解决行程中的困难、淡化游客对目的地的不利影响等，旅游目的地需要更多地关注游客的管理工作。

可见，游客管理就是旅游目的地管理组织为了降低游客对目的地资源环境的负面影响，提高游客的体验质量而对游客施加影响进而调控其行为的过程。

换句话说，游客管理的目的就是规范和引导游客行为，减少游客行为对旅游目的地环境与资源的破坏；提高游客体验质量，提高游客满意度；实现目的地环境保护与游客需求的双重目标。

第一节 国内外游客管理的理论发展与实践

一、国外游客管理研究进展

在欧美等旅游业发达国家，游客管理的理论研究与实践工作都较为成熟。国外的游客管理研究主要集中在以下几个方面。

（一）游客容量管理研究

游客管理的研究和实践工作起源于西方国家的公共公园的管理中，早期的游客管理主要是关心游客的数量，由此进行的研究形成了旅游环境容量理论。20 世纪 60 年代以后，J. A. Wagar（1964）①、G. H. Stanksy（1971）②、D. Lim 和 G. Stanksy（1971）③等先后提出“游憩承载力”的概念，后来 A. Mathieso 和 G. H. Wall 又提出“旅游环境承载力”的概念，他们指出任何旅游地都存在一个游客承载力的极限，这一极限既指游客数量的极限，又指游客对环境冲击的极限。④

（二）游客行为管理研究

游客行为管理是国外游客管理研究的一个主要方面。J. Obua 和 D. M. Harding 在 1996 年⑤、Samuel Seongseop Kim 等人在 2003 年⑥分别考察了乌干达 Kibale 国家公园和韩国国家公园游客的行为特征。Martin Oppermann 1997 年分析比较了第一次去新西兰旅游的游客和回头客之间的行为差异，发现回头客在旅游地的逗留时间通常更长，而活动范围却相对集中。⑦Neil Carr 2002 年对选择国内旅游和出境旅游的英国青年单身游客的行为作了对比研究，发现这两个群体的行为具有明显的差异⑧，从而推翻了 Buswell 1996 年提出的“旅游地的地理位置不会对游客

---

① Wager, J. A. *The Carrying Capacity of Wild Lands for Recreation* [M]. Washington, D. C.: Forest Science Monograph, 1964.

② Stankey, George H. Use Rationing in Two Southern California Wildernesses [J]. *Journal of Forestry*. 1979, 77: 347-349.

③ Lime, D., & Stankey, G. Carrying Capacity: Maintaining Outdoor Recreation Quality [A]. In Proceedings Forest Recreation Symposium [C]. New York College of Forestry, Syracuse. 1971: 171-184.

④ Mathieson, A., & Wall, G. *Tourism: Economic, Physical and Social Impacts* [M]. New York: Longman, 1982.

⑤ Obua, J., & Harding, D. M. Visitor Characteristics and Attitudes Towards Kibale National Park, Uganda [J]. *Tourism Management*, 1996, 17 (7): 495-505.

⑥ Samuel Seongseop Kim, Choong-Ki Lee, & David B. Klenosky. The Influence of Push and Pull Factors at Korean National Parks [J]. *Tourism Manamgement*, 2003, 24 (2): 169-180.

⑦ Oppermann, M. First-time and Repeat Visitors to New Zealand [J]. *Tourism Management*, 1997, 18 (3): 177-181.

⑧ Neil Carr. A Comparative Analysis of the Behaviour of Domestic and International Young Tourists [J]. *Tourism Managemet*, 2002 (23): 321-325.

行为产生影响的”[①]观点。

（三）游客体验管理

游客体验管理的研究包括游客体验质量及其影响因素、体验管理方法与工具等方面的研究。

在游客体验质量及其影响因素方面，M. Doossen 等人 2000 年将游憩体验质量分解为使用质量和感知质量，并认为静谧度、可达性、水质以及其他侵扰因素是影响生态旅游地游客体验质量的主要因素。[②] K. Hornback 和 P. F. J. Eagles 2000 年将消费领域的“顾客满意度”的概念引入了国家公园和保护区管理，提出了“游客服务管理”的概念、“游客满意度”的概念和“游客满意度管理”的概念，并在加拿大的几个国家公园的规划和管理中得到应用。[③]

在游客管理的方法与工具方面，传统游客管理的方法可概括为“软的”或者“硬的”两种方法：硬方法是指对旅游者行为活动的强制限制；软方法是指对旅游者行为活动的协调和引导性措施。

（四）游客管理的运行机制

游客管理的运行机制主要包括游客管理的主体、对象、方法与工具、效果评估等内容。总体上这方面的研究较少且不够系统。

国外对游客管理的研究还涉及游客安全管理、游客冲击管理等方面。总的来说，国外旅游目的地游客管理研究的内容比较广泛，但无论是学者还是管理者最感兴趣的都是游客管理的方法与工具，因而此类成果相当突出。

二、国内游客管理研究进展

国内对游客管理的研究相对较晚，主要集中在游客行为、游客容量和管理以及游客管理的技术和措施等方面。

（一）环境容量管理

国内关于游客管理的研究源于对旅游地环境容量的研究，基本公认的游客管理措施就是把游客量控制在环境容量范围内。吴必虎 1996 年指出，游客管理的关键之一，就是确定正确的旅游容量，包括自然容量、感应容量、生态容量、经济容量以及最佳容量。[④]胡忠行和朱爱珍 2002 年把旅游环境容量分为旅游资源容量、旅游生态容量、旅游经济发展容量以及旅游心理容量，并以天台山国家风景名胜

① Buswell, R. Tourism in the Balearric Islands [A]. In Towner, B. J., & Newton, M. T. (Eds.) *Tourism in Spain: Critical Issues* [C]. CAB International, 1996.

② Doossen, M., & Langers, F. Assessing Quality of Rural Areas in the Netherlands: Finding the Most Important Indicators for Recreation [J]. *Landscape and Urban Planning*, 2000 (6): 241-251.

③ Kenneth Hornback，Paul F. J. Eagles 著．李文军，韩凌，刘猛译．保护区公众使用管理指南[M]．北京：科学出版社，2000

④ 吴必虎．旅游生态学与旅游目的地的可持续发展[J]．生态学杂志，1996（2）：37～43

区为例对这几种容量的计算方法进行了介绍。[①]

（二）游客管理方法与措施

余建辉和张建华2005年对自然旅游景区的游客旅游体验管理进行了分析，探讨了有关游客旅游体验调查和分析的内容及方法，指出了影响游客旅游体验的因素并对其进行了分类，最后针对这些因素提出了一系列游客旅游体验管理的手段和途径，包括提供优质服务、游客排队管理、投诉管理以及安全管理等。[②]刘亚峰和焦黎2006年总结了游客管理的主要内容和方法，同时强调游客管理具有服务性特征，在具体执行时多采用柔性的方法。[③]文军、唐代剑和李星群2003年对如何减少旅游者对景区负面影响的管理技术进行了研究，认为应该采取包括运用队列管理技巧、实行容量弹性化、增加实际旅游容量、采取定点保护措施、实施定量管理技术等供给管理技术和包括价格刺激、市场营销、教育和讲解等需求管理技术。[④]

相对于国外，国内对游客管理的研究起步较晚，游客管理在我国仍属于新兴的研究课题。与国内其他的旅游研究领域相比，游客管理研究明显薄弱。

三、国外游客管理的实践经验

（一）威尼斯的游客容量调控系统以及游客行为管理措施

著名水城威尼斯建立了“威尼斯旅游智能卡”预订系统，通过这个系统可以调控旅游需求和游客容量。

为了有效控制游客数量，“智能卡”的发行数量由威尼斯城市中心的旅游承载力决定。如果游客数量接近了当地旅游环境承载力的阈值，主管部门就会停止发行“智能卡”以抑制客流流入。

威尼斯通过“威尼斯旅游智能卡”这一旅游预订方式不仅有效地调控了客流流量，缓解了旅游旺季巨大的客流给城市带来的压力，而且给游客带来了高质量的旅游体验。

在游客行为管理方面，威尼斯的旅游部门采取了“软硬兼施”的方法。首先，在软的层面加大环保教育和宣传活动，以树立游客和社区居民的环保意识，保证良好的旅游环境；其次，是硬性措施的法律法规制度性约束，并加大执法力度及

---

① 胡忠行，朱爱珍．天台山国家风景名胜区旅游环境容量分析[J]．海南师范学院学报（自然科学版），2002，15（3）：76～80

② 余建辉，张建华．自然旅游景区游客旅游体验管理初探[J]．桂林旅游高等专科学校学报，2005，16（1）：59～63

③ 刘亚峰，焦黎．旅游景区游客管理探讨[J]．新疆师范大学学报（自然科学版），2006（3）：259～262

④ 文军，唐代剑，李星群．旅游者对景区负面影响的管理技术研究[J]．商业经济与管理，2003，138（4）：57～60

处罚力度，强制性地约束游客的不良行为。

威尼斯的旅游环保法规比较健全，除了严格执行欧盟、意大利的各种环保法规以外，威尼斯还专门制定了相关旅游法规，例如，威尼斯市政府为规范旅游者行为而专门出台了名为“您不能”的行为规范手册，其内容包括游客不能在街头吃午餐、不能乱丢垃圾、不能在河道里游泳、不能在城内骑车或是驾驶其他任何车辆、不能在公共场合脱衣服、不能身着泳装行走街头，等等。对于游客的不文明行为，执法官员会不留情面地给予高额罚款，如对在圣马可广场上野餐的游客的处罚高达 250 欧元。

（二）西班牙的游客管理措施

西班牙之所以能够成为世界旅游强国，除了拥有丰富的旅游资源，还有着文明的旅游氛围和井然的游客管理制度，这与西班牙注重基础接待设施建设和强制性法律法规约束是分不开的。

基础设施建设方面，完善的景区景点设施设备杜绝了游客不文明行为出现的隐患。例如，西班牙旅游景点的厕所全部免费，厕所分布合理，而且非常干净，洗手池、洗手液、手纸和烘手机等一应俱全，因此不可能发生随地大小便之类的不文明行为。马德里大街小巷到处都能在路边看到体积不大的圆形垃圾箱，相隔 20～30 米就有一个，方便游客将垃圾扔进垃圾筒。

强制性约束方面，西班牙有关部门对个别游客不文明行为采取两种措施：一种是不严重的行为用文明的劝说方式加以制止；另一种是对于个别严重的不文明现象予以报警，由警方出面处理。由于规范系统细致，执行有力，使游客行为文明，秩序井然。例如，西班牙所有的旅游景点都不准开饭馆和咖啡馆，也不准零售任何食品、水和纪念品，更不准乱停车。沿街叫卖的小商小贩在景点是绝对禁止的，违者严惩不贷。西班牙旅游景点内不准吃东西，游客吃饭、喝水必须到城里的饭馆、咖啡馆，买纪念品必须到附近出售纪念品的商店。

四、我国目的地游客管理的实践探索——以黄山风景区为例

（一）游客容量管理

黄山在游客容量管理方面，主要采取分区管理（管理监测和实时监控）、网上门票预售的方式，对游客人数的总量进行控制，并对游客进行分流管理。同时，还采取了核心景点（莲花峰、天都峰）轮休制度，以便进行生态环境的保育。

此外，黄山以西海大峡谷和低山景区的旅游开发来增大景区游客空间容量，分流游客，并通过地轨缆车的建设和索道的改扩建来增大景区的交通运输量。

（二）游客行为管理

黄山对游客行为的管理多是基于在户外设置对游客环境行为和安全行为的告

知标识，这其中分为温馨提示类和警示类，包括爱护花草、不乱扔垃圾、禁止吐痰吸烟、防火、不安全行为等提示内容。

（三）排队管理

在假期人流高峰时，景区主要采取耐心劝说、播放舒缓音乐、放映景区风光片的方式缓解游客等待的焦躁情绪。

（四）游程时间管理

目前黄山景区采取了二次进山的门票方式，游客可以凭借一张门票二次进山，但是需要到指定的地点办理相关手续，并且要重复购买索道票和交通票，从而缓解排队压力，达到控制旅游团队和散客行程时间的效果。

“智慧黄山”数字化系统的建设也为景区进行游程时间管理提供了基础。黄山的数字化系统已经可以实现 GPS 定位、视频监控、车辆指挥调度、门禁实时数字监控、雷电预警等。

景区游客管理的重点是对景区容量、排队、游客行为和游程时间的管理。我国的很多景区在硬件建设上都已达到国际领先水平，但在管理水平和软件建设上还需进一步提升。

五、我国游客管理实践的不足

现实当中，大多数旅游目的地的游客管理都只是权宜之计，缺乏包括游客管理程序、方法、效果评估与监控等内容的系统的游客管理运行机制，导致游客管理无效或低效，这与我国旅游业的快速发展极不相称。

（一）对游客管理重要性的认识不够

我国多数旅游管理者的关注点还在如何吸引游客，提高旅游的经济效益，对游客进入后带来的负面影响考虑不周全，缺乏可持续发展的前瞻性。一些旅游地为促进游客消费，忽视对游客环保意识和文明旅游的教育，甚至对一些游客的不文明行为视而不见，对游客管理缺乏应有的认识和重视。

（二）旅游从业人员队伍素质较低

我国旅游业从业人员队伍缺乏稳定，基层管理人员素质相对较低，对从业人员的培训和管理不到位，使得他们缺乏主动进行游客管理的意识和未能有效担负起游客管理的责任。

（三）旅游服务设施不完善

许多游客不文明或破坏性行为是由目的地或景区旅游服务设施不完善所引发的。例如，停车场、游道位置设计不合理，导致游客为走捷径踩踏植被；牌示系统的标识不鲜明，游客不文明行为缺乏引导性制约；厕所、垃圾桶等设施的数量、位置、分布、通道不合理，导致不文明行为的增加，等等。

（四）目的地管理缺乏系统性

我国许多目的地/景区管理混乱，对商贩摊点没有统一的规划管理，对食品饮料的食用没有要求，对商品价格缺乏合理性制约，商贩围追游客出售商品，随意圈地占点收取拍照费，游客“挨宰”的情况经常发生。特别是“黄金周”期间，目的地处于超负荷、人满为患状态，相关管理工作跟不上，导致不文明行为频频发生。

第二节　游客管理的构成

根据国内外游客管理的研究以及实践中游客管理的实际应用，我们把旅游目的地游客管理分为淡化环境负面影响管理和提升游客体验管理两大类，具体包括容量管理、行为管理、影响管理、体验管理、安全管理和投诉管理六个方面，如图 11-1 所示。

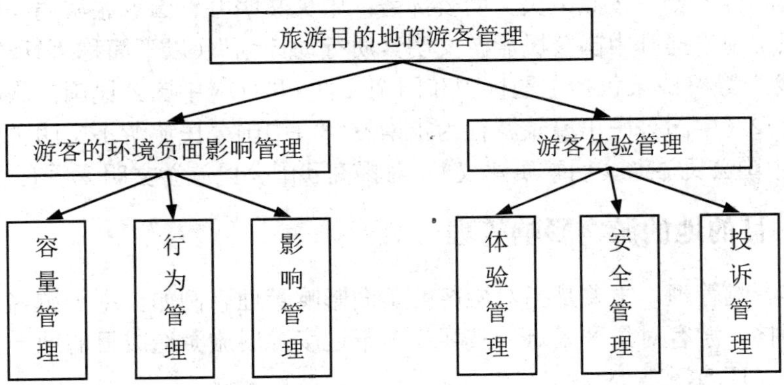

图 11-1　旅游目的地游客管理的结构体系

一、目的地的游客容量管理

旅游目的地的资源环境难以承受游客的无限增长。为了避免旅游业的过度增长对旅游目的地的资源、环境和社会造成不可挽回的破坏，游客容量管理变得十分必要。虽然对游客的数量控制已被证明是存在很大缺陷的，但不可否认的是，游客的体验水平和对环境的负面影响程度与游客数量还是存在普遍的相关关系的，这也是环境容量理论被越来越多地发现存在缺陷后还能一直在实践中运用的缘故。

旅游容量分为空间容量、设施容量、生态容量和社会心理容量四类。对一个旅游区来说，最基本的要求是对空间容量和设施容量进行测算，对生态环境容量和社会环境容量进行分析。有条件的话，也应对后两个环境容量进行测算。

二、目的地的游客行为管理

游客行为管理主要是对游客在出游决策、游览过程中的行为进行约束和指引。除此之外，也包括考察游客游览过程中彼此之间的互动关系及其对游客体验质量的影响，分析游客行为差异。内容包括以下几个方面：

- 环境卫生方面的常规行为管理，如劝阻乱扔垃圾、吸烟、践踏、吐痰、随地小便、争吵、大声喧哗等不文明行为；
- 破坏性行为管理，如制止涂刻、攀折、拍照、收集纪念品、闯入保护地带的活动等违规行为；
- 安全行为管理，如避免进入危险性地带、接近一些大型动物等。

当前，我国游客存在许多不文明的旅游行为，游客行为管理因而显得更加意义重大。为提升我国公民旅游文明素质，纠正旅游中的不文明行为，树立文明健康的中国游客形象，按照中央文明委部署，中央文明办、国家旅游局与有关部门共同组织实施“提升中国公民旅游文明素质行动计划”（以下简称“行动计划”）。“行动计划”最终成果包括主题标识和四个文件（即①《中国公民国内旅游文明行为公约》；②《中国公民出境旅游行为指南》；③《中国公民旅游不文明主要表现》；④《提升中国公民旅游文明素质建议》），对提高我国公民旅游文明素质有很大帮助。

三、目的地的游客影响管理

游客影响管理，主要是指对游客的负面影响管理。例如，由于游客数量过多造成的拥挤、游客对景区景点的破坏；由于过度发展旅游造成目的地土地占用、楼价上升、环境污染等。

最早关注游客影响问题的是 Meinecke（1928）和 Bates（1935，1938），他们在这一领域开展了大量的实证研究，并成为游客影响管理领域的重要奠基人。[①]

目前，游客影响管理的研究内容主要包括生态、社会经济以及文化等三个方面，研究方法主要有实地考察、实验以及问卷调查等三种类型。游客影响管理针对的主要是游客在旅游活动中所产生的负面和消极作用。

四、目的地的游客体验管理

谢彦君认为，旅游体验即旅游个体通过与外部世界取得联系而改变其心理水

① 曹霞，吴承照．国外旅游目的地游客管理研究进展[J]．北京第二外国语学院学报，2006（1）：23～31

平并调整其心理结构的过程。[①]

游客体验管理是旅游目的地管理组织有效地利用人力、物力、财力、信息等资源，以提供满意的旅游体验为目的的管理活动。具体地说，就是根据旅游者在旅游目的地的停留、游览过程所涉及的环节来考虑旅游体验所涉及的管理要素，例如，旅游安全条件、旅游健康保障、社区对游客的友好和欢迎程度、目的地环境氛围、目的地美学价值、目的地餐饮设施及烹饪文化或美食活动的开展情况、旅游者购物的愉快程度，等等。

五、目的地的游客安全管理

世界旅游组织 1996 年曾指出，安全是任何高质量游憩体验的重要构成因素，不仅游客得益于此，所有旅游行业相关的人都能因此而受益。[②]

游客安全管理是指为了达到游客安全目的，目的地旅游管理组织、旅游企业有意识、有计划地对旅游活动中各种不安全现象进行安全教育、防范与控制活动的总称。这些活动既包括安全的教育与宣传，安全管理方针、政策、法规、条例的制定与实施，也包括安全防控、处理措施的制定与安全保障体系的构建与运作等。一般情况下，游客安全问题主要表现在犯罪活动、交通事故、游览游乐设施安全事故、火灾、疾病、中毒、恐怖活动和其他意外事故等。

六、目的地的游客投诉管理

旅游投诉是旅游者、海外旅游商、国内外旅游经营者为维护自身和他人合法权益，对损害其合法权益的旅游经营者和有关服务单位，以书面或口头形式向旅游行政管理部门提出投诉、请求处理的行为。

这里所说的游客投诉，是指游客为了维护自身的合法权益，对损害其合法权益的旅游经营者和有关服务单位以书面或口头形式向旅游行政管理部门、法律部门、新闻媒介等提出投诉、请求处理的行为。投诉行为的主体限定为游客，投诉的受理者为旅管部门、法律部门。

据调查显示，游客投诉主要涉及以下问题：

- 对吃、住、行的不满；
- 旅行社拼团、转团现象严重；
- 景点缩水，“远观”景点的现象越来越严重；
- 变相收费、重复收费严重；
- 景区环境不好；

① 谢彦君．基础旅游学[M]．北京：中国旅游出版社，1999：138

② 曹霞，吴承照．国外旅游目的地游客管理研究进展[J]．北京第二外国语学院学报，2006（1）：23～31

- 夸大宣传，误导游客；
- “野导”遍布，拉客、欺客、兜售假货；
- 游客安全得不到保证（旅游者遭打、被盗现象严重）；
- 城市居民好客度不高，对待游客不友好；
- 城市外观雷同，差异性不突出，难以留下深刻印象。

第三节 游客行为管理

游客行为包括决策行为、游览行为、购物行为、娱乐行为、交往行为等许多方面，从淡化环境负面影响和提升游客体验的目标来看，游客行为管理主要是对游客决策行为、游览行为和交往行为的管理。

一、对游客决策行为的管理

游客决策行为表面上看是一种简单的市场选择行为，是游客自身偏好的自由表现，但实际上，游客的非理性决策行为不仅会对自身利益，而且会对旅游市场，甚或整个旅游产业带来不利影响或导向，需要进行有效的干预与引导。

游客出现非理性决策的核心原因是旅游活动中大量存在的信息不对称现象。在旅游经营者、游客之间存在的信息不对称，使处于信息劣势方的游客往往难以准确识别产品的内涵、价格、质量差异，导致盲目追求低价、错误选择目的地等非理性决策行为。这种非理性决策行为不仅使游客利益受到损害，而且使旅游目的地出现零团费或负团费、欺骗购物、诚信缺失等一系列市场问题。

因此，应对游客的非理性决策行为进行有效干预，通过丰富和规范信息渠道、加大信息供给、严格监管企业广告、建立全面便捷的信息咨询与诚信体系、积极推进品牌建设和维护等措施，一方面，提高有效信息供给，另一方面，剔除能够引起错误决策的不良信息，尽可能地减少信息不对称现象，避免非理性决策。此外，要通过提示、忠告、发放《旅游消费指南》等措施，加强对游客的教育引导，增强游客解读信息、识别产品、理性决策的能力。

二、对游客游览行为的管理

大量旅游影响研究表明，游客的良好游览行为会对目的地社会、经济、自然、文化产生正向的、积极的推进作用，而游客的不良游览行为也可以造成环境污染、文化冲击、道德弱化等一系列负面影响。

由于游客脱离了原有社会自然形成的道德约束，到目的地容易出现道德松弛现象，表现出一些不良游览行为，如大声喧哗、不尊重当地文化风俗、不注意公共卫生和公共秩序、损害旅游资源和设施，等等。对这些不良行为若不进行主动干预与引导，就会影响旅游活动的健康开展。不良旅游行为一方面会给目的地带来多重负面影响，另一方面，也会影响到其他游客的旅游质量和满意度，最终给目的地形象带来损害。

因此，加强游客游览行为管理，是游客管理的一个极其重要的方面。目前，虽然许多旅游景区都制定了针对游客游览行为的规定，也推出了文明旅游公约，但往往流于形式，缺乏应有的约束效力。

游客游览行为的管理，除了加强对游客的教育与宣传、强化自律外，应该高度重视游客游览行为管理的重要性，通过制订专门的《游客游览行为管理处罚条例》、在旅游合同中增加行为约束条款、加强现场管理等措施，使游客游览行为管理法制化、系统化、自觉化和常态化。

三、对游客交往行为的管理

游客的交往行为包括游客间的交往、游客与目的地居民之间的交往，还有游客与亲友之间的交往，等等。这些交往行为对目的地旅游发展具有重要意义，如果是良性的，就会提高游客对旅游经历的愉悦度，激发当地居民对旅游的参与和支持热情，形成良好的“口碑”宣传效应。反之，则会影响目的地旅游的健康发展。因此，应该高度重视游客的交往行为，将其视为旅游活动的重要组成部分，主动进行干预与引导。

针对游客之间交往行为的管理，重点是通过宣传教育、专门提示、制订团队旅游游客之间的行为规范等措施，使游客充分认识到游客之间良好的关系是旅游产品的组成部分之一，涉及每个游客自身的旅游质量，需要大家共同维护与升华。

针对游客与目的地居民之间交往行为的管理，重点是帮助游客增加对目的地风土人情的了解，对游客提供尽可能详细的相关信息，使游客能够主动尊重目的地的文化信仰、风俗习惯、生活禁忌等，以形成良好的主客关系。

针对游客与亲友之间交往行为（旅游后行为）的管理，重点是通过提升游客在目的地的实际感知质量和认真处理游客在旅游过程中的意见和投诉等措施，主动影响游客的口信传播行为，让游客能够形成良好的“口碑”，最终成为目的地的义务“宣传员”。尤其是随着网络技术的发展与普及，游客通过个人博客、网上圈子、QQ 群、MSN 等交流工具对目的地进行的评价，影响广泛，成为口碑传播和非正式信息咨询的重要途径，更需要我们进行主动引导与管理。

第四节　游客影响管理

一、游客影响管理的必要性

游客影响管理是旅游目的地游客管理的重要内容。旅游的发展离不开游客，如果没有旅游者的到来及其源源不断的经济注入，旅游目的地就失去了自我维系和发展的能力。

游客在目的地所创造的旅游氛围中，通过对各种景观、文化和习俗的了解、欣赏及参与而得到身心的愉悦。然而，旅游目的地与游客也存在着对立。

一方面，城市内许多旅游吸引物是建立在独特的自然资源、建筑物、人造景观、文化遗产基础之上的，与众不同和质量是城市旅游产品的核心。向游客开放这些景点会带来许多潜在的破坏性危险，结果使游客对他们想看到的东西兴味索然。越是向公众开放吸引物，潜在的消极影响就越大。

另一方面，这些潜在的消极影响还会波及游客自身的旅游体验。例如，在旅游旺季，某些热门景区人满为患，过度的拥挤和长时间的等待会极大地破坏游客的兴致。

二、游客影响的类别划分

来自英国游客理事会（ETB）1991 年的报告指出，游客影响可以分成以下几大类。①

1. 游客过于拥挤

在影响旅游体验的众多因素中，旅游者对拥挤的感觉最为明显和直接。一旦游客无法继续前行，就会形成“瓶颈”。这一现象尤其会出现在景点入口处、受欢迎的展点或一些特殊场所，如商店、洗手间等。

过度拥挤减少了游客观看和接触吸引物的机会，使他们无法欣赏到自然美景，无法听到有关文物的精彩讲解，无法充分感受到旅游气氛，从而对游客满意度产生消极影响。

游客过于拥挤可能出现在整个旅游景区，也可能在其中某一景点，如北京故宫、华山的金锁关等；可能是个长期的问题，也可能出现在一天中某个特定时段

① 章小平，任佩瑜，邓贵平．论旅游景区危机管理模型的构建[J]．财贸经济，2010（02）：130～135

或一年中某些时段。关于游客瓶颈现象的有名例子是发生在伦敦塔里的珍宝室，在旺季，为了看一眼英国皇冠的珠宝，游客会排着长队。

这类问题一般通过旅游目的地预订系统、游客分流、门票价格差异等方式来解决。

2. 人为磨损与破坏

这类游客影响包括践踏、触摸、潮湿、温度、偷窃和涂鸦。

践踏可能是有意或无意的行为，常出现在城堡、花园和历史建筑里。触摸更像是游客有意的行为，对一些脆弱的展品，如石钟乳、石花、石笋等岩溶洞穴景观等，都有较大的负面影响。潮湿与温度是游客无意识造成的。该报告认为，湿度与温度问题大多与历史建筑相联系，如博物馆、戏院以及城堡。这些关联是很明显的，因为往往这些吸引物包括一些很脆弱的展品（如历史建筑里的地毯或博物馆里的特殊展品等）。这类游客影响主要是进行技术控制，辅以管理措施。偷窃和涂鸦是旅游者故意的行为。

偷窃可以是景区内偷摘花草，或是礼品店和旅游商店内的小偷小摸，也可以是企图盗窃珍贵的文物和动植物。从旅游资源保护来看，前一种偷窃行为被认为是相对小的问题，后一种偷窃行为则会造成重大影响。同样，乱涂乱画可能只是城市环境中一个小小污点，但过多的乱写乱画乱刻就会对城市环境造成重大影响。这类影响主要通过法律法规等强制性措施和配合教育引导等措施进行解决。

3. 交通问题

大多数游客是开车或乘坐长途汽车进入旅游目的地的，尤其是自驾车一族日益增多，由此引起交通堵塞、汽车尾气污染、交通事故概率的增加、由于停车场不足造成的草坪损坏、阻碍其他交通工具的正常运行、对建筑物的冲击等问题。一些旅游吸引物由于坐落在城市中心地带，所以游客带来的交通拥挤更加剧了交通问题。交通问题在旅游高峰期最为明显，小型的历史文化名城（如平遥古城、凤凰古城），以及大都市（如北京、上海、南京）尤其会受到游客带来交通问题的影响，一到旅游旺季就被大量游客淹没，因此当地需要对行人与车流的交通拥塞进行管理。这类问题主要依靠增加环保交通工具、限制交通流量等措施加以解决。

4. 对当地社区的影响

游客带来的许多消极影响会波及当地社区。例如由于停车场的限制而影响社区居民的正常出入；旅游者无意识地做出与当地社会潮流不符的旅游行为，包括旅游者出于好奇无意闯入当地的私人空间，旅游者在酒吧酗酒后的粗野行为等。此外，大量的旅游者也导致当地物价上涨，休闲娱乐设施过分拥挤，使当地居民感觉到被包围在旅游者中。还有，来自经济比较发达国家、地区旅游者的价值标准、道德观念和生活方式，都会在社区中产生示范效应，对当地居民的价值观、社会观、道德观等产生潜移默化的影响，如不加以正确引导，就会造成当地的民族文化和生活习俗外化，甚至影响社会秩序稳定。这类问题主要通过对游客和社区居民双方的教育引导加以解决，使游客能尊重、顺习当地社区文化和道德行为规范，同时使社区居民正确对待旅游活动引发的文化渗透和融合。

第五节　游客安全管理

一、游客安全管理内容及措施

从安全的类型角度来看，游客安全管理包括游客人身安全、财产安全、名誉安全、隐私安全等内容。

从旅游活动的六个环节来看，游客安全管理包括游客饮食安全、住宿安全、交通安全、游览安全、购物安全与娱乐安全等内容。

在现实中，游客安全问题主要表现为犯罪活动、交通事故、游览游乐设施安全事故、火灾、疾病、中毒、恐怖活动和其他意外事故等。目的地游客安全的管理要借助于餐饮业、旅行社、住宿业、交通业、景区以及游乐业等旅游企业及相关部门的安全管理，其中重点要做好旅游食宿安全管理、旅行交通安全管理、娱乐休闲安全管理以及景区游览安全管理四个方面。

饮食安全管理的内容包括加强食品卫生管理、饮食场所消防安全管理、防盗管理以及引导旅游者科学饮食等。

住宿安全管理主要包括对旅游者的管理和引导旅游者的自我安全管理两个方面。例如，旅游者疏忽大意而在住宿场所丢失东西或物品被盗。再如，据统计，饭店火灾中约有40%是由客人吸烟不注意引发的。因此，引导旅游者不要卧床吸烟，对住宿的旅游者加强管理显得非常重要。

旅行交通安全管理、游览安全管理和娱乐安全管理强调定期检查旅游车辆、缆车、索道等游览设施，游艺机等游乐设施，编写制定游客安全手册，提高游客安全意识，如在景区危险地段设立警示牌，工作人员对游客当面提醒，游乐活动前对游客进行安全知识讲解和安全注意事项说明，等等。

游客购物安全管理可以从旅游者购物安全教育和旅游购物行业安全管理两个方面入手。管理手段包括实行挂牌经营与评优，规范行业制度，防止旅行社和导游员“坑客”、“宰客”，教育游客防欺诈、避免买假货、赃物，等等。

总之，目的地游客安全管理具有复杂性、广泛性、日常性、长期性、政策性的特点，是一项极为困难与复杂的工作，必须坚持“安全第一，预防为主”的原则、“统一领导，分级管理”的原则、“上下协作，部门协调”的原则、“有法必依，执法必严，违法必究”的原则，等等。

二、游客安全管理实践

（一）迪斯尼的安全管理

在任何情况下，保障游客安全是迪斯尼乐园的首要责任。每逢节假日由于客流量增加导致拥挤混乱时，工作人员为了保证游客享受到应有的服务质量并为了保障游客安全，会采取限制入园人数和游客的移动途径等措施。虽然这样会减少收入，而且会招来一些游客的不满，但安全始终是迪斯尼乐园的首要考虑。

在一些惊险、刺激的娱乐项目中，公园都会有详细的安全提示，并为有特殊需要的游客提供专门服务。例如，在观看四维电影时，剧院第一排的固定座椅是专门为老人、年龄太小的儿童准备的，公园在让他们感受立体电影逼真效果的同时，也保护他们的安全。

（二）北京欢乐谷的安全管理

游乐设施能给人们带来刺激和欢乐，但也需要一套科学的管理、检验和救援保护体系。北京欢乐谷始终把安全（包括设备安全、餐饮安全、游客在景区的游玩安全以及财物安全）放在第一位。

北京欢乐谷在建园之初就制定了严格的安检制度与详细的安全预案，如夜场安全运营综合预案、消防安全专项应急预案、防恐防暴专项应急预案、治安突发事件专项应急预案等。公园设置的娱乐设施均符合国家安全标准，一些大型进口设施同时拥有国际、国内双重安全标准保证，所有游乐设备均进行了安全演练。园内所有游乐项目，全部通过了国家级、市级相关检测管理机构的认证。

北京欢乐谷拥有 60 多人的专业设备检修队伍，由经验丰富的高级工程师、工程师与技师组成，并根据国家标准，建立了完善的设施操作规定流程，以确保设施运行安全。

北京欢乐谷现已具备完善的设备日检、周检、月检、年检制度。严格按照标准对设施的日检每天开园前都要进行，技术人员会按照检测要求对设施安全进行逐条检验，这个过程会持续 3～4 个小时，当确认所有设施运行条件都符合安全要求后，才能正式接待游客。

如遇天气条件不允许等情况，设施会被立即停止使用。所有设施运行、检测均备有详细的记录，其中大型设施装有安全预警装置，中小型设施也配置了安全显示器，工作人员会对设施安全运行情况尤其是周边安全环境进行随时监控。

第十二章　旅游目的地危机管理

【学习目标】

1. 了解危机管理的起源与发展趋势、旅游业危机事件的影响。
2. 掌握旅游目的地危机管理模型。
3. 掌握旅游目的地危机的预警防范管理、应对处理及影响管理。

【本章导读】

国外的旅游危机管理

（一）新加坡

新加坡是一个人口不到五百万的花园城市，旅游业是新加坡重要的支柱型产业，旅游收入约占其国内总产值的10%。有效控制与管理旅游业危机，是新加坡保障国家经济发展的重要措施。

2001 年美国“9·11”事件给新加坡的旅游业带来了巨大冲击。新加坡政府采取了一系列积极的手段和措施振兴旅游业的发展，取得了良好效果。

1.“新新加坡股票”的分配

美国“9·11”事件爆发的当年 10 月，新加坡政府就发行了 27 亿新币的“新新加坡股票”，分配给新加坡国民。每人可以得到 200～1400 股不等。由于政府每年至少派发 3%的股息，所以新加坡政府规定，自股票发行之日起一年内，新加坡人随时可以将自己所分配到的股票的一半卖给政府，其余股票可长期持有，以获得更高的股息。此举在亚洲史无前例，表明了政府同国民共同分享国家财富，真正为国民的生活考虑。

2.“族群互信圈”的建立

时任新加坡总理的吴作栋非常担心新加坡的社会凝聚力因为经济形势的负面影响而受到冲击，于是指示人民协会成立“族群互信圈”，主要目的在于鼓励各族人民相互之间增加交往和沟通，增进彼此的感情和信赖，维护并增强社会的和谐。

3.“改造新加坡委员会”的成立

2002 年初，新加坡政府成立了一个“改造新加坡委员会”，任务是探讨如何维持种族和谐与宗教和谐；新加坡人在追求高尚俱乐部的会员证之余，是否应与其他阶层的同胞来往；新加坡人在深受全球各种思潮和宗教活动的影响下，是否还能以国家利益为重；探讨新加坡如何在保留传统民族文化和建立认同感之间取得平衡。

（二）泰国

旅游是泰国的重要支柱产业之一。2008 年爆发的经济危机给泰国的旅游业带来了巨大的冲击。由于游客大幅度减少，导致客房大量闲置，大量旅游订单被取消，泰国旅游业遭遇前所未有的重创。旅游旺季时，泰国酒店入住率通常为 85% 左右，但曼谷酒店在经济危机后的入住率不到 20%。泰国旅游管理部门预计，相比 2004 年遭遇海啸，2009 年的情况会更加严重。面对这种情况，泰国政府实施了刺激旅游的系列措施。

1. 适时对旅游价格调整

旅游局要求酒店和航空公司下调旺季价格，通过优惠价格吸引游客，并把旅游宣传口号从“神奇泰国”变为“神奇泰国，神奇价格”。

2. 积极开展促销活动

为吸引国内外游客，亚洲航空公司与其他机构合作推出“拿起泰铢，前往泰国畅游”活动，为乘客提供 10 万张免费机票，机票在规定期限内有效。此外，泰国航空公司和曼谷航空公司则推出国内旅游城市的往返优惠机票，售价均在 100 美元左右。

3. 对经营策略进行调整

泰国大部分酒店开始推出一系列优惠措施吸引本地消费者光临，宣传重点由境外旅客转向本地居民和游客。

对于旅游危机管理，大多数旅游目的地管理层仅仅看成是目的地在突发情况下的一种反应。其主要表现为：危机管理是非常态的管理活动，是一种权宜之计，是事后补救措施，危机管理只会对旅游目的地发展增加成本负担，等等。其实，这是对危机管理的一种偏见。事实上，危机管理固然会造成短期目的地管理成本增加，但就长期而言，一旦形成了良好的危机意识和系统的危机管理机制，它不仅能有效规避和减少危机发生的概率、消除或减轻危机造成的损失、加快目的地危机后的恢复速度，甚至有可能在危机中发现目的地新的发展契机，而且更为重要的是，危机管理能直接或间接地影响旅游目的地竞争力的提升。

第一节 危机管理的起源与发展

美国学者罗森塔尔等人认为，危机是指“对一个社会系统的基本价值和行为准则架构产生严重威胁，并且在时间压力和不确定性极高的情况下必须对其做出关键决策的事件”。[①]

在西方国家的教科书中，通常把危机管理（Crisis Management）称为危机沟通管理（Crisis Communication Management），原因在于，加强信息的披露与公众的沟通、争取公众的谅解与支持是危机管理的基本对策。

危机管理是组织为应对各种危机情境所进行的规划决策、动态调整、化解处理及员工培训等活动过程，其目的在于消除或降低危机所带来的威胁和损失。通常可将危机管理分为两大部分：危机爆发前的预计预防管理和危机爆发后的应急善后管理。

普林斯顿大学的诺曼·R. 奥古斯丁教授认为，每一次危机本身既包含导致失败的根源，也孕育着成功的种子。发现、培育，以便收获这个潜在的成功机会，就是危机管理的精髓。而习惯于错误地估计形势，并使事态进一步恶化，则是不良的危机管理的典型。[②]简言之，如果处理得当，危机完全可以演变为“契机”。

在“9·11”事件和“SARS”风波之后，危机管理也成为了中国政府和学界的重要课题。

一、西方危机管理发展历史

危机理论是西方政治学研究的传统课题，主要分析的是政治危机，包括政治制度变迁、政权与政府的变更、政治冲突和战争等。

危机研究的目的是探索政治危机的根源、寻找处理和应对政治危机、维护政治稳定或促进政治变革的方法。研究方式主要是学院式研究和经验性研究，研究方法则是定性或思辨性的。

另外，自然灾害从古至今困扰着人类社会，人类的历史是一部和自然灾害作斗争的历史。可是，从抗灾实践到灾害学理论却是20世纪的事，而从灾害管理到

---

① Rosenthal, Uriel, & Charles, Michael T. (eds.) *Coping with Crises: The Management of Disaster, Riots and Terrorism* [M]. Springfield: Charles C. Thomas, 1989.

② 诺曼·R. 奥古斯丁等著．北京新华信商业风险管理有限责任公司译．危机管理[M]．北京：中国人民大学出版社，2001

公共危机管理的发展更是在此之后。因此，从本质上说这一阶段科学的危机管理理论体系尚未形成。

20 世纪 60～80 年代，西方危机管理的研究出现一次高潮，研究领域从政治领域向经济、社会领域扩展，从自然灾害领域向公共危机管理领域扩展，危机管理成为一门学科，形成企业危机管理和公共危机管理两个既独立发展又相互融合的学科分支。前者的代表人物如巴顿（Barton）、福斯特（Poster）、格林（Green）、米卓夫（Mitroff）等；后者的代表人物是罗森塔尔（Rosenthal）、罗伯特·吉尔（Robert Girr）、科塞（Cose）等。大量的研究著作出版，危机管理成为大学的学科和专业，也成为一种社会职业。

20 世纪 60～80 年代世界风云变幻、动荡不安，社会主义与资本主义两大阵营对抗、美国与前苏联在全球争霸，亚洲、非洲一些国家在民族独立后政治不稳、战争不断，全球南北差距拉大、冲突凸显，美国国内种族冲突、反战斗争、能源危机波澜迭起。显然，危机现象成为全球的普遍课题。

在这一时代及后期，一些国家进入现代化行列，经济、社会系统日益庞大和复杂，公共管理领域迅速扩张，任何薄弱环节都可能带来巨大的灾难，形成整个公共管理领域的问题。另一些国家正处于向现代化的发展过渡之中，矛盾冲突更多、更易于爆发。

在人类社会现代化的进程中，对自然资源破坏严重，自然以灾难对人类进行报复，自然灾害带来的损失日益巨大。正是在这种背景下，危机研究成为政治学、经济学、社会学、管理学直面的重要课题。可以说，西方现代危机管理的理论研究已渐趋成熟。

二、我国危机管理发展历史

从历史观点来看，危机管理的古典理论诞生于中国。“存而不忘亡，安而不忘危，治而不忘乱，思所以危则安矣，思所以乱则治矣，思所以亡则存矣”是中国古代危机预防思想的精典概括。“祸兮福之所倚，福兮祸之所伏”是中国古代对危机两面性的辩证思考。“亡羊补牢，犹未为晚”是中国古代危机的总结思想。

20 世纪上半叶，中国开始了现代政治学的研究，这其中包含政治危机。真正的现代危机管理理论研究却是在美国“9·11”事件、特别是 2003 年的 SARS 危机之后，处于起步阶段。今后我国危机管理理论应该在充分借鉴西方现有理论基础上，根据我国国情，侧重危机管理立法、危机管理机构、危机预警机制、危机信息沟通、政府与社会的合作协调等方面，结合政治、政府改革和经济、社会发展进行综合研究。

第二节　旅游业的危机事件及影响

一、旅游业的危机事件

旅游业具有极强的综合性和脆弱性特征，其健康有序的发展运营涉及众多产业和环境条件，如良好的生态环境、健康的经济市场、顺畅的交通秩序、稳定的政治环境、完善的基础设施建设等，任何一方面的环境因素突变，都会对旅游业的发展产生重大影响，因此旅游业的危机事件来源较为广泛。

世界旅游组织对旅游危机的定义为："影响旅行者对一个目的地信心并扰乱继续正常经营的非预期性事件。这类事件可能以无限多样的形式在许多年中不断发生。"①

一般我们可以将旅游业的危机事件分为以下几类。

（一）旅游与不可抗类自然灾害事件

这类危机事件主要有气象性灾害，如洪水、暴雪、冰雹、台风等；地质性灾害，如地震、山体崩塌、滑坡、泥石流等重大灾害引发的危机。

在由自然灾害而引起的旅游危机中，有大量特定案例的研究。

2004年印度洋海啸，发生的范围主要位于印度洋板块与亚欧板块的交界处，地处安达曼海。这场灾难给印尼、斯里兰卡、泰国、印度，马尔代夫等国造成巨大的人员伤亡和财产损失，可能是世界近200多年来死伤最惨重的海啸灾难。事发地点位于旅游热点附近，加上正值圣诞节旅游旺季，受灾地区聚集了大量的本地居民和游客，很多旅客成了这次灾难的受害者。这次灾难给受灾各国的旅游业都造成了严重打击，例如，泰国旅游业的损失可能达到 12 亿美元，超过预计的50%。

2005 年，对于全球旅游业来说，"飓风"成为一个关键词。从美国东南部、中美洲到亚洲，飓风或台风一个个接踵而至。8月25日，飓风"卡特里娜"在美国东南部佛罗里达州登陆，在当地造成至少 7 人死亡，5 人失踪。被雅虎旅游和国家地理旅游杂志联合评为美国家庭旅游首选的新奥尔良遭受重创。在此后的很长一段时间，新奥尔良乃至美国受灾地区的旅游业都难以恢复到以前状态。

① WTO. Crisis Guidelines for the Tourism Industry [EB/OL]. Retrieved June 20, 2003. From http://www.world-tourism. org/market_research/Crisis%20and%20Disaster%20Management%20Guidelines.pdf.

（二）旅游与突发性设施、设备事故

这类危机事件主要指在人类社会活动中出现的一些设施、设备突发事件引发的旅游危机，如公路、水运、铁路、民航等旅游交通事故；影响或中断城市正常供水、供电、供气等城市社会事故；通信、信息网络、特种设备等安全事故；以及原油泄漏、井矿坍塌等重大事故引发的危机。这类危机中，旅游交通事故是频发且严重的旅游危机。

例如，2012 年 9 月 30 日至 10 月 7 日国庆“黄金周”期间，全国共发生道路交通事故 68422 起。涉及人员伤亡的道路交通事故 2164 起，造成 794 人死亡、2473 人受伤，直接财产损失 1325 万元。

（三）旅游与公共卫生事件

这类危机事件是指各种对人类健康带来巨大危害的突发性疾病引发的旅游危机，包括突然发生造成或可能造成游客健康严重损害的重大传染病（如传染性非典型肺炎、禽流感、鼠疫、霍乱、血吸虫等）、群体性不明原因疾病、重大食物和职业中毒，重大动物疫情，以及其他严重影响游客健康的事件引发的危机。

随着世界范围内各国之间旅游业务往来的加强，人员流动的频繁，疾病传播影响的范围也越来越广，公共卫生领域的危机研究也受到越来越多的关注，如艾滋病危机、国际旅游与公众健康事件和口蹄疫危机等。

（四）旅游与恐怖主义

从 20 世纪 80 年代开始，旅游界的专家学者就开始注意由恐怖主义和政治动乱引发的旅游危机，Richter 是最早进行这方面研究的学者之一，他于 1986 年指出恐怖主义倾向于袭击旅游者，因为他认为旅游者往往被当作代表其母国的“外交大使”，袭击旅游者能够得到多国的关注和广泛的媒体报道，能够实现恐怖主义者世界性攻击目标的目的，给当地社会带来混乱，经济遭受重创。①

例如，受到世界瞩目的美国“9 • 11”事件，即美国东部时间 2001 年 9 月 11 日上午，恐怖分子劫持的 4 架民航客机撞击美国纽约世界贸易中心（双子塔）和华盛顿五角大楼的历史事件。包括美国纽约地标性建筑世界贸易中心（双子塔）在内的 6 座建筑被完全摧毁，其他 23 座高层建筑遭到破坏，美国国防部总部所在地五角大楼也遭到袭击。世贸中心的两幢 110 层塔楼在遭到攻击后相继倒塌。事件共造成 3201 人（包括 343 名消防员）遇难，大楼倒塌后，仅救出 3 名幸存者。还有印度尼西亚的巴厘岛惨案，2002 年 10 月 12 日汽车炸弹袭击印尼旅游胜地巴厘岛上的两家夜间俱乐部，202 人死亡，其中包括 88 名澳大利亚人和 38 名印尼人。

---

① Richter, L. K. Tourism Politics and Political Science: A Case of Not So Benign Neglect [J]. *Annals of Tourism Research*, 1986 (10): 313-335.

（五）旅游与战争

战争危机事件对旅游业的影响是双重的，负面的阻碍影响呈现即时效应，旅游业受战争破坏难以为继。而在战后的历史文化追寻活动中又为旅游业增添新的发展动力，这是需要引起旅游目的地管理组织重视的问题。

学者 S. Bach 1996 年分析了阿以冲突对国际旅游者的影响，并指出战争对各国的影响程度是不同的，相对于对战争采取积极参与态度的国家，没有过多涉及战事的国家旅游业所受到的影响更小，旅游人数没有表现出明显的下滑。[①]

V. L. Smith 1996 年分析了从“一战”以来美国旅游业的发展和“二战”对大众旅游产品的影响，研究得出：战争刺激了奖励型、情感型、军事型和政治型的旅游活动，和战争有关的旅游资源成为最受欢迎的旅游吸引物类型。[②]

（六）旅游与政治动乱

目的地的政治环境稳定是吸引旅游者的基本前提，政治动荡往往给旅游者带来生命财产安全方面的隐患，阻碍旅游者的出游决策。

例如，2013 年年末开始的泰国政治动乱，已经给该国旅游业带来严重影响。泰国政府部门和私营机构说，反政府抗议活动已经造成泰国利润丰厚的旅游业陷入停滞。泰国旅游商会说，自 2014 年初以来，曼谷两个机场的入境外国旅客人数已较上年同期下降了 5%，该国在今年前三个月损失大约 225 亿泰铢（合 41 亿元人民币）。

在旅游与政治动乱研究方面，W. J. Pitts 1996 年针对墨西哥契亚帕斯地区暴乱对当地旅游业的消极影响进行了分析研究，指出虽然暴乱造成了入境游客的下降，但国内游客数量受影响较小，传统的文化旅游者被新型的战争旅游者所代替。在一定时期内，旅游业实际还是受到了打击，这就要求政府联合相关部门，积极防备类似事件的发生，培育当地作为旅游目的地的安全形象，提高旅游者的信心。[③]C. M. Hall 和 V. O'Sullivan 1996 年分析了克罗地亚等地的两个具体案例对当时旅游业的影响，提出建立危机管理措施的必要性。[④]

（七）旅游与犯罪

随着旅游业的发展，大量的旅游者涌向旅游目的地，必然会引起社会人口流动的加剧，旅游者的频繁流动会给犯罪分子以可乘之机，而且旅游过程的“食、

---

① Bach, S. Tourist-Related and the Hotel Industry: A Review of the Literature and Related Materials [A]. In Pizam, A., & Mansfeld, Y. (eds.) *Tourism, Crime and International Security Issues* [C]. New York: John Willey & Sons, 1996. pp. 265-278.

② Smith, V. L. War and its Tourist Attractions [A]. In Pizam, A., & Mansfeld, Y. (eds.) *Tourism, Crime and International Security Issues* [C]. New York: John Willey & Sons, 1996. pp. 247-264.

③ Pitts, W. J. Uprising in Chiapas, Mexico: Zapata Lives—Tourism Falters [A]. In Pizam, A., & Mansfeld, Y. (eds.) *Tourism, Crime and International Security Issues* [C]. New York: John Willey & Sons, 1996. pp. 215-228.

④ Hall, C. M., & O'sullivan, V. Tourism, Political Stability and Violence [A]. In Pizam, A., & Mansfeld, Y. (eds.) *Tourism, Crime and International Security Issues* [C]. New York: John Willey & Sons, 1996. pp. 105-122.

住、行、游、购、娱”无形中增加了与犯罪分子接触的机会，刺激犯罪现象的发生。值得注意的是，犯罪活动在人口流动频繁的情况下也很难被破获，犯罪成功率的增长又成为刺激犯罪分子进行新的犯罪活动的诱因。

这类危机事件包括侵犯财产类犯罪，如盗窃、诈骗、抢劫、抢夺、欺诈勒索等，典型的例子莫过于1994年3月21日发生在浙江千岛湖的特大抢劫杀人案，犯罪分子暴力抢劫后焚烧“海瑞号”游船，致使船上32人全部遇难（其中台胞24人），此案震惊海内外，不仅使当地的旅游业一落千丈，而且对两岸经济文化交流产生不利影响。还有性犯罪与色情引诱犯罪等。

关于旅游与犯罪之间的关系，早在1975年G. D. Jud就开始了研究，他收集了墨西哥32个州的数据，发现相对于暴力犯罪，财产犯罪对旅游业的影响更大，而暴力犯罪的影响是辅助性的。[①]de Albuquerque（1981）在对加勒比海旅游业的调查中发现，旅游人数的变化和当地财政开支和犯罪率的增减有着明显的关系，进而指出类似旅游业这样较为现代化的活动的增加会导致目的地犯罪人数增加。[②]

（八）旅游与经济危机

这类危机事件主要是指由宏观经济发生波动，如金融危机等形成经济衰退乃至产生经济危机，进而对旅游需求和旅游供给产生巨大冲击。包括经济停滞或下降、股市下跌、汇率重大变动等。例如1998年代亚洲经济危机、2008年以来的世界金融危机，都对影响范围内的目的地旅游业造成了严重打击。

Crouch 1994年指出，经济危机发生时，对国际旅游的影响主要通过汇率的变动、国际旅游服务和商品的价格变化来影响人们做出旅游决策。[③]澳大利亚学者Bruce Prideaux于1998年和1999年先后对经济危机与旅游业的关系进行了全面深入的分析和研究，对客观的评估这次经济危机对旅游业发展的影响做出了重大贡献。

二、旅游危机事件的特征

旅游危机产生的原因多种多样，影响范围和持续时间长短不同，但旅游危机也有一些共同特征，掌握旅游危机的特征可以使我们更好地掌握规律和应对旅游危机。

（一）突发性

旅游业是一种敏感度很高的产业，自然、经济、社会环境出现的“非常状态”

---

① Jud, G. D. Tourism and Crime in Mexico [J]. *Social Science Quarter1y*, 1975 (56): 324-330.

② de Albuquerque, K., & McElroy, J. Tourism and Crime in the Caribbean [J]. *Annals of Tourism Research*, 1999 (26): 968-964.

③ Crouch, G. L. The Study of International Tourism Demand: A Review of Findings [J]. *Journal of Travel Research*, 1994, 32 (1): 12-23.

都可能成为引发旅游危机的诱因。因此，旅游危机往往是在人们意想不到、没有做好充分准备的情况下突然爆发的。相对于常态的发展状况而言，旅游业危机是一种超出常规的突发性事件，表现为在短时间内给旅游业及相关行业造成措手不及的一系列的、连锁性的破坏，甚至使它们陷入混乱、跌入低谷。

（二）危害性

旅游业危机的危害性主要是指危机发生会在短时间内对旅游业造成致命的打击。同时，由于旅游产业关联度很高，涉及食、住、行、游、购、娱等许多产业，因此旅游危机往往会对经济社会带来很大的影响。也正因为此，旅游业危机具有波及效应，常常会引发其他不同类型的危机，导致该危机的危害性被进一步放大和延续。

（三）紧迫性

当旅游业危机真正爆发以后，会以非常惊人以及出人意料的速度发展和演变，并引发一系列的后续问题。如：旅游企业生存环境的明显恶化、虚假信息的广泛传播以及公众人心浮动，常常会导致受到冲击的各个旅游企业面临着反应时间有限的突出问题。在此状况下，决策者如果无法在巨大的压力下用尽可能短的时间做出最终的决策，不仅会使解决危机的最佳机会稍纵即逝，而且会导致一系列短时间内难以彻底根除的消极影响。它要求我们在第一时间里迅速应对、做出决策，进行化解。

（四）双重性

危机集“危险”与“契机”于一体，旅游危机的双重性表现为危险与契机并存，危机在对旅游业造成各种直接或间接的消极影响的同时也蕴含着前所未有的发展机遇，危中有机。如果处置得当，往往有“来得快”和“恢复快”的双重性。因此，当危机爆发时，要看到不利的方面，更应高瞻远瞩，充分认识到这种困难局势之中所包含着的发展机遇，把握机会，在逆境中取得突破，在危险中求得生机，变坏事为好事，化危险为机遇。

三、旅游危机事件的影响

分析旅游危机对旅游目的地的影响可以使我们采取正确的措施来应对旅游危机，消除不利影响，并尽快恢复正常的旅游业态。旅游危机对旅游目的地的影响主要表现为对旅游者的影响、对旅游企业的影响、对旅游产业的影响和对旅游目的地管理组织的影响。

（一）旅游危机对旅游者的影响

旅游者作为旅游活动的主体，对旅游危机的反应最为敏感，最为直接。旅游危机对旅游者的影响主要表现为旅游需求的下降和旅游信心的损害。由于危机可能会影响正常的生活，使旅游者会对旅游目的地作为一个具有吸引力、安全的旅游地失去信心，导致旅游者改变旅游行为，如停止或推迟旅游活动、寻求替代性旅游等。然而，这种影响具有短期性和可逆性，在旅游危机结束后，会较快地恢复到常态，甚至会出现新的旅游机遇。

（二）旅游危机对旅游企业的影响

旅游企业是旅游产品和旅游服务的提供者。旅游危机对旅游企业的影响主要表现为旅游企业由于旅游者减少而出现营业停顿或下降，旅游设施和供给能力大量闲置，使旅游企业面临较大的经营困难。由于旅游生产和消费的同一性，旅游产品的不可储存性及旅游设施的难以转换性，旅游企业有相当大的经营风险，如果旅游危机持续较长时间并且没有扶持政策，旅游企业将面临生存危机。

（三）旅游危机对旅游产业的影响

旅游业是一个关联度很强的产业。旅游危机不仅直接造成旅游市场的严重下滑，也会波及、影响到相关行业和产业的经济效益和社会效益，影响到旅游产业在一个时期内的持续稳定和健康发展。

（四）旅游危机对旅游目的地管理组织的影响

旅游危机对旅游目的地管理组织的影响往往间接发生。旅游目的地发生旅游危机会使目的地形象或声誉受到负面影响，导致旅游吸引力和旅游人数下降、竞争力削弱，并在一定程度上影响到旅游目的地经济、社会、生活等各个方面。如果危机处置的不当，将对旅游目的地产生长远的负面影响。这就为旅游目的地管理组织的工作增添新的内容，继而影响到管理组织的结构变革等。

第三节　旅游目的地的危机管理模型

一、危机管理的 PPRR 模型

（一）什么是 PPRR 模型

PPRR 理论是危机管理应用比较广泛的理论，由危机管理的四个阶段：危机前预防（Prevention）、危机前准备阶段（Preparation）、危机爆发期反应（Response）和危机结束期恢复（Recovery）组成的危机管理通用模式。后来，美国联邦安全管理委员会（USA）对其加以修正：缓和（Mitigation）、准备（Preparation）、反应（Response）、恢复（Recovery），所以又称“MPRR”模式。

图 12-1 危机管理的 PPRR 模型

（二）PPRR 模型的步骤与内容

1. 预防（Prevention）

高明的危机管理必须在于危机爆发前就加以预防，任何会导致危机的各种可能性都要予以排除，防患于未然。预防包括以下几个环节：首先是分析危机的环境，对管理范围内的政治、社会、经济、自然等条件进行评估。其次，找出可能导致危机的关键因素，并尽可能提早加以解决。

2. 准备（Preparation）

一方面要制订应急计划，提前设想危机可能爆发的方式、规模，并且准备好多套应急方案，一般要以最坏打算为底线。另一方面，建立危机预警机制，依靠这种参照物指标来加以检验。这项工作没作好，很可能导致本来程度轻的、局部的危机，改变其性质蔓延为全局性的、严重的危机。

3. 反应（Response）

对危机做出适时的反应是危机管理中最重要的组成部分。防患于未然易说难做，很多事情非人力所能控制。但危机一旦发生，就需要注意以下几点。

首先是遏制危机。管理部门要在困难的情况下为决策者提供及时、准确而必要的信息，从而为迅速出击，解决危机创造条件。

其次，要注意隔绝危机，避免其蔓延，要将危机限定在一定范围之内。隔绝的一种途径是通过有效的危机反应机制，防止危机扩大或扩散。

另外就是加强媒体管理，防止谣言流传、虚假信息散布影响决策。这要注意与封锁消息、隐瞒信息加以区分。在传统的报纸、杂志、电视、广播等信息传播渠道的基础上，近些年随着网络的扩张，大众传媒在塑造价值观念、强化公众意识、反映和引导社会舆论等诸多方面都发挥着巨大的作用。当今信息技术及传播手段的多元化趋势，呼唤与之相适应的舆论引导方式。

英国危机公关专家里杰斯特曾提出著名的危机沟通“3 T ”原则：第一，以我为主提供情况（Tell your own tale）；第二，提供全部情况（Tell it all）；第三，尽快提供情况（Tell it fast）。

4. 恢复（Recovery）

危机过后，需要对恢复或重建进行管理。恢复和重建不仅意味着回复危机中所受到的损害，更要恢复受害人的精神损失，尤其要避免重蹈覆辙，将会发生危机的漏洞弥补起来。

在危机管理的PPRR模型中，2P（预防与准备）比2R（反应与恢复）重要，做好2P，才能搞好2R。如果没有做好2P，2R只能尽人事；相反的，做好2P，即使2R没做好，危机的危险损害还能够在控制之下，这是我们常说预防重于治疗的道理。

不过，并不是所有的危机都能够预防，如果危机发生于外部环境，例如，"9·11"事件是美国政府预测不到的"意外"，它的防患不在我们所预防与准备的规划中。换言之，无从预知（Foresight）的意外，第一次发生时，根本做不到第一个P（预防），后续的第二个P（准备）当然也做不到，这时只有依赖平常的危机处理机制做好2R。

二、危机管理的4R模型

4R模型最早用于组织危机管理，由罗伯特·希斯提出，分为缩减(Reduction)、预备（Readiness)、反应（Readiness)、恢复（Recovery）四个过程。（见图12-2）

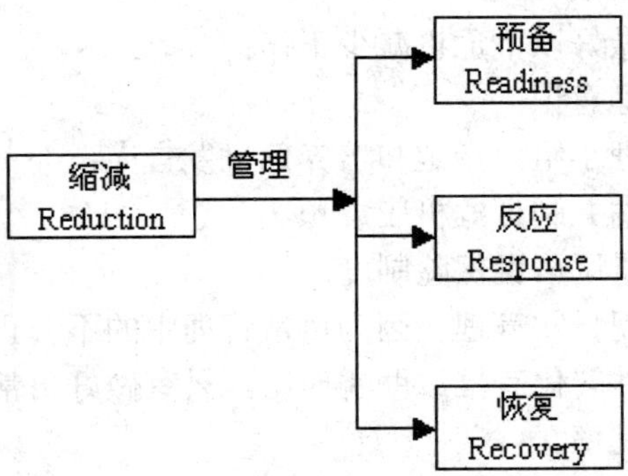

图12-2　危机管理的4R模型

一是"缩减"（Reduction）过程，是危机管理的核心，目的是通过后三个阶段的完善降低危机发生概率。

二是"预备"（Readiness）过程，针对危机进行预警和防范。

三是"反应"（Re-spouse）过程，快速决策、协调组织和资源、遏制危机扩散。

四是"恢复"（Recovery）过程，危机消除后的恢复和科学总结，为缩减提供理论和经验，避免重蹈覆辙。

其中，缩减是目的，预备是关键，反应是重点，恢复是基础，四个阶段相互依存、相互衔接，共同构成了一个完整的危机管理体系。

4R 模型的理念在于将系统管理和分阶段具体实施步骤相结合，涵盖事前控制、事中控制和事后控制全过程，是一个动态的系统循环过程，符合危机发展的客观规律。其中，缩减、预备、反映、恢复四个阶段环环相扣，前一阶段为后一阶段提供基础支撑，后一阶段的成功也依赖于前一阶段的有效执行。每个阶段并非孤立存在，都是成功应对危机不可或缺的要素，任一阶段的执行乏力，都可能导致整个危机管理系统的瘫痪。在具体实践中，应根据危机发展规律，既要在宏观制度层面统筹 4R，又要在各地区、部门、领域等微观执行层面设计具体可行的 4R 步骤，整个危机管理中可能包含诸多小 4R 步骤，构成一个循环系统。

三、旅游景区危机管理的 5R 模型

章小平等人 2010 年通过分析旅游景区危机的形成、演变过程，在罗伯特·西斯（Robert Heath）的危机管理 4R 模型的基础上，从时间的维度提出了旅游景区危机管理 5R 模型（见图 12-3），由减少（Reduction）、预备（Readiness）、反应（Response）、恢复（Restoration）和回顾（Retrospect）五个单词的首个字母构成。

（一）减少（Reduction）

景区管理部门应做好以下危机减少工作：

- 树立危机管理意识；
- 成立危机管理小组，指定和培养危机发言人；
- 进行风险评估并制订危机应急预案；
- 完善游客和景区居民保险制度。

此外，景区应重视日常管理。因为日常管理中的不公正、不民主、不及时对突发性事件向危机事件转化有推波助澜作用。只有做好日常管理，才能降低突发性事件转化为危机的几率。

（二）预备（Readiness）

景区管理部门应做好以下危机预备工作：

- 加强危机培训；
- 危机预警；
- 危机演习；
- 战略物资储备。

对景区工作人员和社区居民进行经常性的、系统性的危机培训，培育危机意识，训练应对危机的基本技能，提高摆脱危机的自救能力。

景区危机是非常态事件，依靠常规管理程序是不能有效化解的。因此，应加强危机监测和预警，定期（尤其危机逼近时）进行模拟演习，不仅可以提高危机

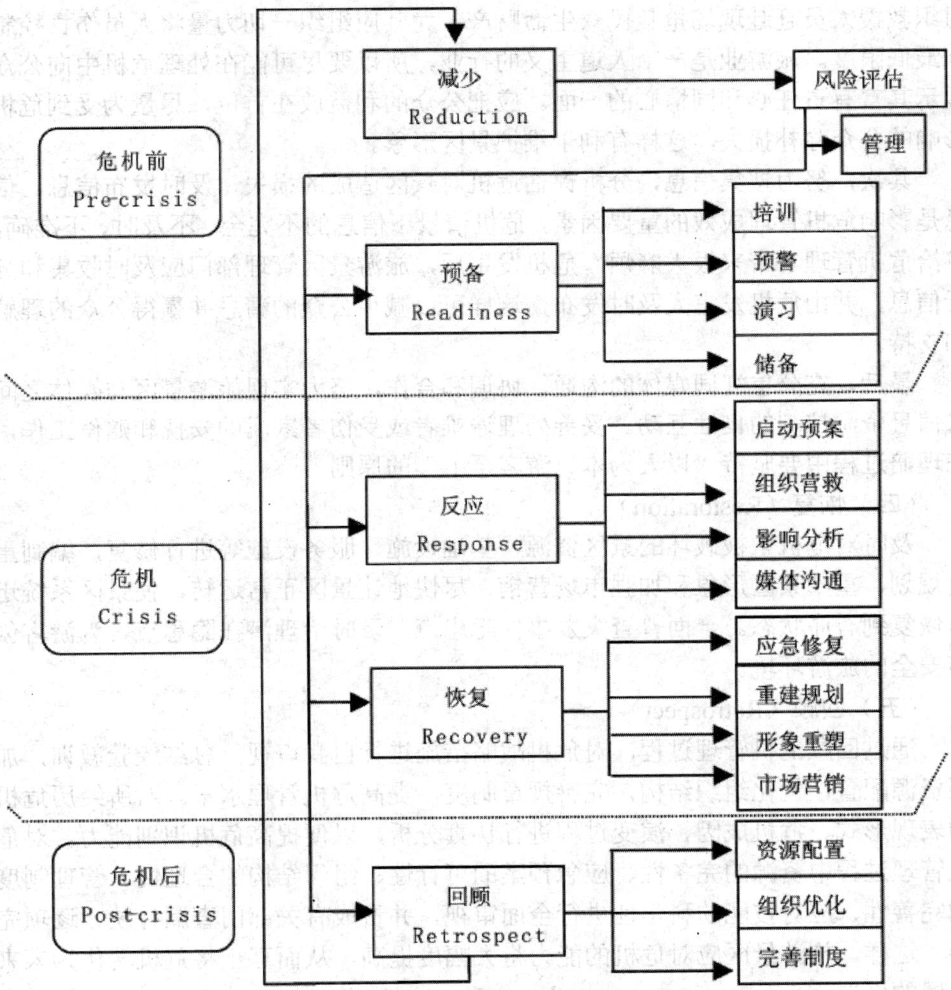

图 12-3　旅游景区危机管理 5R 模型

（资料来源：章小平，任佩瑜，邓贵平．论旅游景区危机管理模型的构建[J]．财贸经济，2010（02）：130～135）

管理小组的快速反应能力，强化危机管理意识，还可以检测已制订的危机应急预案是否科学、可行。

危机爆发突然，反应时间紧迫，需要“未雨绸缪、防患于未然”，提前储备应急救援物资。例如，山地景区在雨季来临之际，应加强地质灾害监测和预警，进行防灾、减灾、自救培训，储备食品、淡水、帐篷、医药等救灾物资。

（三）反应（Response）

首先，启动危机应急预案，迅速成立危机应急指挥小组，景区主要领导迅速组织救援人员赶赴现场抢救民众生命财产，尤其应组织一切力量将人员伤亡控制到最低限度。旅游业是一个人道主义的行业，所以要尽可能在处理危机中向公众展示其富有责任心和同情心的一面。应把公众的利益放在首位，尽量为受到危机影响的公众弥补损失，这样有利于维护景区形象。

其次，努力搜集信息，分析评估危机对景区造成的损失，及时发布信息。信息是影响危机管理成效的重要因素，危机情景下信息的不完全、不及时、不准确，将给危机管理者带来很大麻烦。危机发生后，旅游景区管理部门应及时收集和分析信息，并由危机发言人及时发布，这样可以减少公众的猜忌并赢得公众的理解和支持。

最后，充分重视同媒体的沟通、协调和合作，努力实现旅游景区与媒体之间对信息资源控制的良性互动。妥善处理遇难者或受伤者家属的安抚和赔偿工作，在理赔过程中要坚持“以人为本、游客至上”的原则。

（四）恢复（Restoration）

及时对危机中被破坏的景区资源、基础设施、服务设施等进行修复，编制重建规划，重塑景区形象和加强市场营销，尽快地让景区正常运转，使景区系统迅速恢复到有序状态。全面普查突发事件隐患点，及时治理潜在隐患点，为游客创造安全的旅游环境。

（五）回顾（Retrospect）

通过回顾危机管理过程，对危机战略措施进行自我审视，总结经验教训，加强资源配置，优化组织结构，完善规章制度，提高危机管理水平。对所经历危机的表现形式、危机成因、演变过程进行认真分析，以便提高危机识别能力。对危机管理过程中资源的完备性、应急预案的可行性、组织结构的合理性、管理制度的完善性、应对技能的科学性进行全面审视，并责成有关部门查漏补缺、逐项完善。这样，旅游景区应对危机的能力将大幅度提高，从而真正将危机转化为未来发展的机遇。

四、旅游危机管理的一般模型

B. Faulkner 2001 年从与危机和灾难相关的文献入手，分析旅游业的灾难，建立了一个用来分析和制定旅游灾难管理策略的一般模型，包括一系列有效的旅游灾难管理计划的先决条件和原则①（见图 12-4）。

① Faulkner, B. Towards a Framework for Tourism Disaster Management [J]. *Tourism management*, 2001, 22 (2): 135-147.

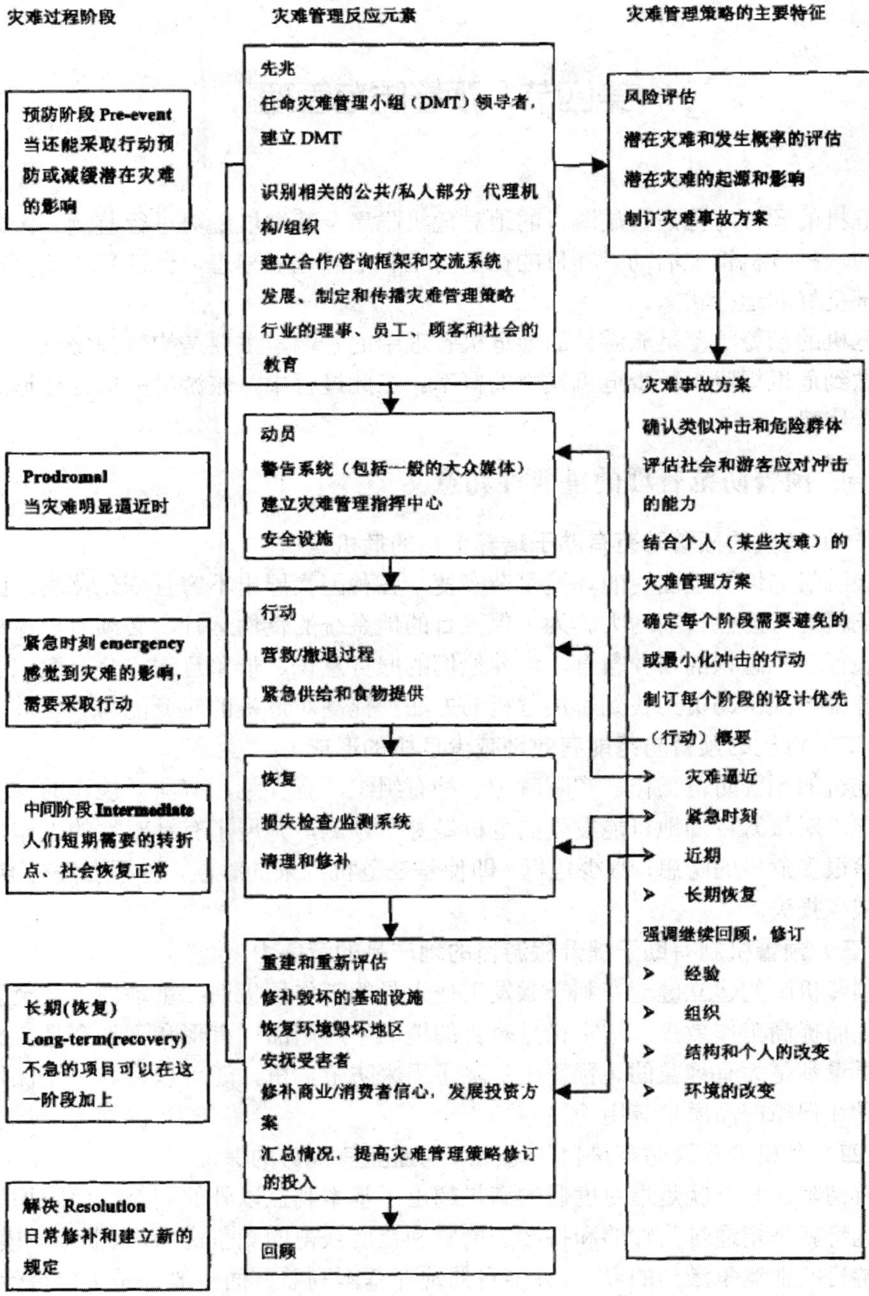

图 12-4　旅游灾难管理框架

（资料来源：引自 Faulkner, B. Towards a Framework for Tourism Disaster Management [J]. *Tourism management*，2001, 22(2)）

第四节 预警防范管理

危机的预警防范是指旅游目的地对危机隐患及其发展趋势进行监测、诊断与预控的一种危机管理活动。其目的在于防止和消除危机隐患，保证目的地管理系统处于良好的运行状态。

危机的预警防范是旅游目的地危机管理中的开端，主要是构建预警机制，尽可能做到危机规避，减少危机发生的概率。在此过程中，旅游目的地往往形成许多竞争优势。

一、预警防范管理的重要性和意义

（一）危机的预警防范有助于培养全员的危机意识

旅游目的地管理面对的环境复杂多变，各种因素层出不穷且变化莫测，因此出现危机的可能性日渐增大。为了保持目的地系统的良性运行，必须对全体从业人员进行危机意识的培养教育，培养他们的服务意识、形象意识、公众意识等，通过各种方式帮助员工找到解决危机的方法，提高对危机的应变能力。

（二）危机的预警防范能有效地减少危机的形成

危机的预警防范工作，实际就是一种有组织、有计划、有科学规程的危机控制工作。对旅游目的地可能发生的危机做好了预测，开展了有针对性的工作，就会消除很多危机的隐患，减少危机；即使是在危机到来的时候，也不会没有准备，从而减少损失。

（三）预警机制有助于提升旅游目的地产品的竞争力

预警机制的建立健全有利于激发工作人员的工作积极性、主动性，甚至创造性，从而提高工作效率。这不论是对目的地的生产产品（有形和无形产品）数量还是质量都是大有裨益的。预警机制除了用来防范危机，还可以将其用作保障环境质量和保障产品质量等用途。

（四）危机的预警防范是目的地附加利益竞争优势的保证

所谓附加利益就是指对度假的满足超出了基本利益以外的利益。而附加利益竞争优势就是指通过附加的和持续的情感利益所获得的竞争优势，它很难被模仿。在旅游目的地竞争激烈的今天，许多目的地在基本利益方面一般都是可以替代的，这使得附加利益竞争优势成为目的地竞争取胜的一个法宝。

（五）危机的预警防范有利于增加目的地的知名度

旅游经济是体验经济，顾客在目的地旅游就是为了体验和享受生活。因此，游客对目的地的满意度就体现在该地的“体验”和“享受”两方面上。危机管理在预防阶段的功能主要是清除可预见且可控制的潜在的危机毒瘤，降低危机发生的概率，使目的地拥有较高的安全感。再加上拥有居安思危的领导和职工（他们的真诚和热情）使目的地的服务水平不断提高，让顾客体验和享受等价优质的服务，购买货真价实的商品。

二、危机预警防范的措施

《礼记·中庸》有云：“凡事豫（预）则立，不豫（预）则废。言前定则不跲，事前定则不困，行前定则不疚，道前定则不穷。”对于目的地的危机管理工作更是如此。一般而言，任何一种危机事件都有一个潜伏期，用马克思主义哲学理论解释，是物质发生质变的前提要经过一个量变累积的过程，这个过程会通过各种变化的征兆进行体现。如果预警防范措施得力，将会发现危机发生前期的某种端倪，从而为危机规避、消除处理形成有利条件。

但对于目前现实中的某些危机，如地震等自然灾害、交通事故等危机事件，其前期征兆出现时间短、事发突然，在现有的科学技术水平下尚未能有足够有效的预警措施，但从理论上而言，这不代表这类危机事件的预警不具有可能性，而是仍然需要我们不断地探索和实践。

一般来说，目的地的危机预警防范主要有以下几方面措施。

（一）建立危机预警系统

在旅游目的地内部建立预警系统可以使目的地从业人员及早发现危机的早期征兆，使旅游目的地管理组织可能将危机消除于萌芽状态，这是危机预防的重要手段，其核心是善于监测和积极反馈信息。缺乏必要的危机预警机制，目的地会在危机中陷入被动，难以自拔。

建立危机预警系统，必须要做好以下两个方面的工作。

1. 对旅游目的地内部的运营管理行为进行监测

主要工作在于分析和研究旅游目的地的生存、经营、管理活动等一切环节，定期或不定期地检查各部门的工作情况，及时向目的地管理组织或决策者通报所发现的问题，有利于管理层做出正确的决策。

2. 对旅游目的地外部的环境信息进行监测

主要工作在于及时搜集与旅游目的地发展联系紧密的外部环境信息，对此进行认真的分析和研究，从中发现外部环境变化趋向和走势，特别是要善于从这些信息中寻找那些容易引起危机事件的先期征兆，一旦发现这些征兆，及时向目的地管理组织的领导人做出汇报，提出消除这些征兆的办法和措施。

【补充资料】

《印象·西湖》的环保质疑舆论风波

2006年，继《印象·刘三姐》和《印象·丽江》后，张艺谋开始《印象·西湖》的设计打造。然而一些媒体和社会舆论传出这样的言论:《印象·西湖》的动工和推进可能将以牺牲西湖的生态环境为代价,《印象·西湖》项目严重违反了《杭州西湖风景名胜区管理条例》的第十七条:“禁止在风景区内新建、扩建工厂、宾馆、招待所、别墅、度假村、培训中心、大型文化娱乐设施……”

为消除民众质疑，规避舆论隐患，避免造成更大的危机，杭州市委、市政府紧急举行媒体见面会，解释说明这一项目的实施方案是科学、环保、安全、可靠的。

杭州市委副书记叶明说,《印象·西湖》这一项目是市委、市政府经过长期酝酿，反复论证做出的决策，坚持的思路一直是“对环境只能优化，不能有丝毫破坏”。原来的设计方案中，舞台是要打桩的，但最终坚决抛弃。导演组也是从环保角度考虑，多处忍痛割爱。所以从最后的效果看，该区块不仅恢复了建设前的原貌，而且比原来的环境更优化改善。

杭州西湖风景名胜区管委会副主任朱坚平在会上说，目前采用的舞台，是一个位于西湖水面之下可以调节升降的环保型舞台，不会影响西湖原有景观和旅游功能。舞台升降是通过液压顶升将舞台托起。为避免对水质产生影响，舞台液压系统的机械、设备控制系统均置于湖底预制后拼接而成的箱梁内，完全与水隔离。

朱坚平说，演出音响采用独立耳机和船载定向舞台返听音箱，每位观众都佩戴耳机观看演出。据监测，项目声源所产生的噪声值在各监测敏感点的值约为45分贝，比正常情况下相邻的北山路交通噪声值要小9分贝至24分贝。

此外，还有一批文保、环保、风景园林等方面的专家出席了媒体见面会。浙江省风景名胜区学会副会长张延惠说，最早的方案对景区影响比较大，有打桩等内容，后来经过多次反复论证，向建设部反复汇报，形成了现在的新方案，“看了之后就踏实了”。她说，这一区域原有一些栏杆、游船码头等，现在整修后比较干净，整体环境比从前更好了。

（二）设立危机管理机构

尽管危机是非常少发的特殊状态，但是它有极大的危害性，旅游目的地管理组织需要设立危机管理机构，通过行之有效的工作，可在有危机先兆时防患于未然；而一旦危机发生，即能加以遏制，以减少其对旅游目的地形象的损害程度。

危机处理机构的主要作用在于：对目的地所有旅游从业人员进行危机培训，使每一名员工都有危机意识，遇到危机时能够快速、合理地处理危机，并能够监察危机的发展及执行目的地相关的危机管理政策；在危机结束时，能够及时调整运营管理行为，运用各种手段恢复危机造成的影响，重新塑造目的地的美好形象。

1. 危机管理机构的组成

旅游目的地的危机管理机构应该由以下部分构成：目的地管理组织领导、危机管理智囊团、对外公关宣传部门、信息搜集部门、目的地产品及服务的质量保障部门、法律工作部门等。这些部门当中如智囊团、质量保障部门、法律工作部门等可作为非常设机构，只在危机征兆出现或危机发生时调集工作。

● 目的地管理组织领导。目的地管理组织领导拥有目的地资源的最大使用权，有着最终的决策权。高层领导的直接参与有助于减少危机发生时的混乱，保证危机尽快、权威地解决。

● 危机管理智囊团。专业的危机管理智囊团具有丰富的危机处理经验，能给处于危机中的目的地提供专业的指导和意见。

● 对外公关宣传部门。目的地规避危机、处理危机的对外宣传窗口，是危机公关的具体执行者，负责危机公关程序的优化和实施。

● 信息搜集部门。目的地规避危机、处理危机的信息来源通道，为危机管理决策提供依据。

● 目的地产品及服务的质量保障部门。他们熟悉旅游业产品及服务的生产流程和质量标准，在出现问题时容易查出问题的根源。便于回答来自公众的问询，特别是解答消费者和媒体的疑问。

● 法律工作部门。法律工作者熟悉目的地日常运作过程中可能出现的各种法律问题，知道在面对问题时应该采取的步骤和程序，便于保证目的地行为的正确性。

2. 危机管理机构的工作内容

危机管理机构组建后，为了在危机处理中发挥最大的功效，应抓好以下几方面工作。

（1）搜集相关信息，进行危机预测

危机管理机构根据目的地自身以往或其他目的地发生过的相类似的危机，针对目的地可能发生的各种类型危机搜集信息、发现征兆，并做出预测和分析，并对哪些危机可能发生及其性质、规模和影响范围等作出恰当的估计。

（2）制订危机应急方案

针对已发生过的危机和可能发生危机的种类、性质、规模、影响范围，请相关的专业人士分析、预测和发现旅游目的地潜在的危机，编制危机管理手册，拟定危机管理计划，对旅游业的常规性危机做必要的事先准备及风险评估，制订出详细的危机公关方案；一旦危机发生，即可对不同的利益群体采取不同的措施。

（3）对旅游从业人员的教育培训

目的地管理组织及旅游业从业员工中的每个人都必须清楚地认识到这样一种观点：我们所有的行为准则时刻都处于危机之中，我们必须把潜在的危机规避到最小。我们任何一个人都可能因失误或失职而将整个目的地拖入危机。目的地的全体旅游从业人员，上到高层管理者，下到一般的员工，都应“居安思危”，将危机的预防作为日常工作的组成部分。

危机管理机构可以将危机预测和处理的设想编印成通俗易懂的《危机管理手册》，发给目的地的员工，同时通过多种方式向员工介绍应付危机的方法，让他们对危机的可能性和应付方法有足够的了解，并对员工进行处理危机的模拟培训，以锻炼员工在紧急情况下冷静处理问题的能力，积累处理危机的经验。

（三）制订危机的防范方案

每次危机的发生可能原因是多样的，不能用一个方案来应对所有的危机，必须要制订尽可能详细的多个策略方案，可以在危机到来的时候提供有价值的辅助借鉴，为快速解决危机打下了基础。

危机防范方案主要是对潜在危机进行分类，评估其特点，然后确定应采取的对策。潜在危机包括可能导致危机的现实环境，过去曾困扰过而且有可能再发生的危机，其他目的地发生的类似危机。在对这些潜在危机进行分类鉴别的基础上要针对每种潜在危机的情况，明确分工责任，制订应对方案，最后形成书面方案，在主要管理人员中散发，让目的地全体员工熟悉其内容。

任何旅游目的地都不希望发生危机，但全国范围内却频发诸如旅游景区拥挤踩踏事故、旅游大巴重大交通事故、旅游者被盗抢等伤害事故。因此，为了预防万一，目的地必须制订出一整套处理事故的危机防范方案。一旦发生事故，从容有序地进行合理处理。

（四）危机防范方案演习

由于危机不会经常出现，所以多数人对危机处理是没有经验的。而长期的“和平”环境，可能使目的地管理及服务人员产生麻痹和松懈，一旦出现危机则手足无措，手忙脚乱，失去转危为安、化险为夷的最佳时机。为使旅游目的地在危机处理中掌握主动权，目的地应当未雨绸缪，每隔一段时间举行一次危机演习，使目的地员工熟悉危机防范方案，积累危机处理的工作经验。一旦危机真正发生，能够处变不惊，最大限度地减少危机对目的地的损害。

第五节　应对处理管理

一、目的地危机应对处理的正确理念

危机事件的突发性、不确定性和破坏性等特点，导致许多危机事件发生不可避免。然而，我们不能片面地只将危机处理工作作为一种支出和负担，其实，做好危机的应对处理工作，不仅能减轻危机事件的危害度，还能在其中寻找机会。在危机的应对处理中我们要时刻持有以下两种正确的理念。

（一）危机事件能促进旅游目的地管理更完善

危机事件的爆发往往能暴露目的地管理中的很多问题，如，SARS 的爆发，就暴露了中国在应对大规模公共危机方面，缺乏足够的应对措施和经验，更重要的是缺乏一个专业的危机预警和处理机制。这可以使目的地管理者更真实全面地了解自己，清楚地看到管理中存在的不足。

危机处理过程可以使目的地战略分析更全面，战略制定与选择更加准确，战略实施与控制更加到位，从而从整体上提高目的地的战略管理水平，为培育与保护目的地竞争力起到积极的作用。

同时，危机处理过程可以为目的地管理者提供创新的勇气和思路，在目的地内部达成创新共识，为目的地找到创新的突破点，切实提高旅游目的地竞争力。

（二）危机事件能为旅游目的地发展带来新的机遇

洛克希德—马丁公司前任 CEO 奥古斯丁说过："每次危机的本身既包含着导致失败的根源，也孕育着成功的种子，发现、培育以便收获这个潜在的成功机会就是企业危机管理的精髓。"[①]

Faulkner 2001 年也曾指出："依据混沌理论，危机管理实质上被看作是一个创造过程。"[②]有效的危机管理可以减轻危机负面后果，并带来新的发展契机。对旅游目的地而言，无论来自外部还是内部的危机冲击，都可视为"创造性破坏"。这种"创造性破坏"将有可能使目的地打破发展僵局，寻找到新的发展机遇。

---

① 诺曼·R. 奥古斯丁等著．北京新华信商业风险管理有限责任公司译．危机管理[M]．北京：中国人民大学出版社，2001

② Faulkner, B. Towards a Framework for Tourism Disaster Management [J]. *Tourism management*, 2001, 22 (2): 135-147.

二、目的地危机应对处理的原则

（一）及时主动原则

第一时间作出迅速恰当的反应是防止危机事件继续恶变的“第一法宝”。危机发生的第一个24小时至关重要。

危机一般包括突发期、扩散期、爆发期、衰退期四个时期。如果在危机开始的突发期和扩散期积极应对、遏制危机，往往成本较低，效果也较理想。一旦到了爆发期，处理和平息危机的成本将呈几何级数增长，态势将难以控制。

此外，在信息时代和互联网技术普及的今天，信息的扩散速度和效应常会促使危机的转型和升级，往往一件较小的突发事件因信息的传递交流过程产生信息失真和信息附加（本书旅游目的地的信息管理中有详细阐述），最终会演变成为一场影响极大的目的地公关危机。因此，即使面对常见的、普发的危机前兆，如旅游目的地的消费者投诉、新闻界曝光等前期事件，不能掉以轻心，采取拖延态度，而应视事件大小迅速召集危机管理机构共同商议妥善的处理办法，以防止负面影响的扩大。

（二）“消费者利益至上”原则

危机事件发生后，会使旅游目的地遭受到很大损失。然而对于目的地的危机应对处理来说，首要考虑的应是目的地消费者的利益，保护消费者利益应该是旅游目的地危机处理第一原则。

顾客就是上帝，失去了旅游消费者，目的地的存在就没有任何意义。因此，旅游目的地管理必须要有强烈的责任感，要勇于承担责任，以消费者利益为重，赢得消费者的理解与支持。

在旅游目的地危机发生后，消费者一般会关心两个问题：一个是物质层面的问题，物质利益永远是消费者关注的焦点，因此，旅游目的地管理组织应首先主动承担损失和责任，并切实采取措施补偿损失；另一个是精神层面的问题，即旅游目的地管理组织是否在意消费者的心理情感，因此，危机发生时目的地应该站在消费者的立场上表示同情和安慰，必要时通过媒体向消费者发表声明或解释，以解决深层次的心理情感问题，从而赢得消费者的理解和信任。

（三）公开性原则

旅游目的地的危机一旦爆发，立即会引起政府部门、社会公众和相关媒体的关注和报道，此时目的地作为危机事件的当事人，不论是否具有主观上的过错，都应在事件涉及的范围内，向公众公开事件的真相，公布事件的原因、结果及自己的态度，力求取得公众的理解和谅解，而不能藏头露尾，含糊其辞，更不能封锁消息，自行其是。

在现代高度信息化的社会空间中，任何一个组织群体都很难隐瞒信息，特别是对自己不利的信息，及时公布信息，可以避免流言蜚语、小道消息所造成的负面影响。

三、目的地危机应对处理的工作程序

旅游目的地危机的处理，需要有正确的工作程序和要求，这是规范化处理危机的前提。

（一）搜集信息，了解事实

事实是处理一切问题的基础，了解事实是危机处理中必需的第一步。当危机发生，危机管理机构必须在第一时间组织人员做好信息搜集工作，通过深入现场调查、涉及人员问询访谈、相关专业人员咨询了解等方法和手段，力求迅速了解危机发生的事实及原因背景，为危机的进一步处理提供依据。

（二）隔离危机，控制危机

在了解事实的同时，要迅速隔离并控制危机，以免危机蔓延扩大。这一工作的主要目的是将危机的影响控制在一定的范围之内，以免阻碍目的地常态工作秩序和效率。隔离危机可从人员隔离和危机隔离两方面入手。

1. 人员隔离

指把目的地的工作人员划分为处理危机和维持日常工作两部分，在保证足够的人力负责危机处理前提下，维持目的地正常经营管理的工作开展，避免因危机发生而使目的地陷入混乱，造成更大危机。

2. 危机隔离

即对危机本身实施隔离，避免危机的发生对所处空间位置或部门组织造成更大的影响。例如旅游景区内发生设施事故，及时封闭设施进行修理或更换，同时若有必要，立刻采用备用设施，保障景区正常运营；再如旅游交通事故，及时处理保障道路畅通，如果严重到道路遭受破坏，立刻采取措施指示车辆绕行，尽快组织人力修复道路，或临时开辟其他的路线和途径，不能影响正常交通秩序。

（三）分析情况，确立对策

在全面调查了解危机事实以后，要将获取的信息整理分析，制订危机处理的方案，包括如何对待受害群体、如何对待媒介、如何联络有关利益者、如何具体行动等内容。

1. 目的地内部对策

首先，危机发生后应在目的地内部进行事实通告，并号召大家齐心合力，共度难关，同时要统一对外言论立场和内容。

其次，明确危机处理责任分工，各司其职，尽快处理，化解危机，减少损失。

2. 受害群体对策

一方面，若危机起因在受害者一方，目的地应积极主动承担义务，安抚受害群体，积极进行事故处理，力求赢得受害者群体和公众的良好看法。

另一方面，如果危机责任在目的地自身，就要公开道歉，真诚听取受害者及相关利益群体的意见，主动赔偿受害者的损失，尽量满足受害者的要求。

此外，如果双方都对危机发生负有责任，目的地管理组织要尽力避免为自身辩护，要积极争取受害者的谅解与合作，承担其应负的责任。要及时公开事实真相，不对受害者及相关利益群体隐瞒。

3. 上级领导部门对策

危机发生后，应及时向政府部门及上级领导部门汇报，不要文过饰非，更不允许歪曲真相，混淆视听。在危机处理过程中，应定期报告事态的发展，争取上级领导部门的领导和支持。事件处理后应详细报告处理经过、解决办法及今后的预防措施等。

4. 新闻媒介对策

危机事件发生后，各种传闻、猜测都会发生，新闻媒介也会自始至终针对事件的发展持关注态度，目的地应主要做好以下工作：

（1）确定发言人，统一对新闻媒介口径；

（2）尊重事实，主动提供真实的、准确的信息，公开表明立场和态度；

（3）谨慎传播，不对未确定的事实发布推测性的言论；

（4）密切注意新闻媒介有关舆论，避免信息失真造成危机升级；

（5）持续提供公众所关心的消息，如补偿方法和善后措施等；

（6）危机后的公开表态及感谢。

（四）多方沟通，加速化解

识别危机时期与目的地有关的利益相关群体或机构，保持信息沟通顺畅，尽可能争取第三方的合作与支持，协助解决危机。

（五）有效行动，转化危机

危机事件发生后，目的地危机管理机构应迅速协同部门，采取积极有效的经济、法律、公关等各种行动，迅速处理危机，最大限度地消除负面的影响。

第六节　危机影响管理

旅游目的地在危机应对处理之后，并不表示危机管理工作已经结束，往往一次危机会对目的地造成很大后续影响，我们应该尽快且尽力地消除这些影响，并对危机处理过程中发现的管理工作问题进行整改，避免危机的再次发生。同时，以创新的眼光对待危机事件，争取发现目的地新的发展机遇。

一、危机后的总结评估

危机的总结评估是危机管理的重要环节。危机所造成的巨大损失会给目的地带来必要的教训，所以，对危机管理进行认真系统的总结评估十分必要。危机总结评估可分为以下三个步骤。

第一，调查。指对危机发生原因和相关预防处理的全部措施进行系统调查，形成危机事件起末的整体报告；以及危机预警、处理过程的整体框架。

第二，评价。指对危机管理工作进行全面的评价，包括对预警系统的组织和工作内容、危机应变计划、危机决策和处理等各方面的评价，要详尽地列出危机管理工作中存在的各种问题。

第三，整改。一方面，多数危机的爆发与目的地管理不善有关，通过总结评估提出改正措施，责成有关部门逐项落实，完善目的地正常管理工作。另一方面，同时优化目的地的危机管理工作过程中存在的不当问题。

总之，危机并不等同于企业失败，危机之中往往孕育着转机。危机管理是一门艺术，是企业发展战略中的一项长期规划。企业在不断谋求技术、市场、管理和组织制度等一系列创新的同时，应将危机管理创新放到重要的位置上。一个企业在危机管理上的成败能够显示出它的整体素质和综合实力。成功的企业不仅能够妥善处理危机，而且能够化危机为商机。

二、危机后的自我恢复

危机后给旅游目的地带来的负面影响会持续很长时间，恢复过程需要各部门的协调和努力。

（一）加强宣传，恢复目的地社会形象

通过电视、报纸、网络等新闻媒体，邀请国内外的媒体记者对危机后的旅游地形象进行宣传报道，以尽快恢复游客信心。如上海在SARS疫情过后，组织江浙旅游专栏记者到上海进行游览采访，对上海在危机之后的旅游新形象、新产品进行正面宣传报道，使游客对危机有正确客观的认识。

对于国家级旅游目的地，可邀请国家领导人亲自对旅游业进行宣传促销。如美国总统里根、克林顿、英国首相撒切尔夫人、韩国总统金大中等都曾为本国的旅游业做广告宣传。国家领导人所做的广告宣传势必会引起强烈反响。

对于地方级或特色旅游目的地，既可邀请当地政府领导人开展对外宣传，也

可聘请影视明星等公众人物做旅游形象代言人，以重塑旅游目的地的形象。

（二）加大促销，恢复目的地经济效益

危机过后，目的地应针对新的市场机会开发新产品，并展开大力促销活动，以迅速恢复由危机导致的经济效益下滑。在此过程中，应整合目的地政府机构、目的地企业、协会等多方力量，共同制定恢复发展战略，开发新产品，增强促销力度，恢复旅游业良性发展，重建旅游者对旅游目的地的信心。

例如，针对2008年金融危机，在国家拉动内需、加大投入的政策背景下，各省旅游局纷纷出台促销政策和惠民措施。湖南省旅游局分别推出“湘景湘游”以及“百千万旅游消费大派送”活动，河北、广东、江浙等省则推出“国民旅游休闲计划”，通过政府、企业、协会的合作共同推动国内旅游市场的开发，同时加大区域合作，带动周边临近省市的旅游市场发展。

（三）加强管理，提升产品及服务质量

危机后的恢复工作，目标应指向超越危机前的水平。旅游目的地应组织专业的市场调研队伍，对原有及潜在的客源市场进行调查，了解他们对旅游目的地危机后的感知印象，根据调查结果制订恢复工作方案，有针对性地加强各项管理工作，提升目的地产品及服务质量，给旅游者一个新的体验惊喜。

（四）加强沟通，争取各界更大支持

危机发生后，旅游目的地管理组织应加强与地方政府机构、企业、学术界等各界人士的沟通，争取多方的更大支持，使目的地迅速获得恢复。

政府应给予旅游目的地一定的支持，在行政费用、税收等方面予以一定优惠，帮助企业渡过难关。如2003年中国SARS疫情发生后，国家发展和改革委员会、财政部、中国人民银行、税务总局等都相继出台了一系列援助计划，实行减免税，对中央直属的大型旅游企业进行短期贷款贴息担保，各地政府还对旅游企业实行了一些地方税费的减免等。这些措施对稳定行业运行、帮助旅游企业减少损失起到了积极作用。

目的地的旅游企业应大力响应目的地管理组织的号召，充分利用政府的优惠政策，目的地宣传的有力影响，落实目的地管理组织的恢复战略，加大产品开发和促销力度，迅速恢复自身发展。

学术界应积极开展目的地危机后的恢复研究，为目的地利用危机事件寻找新的发展机遇提供智力支持。

三、危机后的机遇创新

危机永远都伴随着机遇，机遇的寻找和利用需要目的地积极开展相关工作，以转“危机”为“机遇”，实现恢复发展。

（一）危机后的产品创新

目的地危机事件的发生，有时会为目的地留下新的旅游吸引物，包括有形的旅游景观和无形的旅游文化资源，如自然生态类的灾害形成新的景观，战争事故后形成的战争、文化遗址，政治动乱后遗留的场址、会址等。目的地可以在危机后进行相关资源的评价，开发新的旅游产品，形成新的发展动力。如开展以灾害、事故遗址等为主题的黑色旅游。

（二）危机后的市场机遇

危机后的目的地恢复常会受到国家政府的大力支持，为旅游业发展提供减免税收等大力优惠政策，使旅游产品的成本下降，价格下调，常会形成新的市场机遇。目的地应抓住机会，重新制定市场战略，谋求迅速发展。

例如，2008 年金融危机后，我国“加大投资、增加收入、减少税收、放松信贷”等宏观调控措施，为旅游业的恢复发展提供了巨大动力。旅游业应把握发展时机，适时调整发展方向，考虑如何提供更独特、性价比更高的产品，削减旅游成本，使更多人参与到旅游中来。

（三）危机后的区域合作

旅游的区域合作有利于资源整合利用、区域间旅游客流顺畅，从而形成单体目的地所不具备的发展动力。目的地在经历危机后应积极主动谋求与其他目的地的发展合作，形成资源合力，共同谋求更好的发展。

例如，在 2008 年金融危机后，中国的广西、香港和越南的河内市、广宁省旅游部门在广西南宁联合召开两国四地旅游市场营销国际合作会议，并签署了合作备忘录，在旅游产品建设、旅游市场营销方面加强合作，并形成区域旅游营销联盟关系，成立“中越两国四方旅游营销联盟”。这一联盟成立后，共同打造“香港—南宁—下龙—河内—香港”或“香港—河内—下龙—南宁—香港”跨国旅游线路，并利用在世界各地举办的国际旅游展等平台向全球市场推广，重点开辟欧美等地的远程旅游市场。“中越两国四方旅游营销联盟”的建立，为各方在开展旅游宣传促销、互送客源、共同促进各方旅游市场的发展繁荣搭建了一个合作共赢的平台，为更好地应对国际金融危机对旅游业造成的影响具有积极的推动作用。

第十三章 旅游目的地竞争力

【学习目标】

1. 了解旅游目的地竞争力相关概念。
2. 掌握旅游目的地竞争力影响因素。
3. 掌握旅游目的地竞争力的评价。

【本章导读】

提升四川西部国际旅游目的地综合竞争力的建议

一、强化旅游规划的科学性和权威性。全面提升旅游规划工作水平，建议在《四川省旅游业发展规划》中大幅度增加文化要素。强化规划衔接和分解落实，建议将旅游规划、旅游基础设施和重点旅游项目纳入各级政府国民经济和社会发展规划。

二、完善协同，推进大旅游工作机制建设。一是进一步加强各级旅游产业发展领导小组规范化、制度化和标准化建设。二是强化涉旅部门联动机制。加快研究建立促进旅游与文化、农业、林业、体育、商业、医疗卫生、金融保险、交通运输等跨界互动发展的工作机制。

三、加大政府投入引导力度。建议省级旅游发展资金投入每年不少于上年度地方财政一般预算收入的 1‰。中央和省安排的促进服务业发展、扶持中小企业发展、小城镇建设、红色旅游、乡村旅游、节能减排等专项资金以及其他与旅游业相关的资金，要对旅游项目予以倾斜支持。国有大型旅游企业要优先投资贫困地区、革命老区、民族地区的旅游基础设施和精品旅游景区建设。

四、以藏区为重点，加快全省民族地区旅游业发展。认真贯彻落实支持民族地区发展旅游的政策，大力扶持和帮助民族地区群众发展生态旅游业。注重民族文化特色体现和生态环境保护要求，丰富藏区旅游产品体系和内涵。

五、进一步提升旅游市场综合竞争力。一是做大做强旅游市场主体，引导和支持重点旅游企业开发旅游新资源、拓展旅游新领域。二是优化旅游产品结构，打造区域旅游新亮点，推进旅游现代化与工业化、城镇化的互动，提升中国优秀旅游城市功能加快向旅游目的地转变，创新发展旅游新业态，引导旅游产业向国际化、标准化、信息化、品牌化和低碳化方向发展。三是提升旅游服务水平，坚持人才强旅战略，建立覆盖我国西部地区旅游人才信息网络平台，扩大培训覆盖面，提升我省旅游从业人员专业化、人性化和个性化服务水平。四是宣传扩大四川旅游的知名度和影响力，创新营销模式，提高营销水平，将我省深厚的文化资源与我省原生性的特色自然资源有机融合，将旅游资源优势打造成文化旅游的经典作品，鼓励大型跨国旅游公司在川设立分支机构，努力把我省培育成为国际知名的重要旅游目的地。

第一节　基本概念辨析

旅游目的地竞争力研究的是旅游目的地的"竞争力"问题，它与以往研究的"旅游竞争力"有所联系但又不完全相同。科学地理解"旅游目的地竞争力"的内涵，需要从"竞争力"这一概念入手，探寻其所表达的核心涵义，继而深入把握"旅游竞争力"概念内涵，并在此基础上发掘"旅游目的地竞争力"的概念内涵。

一、"竞争力"的概念

竞争力理论可以追溯到古典经济学派，其代表是李嘉图的"比较优势理论"和马歇尔的"聚集优势理论"，这些理论框架虽未明确竞争力命题，但却清晰地揭示了国际分工体系下国家间绝对和相对优势的形成机理，因而被视为竞争力理论的基础。

真正以一套完整的理论体系或者评价体系揭示竞争力形成和演变规律的理论，直到20世纪80年代才出现，主要包括产业组织学派的竞争优势理论、企业资源基础论、企业能力论、竞争动力学理论以及国际竞争力理论等。

"竞争力"的词语意思，《牛津词典》解释为：极力争取质量上的优势。斯科特（B. R. Scott）和洛奇（G. C. Lodge）1985年指出，竞争力既是一个相对的、也是一个多维度的概念，因此在对竞争力进行定义和评价时就很难得到统一的界定。[①]事实也是如此，至目前来看，虽然国内外相关学者和机构从不同角度对这一概念做过很多尝试性界定，但仍然未能达成一致的定义。

但根据目前研究理论的多种界定，我们可以总结出"竞争力"所要表达的以

① Scott, Bruce R., & Lodge, George C. *Competitiveness in the World Economy* [M]. Harvard Business School Press, Boston, MA, 1985.

下两层核心含义。

其一，竞争力强调的是一种“经济能力”，这种能力包括提升资源收益率、提供高标准化的生活、增加人民的实际收入、创造更多财富以及更强的获利能力等，即“竞争力”更多的是一种经济意义上的概念。

其二，是竞争力是一个比较的产物，它的落脚点在于不同竞争主体之间的强弱比较，通过市场占有率、盈利率等终极表现形式来反映。

二、“旅游竞争力”的概念

旅游领域的竞争力研究始于20世纪90年代，研究的视角涉及旅游产品、旅游企业、旅游产业、区域以及国家等诸多层面。

在研究中对旅游竞争力内涵的提法有一定差异，概括而言主要可以归纳为两大类：一类是将国家视为竞争力主体，旅游竞争力的内涵指一个国家的综合的旅游竞争力；另一类是以区域、城市、景区或旅游产品为竞争力主体，所研究的旅游竞争力，其内涵是关于某一特定方面的竞争力。

从以上有关“旅游竞争力”内涵的表述中不难看出，旅游竞争力囊括了竞争力所要表达的两层核心涵义：一方面，旅游竞争力强调其竞争力主体的“经济能力”；另一方面，旅游竞争力同样是比较的产物，它需要在竞争主体之间进行强弱比较。这是旅游竞争力与竞争力的共性之所在。

三、“旅游目的地竞争力”的概念

截至目前，旅游目的地竞争力同样尚未有统一的概念界定，国内外不同学者给出了许多不同看法。

国外的研究，如布哈里斯（D. Buhalis）1999年从营销的角度指出旅游目的地竞争力是在与其利益相关者的市场竞争中占有主动的能力[①]；克劳奇和里奇（G. I. Crouch & J. R. B. Ritchie）则认为，旅游目的地竞争力要既能满足旅游者的旅游需求，又能提高当地居民的生活质量[②]；恩利特和牛顿（M. J. Enright & J. Newton）认为旅游目的地之所以有竞争力就是能吸引和满足潜在的旅游者，同时这种竞争力是由影响旅游服务提供者的诸因素所决定的。[③]

国内学者也给出了诸多不同见解：张超2002年指出旅游目的地竞争力实质上

① Buhalis, D. Limits of Tourism Development in Peripheral Destination: Problems and Challenges [J]. *Tourism Management*, 1999, 20 (2): 183-185.

② Crouch, G. I., & Ritchie, J. R. B. Tourism Competitiveness and Social Prosperity [J]. *Journal of business research*, 1999 (44): 137-152.

③ Enright, Michael J., & Newton, James. Tourism Destination Competitiveness: A Quantitative Approach [J]. *Tourism Management*, 2004 (6): 777-788.

是一种目的地可持续发展的竞争战略[①]；杨勇 2006 年提出了旅游目的地竞争力要重视对“文化”因素的分析，并详述了“文化”因素在旅游目的地竞争力中的地位和作用机制[②]；朱明芳 2007 年指出认为旅游目的地竞争力必须是双维度的，既要有吸引旅游者前来的能力，同时也具有让当地居民安居乐业的能力。[③]

综观目前对旅游目的地竞争力的定义，一些界定当中已经因为旅游目的地这一主体的特征而超出了上述一般竞争力的内涵。“旅游目的地竞争力”的主体是“旅游目的地”。旅游目的地不同于诸如企业等竞争力主体，其经济目标并非唯一的、根本的目标。正如《马尼拉世界旅游宣言》（*The Manila Declaration on World Tourism*）所指出的，旅游的根本目的是“提高生活质量并为所有的人创造更好的生活条件”，实现旅游目的地居民生活质量的提升才是旅游目的地发展旅游业的根本目标。所以，旅游目的地竞争力不仅仅是“经济意义”上的概念，它需要考虑环境的保护、资源的永续使用等内容，从而保障旅游目的地居民及其他利益相关者的长远利益。这也是上述诸多概念界定中所蕴涵的。

而基于一般竞争力概念的另一层“比较意义”的内涵，旅游目的地竞争力同样也应该是一种比较意义的产物。但由于旅游目的地发展目标的非经济唯一性，其比较意义的表现同样也有所不同。

因此，本书对“旅游目的地竞争力”界定为，旅游目的地能够持续满足目的地内部旅游业发展的利益相关群体需求的综合能力，其表现形式因不同利益相关群体视角而不同。

第二节　旅游目的地竞争力的影响因素

旅游目的地竞争力的形成受诸多因素的影响，识别旅游目的地的竞争力影响因素是提高竞争力水平的前提和基础。就目前的研究成果来看，影响旅游目的地竞争力的因素主要包括以下方面。

一、核心资源的吸引力

核心资源的吸引力是指吸引旅游者到访目的地的各种特性的集合，是旅游者

① 张超．可持续发展旅游目的地竞争战略研究[J]．南开管理评论，2002（4）：69～71

② 杨勇．旅游目的地竞争力框架中的“文化”因素分析：一个综述[J]．旅游学刊，2006，21（12）：35～37

③ 朱明芳．关于旅游口的地竞争力测评方法的研究[J]．社会科学家，2007（2）：110～114

到目的地旅游的根本动力，这一因素是形成旅游推力的主要元素，在很大程度上影响着旅游者选择某一目的地的决策结果。这一因素主要包含以下内容。

（一）目的地的自然特性

目的地的自然特性是指目的地的地形、地貌、气候、生物群等方面的特征，它是世界众多知名旅游目的地的主要吸引力来源，同时也是目的地的管理组织很难控制的因素。因此，具备良好的自然特性因素的目的地应重视其开发利用的可持续性，而不具备优质自然特性的目的地应侧重于开发创新其他方面的因素。

（二）目的地的文化和历史特性

目的地的文化和历史特性也是旅游资源吸引力的一个方面，由于该方面特性是人类社会发展创造且遗留，因此该方面因素会随着时间的变化而变化。当旅游者在同类目的地中做选择决策时，历史和文化就有着很强的吸引力。如果目的地能为旅游者提供与其他旅游目的地或日常生活不同的文化感受时，则旅游者就可能做出选择决策。

（三）闲暇活动

闲暇活动也是产生吸引力的重要来源，这些活动在一定程度上受到物理特性以及文化和历史的制约，但是留给管理者创新的空间很大。随着旅游业由观光游览模式向休闲度假模式的升级发展，闲暇活动的吸引力开始日益凸显，往往拥有较为流行、现代、创新性闲暇活动方式的目的地能够吸引大量旅游者到访。

（四）特殊事件

特殊事件是能激发旅游者或居民的兴趣，能使更多人参与的一系列事件，涉及范围从团体节庆活动到大型的国际超大盛事，如奥运会、世界杯和全球性的体育锦标赛等。与闲暇活动不同，特殊事件的吸引力一般具有很强的目标市场指向性，同时对大众旅游市场也具有较强的附加吸引力。特殊事件不仅能为旅游目的地带来直接的经济效益，同时还有一些相关的社会和文化效益。同样，这一因素也给目的地管理组织较大的创造空间。

（五）购物环境

购物是绝大多数现代旅游者在旅游活动中的重要内容，或为自己选择目的地的独特商品，或为馈赠亲友选择特色的纪念品，因此购物环境是越来越受旅游者关注的吸引因素之一。世界诸多著名旅游目的地都是以购物环境为主要吸引力，如“购物天堂”香港。

二、基础设施和可进入性

（一）物质性基础设施建设

目的地基础设施的建设水平决定了旅游活动是否能够顺利进行，对于旅游者的满意程度也是非常关键的，其中包括交通服务、水供给、卫生设施、通信系统和公共设施的安全性和实用性。

（二）服务业的发展水平

服务业发展水平相对而言是目的地非物质性基础的主要体现。旅游产业本身属于服务业，旅游活动所涉及的众多行企业也都从属于服务业，目的地的服务业发展水平对提高游客满意度具有极大的促进作用。

（三）目的地的空间可进入性

目的地的空间可进入性是旅游者是否能够顺利到访目的地的前提条件之一，受到很多因素的影响。从目的地的外部来看，更多的受限于经济、社会和政治问题的制约，例如，航空产业规划以及机场运营能力、陆路交通网络规划设计、进关签证和准入等。

（四）目的地的情感可进入性

一般是指目的地居民的友好好客程度。旅游者感知到当地居民的好客程度，包括当地居民接待游客的热情，为旅游者提供信息的意愿，对待旅游者和旅游业的态度。居民对旅游业发展的支持有助于增强目的地的竞争力。

三、目的地的管理水平

目的地的管理水平可以在某种程度上提高核心资源的吸引力，并增强支持产业的品质和效率，而对目的地的竞争力有潜在影响的目的地管理活动，有目的地的规划和开发、管理机构的组织和协调、监控和评估、信息服务和环境保护。

（一）目的地的规划和开发

规划和开发活动的规则需要界定清楚，还须坚决执行。规划和开发目的地要以可持续发展为首要前提，政府机关、旅游企业、当地社团和其他利益相关者都应致力于实现目的地的可持续发展，规划和开发的目的是将目的地打造成为旅游者在未来希望看到的面貌。

（二）管理机构的组织和协调

如今，目的地的管理机构更侧重于所有资源的组织和协调，其有责任确保目的地所有子系统的正常运转。随着旅游者观念的变化，促销活动不再是管理机构的唯一目标，其职责面临更多的机会和挑战，在目的地竞争力的评价中将会占据更加重要的地位。

（三）监控和评估

对政府的竞争政策或策略进行系统性评估和对目的地的竞争环境进行策略性的监控是地方政府制定旅游政策的必要组成部分。更为全面和精确的评估能为政策的制定提供坚实的基础，其中对市场份额变化的分析是监控和评估功能的核心。

（四）信息服务

目的地管理的信息服务功能为管理者提供理解游客需求和产品开发的信息，也涉及旅游者满意度和企业绩效的相关信息。此外，目的地管理机构有义务及时地将重要的市场和绩效信息发布给相应单位，这能确保目的地相关企业的产出和效率。

四、旅游价格因素

旅游价格即旅游者的成本，包括交通费用和目的地的花费。旅游成本的变化和汇率的调整对目的地的国际市场份额产生最重要的经济影响。根据一些学者的研究，从中长期来看，目的地相对成本的增加将带来客源国市场份额的降低。据研究显示，国际旅游者对价格是很敏感的，如果一个国家希望成为成功的旅游目的地，应特别重视旅游业相对于竞争对手的价格竞争力。

五、环境因素

影响旅游目的地竞争力的环境因素可以分为环境特性和环境管理两方面。环境特性又可分为目的地的区位环境、微观环境、宏观环境、安全环境等。

（一）区位环境

区位在某种程度上决定了目的地吸引旅游者的能力，因为其影响了目的地到客源地之间的距离和旅行时间。尽管有很多因素可以解释不同旅游目的地的吸引能力，但是区位的不同是非常关键的因素。目的地无法改变其地理空间分布位置，然而随着时间的推移，目的地与客源市场的相对距离却可能发生改变。例如，由于亚太地区的一些国家经济发展速度超过了全球经济平均增长率，逐渐上升为世界旅游目的地格局的重要构成，与国际主要客源市场的距离逐渐拉近，其旅游竞争力的地位也有了显著提升。

（二）微观环境

目的地的竞争环境对其竞争力形成更为直接的冲击。除了目的地本身，还包括旅游业的参与者（如旅游包装商、供给商、零售旅游代理机构、渠道商和促销者）、旅游市场、相互竞争的目的地以及目的地的利益相关者等（如当地居民、旅游接待业的雇员、媒体、金融机构、投资机构和政府部门）。

（三）宏观环境

为了增强目的地的竞争力，旅游管理组织还必须意识到旅游业会受到全球各种冲击力的影响。这些冲击力包括自然环境的变化、经济结构的转型和人口流动带来的文化多样性变化等。如果目的地意图增加或保持竞争力，就需要适应或克服这些变化。同时，旅游目的地也要清醒地认识到，这些冲击力在影响目的地发展的同时，也为目的地的市场提供了更多的机会。

（四）安全环境

目的地的安全环境是竞争力提升的一个关键性因素。如果旅游者非常担心目的地内部的政治稳定、犯罪、自然灾害和医疗服务等方面的质量，别的竞争要素对于这些旅游者的刺激作用就会相对变小。如果上述安全因素出现危机问题，虽然目的地管理组织能够以危机管理应对并启动恢复措施来弥补，但是这些问题可能会在一定时间内、一定程度上削弱目的地旅游产业的影响力。

（五）环境管理

环境是旅游发展的依托体，环境质量对旅游者选择目的地有重大影响。虽然价格是旅游目的地竞争力的一种重要影响因素，但据研究显示，从长远来看，环境质量较差的旅游目的地通过降低价格来保持其竞争力是很难实现的。因此，旅游目的地必须关注目的地的环境质量管理，并把这种管理纳入重大事务管理体系中。T. Mihali 2000 年研究指出有效的环境影响管理与环境质量管理有助于旅游目的地竞争力的提升。①

六、市场需求因素

需求要素在决定目的地竞争力上起着特别重要的作用。目的地对旅游者是否具有竞争性，取决于旅游者的旅游动机。L. Dwyer 等人 1999 年研究证实了旅游动机不同引起旅游者购买方式不同，目的地价格竞争力会因不同的旅游群体发生变化，这又进一步表明了需求条件决定目的地竞争力的重要性。②M. Kozak 2001 年在研究旅游者满意度、旅游经历以及重游意愿之间关系的过程中发现，游客的旅游经历与满意度也是影响旅游目的地竞争力的重要因素。③

七、技术因素

随着信息时代的来临，知识、技术成为影响旅游目的地竞争力大小的重要因素。D. Buhalis 认为可以采用新技术和因特网来提高目的地知名度、降低成本以及加强当地的合作，从而提高目的地的竞争力。④

① Mihalic, T. Environmental Management of a Tourist Destination: A Factor of Tourism Competitiveness [J]. *Tourism Management*, 2000, 21 (1): 65-78.

② Dwyer, Larry, Forsyth, Peter, & Rao, Prasada. Tourism Price Competitiveness and Journey Purpose [J]. *Turizam*, 1999 (4): 283-299.

③ Kozak, Metin. Repeater's Behavior at Two Distinct Destinations [J]. *Annals of Tourism Research*, 2001 (3): 784-807.

④ Buhalis, D. Marketing the Competitive Destination of the Future [J]. *Tourism Management*, 2000, 21 (1): 97-98.

八、其他方面的因素

除上述因素外，安·玛丽2000年研究提出有远见的企业家活动、业主的战略决策以及经营策略在目的地竞争力的塑造中起着重要作用。①此外，Buhalis 2000年指出，由于利益相关者之间关系的复杂，目的地是最难管理和推销的实体，如果不能确保并维持利益相关者之间的有效平衡，将威胁到战略目标和目的地长期竞争力与繁荣的实现。②

第三节 旅游目的地竞争力的评价

旅游目的地竞争力的认知最终要依靠评价来实现，而评价的基础，一是科学合理的反映目的地竞争力各个方面的指标体系，二是行之有效的评价方法。

一、评价指标的选取

一般说来，旅游目的地竞争力的评价指标可分为显性指标和隐性指标两种。

显性指标又称"硬"指标，反映旅游目的地竞争力的最终结果，大部分源于现有的旅游统计体系，主要包括现实能力和未来潜力。其中，现实能力可以通过旅游收入、旅游价格、旅游人次、人均旅游花费等指标来反映；而未来潜力则可以由旅游投诉比率、旅游就业、旅游投资等指标衡量。

隐性指标，又称"软"指标，反映同类旅游目的地未来一段时间的竞争力状况，主要来源于市场调查。它涉及的是旅游目的地竞争力的影响因素，包括当地居民生活质量、旅游资源品级和目的地形象、政府管理能力、环境、对当地的经济支持度，等等。"软"指标为综合性的非数量指标，需要采用数据提取技术转化为可以比较的指标。

从目前的研究来看，学者们在"软"指标的相对权重方面颇多争议，"硬"指标评价方面分歧较少，但是"硬"指标在时间上又缺少一定的动态比较性和预测性。因此，应从"硬"和"软"两方面构建旅游目的地竞争力评价指标体系。一方面可以通过"硬"指标的评价结果来对"软"指标的评价效果进行检验；另一方面还可以结合主观数据与客观数据，全面评价旅游目的地的竞争力。因此，在

---

① Anne Maried' Hauteserre. Lessons in Managed Destination Canpetitivenes: The Case of Foxwoods Casino Resort [J]. *Tourism Management*, 2000 (21): 23-32.

② Buhalis, D. Marketing the Competitive Destination of the Future [J]. *Tourism Management*, 2000, 21 (1): 97-98.

旅游目的地竞争力的评价指标选取过程中，须同时考虑定量指标和定性指标，才能为后续评价工作的顺利进行提供依据。

对照上述的旅游目的地竞争力影响因素，选择适用的指标举例如下。

（一）核心资源的吸引力的评价指标

- 自然特性：景观的美感度、奇特度，生物群的丰富度、奇特度，适合旅游天数等。
- 文化和历史特性：资源的历史价值、文化价值，建筑的特征，博物馆和宗教文化景观的覆盖范围等。
- 闲暇活动：娱乐场所、运动场所的数量、品质，闲暇活动的丰富程度等；
- 特殊事件：节庆活动、体育赛事等的知名度和吸引力等。
- 购物环境：购物场所的数量、品质，目的地纪念品的质量，购物体验评价等。

（二）基础设施和可进入性的评价指标

- 基础设施：交通系统的通达性、通信系统的覆盖率、金融机构的覆盖率、供电系统的稳定性、污染物和污水处理系统等。
- 服务业发展水平：服务企业的数量、游客对服务的满意度、服务质量的培训和监督等。
- 空间可进入性：交通方式换乘的难易性、重要客源地的距离、签证准入的难度、目的地内交通的频度等。
- 情感可进入性：居民对游客的态度、居民对旅游业发展的态度、居民与游客沟通的难易度等。

（三）目的地管理水平的评价指标

- 规划和开发：开发项目、规划政策与目的地形象的一致性、目的地开发与产业开发的结合程度等。
- 组织和协调：私营企业和国有企业的协调、利益诉求渠道的畅通、促销活动中资源的整合程度等。
- 监控与评估：开发政策的执行、市场份额的变化、满意度的变化、企业绩效的变化、旅游效率的比率变化等。
- 信息服务：需求信息变化、竞争对手的产品开发、重要市场的信息、相关企业的绩效信息等。

（四）环境因素的评价指标

- 区位环境：区域经济发展水平、重要客源市场的距离、著名目的地的距离、产业集聚度等。
- 微观环境：商业环境、竞争的激烈程度、酒店、运输、旅行社、娱乐企业、旅游纪念品企业的规模和品质、目的地中相关企业的配合度、与相邻目的地企业的协调程度等。

- 宏观环境：政治的稳定性、法律环境的适宜性、经济的增长率、政府政策的支持力度、重要客源市场的经济状况、旅游收入对当地 GDP 的贡献、旅游产业对当地就业的影响等。
- 安全环境：自然灾害的发生频率、旅游犯罪发生情况、旅游者的安全指数、医疗设备的配置水平等。
- 环境管理：管理者的重视程度、政策的支持力度、资金的投入力度、企业的配合程度等。

（五）市场需求因素的评价指标

包括旅游者的偏好、感知、期望，国际/国内旅游人数、旅游人数的增长率、国际/国内收入、平均滞留天数、重游率等。

二、评价方法的采用

在选定评价指标之后，旅游目的地竞争力测评方法成为落实该研究框架思想的手段。在 21 世纪之前，关于旅游竞争力的研究以定性评价为主，发展至今，各国的学者不再只局限于定性方面的研究，而是更多地关注定量方面的研究，把各类指标量化，再做深入的分析。特别是面板数据模型的引入，使科学地衡量目的地竞争潜力成为可能。学者朱明芳（2007）对各种竞争力测评方法进行了研究总结如下（如图 13-1 所示）。①

（一）定性方法

定性方法主要包括归纳法、演绎法、德尔菲法和情境法等。G. I. Crouch 和 J. R. B. Ritchie 1999 年在波特的国家竞争力“钻石模型”的基础上提出的应用于旅游目的地竞争力评价的综合模型，采用的主要是这种方法。②

（二）定性与定量相结合的方法

主要有层次分析法，如万绪才等人 2001 年运用层次分析法，将旅游业国际竞争力综合评价的基本层次概括为旅游资源与产品条件、社会经济条件，以“问卷+统计分析法”，如有的学者将前人定性研究得到的指标细化形成问卷，通过访淡的方式获得数据，对此组数据进行统计分析，获得方差、均值等分布状态。③

---

① 朱明芳．关于旅游口的地竞争力测评方法的研究[J]．社会科学家，2007（2）：110～114

② Crouch, G. I., & Ritchie, J. R. B. Tourism Competitiveness and Social Prosperity [J]. *Journal of business research*, 1999 (44): 137-152.

③ 万绪才，李刚，张安．区域旅游业国际竞争力定量评价理论与实践研究——江苏省各地市实例分析[J]．经济地理，2001（21）：3

- 截面数据
  - 定性方法
    - 归纳法
    - 演绎法
    - 德尔菲法
    - 情景法
  - 定性+定量方法
    - 层次分析法
    - 问卷+统计分析
  - 定量方法
    - 因子分析法
    - 核函数主成分分析法
    - 模糊判别法
    - 聚类分析法
- 面板数据
  - 上述定量方法采用面板数据时，可以反映目的地竞争力的发展现状及趋势

图 13-1　旅游目的地竞争力测评方法

（三）定量方法

常见的有因子分析法、核函数主成分分析法、模糊判别法、面板数据模型和聚类分析法。特别是面板数据模型的采用使得竞争潜力的衡量成为可能。

1. 因子分析法

因子分析是从多个实测的原变量中提取出较少数的、互不相关的、抽象的综合指标，即因子（factor），每个原变量可用这些提取的公共因子的线性组合表示。因子分析可以达到降低维数的目的，又可以对变量进行分类，因此在量表的构建效度评价中得到了广泛的应用。黄耀丽等人 2006 年采用因子判别和主成分分析法对珠江三角洲城市旅游竞争力空间结构体系进行了研究。①

2. 核函数主成分分析法

主成分分析法也称为主分量分析，利用降维的思想，根据相关性的大小进行分组，使得同组内变量之间的相关性较高，不同组的变量相关性较低。最终用少数几个综合指标的线性函数和特定主成分之和来表达原来观测的每个变量，以达到合理地解释存在于原始变量间的相关性和降低变量维数的目的。基于核函数的主成分分析是通过非线性映射 Φ：$x \to F$，将数据从输入空间映射到特征空间，然

① 黄耀丽，李凡，郑坚强，李飞．珠江三角洲城市旅游竞争力空间结构体系初探[J]．地理研究，2006，25（4）：730～740

后在特征空间进行主成分分析，用核函数来进行内积计算。核函数主成分分析法提高了主成分分析模型的适应度，使之能够处理非线性问题。

王奕、郑垂勇 2006 年通过函数主成分分析法和系统聚类法，来分析区域旅游竞争力，并且进行了实证分析，选取江苏、浙江、广东、福建、山东和云南六个省 2002 年的数据资料进行旅游竞争力的实证分析，并论证了该模型的优异性能。①

3. 模糊数学法

模糊数学模型包括模糊聚类、模糊识别、模糊线性规划等，但是在旅游目的地竞争力研究方面，特别是在综合评判模型中模糊识别应用得最多，如 N. Gooroochurn 和 G. Sugiyarto 2005 年用因子分析、聚类分析和判别分析的方法进行了国家竞争力的研究。②

4. 面板数据模型

面板数据是一种特殊的数据类型。从横向角度分析，具有横截面数据的特征，而从纵向角度分析，又具有时间序列数据的特征。因此，也可以将面板数据理解成是横截面数据和时间序列数据的特殊组合。在面板数据样本中，随着时间的推移，相同的观察对象被连续不断地记录着，因此面板数据也可以理解成是由相同横截面数据构成的时间序列数据。因此在面板数据模型中对回归系数的解释，既可以解释不同时间段的变化差异，也可以说明不同研究单体（截面）的差异表现。基于面板数据模型双重性的特点，该模型在应用于竞争力分析时解决了可持续竞争力的衡量问题。张梦等人 2006 年第一次使用面板数据分析取代了传统的截面数据。③

5. 聚类分析法

聚类分析法是根据事物本身的特性研究个体分析的方法。其原则是同一类中的个体有较大的相似性，不同个体的差异很大。其包括样品聚类和变量聚类两种。进行聚类分析首先应该进行相似性度量，即采用一定的方法来确定相似系数。在相似矩阵的基础上，把变量分为不同的类别。当要聚成的类数是外生变量时，可以采用 K 均值分类法，对观测量进行快速聚类。Michael J. Enright 和 James Newton 2004 年采用了 IPA 方格图对香港的相对竞争力进行聚类以确定香港的优劣势。④

---

① 王奕，郑垂勇．核函数主成分法和系统聚类法在区域旅游竞争力评价中的应用[J]．水利经济，2006（03）：10～14，81

② Gooroochurn, N., & Sugiyato, G. Competitiveness Indicators in the Travel and Tourism Industry [J]. *Tourism Economics*, 2005, 11 (1): 25-46.

③ 张梦，叶红．东西部区域旅游业竞争力的比较与评价[J]．财贸经济，2006（5）：85～90

④ Enright, M. J., & Newton, J. Tourism Destination Competitiveness: A Quantitative Approach [J]. *Tourism Management*, 2004 (25): 777-788.

第四部分　绩效篇

第十四章　政府视角下的绩效评价

【学习目标】

1. 掌握旅游目的地的经济绩效评价。
2. 掌握旅游目的地的环境承载力评价。
3. 了解优秀旅游目的地评价系统。

【本章导读】

四川加快建设世界旅游目的地，到 2017 年旅游总收入超 6800 亿元

四川省贯彻《旅游法》暨加快建设旅游经济强省电视电话会议在成都召开。会议提出，要抓住《旅游法》颁布实施的契机，开创旅游经济强省建设新局面。

为推进我省旅游业跨越式发展，省政府出台《关于加快建设旅游经济强省的意见》。根据《意见》，到 2017 年，我省旅游综合实力将显著增强、旅游产业规模将持续壮大、形成旅游多点多极支撑发展新格局，全省旅游总收入超过 6800 亿元，相当于全省 GDP 的 15%；国内游客 4 亿人次，入境游客 400 万人次。

《意见》提出，四川加快建设旅游经济强省和世界旅游目的地，重点任务是做大做强旅游产业，促进旅游消费，打造旅游精品，抓好旅游交通建设，推进旅游城镇建设，完善旅游公共服务，提升旅游影响力，夯实旅游人才基础。同时，要坚持依法治旅，全面提升旅游服务质量。《意见》明确了政策引导，包括推进旅游改革试点，注重政策落实，强化规划引领，加大财政投入，建立投融资体系，保障旅游用地需求。

（资料来源：《四川日报》2013 年 8 月 31 日第 002 版）

第一节　经济绩效评价

从全世界范围来看，旅游业对经济发展都产生了极大的正面影响，旅游业在各个国家和地区的经济地位与解决社会就业的巨大作用都已经证明了其经济影响的能力之大，因此也受到各国家政府的重视，鼓励拥有不同优势的目的地快速发展，提升自身竞争力。

一般来说，旅游目的地产生的经济影响主要体现在三个方面：

首先，增加经济收入。旅游收入是旅游目的地经济收入的一个重要的组成部分，并且相对于其他产业还具有两大优点：一是入境旅游相当于旅游产品的出口，具有成本低、收汇时间短的优点，并且不受进口国关税壁垒的影响。二是国内旅游可以起到稳定货币流通量和供应量的作用，是加速货币回笼的一种重要手段。

其次，增加就业机会。旅游是劳动密集型行业，旅游业的就业带动效应在理论研究和实践发展中都已经得到公认，是目的地解决就业问题的有力推动器。

再次，调整产业结构。旅游业具有极强的产业综合性，产业关联度横向范围广、纵向链条长，可以带动目的地诸多相关产业共同发展。

然而，在很长一段时间内，由于对旅游业经济影响的评价研究缺乏科学的、系统的认识，往往存在片面夸大对旅游目的地产生的经济影响力。国外学者 D. Getz 早在 1997 年就曾指出："为了表明旅游发展对地方经济有很大的贡献，一些人不负责任地将原本适用于国家层次的收入乘数硬生生地拿来分析地方层次的旅游收入问题，并且得到了一些很不切实际的夸大的结论。"同时他还指出："一些发展中国家为了证明旅游发展对国家和地方的经济发展的带动作用，并不排斥利用在数字上让人兴奋的旅游乘数分析。"①这样不负责任地评价研究结果，直接导致很多旅游目的地不断盲目地扩张和开发，建设新的景区，大量的接待业设施（含酒店、宾馆饭店、度假地、游乐设施等）随之兴起，最终导致的结果不仅未能有效地促进旅游目的地的发展，反而造成了大量的资源浪费和环境破坏，而且使旅游目的地管理者或旅游开发商蒙受大量的经济损失。

因此，科学、合理地评价旅游目的地经济影响对旅游目的地的发展是十分有必要的。这不仅能够使旅游目的地管理组织对旅游目的地产生的经济影响有一个客观的认识和全局性的把握，而且也为未来的战略管理决策的制定提供分析的

---

① Getz, D. *Event Management and Event Tourism* [M]. New York: Cognizant and Communication Corporation, 1997, pp. 340-341.

依据。

一、旅游目的地经济影响评价的研究进展

（一）乘数研究阶段

20 世纪 70 年代，有学者开始将“乘数效应”运用到旅游经济影响的测量中，做过实地考察和验证，并得出了可信的结论。此后乘数效应研究更多地集中在旅游产生的收入是如何影响当地每个经济部门。B. Archer 等人 1996 年将乘数定义为旅游花费在经济系统中（国家或区域）导致的直接、间接和诱导性变化与最初的直接变化本身的比率，同时将乘数花费分为四大类：销售乘数、产出乘数、就业乘数与收入乘数。①

乘数层面的研究也具有一定的局限性，J. C. Bergstrom 1990 年指出，乘数研究本来就是针对国家这一层次的，因为乘数的大小随研究区域的大小变化，所以，越小的区域所获得的乘数效应也就越弱，只有在国家这一层次上，乘数才能表达出独特的参考价值，而且“乘数”是一个宏观经济的概念，没有深入经济活动的细节，缺乏很多实际情形的周详考虑，所以并不能最终决定经济影响的大小。②可见，乘数效应对于较低等级旅游目的地经济影响的研究适用性较差。

（二）投入产出研究阶段

投入产出模型（即 I/O 模型）是从生产的角度对区域旅游经济影响进行衡量的。国内外诸多学者都曾致力于利用 I/O 模型对旅游经济影响进行分析与测量。但是 I/O 模型过分夸大旅游经济影响之嫌。对此，不少学者对其提出了置疑。例如，H. Briassoulis 2003 年指出 I/O 模型建立在不切实际的假设上。③

针对 I/O 模型的不足，有研究者对其进行扩展延伸，不仅研究旅游的正面经济影响，而且考虑到旅游经济的负面影响。近几年来，国际上的许多专家和学者对 I/O 分析进行了扩展，引入了旅游经济的发展对跨区域产品流、能源消耗、环境污染、生产就业等影响的核算。

（三）旅游经济影响测量模型和旅行经济影响测量模型研究阶段

在此之后，又出现了旅游经济影响测量模型（Tourism Economic Assessment Model, TEAM）和旅行经济影响测量模型（Travel Economic Impact Model, TEIM）。TEAM 和 TEIM 的最大特点是紧扣旅游经济本身。因此这两个模型简化了资料收

① Acher, B., & Fletcher, J. The Economic Impact of Tourism in the Seychelles [J]. *Annals of Tourism Research*, 1996, 23 (1).

② Bergstrom, J. C., Cordell, H. K., Ashley, G. A., & Watson, A. E. Economic Impacts of Recreational Spending on Rual Areas [J]. *Economic Development Quarterly*, 1990 (1): 29-39.

③ Briassoulis, H. Methodological issues: Tourism Input-Output Analysis [J]. *Annals of Tourism Research*, 2003 (18).

集的规模，降低了数量分析的复杂性，这就在一定程度上降低了研究成本，并且缩短研究成果的更新周期，所以它们在欧美一些国家得到了广泛应用。

TEAM 由官方性质的加拿大旅游研究所创立，它选用 60 个不同产业的产出指标（包括就业指标、工资与薪水、GDP 等）对旅游经济影响进行估算，主要适用于州和省一级的旅游经济统计分析。Rush 1999 年利用 TEAM 模型对 2002 年西方八国首脑会议在加拿大 Alberta 省的 Calgary 市的召开所可能带来的旅游经济影响进行了分析。这一研究既包括了对会议的旅游经济影响评估，也包括了对特定区域的旅游经济影响评估。①

TEIM 和 TEAM 的功能基本类似，它们都将旅游区域经济影响表达为就业、收入、产值、税收等几个宏观经济指标的变化，没有偏离从旅游乘数研究以来通过宏观经济分析来测量旅游区域经济影响的西方研究传统。但两个模型最大的局限在于因资料来源的限制，只考察了那些至少留宿一夜的旅行者而忽略了一日游游客、过境旅行者以及住在亲友家中的旅行者所带来的经济影响。

（四）旅游卫星账户研究阶段

旅游卫星账户（TSA）自 20 世纪 70 代末至今，已发展了 30 多年。这项工作最早开始于法国，其后在欧共体委员会、经合组织与世界旅游组织三方共同努力下，向联合国提交了编制旅游卫星账户的文件草案。2000 年 3 月联合国统计署正式批准了上述组织提交的《旅游卫星账户（TSA）：建议的方法框架》，它是许多国际机构、国家和个人多年努力的共同成果，他们完成了将旅游计量作为一种经济现象纳入经济统计主流的目标，也使旅游业成为全球第一个拥有获得联合国首肯的国际性标准来测量产业经济影响的案例。

（五）旅游政策与预测模型研究阶段

英国学者 Blake 等人 2001 年提出了旅游政策与预测模型（TPF）。②使用 TPF 模型时，需要大量旅游和旅行消费方面的专门数据，也需要旅游行业部门生产结构方面的数据，较之 TSA 模型可以让人们获得相关的更为微观和深入的认识。TPF 模拟分析了在 TSA 面临不同极限条件下的指标应变过程，从而获取相应的政策导向。但应该引起注意的是，单一的极限条件只是突出表现了某一种影响因素的变化可能导致 TSA 模型整体的变化，但并没有表达在不同因素共同作用下可能促发的变化，因此也只能作为政策导向来提供参考而不能成为形成政策的既定规则。但是应该肯定的是：从 TSA 向 TPF 的发展，反映了旅游区域经济影响测量研究从解释现状向指导决策迈进的一种趋势。

---

① Rush, N. Pre-Summit Economic Impact Analysis [EB/OL]. From: http://www.visitor.catgary.ab.caccvb_english.pdf., 1999.

② Blake, A., Sinclair, T., & Sugiyato, G. Quantifying the Impact of Foot and Mouth Disease on Tourism and the UK Economy [J]. *Tourism Economics*, 2001, 15 (6).

二、旅游目的地经济影响评价体系结构

旅游目的地经济影响力的评价体系的构成主要有评价目标、评价对象、评价指标、评价标准和分析报告五个基本要素构成。

（一）评价目标

旅游目的地经济影响评价体系的目标是对旅游目的地所产生的旅游经济影响进行评价，从而为旅游目的地管理提供分析的信息和决策的依据。它是整个体系的指南和目的所在，旅游目的地经济影响评价体系的设计和运行都是围绕目标来进行的。因此，旅游目的地经济影响评价体系的目标就是为旅游目的地管理组织制定并实施目的地发展战略提供有效的基础信息。

这些信息可以主要分为两类，即内部信息和外部信息。其中，内部信息包括旅游目的地资源状况、接待旅游者状况、内部旅游企业经营状况、旅游从业人员状况，以及发展旅游业所产生的经济、环境和文化影响等。外部信息主要包括外部市场经济发展状况、社会政治文化状况、竞争对手状况等。外部信息更重视未来环境的变化，主要使目的地管理组织了解环境的机遇和威胁；而内部信息则更偏重过去和现在的状况，主要是目的地管理组织把握自身的优势和劣势。总体而言，评价体系的最终目标就是要揭示旅游目的地自身的优势和不足，发现外部环境带来的机遇与挑战。

（二）评价对象

旅游目的地经济影响评价体系的评价对象就是旅游对旅游目的地的经济影响。

对评价对象的研究涉及旅游对该目的地产生的经济影响波及哪些行业，对这些行业的影响程度如何。我国学者一般按照旅游业的影响程度对相关行业进行了三个层次的划分，即旅游直接影响行业、旅游间接影响行业、旅游引致影响行业。

旅游直接影响行业是直接为旅游者或旅游活动的发生提供条件的行业；旅游间接影响行业主要是为旅游者或旅游活动的发生提供条件的行业；旅游引致影响行业是一旦没有旅游者或旅游活动行业产值将大大减少的行业。

但是，目前对各层次所涉及的行业尚未形成统一的认识。

（三）评价指标

旅游目的地经济影响评价指标是指对评价对象的哪些方面进行评价。针对旅游目的地管理工作的一定指向性，目的地管理组织没有必要掌握评价对象的所有信息，而只需搜集与管理工作密切相关的方面信息，即掌握所谓的关键因素。因此，评价指标的选择需要依据管理工作指向进行筛选。

（四）评价方法

评价方法是指对评价指标采取什么样的测量方法和工具。评价方法应当尽量做到具备科学性与准确性。虽然不少专家和学者提出了我国当前的旅游统计体系不健全和旅游数据缺乏，以至于难以用定量的方法进行全面的测量，但是到目前为止，我国的研究在定量测量和实证研究方面也积累了一定的成果（如上所述）。本章将其中的一些适用于旅游目的地的测算成果应用于对旅游目的地经济影响相关的指标的测算，详细内容将在下文（“四、旅游目的地经济影响评价方法”）中进行详细阐述。

（五）分析报告

分析报告是旅游目的地经济影响评价体系的输出信息，也是该体系的结论性文件。评价人员应当针对评价指标，获取相关的评价对象的信息与统计数据，经过加工整理后测出评价对象的评价指标数值，对评价数值基于旅游目的地的状况进行分析，研究旅游目的地的旅游经济影响状况，得出结论并形成分析报告。

上述五个要素共同组成一个完整的旅游目的地经济影响评价体系，它们之间相互联系、相互影响。

三、旅游目的地经济影响评价指标选择

（一）指标选择要求

1. 反映关键因素

旅游目的地的发展是否具有竞争力，并保持可持续性，并非需要目的地构成部分面面俱到的齐头并进，而是要对能保证充分发挥目的地比较优势方面起关键作用的影响因素进行特别关注，即目的地发展管理的关键因素。对反映关键因素的评价指标进行分析，可以发现旅游目的地的优势及劣势所在，有助于目的地进行有针对性的战略分析和战略决策。

2. 可预测性

对旅游目的地未来的发展趋势及面临的环境变化进行预测，是评价分析的重要信息需求。评价不仅仅是为了记录和理解过去，对旅游目的地的发展管理来说，更重要的是能够预测未来。

3. 可比性

旅游目的地评价分析的优势和劣势是通过与竞争对手对比判断而得出的。为便于评价指标与不同类型竞争对手的比较，评价指标体系应对旅游目的地具有普遍适用性，并且容易进行测量。

4. 可计量性

由于我国相关统计数据的缺乏，所以评价过程中难免掺杂一些主观因素，但

是过多抽象的、难以描述的指标会使评价对象难以描述，难以实现客观反映。因此，作为评价指标应是可计量的。

5. 反馈控制性

评价指标应当能够使评价者发现旅游目的地经济发展中的问题所在，并据此采取适当的控制措施，以保证旅游目的地经济的不断优化发展。对旅游目的地经济影响评价不是最终目的，通过评价发现问题并加以解决才是宗旨所在。

（二）评价指标体系构建原则

构建旅游目的地经济影响评价指标体系应遵循以下原则。

1. 科学性原则

旅游目的地经济影响评价指标体系应当能够就旅游对旅游目的地产生的经济影响做出科学的评价，应当避免指标的堆砌及混乱，避免非评价内容指标的列入，影响评价的效果。

2. 可操作性原则

首先，所列指标数据应易于收集，并能保证其准确性和可靠性。

其次，所列指标数量不宜过多，尽量避免功能重叠。

再次，对个别指标的计算应避免过于复杂的计算，可依据情况做适当调整，力求便于掌握。

3. 目标统一性原则

评价指标的设定应当与旅游目的地发展管理的总目标相配合，而无抵触的情形出现。

四、旅游目的地经济影响评价方法

（一）旅游增加值的测算方法

李江帆等人 1999 年指出，为了正确、客观地测量旅游业在国民经济中的地位和影响力，就必须摒弃目前所使用的以“旅游总收入同国内生产总值相比”的方法，而代之以“旅游增加值同国内生产总值相比”的方法。[①]这样，就要求正确地计算旅游增加值，但由于目前国内的统计制度中，均未把旅游业作为一个独立的产业来统计，因此无法按照国际的投入产出法（I/O）来计算，更无法按照旅游卫星账户的办法进行测量。

目前，旅游增加值的测算方法包括两种，即剥离测算法和消耗系数法。[②]

1. 剥离测算法

李江帆等人 1999 年首先提出用剥离法计算旅游增加值，他对狭义旅游业和广

① 李江帆，李美云．旅游产业和旅游增加值的测量[J]．旅游学刊，1999（5）：16～19

② 李莉．旅游目的地经济影响评价体系的构建和实证研究[D：博士学位论文]．杭州：浙江工商大学，2006

义旅游业的经济影响做了概念上的划分，用“旅游业增加值”和“旅游增加值”两个概念来区分狭义旅游业和广义旅游业所提供的增加值。同时基于广东省的实证研究测量出了旅游业内各行业的增加值，之后又测量了国内19个省市的旅游增加值并做了比较。①

张帆等人2003年在进一步划分旅游业层次的基础上，用该剥离方法对秦皇岛市社会经济的贡献度进行了研究，他把旅游业分为直接影响行业、间接影响行业和引致影响行业。其中直接影响行业指广义旅游业所包含的行业；间接影响行业共有54个，涉及国民经济中第一产业中的农、林、牧、渔业，第二产业中的涉及旅游六要素的食、住、行、游、购、娱制造业的方方面面，以及第三产业的全部；旅游引致影响部门20个，包括第一产业中的农林牧渔和第二产业中的煤炭采选业、石油天然气开采业等重工业行业。②

2. 消耗系数法

潘建民等人2003年对旅游经济影响的划分包括直接相关行业和间接相关行业，其中直接相关行业有31个，而间接相关行业则涉及投入产出表部门分类中的所有124个行业。其核算方法利用了国民经济核算的投入产出分析中的直接消耗系数和完全消耗系数。根据投入产出的行平衡原理，又推算出由于旅游业直接产出量的增加值所需要的国民经济的完全产出量。而旅游间接增加值则等于旅游完全增加值减去旅游直接增加值。③

（二）旅游对税收贡献的测算

1. 分类测算法

罗明义2001年利用分类测量方法对旅游业税收的贡献进行了测量，他以旅游总收入为依据，根据旅游者花费抽样调查构成进行分类，将旅游总收入划分为由交通、住宿、餐饮、景区游览、娱乐、邮电通信、购物及其他收入等组成，并以此作为计算各行业旅游税收的依据和基础。然后，按照旅游收入划分了四种分类计税税率。④

2. 旅游增加值推算法

潘建民等人2003年基于已测量出的旅游增加值对旅游对税收的贡献进行了测量。张帆等人同年在计算出旅游增加值的基础上计算了旅游对税收的直接、间

---

① 李江帆，李美云．旅游产业和旅游增加值的测量[J]．旅游学刊，1999（5）：16～19

② 张帆，王雷震，李春光，耿世刚．旅游对区域经济发展贡献度研究——以秦皇岛为例[J]．城市，2003（05）：17～20

③ 潘建民，李肇荣，黄进．旅游业对广西国民经济的贡献率研究[A]．2002-2004年中国旅游发展分析与预测[C]．北京：社会科学文献出版社，2003

④ 罗明义．旅游经济分析：理论·方法·案例[M]．昆明：云南大学出版社，2001

接和引致贡献，计算方法同上。[①]

（三）旅游对就业贡献的测量方法

1. 对旅游就业弹性的测量

我国目前普遍采用的就业弹性测量都是应用点弹性对各年份旅游就业情况进行的测量，且涉及的旅游就业行业只包括狭义的旅游业，即旅行社业和旅馆业的就业人数。

2. 对未来旅游就业数量的预测

韩影等人在2002年、孙天厌等人在2004年分别对未来十年旅游业吸纳就业人数进行了预测。然而，在考虑旅游参与率、国际旅游收入、国际旅游客源三个因素时，因为所收集的国际旅游客源、国际旅游收入、旅游参与率的数据并非直线式上升，而成曲线发展态势；孙天厌等人则选用了三次指数平滑模型，这是孙天厌等人对该模型的一大创新。[②]

3. 对旅游就业乘数的测算

旅游业新增加一个直接就业岗位到底能够带动多少个间接就业岗位的增加也是一个值得深入研究的问题。传统的说法是旅游业直接就业与间接就业的比例为1:6到1:8，但是目前不少专家经过测量得到不同的结果，这主要是对直接相关行业与间接相关行业划分的层次不同。潘建民等人2003年建立广西旅游卫星账户时划分与旅游业相关的行业共有124个，其中直接相关行业31个，计算结果直接与间接之比为1:1.66。[③]

张帆等人2003年计算出旅游业对全社会就业的直接贡献为3%，完全贡献为7%，因此直接就业与间接就业之比为1:2.33。他认为，旅游直接就业等于旅游各影响行业的就业系数（单位产出直接需要的本部门的就业人数）乘以本行业因旅游直接消费带来的产出额的乘积；旅游完全就业人数等于每一个旅游直接影响行业产业部门中的最终消费所完全影响的就业人数。[④]

石培华2003年对旅游就业划分为核心旅游业直接就业（4个）、直接相关旅游行业（12个）和旅游综合相关行业（35个），用核心就业来计算，直接与间接之比为1:4.5；采用广义旅游业直接就业，则大致为1:3，但是，具体过程也没有

① 潘建民，李肇荣，黄进．旅游业对广西国民经济的贡献率研究[A]．2002-2004年中国旅游发展分析与预测[C]．北京：社会科学文献出版社，2003

② 韩影，周黎明．今后十年我国旅游业吸纳劳动力的数量预测[J]．数量经济技术经济研究，2002（3）：40～43；

孙天厌，侯仁民．“十一五”我国旅游业吸纳劳动力的数量分析与预测[J]．经济经纬，2004（1）：139～156

③ 潘建民，李肇荣，黄进．旅游业对广西国民经济的贡献率研究[A]．2002-2004年中国旅游发展分析与预测[C]．北京：社会科学文献出版社，2003

④ 张帆，王雷震，李春光，耿世刚．旅游对区域经济发展贡献度研究——以秦皇岛为例[J]．城市，2003（05）：17～20

公开发布。[①]

（四）旅游与各产业关联度的测量方法

1. 直接相关系数测量法

李江帆等 2001 年划定了三条波及路线，即旅游业主要沿着三条线路对国民经济产生波及。[②]

（1）逆向波及线路

旅游业的发展，会沿着"旅游业——生产旅游业中间产品的先行产业——这些先行产业的先行产业"的线路，向先行产业发生逆向波及。

（2）顺向波及线路

旅游业的发展，会沿着"旅游业——以旅游服务为中间产品的后续产业——这些后续产业的后续产业"的线路产生顺向波及。

（3）间接波及线路

间接波及线路是"旅游业——与旅游业具有消费互补性的产业——这些互补产业的先行产业和后续产业——这些先行产业和后续产业的直接相关和间接相关产业"。

然后利用广东的投入产出表（1992 年），通过一些经验数据对国民经济的核算体系进行了拆分，把广东省 119 个部门的投入产出表（1992 年）改编为旅游业单列的 31 个部门的投入产出表，并根据此表对旅游业做定量分析。其中，根据经验和行业数据分析假定，即"居民服务业增加值的 10%、旅馆业的 100%、旅行社的 100%、娱乐服务业的 1/3 和信息咨询服务业的 5%是属于旅游消费的"，再结合广东省的投入产出表分别计算出了旅游对各部门的投入、产出系数以及各部门的中间需求率。

2. 灰色关联度模型测量法

灰色理论关联度的基本原理是根据分析对象、时序数列曲线的相似性判断其关联程度，即两条曲线越相似，其关联度越大，反之越小。在具体分析计算时，可将无限收敛（曲线）用近似收敛（数组）来取代，从而为解决大量实际问题提供了极大的便利。采用此法的代表性研究有韩勇等人 2003 年利用该关联度模型对海南省旅游的经济关联度进行了测量。[③]陶金龙等人 2004 年利用该模型对苏州的旅游经济关联度进行了测量。[④]

---

① 石培华．中国旅游业对就业的数量测算与分析[J]．旅游学刊，2003（6）

② 李江帆，李冠霖，江波．旅游业的产业关联和产业波及分析——以广东为例[J]．旅游学刊，2001（3）：19～26

③ 韩勇，郑远强．海南省旅游业对经济影响效果的实证分析[J]．海南大学学报（人文社会科学版），2003（3）：50～53

④ 陶金龙，袁勇志，何会涛．苏州市旅游业经济拉动效应的实证分析[J]．社会科学家，2004（05）：99～102

第二节　环境承载力评价

旅游环境承载力（Tourism Environmental Bearing Capacity）是指在某一旅游地环境的现存状态和结构组合不发生明显有害变化的前提下，在一定时期内旅游地承受的旅游活动强度（包括游客密度、土地利用强度和经济发展强度）。

旅游环境承载力本质上是旅游环境系统组成与结构特征的综合反映，而持续发展旅游的首要标志是旅游经济与环境的协调，作为旅游环境系统与旅游经济联系的中间环节的旅游环境承载力，历史地成为判断旅游目的地是否持续发展的一个重要指标，当旅游目的地的环境承载量/旅游环境承载力（极限值）<1 时，说明尚未超载，还具有发展潜力。

一、旅游环境承载力研究进展

从国外来看，由于旅游的大众化发展，成千上万的旅游者涌向旅游地，使部分旅游地拥挤不堪，导致旅游环境破坏，旅游者对旅游体验的满意度下降。鉴于此，学者 Lapage 1963 年率先提出了“旅游容量”的概念，但没有做深入的研究。[①]1971 年，环境学家 Lime Stankey 在前人的研究基础上对旅游环境容量问题做了进一步的讨论。[②]此后，旅游环境容量问题得到越来越多的专家关注。

世界旅游组织在 1978 年至 1979 年“世界旅游组织六个地区旅游规划和区域发展的报告”中，正式提出了旅游承载容量的概念；在 1980 年至 1981 年提出关于“旅游地饱和”的研究；1982 年至 1983 年又在取得部分会员国协助的基础上提出了一个关于“度假饱和或超过承载容量的风险”的研究。

1989 年，Edword Inskeep 提出旅游容量应包含两层含义：一是指旅游业的接待能力，另一则是指环境的承受能力。

进入 21 世纪，人们更注重旅游环境承载力的量化研究，例如，A. Saveriades 2000 年提出了旅游社会承载力的定义及影响因素，并建立数学模型对旅游胜地塞浦路斯公园的旅游社会承载力进行了评估[③]；Tony Prato 2001 年以美国国家公园为例，建立了 AEM（Adaptive ecosystem management）和 MASTEC（Multiple attribute

---

① 参见刘晓冰，保继刚．旅游开发的环境影响研究进展［J］．地理研究，1996, 15（4）：92～99

② Cf. Pearce, Douglas. *Tourist Development* [M]. New York: Longman, 1983, 18(3): 154-156.

③ Saveriades, Alexis. Establishing the Social Tourism Carrying Capacity for the Tourist Resorts of the East Coast of the Republic of Cyprus [J]. *Tourism Management*, 2000, 21 (2): 147-156.

scoring test of capacity）模型来估算公园的旅游环境承载力[①]；Simon 等人 2004 年对 Hengistbury Head 的旅游产业承载力进行了估算。[②]

从国内来看，环境承载力的研究起步比较晚。20 世纪 80 年代初期，由于国内旅游环境问题日益严重，一些环境和旅游工作者开始意识到旅游开发对环境的影响，从而开始对旅游环境容量进行研究。对旅游环境容量经过了多年研究后，我国学者崔凤军 1995 年将旅游环境容量称为旅游环境承载力，提出旅游承载力是由环境生态承纳量、资源空间承载量、心理承载量、经济承载量四项组成，是旅游可持续发展的重要判据之一[③]；并于 1997 年以泰山为例，探讨了旅游环境承载力的内涵与组成体系，给出了静态模型[④]；继而在 1998 年，在分析旅游承载力的社会文化环境，社会心理环境和社会经济环境等因素的基础上，构建了旅游承载力指数及其运算模式。[⑤]之后，诸多学者针对不同景区、自然保护区开展了旅游承载力的实证研究。

总体而言，虽然国内外对于旅游环境承载力尚未有公认的计算评价方法，但这一问题的研究为旅游目的地的可持续发展提出了许多可资借鉴的理论成果，成为旅游目的地管理组织所关注的重点问题之一。

二、旅游环境承载力的构成体系

旅游环境承载力是一个综合概念，它取决于根据不同的旅游环境要素内容划分的各承载分量值的大小，其组成体系包括以下部分，如图 14-1 所示。

（一）自然环境承载力

自然环境承载力包括两个部分：一是环境生态承纳量，指由组成旅游环境系统的自然环境本身具有的一定纳污能力，即自维持功能的承载能力。二是资源空间承载量，指旅游目的地由于旅游者对旅游资源的欣赏具有时间、空间占有的要求而形成的某一时段内的游客承载数量。

（二）社会环境承载力

社会环境承载力主要关注旅游目的地居民的心理承载能力，包括他们从心理感知上所能接受的旅游者数量和游客所能忍受的拥挤程度。

旅游目的地游客到访量过度密集容易导致交通拥挤、物价指数上涨过快、商品供给不足、社会治安不稳定、环境污染（主要是噪声、固体废弃物污染）、对城

① Prato, Tony. Modeling Carrying Capacity for National Parks [J]. *Ecological Economics*, 2001, 39 (3): 321-331.

② Simon, F. J. G, Narangajavana, Y., & Marques, D. P. Carrying Capacity in the Tourism Industry: A Case Study of Hengistbury Head [J]. *Tourism Management*, 2004, 25 (2): 275-283.

③ 崔凤军．论旅游环境承载力——持续旅游发展的判据之一[J]．经济地理，1995，15（1）：105～109

④ 崔凤军，杨永慎．泰山旅游环境承载力及其时空分异特征与利用强度研究[J]．地理研究，1997（04）：48～56

⑤ 崔凤军，刘家明，李巧玲．旅游承载力指数及其应用研究[J]．旅游学刊，1998，（03）：41～44，63

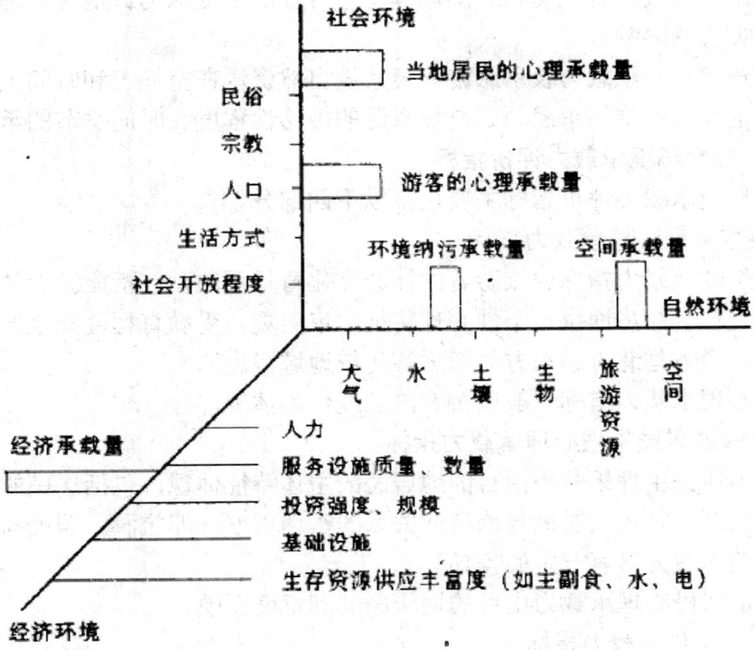

图 14-1 旅游环境承载力组成体系

（资料来源：崔凤军. 论旅游环境承载力——持续旅游发展的判据之一[J]. 经济地理，1995，15（1）：105～109）

市基础设施的冲击过强、占用过多（如水资源、电力资源、生存空间）等问题，由此易引发当地居民的心理排斥。因此调查确认当地居民的心理承载量不容忽视。

（三）经济环境承载力

旅游目的地环境承载能力大小还取决于旅游经济条件，即满足旅客的衣食住行等基本生活条件，包括主副食供应、旅馆床位、水、电、煤气、热力、电话、交通车辆、停车场等诸方面的供给水平所能承载的旅游者人数。

三、旅游环境承载力评价的指标体系

旅游环境承载力分为旅游自然环境承载力、社会环境承载力和经济环境承载力三个方面，其各方面包含的关键性指标如下所述。

（一）自然环境承载力评价指标

自然环境承载力评价指标由生态环境承载力和旅游资源时空承载力两部分组成。

生态环境承载力是指旅游区域内的水质、大气质量等对旅游活动的承受能力；

土壤、地质、植被、野生动物、湿地等生态特征的承受能力；地震、飓风、泥石流等自然灾害的限制等。

旅游资源时空承载力表示旅游环境系统自然资源在空间上和时间上的承载能力包括土地和水资源的承载力、自然资源的敏感性程度、时间季节的承载力等。

（二）社会环境承载力评价指标

社会环境承载力评价指标主要包括以下四部分。

1. 游客生理心理承载力指标

游客生理承载力指标由旅游者的社会文化背景反映，包括旅游者的年龄、性别、种族、社会经济地位、个性心理特征、审美观、受教育程度和来源地（如城市与农村、南方与北方、东方与西方等传统地域概念）。

游客心理承载力指标一般以游客满意度作为体现。

2. 目的地居民生理心理承载力指标

目的地居民生理承载力由目的地居民的主体特征体现，包括居民的性别、年龄、文化程度、收入及居民与旅游业关系的密切程度（即旅游业居民与非旅游业居民之间的承载力具有一定的差异）。

目的地居民心理承载力由目的地居民的满意度反映。

3. 社会文化承载力指标

社会文化承载力是指在旅游目的地原社会文化对于外来社会文化影响冲击的承受能力，包括：旅游活动对文化的冲击力、旅游活动对生活方式的改变、历史古迹的游客容量、大型工程设施的游客容量等。

4. 旅游目的地管理承载力

管理承载力是指由目的地管理水平决定其承担实现目的地发展目标的能力，其主要表现在管理目标是否与目的地发展规划一致、管理体制是否与目的地发展规划一致，以及具体管理方法是否与目的地发展规划内容相一致等。

（三）经济环境承载力评价指标

经济环境承载力主要包括设施承载力和旅游社会经济承载力。

设施承载力指标包括旅游目的地住宿、露营、餐饮、交通、给排水等设施的接待能力，具体可分为市政、道路交通和旅游服务设施三大类。

旅游社会经济承载力指标包括旅游目的地的经济发展条件、旅游市场、劳动力就业市场等。此外还有旅游目的地的 GDP 水平、旅游产业所占的比重、旅游项目投资及其他项目投资强度，旅游业带动系数等。

四、旅游环境承载力评价的主要方法

旅游环境承载力评价分析关系到旅游目的地自然环境、社会环境和旅游经济发展规模，以及旅游业的可持续发展，是一项涉及面广、内容复杂的重要问题。目前，国内外对旅游环境承载力评价的研究尚无统一和成熟的方法。学者樊霆2006年总结了目前采用的分析研究方法大致有五类：单要素分析法、综合指标法、动态模拟递推算法和多目标决策分析法。[①]

（一）单要素分析法

单要素分析法是对单项承载力研究，它着重于评价指标（变量）在每一个景区（评价单元）的分布，从不同角度、不同侧面、不同层次，对各个景区的单项承载力进行定性和定量的分析研究。

1. 原理

该方法所用的原理主要是“水桶原理”。水桶原理是指一个水桶的容量是由水桶边缘的最短的一块木板所决定的。把它运用到旅游承载力的研究中，就是说：对任何一个系统而言，其系统的承载力由系统的各要素中承载力最小的一个要素所决定。

2. 计量模式

旅游环境承载力系统中的每一个单项承载力都包含了供与求两个方面。除了以线容量和面容量为经典的单要素分析模式外，常用的旅游环境承载力的计量模型一般有以下几种。

①TECC=$S-R$>0 表示弱载
=0 表示满载
<0 表示超载

②TECC=R/S>1 表示超载
=1 表示满载
<1 表示弱载

③$$\text{TECC}=\left\{\sum_{i=1}^{n}(S_i-R_i)^2\right\}^{1/2}$$

④$$\text{TECC}=\left\{\sum_{i=1}^{n}(E_i\cdot W_i)^2\right\}^{1/2}$$

式中：TECC——旅游环境承载力；
S——某种环境资源可供给量；
R——某种环境资源需求量；

① 樊霆．旅游环境承载力理论及评价方法研究［D：博士学位论文］．长沙：湖南大学，2006

S_i——第 i 种环境资源可供给量；

R_i——第 i 种环境资源需求量；

$E_i = S_i - R_i$，表示第 i 项评价指标；

S_i——第 i 项指标的权重值。

（二）综合指标法

一般是针对某一景区或旅游目的地，研究各单项承载力之间的协调程度，把全方位、多层次、不同侧面的研究结果有机地结合起来，最终给出景区（旅游目的地）整体的综合承载力结果。是一种采用统计方法、选择单项和多项指标来反映旅游区旅游环境承载能力现状和阈值的简捷方法。

该方法所用的原理主要是“综合原理”是指旅游目的地的综合接待能力。它包括饭店接待能力（主要表现在床位和餐桌）；交通运输能力（包括民航、铁路、公路、航运等）；各种旅游物资的供应能力（煤、油、电等）；旅游点的容纳力；公用设施的配套能力（供水系统、通信设施、安全保卫、清洁卫生）等。所以只有旅游承载力中的各个元素遵循综合原理，共同作用，才能形成实际的承载力。

根据所选用的指标体系首先进行单因素测算，后对其进行综合评价。

单要素分析法和综合指标法都是静态分析方法，在目前应用比较广泛，主要以自然资源和基础设施为基础，进行定量分析，方法简单、直观，但分析结果不能指导旅游环境承载力的动态变化。

（三）动态模拟递推算法

动态模拟递推算法的实质是模拟法，即利用计算机模拟程序，也称为计算机仿真技术，是用来模仿随时间变化真实情况的计算机操作系统。仿真技术可以研究或模拟一个复杂系统的内部关系（例如国家公园和风景区等），这种方法尤其适合解决对于直接观察、操作和数学分析困难的问题。

旅游环境资源量、质的供应能力是衡量一个旅游目的地旅游环境承载能力的主要指标。供应的对象是旅游目的地的人们（居民和游客）和旅游经济发展，通过旅游环境资源的动态供需平衡计算，便可显示旅游目的地环境承载力的状况和支持旅游经济发展的最终规模。

通过对旅游目的地资源供需真实系统运动行为进行模拟预测，根据逐年运行的实际结果，有针对性地改变模拟模型参数或结构，使其与真实系统尽可能一致。当旅游目的地资源供应能力达到“0 增长”时或旅游经济增长达到“0 增长”时，其承载力达到最大。本法唯一特点是不设规划期，而是以年为时段，每年终了都要对模拟计算结果进行分析，根据实际情况及时修正模型参数，再进行下年的模拟计算。这样逐年地递推计算下去，直到旅游资源承载力达到极限为止，故称为动态模拟递推算法。

这种方法一方面能直观地反映旅游目的地资源承载力的发展和达到最大旅游环境承载力的全部过程，利于分析和采取对策；另一方面更贴近旅游目的地发展的实际状况，反映旅游目的地有关政策、科技进步与管理水平对旅游环境承载力的影响。由于数据精度和收集手段要求很高，需要在研究区域有良好的监测系统（水、气、固污染监测，生态系统的生物变化及旅游者旅游方式和当地居民的生活习惯等），操作费用很高，实际操作困难，在我国目前还不具备此条件。

（四）多目标决策法

多目标决策方法是从 20 世纪 70 年代中期发展起来的一种决策分析方法，该方法选取能够反映旅游目的地环境承载力的社会、经济、生态环境等若干目标，影响这些目标的主要因素是相通的，而且目标之间又相互依存、相互制约。按照社会可持续发展的原则，不追求单个目标的优化，只追求整体的最优。用系统分析和动态分析方法研究不同水平、不同策略方案下旅游环境承载的生态、经济、人口规模。

总的来说，多目标决策分析模型及其求解方法可以将旅游目的地的自然环境系统与区域宏观社会经济系统作为一个综合体来考虑。2001 年 Tony Prato 建立了可行性生态系统管理模型（Adaptive Ecosystem Management）和多目标承载力测试模型（Multiple Attribute Scoring Test of Capacity）来估算国家公园的承载力，由 AEM 模型来确定公园当前的生态系统是否和生态系统实际的承载力相容，根据预先设计的 MASTEC 模型来确定达到相容的管理方案。[①]

综上所述，尽管当前对于旅游环境承载力的计算方法很多，但由于旅游资源系统自身的复杂性、随机性和模糊性以及影响旅游环境承载力因素的不确定性和多层次性等，上述均存在不同程度的不足，因此对旅游环境承载力准确的、综合的评价还有待进一步的研究。

第三节　优秀旅游目的地评价系统

2006 年 12 月，由联合国世界旅游组织（UNWTO）协助创建了总部设在加拿大蒙特利尔的非营利组织——世界优秀目的地中心（World Centre of Excellence for Destinations，CED），旨在作为创新目的地管理的强有力的工具，以帮助旅游目的

① Prato, Tony. Modeling Carrying Capacity for National Parks [J]. *Ecological Economics*, 2001, 39 (3): 321-331.

地走向优秀。

该中心创建了一个优秀旅游目的地评价系统（System of Measures for Excellence in Destinations，SMED），这是一种对旅游目的地发展能力与管理水平进行系统评价的方法体系，是由 CED 发起并得到世界旅游组织资助的致力于促进旅游目的地可持续发展的相关学术研究和实践创新。

该优秀旅游目的地评价系统的构建吸引了来自世界各地的自由学者和专家团队长达半年的共同参与，并在构建过程中全面贯彻了由世界旅游组织、国家地理学会、联合国教科文组织、国际古迹遗址理事会、联合国开发计划署等国际组织发起确立的旅游可持续发展基本原则。由于 SMED 属于集体智慧，其具体评价指标和研究报告提供给不同的委托方且受到知识产权保护，在一定期限内是保密的。参与其中的中国学者许峰等人 2013 年从自身的参与经验和所掌握的公开资料出发，对该系统的功能定位、类型划分、指标确立、流程设计以及新近的一般意义上的检验结果等进行了较为详细的介绍。①下文对其介绍进行择要转述，期望能为国内的研究与实践工作提供有益启发。

一、系统功能定位

优秀旅游目的地评价系统基于多功能目的而构建，其主要功能定位为：

- 作为诊断工具，该系统简要且完整地勾勒出某一特定时间点的旅游目的地状态；
- 作为推动工具，该系统提炼了旅游目的地的优劣势，以激励各利益相关者采取具体措施来保持或者改进目的地绩效；
- 作为管理工具，该系统对于如何提高旅游目的地的竞争力提供了有效行动措施，并对评估后的跟进提出恰当建议；
- 作为协调工具，该系统像催化剂一样激励各利益相关者努力实现旅游目的地可持续发展的共同战略目标；
- 作为市场定位工具，该系统展示出旅游目的地自身的独特性，改进品牌战略，并借此增强目的地的市场竞争力；
- 作为对比分析工具，利用该系统可以将特定旅游目的地与世界平均水平进行有效对比分析，为系统内目的地成员提供优秀实践经验的成果汇集以参考学习；
- 作为沟通交流工具，通过该系统，旅游目的地可以利用其资源进行与目标顾客群体和媒体间的有效沟通。

① 许峰，李静，弗朗索瓦·贝达德，吕秋琳．全球视野下优秀旅游目的地评价系统的发展与检验[J]．旅游科学，2013（06）：1～12

二、对旅游目的地的类型划分

世界上旅游目的地涵盖范围广阔，分类标准多样。不同的旅游目的地所承受的来自基础设施、专有设施、旅游服务、土地管理、专家媒体和当地居民的影响也有很大差异，因此有关旅游目的地的分类对于选择符合实际的评价系统以检验目的地发展是必不可少的。

优秀旅游目的地评价系统以目的地环境作为其中的一个核心分类标准，将旅游目的地划分为4种主要的地理区域：

- 城市旅游目的地；
- 滨海旅游目的地；
- 山地旅游目的地；
- 乡村旅游目的地。

同时指出，某一种类型旅游目的地可以具备其中的多种构成因素，例如巴塞罗那既是城市旅游目的地，又具备滨海旅游目的地的典型特征。

三、评价指标的确立

通过对旅游学各类研究文献的综合回顾，优秀旅游目的地评价系统的研究团队选定了4000多个指标对旅游目的地发展状况进行综合评估，并围绕这些指标设计了调查问卷以求获取相关信息。

调查问卷主要从四个方面展开，即可持续性、组织、活动和服务，每个领域都包括更详细的具体分类指标。

（一）旅游目的地的可持续性指标

主要体现在环境、风景上，也包括文化和遗产，即优秀旅游目的地评价系统强调的理念是自然和文化两方面协同的可持续性。

（二）组织指标

注重目的地本身的管理，国际上目的地大多是由特定的非营利性的旅游目的地管理机构（DMO）来经营的，但同时也有当地政府或私营企业进行管理操作的情况，具体涉及目的地管理机构的组织结构、营销战略、促销举措、内部知识、服务提供、游客支持和目的地安全（在不考虑国家安全背景的情况下）等方面。

（三）活动指标

依据目的地自身的市场定位细分为各种不同的类型，主要包含：文化、体育、教育、宗教、娱乐、自然与发现、疗养、沙滩、跳水、滑雪、红酒品赏、购物、结伴游、商务游（包括会议旅游和奖励旅游）等，并且根据每个目的地的实际情况，进行适当定制调整。

（四）服务指标

涵盖了旅游目的地需要向游客提供的基本内容，具体种类包括交通、住宿、饮食、配电网和其他各种同时面向当地人和游客的公共服务（如医院、药房、商店等）。

四、系统的流程设计与实施步骤

优秀旅游目的地评价系统所采用的方法是一种进展式评估，而非总结式评估，这种方法在很大程度上有利于创造一种相互信任的关系并鼓励旅游目的地在发展过程中参与到此评价系统当中。

该评价系统提倡与不同类型的利益相关者举办研讨会，与行业中的关键人物进行访谈，这样便于确立某一旅游目的地中的关键利益相关者。

该评价系统的实施主要分为四个步骤：建立旅游目的地调查问卷的文件配置、完成定制化的目的地调查问卷、对目的地实地考察、形成评估报告。

首先，文件配置，主要包括参与评估的旅游目的地基本信息和各类文档，以便专家了解状况并为后面设计针对性的调查问卷做好准备。

其次，定制化的评价系统调查问卷，主要基于对前述目的地可持续性、组织、活动和服务 4 个领域的评价，而旅游目的地类型的划分取决于那些对其市场定位起决定性作用的旅游活动种类。

第三，专家实地考察，进一步验证从目的地文件配置和调查问卷中收集的信息，并核实定制化调查问卷中的指标数据，通过对当地专家的咨询研讨、深度访谈得到其他补充性数据。通过与目的地所有利益相关者的沟通协调，也可以使专家聚焦于目的地管理中的主要问题领域。

最后，形成评估报告，该报告列出了目的地所面临的问题和挑战、根据地区和类型区别的定性分析、与类似目的地的对比研究以及一般性建议。其中，建议主要是针对目的地的短期目标（1～2 年）和中期目标（3～4 年）提出的。

五、展望

作为非营利组织的世界优秀目的地中心很好地避免了众多商业性旅游规划咨询机构的“赢利冲动”，转而聚焦于整合全球旅游专家智慧形成学术创新与提升的平台，通过对全球各具特色的旅游目的地的系统性评价，使其评价系统和检验结果具有较好的启发和推广价值。

优秀旅游目的地评价系统还需要根据不同类型要求应用到更多旅游目的地进行检验，并逐步构建起基于目的地评价数据库的年度分析报告，以实现对全球优秀旅游目的地发展的持续监控和质量提升。

从世界优秀目的地的总体发展来看，其价值取向逐渐聚焦于两个方面，一是可持续旅游，偏重于自然，强调社会与环境责任的实现，从绿色目标及测度、多样性保护、能源与资源节约、温室气体减排等角度进行思考；二是可实现旅游（Accessible Tourism，又译为“方便旅游”），着眼于人文，关注旅游福利的公平提供，倡导为老弱病残等提供旅游服务便利，构建面向所有人的目的地。

相对于可持续旅游的耳熟能详，可实现旅游在欧美发达国家旅游目的地是正在引起关注的新领域。加拿大服务于生理受限人士旅游与文化需求的组织 Keroul 就因为构建了魁北克“可实现道路”（Accessible Road）而获得了联合国世界旅游组织 2011 年的尤利西斯奖，以表彰其作为非政府组织在旅游目的地发展上的创新贡献。

中国作为具有丰富地域差异性和文化多元性的旅游目的地国家，也应该推进相关组织在旅游目的地评价方面积极探索学术性、独立性和整合性的系统设计，并紧跟国际旅游目的地发展潮流，为成为世界第一旅游目的地国家打造更好的基础。

第十五章 企业视角下的绩效评价

【学习目标】

1. 掌握旅游目的地形象的测量与评价。
2. 掌握旅游目的地营销绩效评价。

【本章导读】

青海“清肺游”目的地形象吸引力增强

雾霾催热全球“清肺游”，新鲜空气、自然风光时下成为游客选择出行的关键。记者从中国旅游研究院、人民网、携程网等方面了解到，在此方面比较优势突出的青海更加吸引眼球，好空气、好生态、好环境，好山好水好天加速成为青海旅游聚集人气、促进增长的品牌资产。

据中国旅游研究院调查，长时间、大范围持续的雾霾天气，前所未有地刺激了人们健康出游的欲望，今年一季度雾霾被列入全球旅游警告首位，国内及入境游客对环境质量更为敏感。我省素有“高原净土”美誉，“十二五”以来，依托地理环境，我省积极推进生态旅游新高地建设，着力于培育“大众生态旅游、科考生态旅游、探险生态旅游、人文生态旅游”四大产品。

目前，随着“清肺游”迅速成为全球旅游主流产品，且随着省会西宁游客集散地及三江源区、青海湖环湖地区等全省范围生态环境持续优化，青海“净土旅游目的地”形象吸引力增强。

记者从省旅游局获悉，今年一季度是高原冬春旅游淡季，在题材清新鲜明的冰雪风光游、乡村休闲游、踏青健康游等旅游产品助力下，我省旅游淡季不淡，游客量和旅游收入双双上扬，接待国内外游客174.74万人次，实现旅游收入15.83亿元，同比分别增长12.8%和27.5%。同时，在全国60个城市游客满意度首季排行中，空气环境等给力也使西宁从排名后段跃升至中段。

中国旅游研究院院长戴斌说，大美青海自然清新旅游资源丰富，今后青海旅游一定能够从全球发展强劲的“清肺游”经济中获得更大收益。但他同时指出并建言，如今游客出行旅游越来越注重“好山好水好生活”，现代旅游发展不能单靠好山好水，青海需要进一步完善商业、生活、交通等综合服务体系，加大旅游配套服务设施建设，创造“旅游好生活”，增强旅游发展生命力。

（资料来源：《青海日报》2014 年 4 月 18 日第 001 版）

第一节　旅游目的地形象的测量与评价

旅游目的地形象研究始于 20 世纪 70 年代，并逐渐得到广泛关注。在竞争日益激烈的旅游市场，不管成熟的还是新兴的旅游目的地，目的地形象管理在保有或赢得市场份额上具有重要作用，有利于目的地的旅游企业正确认识市场定位，要有针对性地进行旅游产品的开发和宣传促销。

一、旅游目的地形象概念

“旅游目的地形象”概念的提出及研究虽然已经历了近 40 年的历程，但至今尚无统一的定义。

（一）国外的研究

国外对旅游形象的界定一般从单词“image”的释义出发。总体而言，一般认为“image”是认识主体对所认识对象的个人的、主观的了解与把握，是在大脑进行信息处理加工后形成的一种内在的信念和印象。由此引申出，旅游目的地的形象是指由旅游者对旅游目的地各种旅游吸引物及相关要素的总体印象。例如，Martin Selby 等人 1996 年从旅游者认知的角度提出了朴素形象（naive image）和再评估形象（re-evaluated image）的概念①；Seyhmus Baloglu 等人 1999 年指出，旅游目的地形象是一种表示旅游者个人态度的概念，它是指个体对旅游目的地的认识、情感和印象②；Martina G. Gallarza 等人 2002 年提出的旅游目的地形象的概念化模型同样着眼于旅游者的视角③；如此等等。

总的来看，国外多数文献从主观、个体的角度研究目的地形象，以及个体所接受的目的地形象如何影响其原有的观点和消费选择行为等方面。

① Selby, Martin, & Morgan, Nigel J. Recanstnxing Place Image: A Case Study of its Role in Destination Market Research [J]. *Tourism Management,* 1996, 17 (4): 287-294.

② Baloglu, Seyhmus, & McCleary, Ken W. A Model of Destination Image Formation [J]. *Annals of Tourism Research*, 1999, 26 (4): 868-897.

③ Gallarza, Martina G., Saura, Irene Gil, & Garda, Haydee Calderon. Destination Image: Towards a Conceptual Framework [J]. *Annals of Tourism Research*, 2002, 29 (1): 56-78.

（二）国内的研究

国内学者关于旅游形象使用了几种相近概念，如旅游形象、旅游目的地形象、旅游区形象等，一些学者给出了较有代表性的概念定义，邓明艳2004年指出旅游形象是旅游者在经历了旅游地旅游后，或潜在旅游者通过电视、杂志、广告、网络信息等媒体，获得的关于旅游地的总体印象①；廖卫华认为目的地形象是现实和潜在旅游者对旅游地的认知，是对旅游地各要素产生的印象总和，是旅游地特征在游客心目中的反映②；文春艳等人2009年指出旅游目的地形象是公众对旅游地总体的、抽象的、概括的认识和评价，是对区域内在和外在精神价值进行提升的无形价值，是旅游地现实的一种理性再现。③

（三）旅游目的地形象概念

借鉴国内外相关学者的众多研究成果，本书认为旅游目的地形象可以从两方面理解：

一是从市场需求角度理解，即旅游目的地形象是一种表示旅游者个人态度的概念，它是指个体对旅游目的地的认识、情感和印象。

二是从市场供给角度来理解，即旅游目的地或旅游经营商企图在潜在旅游者心目中树立的形象。

二、旅游目的地形象作用

（一）对旅游者行为的影响

旅游目的地形象是旅游者未来行为意向的最重要的影响因素，它通过直接和间接两种方式发挥作用。一方面，旅游目的地形象直接决定着旅游者对旅游目的地的选择；另一方面，旅游目的地形象通过影响旅游者的感知质量、感知价值以及满意度来间接作用于其未来行为（重游与推荐）。

J. Enrique Bign等人2001年曾针对旅游目的地形象、感知质量、旅游者满意度与购后行为的关系做过实证研究，他的研究结论指出，旅游目的地形象对旅游者的评价变量与行为变量都有着积极影响，目的地总体形象的改善既可以提高旅游者对目的地的质量感知及其满意度，也有助于增强旅游者的重游和推荐意愿。④

（二）为旅游目的地营销提供指导

首先，旅游目的地营销人员可以通过对旅游者感知形象的把握，有针对性的

---

① 邓明艳．峨眉山旅游形象定位的探讨[J]．西南民族大学学报，2004，25（4）：177～179

② 廖卫华．旅游地形象构成与测量方法[J]．理论探讨，2005（1）：140～142

③ 文春艳，李立华，徐伟，张清兵．旅游目的地形象研究综述[J]．地理与地理信息科学，2009（06）：105～109

④ J. Enrique Bigne, M. Isabel Sanchez, & Javier Sanchez. Tourism Image, Evaluation Variables and After Purchase Behavior: Inter-Relationship [J]. *Tourism Management*, 2001 (22): 607-616.

制定其定位策略。Martin Oppenn 等人 1997 年经过研究指出，旅游目的地形象是影响企业或社会团体选择会议地点的首要因素之一，因而会议型旅游目的地在其宣传促销工作中应该突出其能够满足潜在顾客需求的能力，树立更受潜在顾客欢迎的旅游目的地形象。①

其次，旅游目的地形象除了影响旅游者行为之外，还可以反映现有营销策略的优势和劣势，并为旅游目的地营销工作提供相应的指导。Martin Selby 等人 1996 年指出，旅游目的地营销人员在制定营销战略时，应该突出其积极形象、识别并消除消极形象的来源，争取将潜在旅游者转化为现实旅游者。②

三、旅游目的地形象影响因素

（一）旅游者主观影响因素

旅游者自身的特征差异性，对于旅游者感知目的地形象具有较大的影响。一方面，旅游者的心理特征，如偏好、价值观、动机、人格等对旅游者接受目的地形象传播和建设起到很大影响作用。有研究者通过实证研究得出结论，旅游者的某些心理因素，例如动机、文化价值观等对旅游者的访问前形象具有显著影响。另一方面，旅游者的社会特征，如年龄、受教育程度、婚姻状况等也会对目的地形象有很大影响作用。Seyhmus Baloglu 等人 1999 年的研究表明，年龄和受教育程度既影响旅游者的认知形象，也影响其情感形象。③

（二）宣传促销影响因素

旅游目的地的宣传促销向外界释放大量信息，其形式包括视觉、听觉等种类，内容因目的地的实际特征和优势各有不同，是市场供给层面的目的地形象在消费者心中的预设计。促销中的视觉信息是一个重要方面，它是旅游目的地形象的预测器，其吸引力、独特性以及结构是影响目的地形象形成的主要维度。信息来源的数量和种类也是影响目的地形象形成的重要外部因素，但它们仅仅作用于旅游者的认知形象。

相关研究表明，宣传促销信息来源的数量与旅游者认知形象之间呈中度正相关关系；信息来源中“口碑效应”和“广告”与旅游者认知形象之间也呈中度相关关系，但“专业咨询意见”和“书籍、电影、新闻”与旅游者认知形象之间的相关关系未能得到证实。

① Martin Oppermann, & Key-Sung Chon. Convention Participation Decision-Making Process [J]. *Annals of Tourism Research*, 1997, 24 (1): 178-191.

② Martin Selby, & Nigel J. Morgan. Recanstnxing Place Image: A Case Study of Its Role in Destination Market Research [J]. *Tourism Management*, 1996, 17 (4): 287-294.

③ Seyhmus Baloglu, & Ken W. McCleary. A Model of Destination Image Formation [J]. *Annals of Tourism Research*, 1999, 26 (4): 868-897.

（三）感知差距形成的影响因素

感知差距指旅游者在旅游行程之前所接受到的目的地形象信息和到访后的感知与目的地形象认知之间的差距。这种差距的形成受多方面影响。

一方面，旅游者行程过程中的感知和认知受到个人因素多方面影响，包括动机、积累的旅游经验以及旅游者的社会人口学特征（如性别、年龄、受教育程度、社会阶层、国籍等），这些因素将会引起旅游者在形成目的地形象过程中对信息的不同取舍，导致形象的感知差距。

另一方面，行程前的信息接收过程同样涉及诸多影响因素，旅游者的信息渠道、信息源，以及信息接收能力和接收量等都会影响目的地预设形象是否能预期在旅游者身上实现，这也是导致感知差距的原因之一。

此外，目的地及旅游供应商的信息传递过程中是否有信息附加行为同样会导致感知差距的形成。

所有这些都会对旅游目的地的形象建设起到较大影响作用。Asuncin Beerli等人 2004 年分析了信息来源与旅游者个人因素对访问后形象的影响，指出旅游经验水平与初次造访某一旅游目的地的旅游者的认知形象和重游旅游者的情感形象呈显著的正相关关系；旅游者的动机影响情感形象；旅游者的社会人口学特征与认知形象和情感形象之间也有重要关系。[①]

（四）其他社会、文化影响因素

旅游目的地形象并非一经形成一成不变，而会随着时间的推移而发生改变。影响其改变的因素主要有：旅游目的地所具有的各种资源特质以及旅游者在不同季节产生的不同旅游需求，政治动乱、流行文化、各种媒体（电影、旅行指南、杂志等）、体育活动以及国际性重大赛事，等等。

据国外相关学者的研究，政治动乱会给现有的旅游目的地形象造成负面影响；以流行电影为代表的流行文化对一些旅游者的认知形象与情感形象、对该目的地的访问兴趣具有显著影响，但并不能增强人们对该旅游目的地的熟悉程度；作为重塑城市形象的有效手段之一，体育活动在重塑城市形象过程中能够展示这个城市的某些优点，但也存在诸如可控性差、缺乏想象空间等一系列问题；国际性的重大赛事在短时间内可以改变旅游者对一个旅游目的地的形象感知，但这种变化与旅游者的国籍、受教育程度、年龄以及职业等都有关系。

---

① Asuncion Beerli, & Josefa D. Martin. Tourists' Characteristics and the Perceived Image of Tourist Destinations: A Quantitative Analysis: A Case Study of Lanzarote, Spain [J]. *Tourism Management*, 2004 (25): 623-636.

四、旅游目的地形象的测量与评价研究

（一）测量与评价方式

1. 多个旅游目的地形象的比较

每个旅游目的地形象都有其独特性，与此同时，不同旅游目的地形象之间又会存在一定的相似性。诸多学者对不同目的地的形象建设进行了测量与评价。

Muzaer Uysal 等人 2000 年比较了美国维吉尼亚州和中部地区与其具有竞争关系的 9 个州的形象，根据研究结果，维吉尼亚州的目的地形象凸显在自然与历史景观质量方面，但却没有突出的情感形象效应。据此，他提出维吉尼亚州在制订营销策略时，除了继续注重自身自然与历史景观高知名度优势的基础上，应通过差异化建立与竞争对手不同的特质来树立其情感形象。[①]

Joseph S. Chen 2001 年分别对前往亚太、北美和欧洲的韩国游客所感知到的目的地的形象进行了调查，指出韩国游客对亚太地区和北美地区的旅游目的地形象的感知具有“冒险性”；而欧洲在韩国游客心目中形成了“有很多有趣的场所”的印象；上述目的地中亚太地区是最受韩国游客喜爱的目的地。[②]

2. 单个旅游目的地形象的考察

这种研究方式以单个旅游目的地为对象，或者对某一旅游目的地形象的实际情况进行测量评价，或者对某一旅游目的地形象的前后变化进行分析对比。

其中，有研究者对约旦进行的实证研究指出，旅游者对约旦的总体形象比较积极，但是服务和接待设施方面存在的一些问题使其形象受损，约旦面临的一大挑战是如何将其与整个中东地区以及中东地区的其他国家的形象区别开来。据其他研究显示，我国香港在大部分被调查者心目中是“购物天堂”，它的缺点是拥挤、繁忙而紧张的城市环境。对于美国堪萨斯州的研究，其结果显示该目的地在被访问者中并未形成清晰的目的地形象，旅游者与非旅游者对堪萨斯州的旅游目的地形象持有不同认识。此外，有研究显示，俄罗斯在美国市场上的旅游目的地形象较为混乱，这主要源自美国与俄罗斯的旅游网站所提供的信息存在差别，美国的旅游经营商网站将俄罗斯定位为历史文化性旅游目的地，而俄罗斯的旅游经营商网站更为强调俄罗斯的自然景观。

（二）旅游目的地形象的测量与评价方法

刘国华等人 2010 年对旅游目的地形象的测量方法进行了总结研究，大致上可

---

① Muzaer Uysal, Joseph S. Chen, & Daniel R. Williams. Increasing State Market Share Through a Regional Positioning [J]. *Tourism Management*, 2000 (21): 89-96.

② Joseph S. Chen. A Case Study of Korean Outbound Travelers' Destination Images by Using Correspondence Analysis [J]. *Tourism Management*, 2001 (22): 345-350.

以区分为量化或结构式方法与质化或非结构方法[①]，其研究结果简述如下。

1. 量化测量法

“量化法”的基本思路是选取一系列评价属性，运用标准工具获取定量评价标准并通过数理统计得到某目的地的形象的量化数据，主要用于因果性研究、解释性研究和预测性研究。

（1）多向度量度法

多向度量度法（MDS）是一种数学和几何的技术，故可以用具有特定维度的图形来表达一组因素或偏好的数据。在这些图形中的点代表事物，点际的几何距离则代表事物间相似或偏好的程度。其优点为可解释复杂的数据关系，可作为形象感知的比较与分类。多向度量度法是将相似性的形象地点加以概念化，并呈现在空间知觉上，以说明代表性形象地点的相似目的地的相关位置。受访者被要求对某测量的刺激物做出许多相似或不相似的判断，这些判断被转换成相似性或距离矩阵。然后，由计算机程序把矩阵转换成地图（地图内的相似属性很接近、聚集一起，不相似属性则越来越远）。最后，通过分析者的推论或适合性程序的分析来区别各类目的地。

（2）对应分析

对应分析（CA）其实是多向度量度法中的一种分析方式。美国华盛顿州立大学的学者道甘•格苏怡（Dogan Cursoy）教授和美国印第安纳大学陈旭东（Joseph S. Chen）教授主要利用 CA 的分析手法调查德、法、英三国游客，其旅游目的不同时的旅游咨询行为差异。

（3）语义差别量表分析法

语义差别量表分析法由美国心理学家、心理语言学家查尔斯•埃杰顿•奥斯古德等人于 1942 年提出，并在 20 世纪 50 年代后发展起来。它是一次性集中测量被测者所理解的某个单词或概念的测量手段。针对某些词或概念设计出一系列正反形容词量表。请被测者根据对词或概念的感受与理解，在量表上选定相应的位置。语义差异量表以形容词的正反意义为基础，标准的语义差异量表包含一系列形容词和它们的反义词，在每一个形容词和反义词之间有 7～11 个区间。我们对观念、事物或人的感觉可以通过我们所选择的两个相反形容词之间的区间反映出来，它要求人们记下对性质完全相反的不同词汇的反应强度。在社会学、社会心理学和心理学研究中，语义差异量表被广泛用于文化的比较研究，个人及群体间差异的比较研究，以及人们对周围环境或事物的态度、看法的研究，等等。语义差别量表分析法的优点是测量的程序简单，可降低受测者被强迫对一个也许不正

① 刘国华，王红国．旅游目的地形象测量：基于国外文献的研究[J]．旅游学刊，2010（06）：83～87

确的形象标准化架构回答的风险，它包含了若干测项，这些测项是由两两相对的形容词所构成的。其缺点就是收集数据的要求较复杂，属性维度常有不明显的情形发生，除非重要的属性都已收集，否则很难去命名维度。

此方法也不宜进行过久，以免受试者有疲劳或单调感，影响反应的可靠性。若同时针对多个对象进行评析时，其测项的选择就不易兼顾。

（4）认知地图法

认知地图法（Cognitive Mapping）是美国心理学家、新行为主义代表人物之一的托尔曼（Tolman）教授提出来的。认知地图法是在过去经验的基础上，产生于头脑中的某些类似于一张现场地图的模型，是一种对局部环境的综合表象，既包括事件的简单顺序，也包括方向、距离，甚至时间关系的信息。托尔曼根据白鼠学习迷宫的实验提出，动物学习不是在一连串刺激和反应之间建立联系，而是在脑内形成了迷宫的格局。

此方法的受访对象是以目的地当地居民或对此目的地熟悉的人为主，要求受访者画出旅游目的地的地图，并标出当地特殊且可以供外来旅游者参考的景点或事物，研究者再依地图的内容归纳整理，判断受访者心目中形象的构成要素。

认知地图法最主要的目的是用来确定旅游目的地的方向、周围环境与空间位置。其优点为简单、容易操作，而缺点为较困难获得定量的数据。认知地图法已成为认知地理学研究的基础方法，认知地图法用来确定都市空间架构以及旅游区（点）的分布，归纳出受测者心目中景观形象的构成要素。

2. 质化测量法

（1）凯利项目网格法

项目网格法是由凯利（Kelly）提出来的，最主要的目的是测验感知系统的简单与复杂程度。凯利把人的活动与科学活动类比，认为每个儿童从出生起就是“最初的科学家”，有主动形成观念的能力；此后人们在一生中不断形成关于世界的推测，在其指导下预期和控制生活中发生的事件；每个人遇到新情境时，将对某种情境做出个人建构。

凯利认为，像现实世界中的事件客观存在一样，人们关于它们的推测也是客观存在的，这些推测也同样可以用科学的方法加以研究。由此，凯利发展目录网格法来探索个人建构系统，可以用此方法了解个人的世界、处境与所关心的事物。虽然目录网格法原先是为研究人的交互心理而发展出来的，但也可以用于探索个人心目中的旅游目的地形象。

（2）照片导出法

照片导出法（Photo Elicitation）最早是由克莱尔（Collier）提出，他首先描述的图片导出是由形象引导的采访中的开放式采访里一个简单的变动，这些形象通常由研究者呈现出题材世界的照片。伯特利（T. D. Botterill）与可奥姆普顿（J. L. Crompton）将照片导出法发展到用于从个体旅游者的观点调查旅游体验，他们通过运用个人假期快照和宣传手册图片将贮备格栅技术与视觉现象结合，得出有关特定目的地形象的构造。在第一次公开发表的研究中，研究者要求一个旅游者用她自己拍的6种颜色的风景照片来探究她对墨西哥度假地的想法，运用三元素程序，要求旅游者识别图片中的两个是怎样相似而区别于第三个，结果得出的构造表明她对墨西哥的个人感知基于她的亲自的体验。在进一步研究中，伯特利与可奥姆普顿展示了两个到英国的美国人的个人构造系统以及这些系统在旅游体验前后是怎样变化的。[①]

（3）内容分析法

内容分析法（Content Analysis）是利用图文信息如指南书或旅游小册子中的照片图像来分析其内容，由此种方法可以提供大量关于目的地形象的资讯。内容分析法是非介入性研究的一种。所谓非介入性研究，是指在不影响研究对象的情况下研究社会行为的方法。

在旅游目的地形象研究中，内容分析法是指利用图文信息（如指南书籍或旅游小册子中的图片）来分析其内容，由此种方法可以得到大量关于目的地形象的信息。内容分析法的优点主要是成本较小，缺点是局限于已经记录下来的内容，并且较难取得较好的信度和效度。

（4）自由揭露法

自由揭露法（Free Elicitation）是了解人类行为的一种方法，在营销研究上以文字联想来引出个人对产品的主观认知。

自由揭露法应用于旅游形象的衡量，不是要揭露隐含动机，而是使受访者以自己的文字表达显著的刺激目标。所以，受访者的主观形象认知意识较强，描述不清的文字将无法反应清晰的形象。由于每个人想法不同，依经验法则可将某些回答特殊者予以剔除而达到衡量目的。

该方法最大的优点是资料搜集过程简单，可用邮件、电话、面访等方法调查，数据分析也比较简单，而且受访者的回答是明确的。其缺点是需要广泛调查不同旅游区的属性，否则无法建立可比较的属性表。

3. 旅游目的地形象的综合测量方法

现有的目的地形象测量研究多使用“量化法”。这一方法具有可控性、直观性强、易于统计与比较等优点，但可能会因为不能涵盖所有目的地属性而无法全面反映其形象，同时很难反映目的地特色。就体现目的地的独特性和整体构成而言，

① Botterill, T. D., & Crompton, J. L. Two Case Studies Exploring the Nature of the Tourist's Experience [J]. *Journal of Leisure Research*, 1996, 28 (2): 57-82.

质化法更为有效，其优势在于可以反映目的地社会化了的特征形象和游客感知的显著属性。显然，形象测量中最丰富、最有效的数据产生于两种方法的结合。

艾奇特勒（C. M. Echtner）与瑞特奇（J. R. Ritchie）认为，虽然量化式的方法可以很有效率地测量一般（Common）与属性（Attribute）的形象，但对于独特（Unique）与整体（Holistic）的形象却没有作用，唯有利用质化式的方法才能达到效果。①因此，他们基于这样的目的发展了一个多重的测量方法：

- 利用开放式问题搜集目的地形象的整体与独特成分；
- 发展具有信效度的测量尺度来衡量一般与属性的目的地形象。

第二节　旅游目的地营销绩效评价

一、旅游目的地营销

旅游目的地营销是以旅游目的地营销组织为主体的诸利益相关者识别现实和潜在的目标市场，有意识地运用媒体及其他营销手段有选择地对目的地的整体形象进行传播，从而吸引更多的目标消费者来目的地旅游，并通过旅游者和东道社区的共同满意来实现目的地可持续发展的管理过程。

旅游目的地营销的主体是目的地管理组织，客体是目标旅游者，媒介是旅游目的地形象，它贯穿于从旅游者和潜在旅游者产生旅游动机、发布相关信息引导旅游者的目的地选择、实际出游到旅游者最终返回客源地的整个旅游活动过程，已成为连接旅游者和目的地主体的主要手段。

二、旅游目的地营销的目标

旅游目的地营销的战略目标是平衡目的地各方利益，促进当地群众的长期福利，通过最大化满意度来取悦游客，最大化当地企业的利益以及最大化乘数效应，通过确保经济利益与社会文化和环境成本之间的持续平衡来最优化旅游影响。

三、旅游目的地营销绩效评价

旅游目的地营销绩效评价是指为了实现目的地营销目标，运用恰当的评价方法，选取适当的评价指标，对目的地营销的实际效果以及其对目的地发展的贡献

---

① Echtner, C. M., & Ritchie, J. R. The Measurement of Destination Image: An Empirical Assessment [J]. *Journal of Travel Research*, 1993, 31 (4): 3-13.

和价值进行测定和评估。

（一）目的地营销绩效评价指标的选取原则

1. 系统性原则

旅游目的地营销是一项涉及众多利益相关者的系统性工程，选取的评价指标应能全面地反映目的地营销工作的各个方面。各个评价指标要相对独立，防止同一指标或相近指标的重复和相互涵盖，同时，这些指标也应相互关联，相互补充，从不同的角度反映评价对象的情况，共同构成有机整体。

2. 可行性原则

评价指标的选择应该考虑相关数据获取的可能性、渠道以及难易程度，对一些在理论上具有意义，但现实数据不可得或难于获得的指标，要进行舍取。同时，指标应能被清晰地界定，以减少主观判断带来的偏差，便于实践操作，增强指标体系的实用性。

3. 可比性原则

营销绩效评价本身就是一个比较的过程，因此，指标的选取要利于评价结果与评价目标、不同评价对象、不同评价结果之间的比较，具有横向和纵向上的可比性，以利于发现营销中存在的差距和问题。

4. 目的性原则

评价指标的选取是为特定的目的服务的，因此，要从旅游目的地实际情况出发，根据旅游目的地旅游业发展的特定阶段及营销目标，反映营销绩效评价的特殊要求，并为未来工作的改进提供可靠的基础。

5. 科学性原则

指标的选取应符合旅游目的地营销的性质、特点以及内在规律，使选取的指标与评价结果之间存在必然的因果联系，从而能够客观、准确地反映评价对象的真实状况。

（二）评价指标选取应注意的问题

1. 注重短期指标与长期指标的结合

短期绩效是目的地得以生存的基础，也是目的地营销绩效最直接的表现，因此，要关注旅游收入、接待量等短期绩效指标，关注目的地现阶段的市场竞争力。但仅仅依靠短期指标对营销绩效进行评价是不够的，在呼唤旅游可持续发展的时代，更要关注无形的、长期的绩效，以获得市场成功和持久的竞争优势；同时，有些营销努力的结果需要较长的时间才能显现出来，这就要求不能仅仅关注短期绩效指标，还要关注感知质量、旅游者满意度、旅游者忠诚等长期绩效评价指标。

2. 注重外部指标与内部指标的结合

旅游者是旅游目的地营销的对象，营销活动的最终目的就是通过更多目标旅游者的获得来增加旅游目的地的收益，旅游者指标是目的地营销的重要指标，但并非唯一指标。由于旅游目的地产品的生产与消费是在目的地同步发生的，旅游目的地从业者及当地居民对旅游者的态度是旅游经历的重要组成部分，影响旅游者的目的地感知和后续行为，成功的旅游发展依赖于相互作用的旅游者和当地社区的共同满意来实现。因此，目的地营销绩效测量不能仅仅关注旅游者方面的指标，也要关注目的地内部营销效果。

3. 注重财务指标与非财务指标的结合

财务指标是旅游目的地营销绩效评价的重要指标，旅游目的地营销就其本质而言是一项经济活动，经济目标的实现是旅游目的地通过营销提升竞争力的重要表现，也是旅游目的地营销的终极目的，因此要关注目的地营销的财务指标。但旅游活动的综合性决定了旅游目的地营销影响的复杂性和多面性，因此，还要关注竞争性和消费者等其他指标，从而多角度、多层次全面地反映旅游目的地营销绩效。

4. 注重定量指标与定性指标的结合

目的地营销的复杂性决定了其评价指标既包含定性指标也包含定量指标，对销售额、利润率、市场占有率等可量化的指标，可利用已有的统计数据进行评价，对不能量化的定性指标，则可根据其具体特点采用问卷调查法、专家测评等方法给出评价结果。

（三）旅游目的地营销绩效评价指标体系

1. 旅游者领域

旅游者是目的地营销的对象，目的地营销必须做到以旅游者的需求为出发点，满足他们的需求并提高其满意度。

旅游目的地营销效果在旅游者领域主要表现在质和量两个方面，具体有以下指标：旅游人次增长率、旅游者逗留时间增长率、旅游者人均消费增长率、旅游者满意度等。

2. 目的地形象领域

目的地形象是人们对旅游目的地各种感知、印象、看法、感情和认识的综合体现，旅游目的地营销的主要目标之一就是要建立合适而具有吸引力的目的地形象，并通过各种途径广泛传播，强烈的、积极的目的地形象有助于吸引更多的游客，消极的目的地形象则会对目的地旅游业发展带来许多不利影响。

旅游目的地营销效果在目的地形象领域可由两个具体指标来衡量，即目的地知名度和目的地美誉度。

3. 经济领域

经济领域的相关指标是评价旅游目的地营销效果的重要指标，这方面的指标包括旅游目的地营销所产生的直接经济效果指标和间接经济效果指标两大类指标。

其中直接经济指标包括：目的地旅游总收入增长率、目的地旅游行业收入增长率、目的地旅游企业收入增长率等；间接经济指标主要反映目的地旅游收入的乘数效应，具体指标有：旅游业间接产出的增长率、旅游经济容纳就业量的增长率、旅游出口增长率等。

4. 社会文化领域

社会文化效应涉及的因素较为复杂，难以量化，特别是对某些民族文化浓郁的地区，许多社会文化效应都带有争议性。因此，对旅游目的地营销社会文化效应的评价一般采用定性分析的方法，可从物质和精神两个层面上进行。

物质层的主要指标有：目的地历史遗迹和古建筑的保护力度、目的地公共设施改善程度、居民生活环境改善度及居民利用公共设施的机会等。

精神层的主要指标包括：目的地居民的休闲机会、与外界的文化交流、当地文化的优越感、对历史文化的展览需求等

5. 生态环境领域

旅游业是自然资源依托性较强的产业，对生态环境具有较强的依赖性，旅游目的地营销不仅要依赖各种自然资源和生态环境，而且要在利用的基础上加以保护，做到可持续旅游目的地营销。

旅游目的地营销效果在生态环境领域内主要体现在生态资源和环境两个方面，具体指标包括：自然景观、野生动植物、植被、水体、空气质量、声音、清洁程度等。

（四）旅游目的地营销绩效评价方法

在选取恰当指标的基础上，要使营销绩效评价结果具有说服性，还要选择合适的评价方法。福克纳 1997 年通过文献回顾，系统总结了各种旅游营销绩效评价方法的优劣，结果简述如下。

产出分析可以用来测定总的影响，但很难区分哪些结果是当前广告带来的，哪些变化是环境带来的。

跟踪研究法监测了市场认知、兴趣、偏好和意向的变化，但存在着不足，因为意向变化最后不一定转化为实际行为。

转换研究法是常用的方法，但因本身固有的缺陷而受到一些研究者的质疑。

多元分析法反映了营销绩效评价应在更为广泛的环境因素背景下进行，但因影响因素众多，区分难度较大。

实验和半实验设计法虽然为营销绩效评价提供了一种较为理想的方法，但其结果受选定地区居民响应性的影响。

成本利润分析法是任何评价的底线，但是很难对单个战略的有效性进行定量分析。

市场份额分析法为监测目的地营销绩效提供了有用的基础，但单纯的市场份额分析法不足以说明目的地国家营销组织的绩效。

第十六章　社区视角下的绩效评价

【学习目标】

1. 掌握旅游目的地居民对旅游影响的感知评价。
2. 掌握旅游目的地居民幸福指数评价。

【本章导读】

旅游目的地满意度指数日本最高

根据最新的《尼尔森中国出境游报告》显示，中国香港地区是中国内地居民出境游的首选目的地。

华北和华东地区的民众将法国作为第二选择；而中国南部和西部的居民，分别偏爱中国澳门和澳大利亚，两地的受青睐程度仅次于中国香港。

《尼尔森中国出境游报告》采用了电话访问和在线调查相结合的方式，于近期对中国26个城市的4103名出境游客进行了深入调查，涵盖了出境商务游和休闲旅游。这些普通消费者中有2617名来自北京、上海等23个直辖市和省会城市，其余1486名游客来自中国其他主要城市。

日本并非最热门旅游目的地。

毫无疑问，中国居民出境游的首要目的在于观光（81%）和购物（60%）。“鉴于文化多样性和差异性，中国人对旅游有着独特的需求。认识到这些需求，并采取针对性的市场策略对于争取消费者而言至关重要。”尼尔森公司旅游与休闲业务研究副总监潘文博士这样评论。

根据尼尔森的“旅游目的地满意度指数”，排名前十位的令人满意的旅游胜地得分均介于70～81之间，其中日本以81位居榜首，紧随其后的是澳大利亚79。尽管如此，日本和澳大利亚并非最热门的旅游目的地。从旅行次数来看，中国内地游客最热衷的中国香港地区和中国澳门地区在游客满意度方面反而不高，排在日本、澳大利亚、英国、新加坡、美国和法国之后。

（资料来源：《广州日报》2008年9月1日第019版）

第一节　旅游目的地居民对旅游影响的感知评价

一、旅游目的地居民旅游影响感知的发展变化

旅游的快速发展能够引起目的地居民对旅游影响的认知和他们对当地旅游业发展的态度的改变，而他们对旅游业的态度又在一定程度上决定着目的地旅游业的兴衰成败。因此，考察旅游目的地居民对旅游影响的感知水平及其态度倾向，对于旅游目的地管理组织制定科学发展战略、实现目的地旅游业的可持续发展具有十分重要的现实意义。

自20世纪70年代以来，许多研究人员开始展开对旅游影响的评价研究，时至今日这仍然是学术界关注的一个热点。从早期的关于居民旅游感知的文献中可以发现，大量地涉及到了感知内容方面的研究。早期研究主要是从经济影响感知、社会文化影响感知、环境影响感知这三方面来进行考察研究的。D. Getz早在1986年就考察了居民对旅游的经济影响的感知，现今则越来越多地关注了文化、社会和环境影响的居民感知。[①]到了21世纪初，国外学者对居民的旅游影响感知的类型分得越来越细。例如，Gursoy等人2002年和2004年先后指出应该从成本和利益两个角度研究居民的感知，并将影响感知划分为五个方面：经济利益、社会利益、社会成本、文化利益和文化成本等。[②]下面对国内外的相关研究发展变化做一简要的概述。

（一）国外的相关研究发展变化

1. 20世纪90年代前的研究

自20世纪60年代开始，旅游地居民感知研究开始成为国外旅游社会学和旅游地理学领域内的研究热点。到70年代以后，国外对旅游地居民旅游影响的感知研究开展越来越广泛，内容涉及目的地居民对旅游社会文化影响、旅游环境和经济影响的认知等不同领域，同时包括正面影响和负面影响的感知研究。例如，多克塞1975年根据在巴巴多斯和尼亚加拉湖区的案例调查，总结得出旅游对目的地社会文化影响，可根据当地居民对旅游发展的态度划分为五个阶段：陶醉阶段、

① Getz, D. Models in Tourism Planning Toward Integration of Theory and Practice [J]. *Tourism Management*, 1986 (7): 21-32.

② Gursoy, D., C. Jurowski, & M. Uysal. Resident Attitudes: A Structural Modeling Approach [J]. *Annals of Tourism Research*, 2002 (29): 79-105; Gursoy, D., & D. G Rutherford. Host Attitudes Toward Tourism: An ImProved Structural Mode [J]. *Annals of Tourism Research*, 2004, 31(3): 495-516.

冷漠阶段、恼怒阶段、对抗阶段、后续阶段。[①]从 80 年代到 90 年代，更多的研究者开始关心目的地居民旅游的态度对旅游规划、旅游业管理等实践工作的紧密影响。

2. 20 世纪末期的研究

20 世纪 90 年代，一些学者进行的社会调查研究指出目的地居民对不同的旅游形式、不同的游客，反映是不一样的。此外，由于研究中使用概念、测量指标以及统计方法不一致，研究结果往往不能比较对照，无法得出系统的结论和理论。因此，一些学者开始尝试建立较为系统的旅游影响态度量表（Tourism Impact Attitude Scale，TIAS），例如，V. Lanktord 和 D. Howard 1994 年建立了包含 27 个变量指标、2 大类因子的态度尺度模型[②]；尼古拉斯·哈拉兰博普洛斯等人 1996 年以希腊爱琴海东部的萨摩斯岛为例，研究了当地居民对旅游影响的感知[③]；Dvadi Giblert 等人 1997 年以英国 Canterury 和 Guildford 两个城市为例研究了居民对旅游影响的感知[④]；如此等等。

3. 国外 21 世纪以来的研究

进入 21 世纪以后，国外的相关研究更加科学细致，例如，Elizabeth Frediline 和 Bill Faulkner 2000 年通过聚类分析，把对旅游发展持不同态度的居民分为有矛盾的支持者、憎恨者、现实主义者、热爱者和顾虑者[⑤]；Randall S. Upchurch 和 Una Teivare 2000 年运用巴特勒的生命周期理论对拉脱维亚的首都里加居民进行调查研究，指出随着旅游者的进入和旅游业的发展，旅游使当地社会群体产生了一些分歧和矛盾[⑥]；安东尼等人 2002 年研究了旅游地居民对旅游文化价值的感知，分析了本土居民和非本土居民之间旅游文化价值感知的差异[⑦]；如此等等。

（二）国内的相关研究发展变化

1. 20 世纪 90 年代的研究

国内相关研究起步较晚于国外，自 20 世纪 90 年代初开始，主要进行的是旅游地居民旅游感知与影响的个案研究。例如，陆林 1996 年对皖南旅游区居民态度

---

① Doxey, G. V. A Causation Theory of Visitor-Resident Irritants: Methodology and Research Inferences [A]. Sixth Annual Conference of Travel Research Association: The Impact of Tourism. San Diego, CA: 1975, 8: 8-11.

② Lankford, S. V., & Howard, D. Developing a Tourism Impact Attitude Scale [J]. *Annals of Tourism Research*, 1994, 21 (1): 121-139.

③ Haralambopoulos, Nicholas, & Pizam, Abraham. Perceived Impacts of Tourism: The Case of Samous [J]. *Annals of Tourism Research*, 1996, 23 (3): 503-525.

④ Gilbert, David, & Claiic, Maiic. An Exploratory Examination of Urban Tourism Impact, With Reference to Residents Attitudes, in the Cities of Canterbury and Guidford [J]. *Ciries*, 1997, 14 (6): 343-352.

⑤ Frediline, Elizabeth, & Faulkner, Bill. Host Community Reactions—A Cluster Analysis [J]. *Annals of Tourism Research*, 2000, 27 (3): 763-778.

⑥ Upchurch, Randall S. & Teivare, Una. Resident Perceptions of Tourism Development in Riga, Latvia [J]. *Tourism Management*, 2000 (21): 499-507.

⑦ Antonia Besculides, Martha E. Lee, & Peter J. McCormick. Residents' Perceptions of The Cultural Benefits of Tourism [J]. *Annals of Tourism Research*, 2002 (2): 303-319.

的调查研究，指出皖南不同社会经济背景条件下的居民对旅游的态度差别并不明显，共性大于个性[①]；王宪礼等人1999年从犯罪率、生活水平、文化、不满情绪等方面检测了长白山生物圈保护区居民对旅游正负面影响的感知等。[②]

2. 国内学者21世纪的研究

进入21世纪以来，我国的相关研究进入了一个全新的时期。例如，王妙2001年应用比较文化理论对旅游地社会文化影响进行分析，指出主客之间的文化差距具有示范效应[③]；宣国富2002年研究了海滨型旅游地（以三亚和海口为例）居民对旅游影响的感知[④]；杨效忠2003年以普陀山为对象探析了目的地居民感知特征、成因与旅游地生命周期的规律关系[⑤]；苏勤和林炳耀2004年通过研究指出国内外旅游地居民对旅游发展的态度与行为存在明显分化，国内居民较国外居民对旅游发展表现出更为积极的态度和支持行为[⑥]；卞显红2005年以太湖为研究范围开展了居民态度与社区问题等研究[⑦]；李志飞2006年以土家族居民为对象分析了对少数民族对旅游影响的感知等。[⑧]

二、影响目的地居民旅游感知的因素

旅游地居民对旅游感知受多种因素的影响，不同旅游地居民对旅游影响感知不同，同一旅游地居民，不同的社区间以及在同一社区内的不同群体和不同时间也存在差异。影响旅游目的地居民旅游感知的因素可以分为如下方面。

（一）目的地居民的人口统计学特征

这方面影响因素包括：性别、种族（民族）、年龄、学历、家庭人均月收入、出生地、居住时间等，不同学者的实证研究结果证明，居民人口统计学特征不同，对旅游影响的感知会有差异。

（二）居民与旅游的联系程度

不少学者研究发现：居民与旅游者接触的程度，影响他们对旅游及旅游者的态度，而且居民对旅游知识及当地经济了解的程度影响其对待旅游业发展及旅游者的态度。

此外，从事旅游业的居民其工资收入与当地生活水平之差异对其态度有很大

① 陆林．旅游地居民态度调查研究——以皖南旅游区为例[J]．自然资源学报，1996，11（4）：377～382

② 王宪礼等．长白山生物圈保护区旅游的社会影响分析[J]．旅游学刊，1999，14（2）：65～70

③ 王妙．旅游对接待地的社会文化影响[J]．天津商学院学报，2001（4）：35～37

④ 宣国富．海滨旅游地居民对旅游影响的感知——海南省海口市及三亚市实证研究[J]．地理科学，2002，22（6）：741～746

⑤ 杨效忠．普陀山生命周期演化机制与旅游结构[D：博士学位论文]．芜湖：安徽师范大学，2003

⑥ 苏勤，林炳耀．基于态度与行为的我国旅游地居民的类型划分——以西递、周庄、九华山为例[J]．地理研究，2004，23（1）：104～114

⑦ 卞显红．旅游发展中居民态度与社区问题研究[J]．人文地理，2005（4）：95～100

⑧ 李志飞．少数民族山区居民对旅游影响的感知和态度[J]．旅游学刊，2006（2）：21～24

影响，若其工资收入高于当地平均生活水平，且工作环境良好，则居民对旅游业持支持态度；相反，若其工资收入低于最低生活水平，且工作条件恶劣、职位低下，居民则对旅游业持否定态度。

（三）经济感知影响因素

旅游目的地居民所感受到的主要正面影响多与经济方面相关，而负面影响则主要表现在交通、个人犯罪、组织犯罪、吸毒、酗酒等方面。居民对旅游发展经济利益影响的感知，同其旅游支持态度间呈现显著的正相关关系，即居民感知的旅游发展的经济利益越大，越倾向于支持旅游业的发展。不少学者的实证研究也都证明了这种正相关关系。

（四）环境感知影响因素

研究表明居民对旅游环境影响的感知影响了居民对旅游发展的态度，二者间存在直接的负效应，居民高度关注由于旅游发展而引起的环境的变化。

（五）社会文化影响因素

谢尔登 1984 年研究指出，文化差异越大，旅游的社会影响越大。还有学者研究发现，居民社会文化负面影响的感知与居民支持旅游发展态度间并不存在显著、直接的负相关关系。①

（六）居民参与旅游发展经营管理水平感知

居民参与目的地发展的决策会影响其对旅游业及旅游者的支持程度和态度，一旦居民参与了社区的各种活动，他们就会更为支持社区的变迁及发展。如果目的地的发展忽略或缺乏地方居民参与，则会导致居民对旅游发展的反对，削弱他们对旅游者的容忍度，并增强他们对旅游进一步发展的敏感度。社区居民参与目的地发展决策的机会越多，他们就越能够理解具有地方特色的旅游业的重要性，从而对旅游业持积极、正面的态度。

三、目的地居民旅游影响感知的评测指标

学者李德山等人 2010 年总结了国内外对居民旅游影响感知的研究，发现目的地居民对旅游影响的感知的指标达 194 个之多，充分说明了旅游发展给当地带来的影响是十分复杂的。该研究对指标综合出现的频次大于 30%的指标进行了汇总分析，为目的地居民旅游影响感知评测提供了很好的参考依据。②

---

① 参见王忠福，张利．旅游地居民旅游影响感知及影响因素研究综述[J]．经济地理，2010（09）：1563～1568，1579

② 李德山，韩春鲜，杨玲．旅游地居民对旅游影响感知研究综述及中外研究比较[J]．人文地理，2010（05）：142～147

（一）影响内容划分的指标

把旅游影响划分为经济影响、社会文化影响、环境影响三类进行分析。

有关经济影响的指标有：增加就业机会、提高个人收入、本地更加拥挤、生活水平提高、基础设施改善、物价上涨、促进经济发展、增加税收、吸引更多的投资、贫富差距增大等。

属于社会影响的指标有：犯罪率上升、更多娱乐机会、促进当地文化发展、增加文物保护力度和机会、传统文化受到影响、有利于文化交流等。

属于环境影响的指标有：增加环境污染、造成更多的垃圾、造成的噪音增多等。

（二）影响结果的划分指标

把影响划分为积极影响和消极影响两类来分析。

属于积极影响的指标有：增加就业机会、提高个人收入、生活水平提高、基础设施改善、促进经济发展、增加税收、吸引更多的投资、更多娱乐机会、促进当地文化发展、增加文物保护力度和机会、有利于文化交流。

属于消极影响指标有：本地更加拥挤、物价上涨、贫富差距增大、犯罪率上升、传统文化受到影响、增加环境污染、造成更多的垃圾、造成的噪声增多。

四、评价方法

旅游目的地居民旅游影响感知的评价方法分为 4 种类型，分别是定性研究、基础统计分析、复杂统计分析、其他定量分析（如模糊数学方法、条件价值法、灰色关联分析等）。其中，基础统计分析包括均数、频数、相关分析、统计检验等，复杂统计分析包括因子分析、聚类分析、回归分析、结构方程模型等。

从现有研究来看，国内外学者都以基础统计分析为主，这是因为在对当地居民对旅游影响感知的研究时，大多数研究人员都采用问卷调查法，对各种影响进行量化测评。在对结果进行分析时，自然会采用基础统计分析中的各种方法进行初步研究而得出结论，所以国内外普遍采用基础统计分析方法。

国外的复杂统计分析占的比列为 50%，其他定量分析占的比例为 9%，这两种方法在国外占的比例为 59%，国内两种方法的比例为 24%（分别是 22%和 2%。国内的定性研究方法所占的比例为 29%，明显要高于国外（12%）。说明国内旅游影响研究使用的研究方法都以基础统计方法为主，但国外使用的数学分析方法要远多于国内。

第二节 旅游目的地居民幸福指数评价

近年来，大批的心理学家、经济学家和社会学家展开了对幸福感、幸福指数的研究。旅游目的地居民幸福指数研究的最终目的，是通过调查、分析和研究，找出影响旅游目的地居民幸福感的主要因素，为目的地政府制定有助于改进目的地居民生活方式，进而提升幸福感的产业政策提供参考。

一、幸福感的内涵

幸福源于需要和欲望，幸福是人生重大需要和欲望得到满足、生存和发展的某种完满的心理体验。Diener 1984 年指出，作为对幸福的主观感受，幸福感是个体依据自定的标准对其生活质量的整体评价，它由认知和情感成分构成，具有主观性、整体性和相对稳定性的特点。[①]

二、旅游目的地居民幸福感的三元性

从旅游影响的角度看，旅游目的地居民幸福感是目的地居民通过开展旅游生产、生活实践活动所获取的幸福感受，是对旅游的经济、社会文化和环境影响的稳定、正面的心理体验。

从幸福的源头看，幸福源于个人生活和人际生活的满足，幸福感的影响因素也是其需要、欲望满足度的受制因素，而人的需要基本可分为物质性需要、人际性需要和精神性需要。

三、旅游目的地居民幸福指数的概念

在社会学领域，指数则是对社会事实或现象的一种量化标准。因此，确切地说，旅游目的地居民幸福指数体现的是旅游目的地居民在一定时期主观生活质量的变化程度，是对旅游目的地居民幸福感的一种量化标准。

具体而言，旅游目的地幸福指数是用以反映目的地居民幸福感在某一时期内的数值和其在另一个作为比较标准的时期内数值的比较，它由旅游目的地居民的物质幸福指数、精神幸福指数和人际幸福指数构成。

---

① 参见黎志逸，赵云，程道品．旅游目的地居民幸福指数评价体系构建[J]．商业时代，2009（29）：104，106

四、旅游目的地居民幸福指数评价指标体系

指标体系的构建应以旅游目的地居民幸福感的基本内涵为出发点，关注幸福源头的两个方面，即个人生活和人际生活，以及三个层次，即物质性、人际性和精神性，由此设立旅游目的地居民幸福指数评价指标体系，如表 16-1 所示。

表 16-1　旅游目的地居民幸福指数评价指标体系

<table>
<tr><th>目的层</th><th>准则层</th><th colspan="2">评价层</th></tr>
<tr><td rowspan="16">旅游目的地居民幸福指数评价指标体系</td><td rowspan="4">物质指数</td><td rowspan="4">满足感</td><td>旅游对居民就业与收入状况影响程度的评价</td></tr>
<tr><td>旅游对居民居住条件及环境改善程度的评价</td></tr>
<tr><td>旅游对居民交通设施便利性影响程度的评价</td></tr>
<tr><td>旅游对公共安全及人身财产安全的影响评价</td></tr>
<tr><td rowspan="8">人际指数</td><td rowspan="8">价值感</td><td>对所受教育程度的评价</td></tr>
<tr><td>对职业发展现状的评价</td></tr>
<tr><td>对所处社会角色的评价</td></tr>
<tr><td>对未来发展空间的评价</td></tr>
<tr><td>对亲情的评价</td></tr>
<tr><td>对友谊的评价</td></tr>
<tr><td>对婚姻的评价</td></tr>
<tr><td>对同事的评价</td></tr>
<tr><td rowspan="4">精神指数</td><td rowspan="4">愉悦感</td><td>对情绪愉悦程度的评价</td></tr>
<tr><td>对心态满意程度的评价</td></tr>
<tr><td>对心理健康程度的评价</td></tr>
<tr><td>对自我实现程度的评价</td></tr>
</table>

注：资料来源：黎志逸，赵云，程道品．旅游目的地居民幸福指数评价体系构建[J]．商业时代，2009（29）

第十七章　旅游者视角下的绩效评价

【学习目标】

1. 掌握目的地旅游公共服务体系评价。
2. 掌握目的地游客满意度评价。

【本章导读】

常熟加快旅游公共服务体系建设，全力打造区域旅游目的地城市

近年来，常熟以建设长三角区域旅游目的地城市为目标，积极实施“旅游活市”战略，加快建设旅游公共服务体系，城市旅游环境不断优化，旅游配套服务功能日益完善。

一、以市场化为导向，不断完善产品体系

一是推进城市旅游发展。坚持将城市整体作为一个旅游目的地进行规划与打造，以“旅游即城市，城市即旅游”理念为指导，提出了建设休闲城市、生态城市、花园城市的发展定位，全方位强化全市的旅游功能和休闲功能，推动“旅游城市”向“城市旅游”迈进。

二是实施旅游精品项目建设。提出了“走进经典沙家浜，感受山水常熟城”的旅游发展主题，沙家浜的红色经典和虞山尚湖的山水人文已成为常熟的特色旅游名片。同时注意走差异化发展之路，打造昆承湖、服装城、古城景区等多方联动，红色游、山水游、文化游、乡村游、购物游紧密互动的旅游格局。

三是引导旅游新业态发展。积极引导旅游产品从单一的观光产品向多样化的休闲度假等专项产品转型。投资12亿元启动的沙家浜温泉国际度假中心工程，经过3年多的精心打造，集旅游、娱乐、居住于一体的生态休闲度假区初现雏形。常熟服装城购物演艺中心、海星岛主题乐园相继投入运营，进一步丰富了旅游产品结构，提升了旅游市场竞争力。

二、以人性化为导向，不断完善功能体系

一是建立了融信息咨询、景区介绍、票务代理、特产购物、园林年卡发行等众多功能于一体的常熟旅游服务中心。

二是推进旅游交通通畅。常熟城区至沙家浜、尚湖等主要旅游景区点均开通了公交客运线路。2011 年建设涵盖主要景区景点的公共自行车租赁系统。近年来，对主要景区（点）及旅游服务设施的交通指引标志在高速公路及市级主要路网上进行了增设或改造。

三是优化接待服务结构。形成了以国际和国内著名品牌为龙头的、单体饭店为主体的、经济型饭店为新生力量的多元化饭店发展格局，现有星级宾馆 20 家，其中五星级 6 家，四星级 5 家，更有一批高星级宾馆正在申报中。同时，还有锦江之星、如家、速 8、宜必思等品牌快捷酒店，形成了不同的旅游住宿消费梯次，具有较强的接待能力。拥有国际国内旅行社 38 家，旅游车队 8 个，拥有一支素质高、技术精、业务强、服务好的专业人才队伍。

三、以信息化为导向，不断完善服务体系

一是推进旅游信息化建设。充分利用网络信息产权，创新营销手段，健全网络基础设施，利用《常熟旅游网》和《政务网》等数字媒体，发挥网络信息作用，强化旅游信息的开发，提供全面、详细、准确、及时的旅游信息，增加旅游资讯和网上预订、网上结算功能，为游客提供全方位服务，完善旅游信息化服务体系和公共服务平台。

二是完善旅游宣传资料。设计制作了多个系列的常熟旅游宣传资料，在全市三星级以上饭店、相关窗口单位及上海旅游集散中心、星级酒店的资料架上摆放，免费提供给中外旅游者和市民。创办《常熟旅游》杂志，创新旅游软性营销的新载体。

四、以规范化为导向，不断完善管理体系

一是推进旅游标准化建设。引导各旅游经营单位积极开展旅游标准化工作，对通过星级旅游景区(点)、旅游星级饭店认定、标准化良好行为确认和 ISO 9001、ISO 14001 等体系认证以及参与国家、行业、地方旅游服务标准制订的单位，给予一定的奖励和优惠政策。目前，全市已有沙家浜等 4 家 4A 级景区和 1 家高星级酒店通过了 ISO 9001《质量管理体系》和 ISO 14001《环境管理体系》认证。

二是完善市场监管体系。强化质量管理，完善质检网络。在市级质监所的基础上，新设立了沙家浜、虞山尚湖两个质量监督站。强化联合执法，完善监督机制。组建了由旅委主要成员单位组成的维护旅游秩序工作小组，开展联合执法检查，积极创造良好的旅游市场秩序。

三是加强人才队伍建设。通过举办行业先进评比表彰、行业竞赛等活动，树立示范形象。依托高校成立常熟旅游学院，集中、有序地对旅游从业人员进行业务培训、岗位培训，积极开展品牌导游讲解员培养工程，通过对旅游从业人员的文化素质、业务能力和服务水平全方位的教育培训，大力提升旅游从业人员的业务素质。

五、以多元化为导向，不断完善平台体系

一是加快旅游集散中心建设，完善旅游公共服务体系。依据功能设计规划，加快建设进度，加强宣传推广，力争早日投入运营。同时学习和借鉴外地成功经验和做法，结合实际，在中心功能设置和运行模式上探索创新，建立一批专业化、职业化的队伍，聘请一批职业经理人、专职导游、专业策划人员，提高集散中心人员的管理和服务水平，完善集散中心服务功能，真正把旅游集散中心建成融旅游交通、旅游集散、旅游信息咨询及服务、旅游购物等功能于一体的综合性旅游公共服务平台，建立和完善涵盖全市主要景区景点、重要公共场所的旅游信息咨询服务网络体系。

二是加快配套设施建设，完善城市旅游服务功能。完善城区至沙家浜、尚湖等主要旅游景区点的旅游公交客运专线，增加进入重点景区的旅游班车次数，根据常熟目前旅游景区开发现状及配套设施情况，适时推出常熟“一日游”和“二日游”旅游专线，围绕线路进行旅游各要素的整合和包装，形成特色鲜明、内容丰富的旅游线路，方便市民和游客出游；构建“一环七带”的城市慢行交通绿色网络，推出覆盖全市主要景区景点的公共自行车租赁系统；以沙家浜、虞山尚湖创建国家5A级旅游景区为契机，完善全市公共图形信息符号、旅游标志系统、旅游交通、导览等设施配套，不断健全标准化服务体系，构建诚信、规范的旅游环境。以虞景文华等特色街区为重点，完善城区休闲旅游功能，拓展城区休闲旅游空间，合理整合休闲场所，引导休闲场所的集中和规范，形成酒吧、茶馆、KTV等街区，提高城区休闲旅游的档次，丰富市民和游客的生活。

三是加快智慧旅游平台建设，提升公共旅游服务水平。建设面向游客的智慧旅游公共服务系统。包括对于常熟旅游网升级改造、建设常熟智慧旅游服务网WAP网站、常熟旅游手机报、短信平台、公众互动平台、智慧旅游一卡通、智慧信息传播与查询服务系统等，建设智慧旅游政务管理系统。在已有的常熟旅游政务网的基础上，依托智慧旅游云计算分中心的技术支持，实现与相关部门的信息共享，在未来的3年内完成对三星级以上旅游饭店、3A级以上景区和旅行社的数字化管理。建设旅游业态智慧旅游服务体系。充分利用多种现代信息化手段，引导、推动旅游企业采用信息化手段形成核心优势，推进“智慧景区”、“智慧饭店”、“智慧旅行社”试点示范建设。建设智慧旅游电子商务系统，为旅游企业和游客搭建支持各种方式的预订和支付功能网上交易平台。

（资料来源：《中国旅游报》2013年9月6日第010版）

第一节　目的地旅游公共服务体系评价

一、旅游公共服务体系内容构成

旅游公共服务体系的内容包含：旅游信息服务、旅游交通服务、旅游安全服务、旅游管理服务、旅游环境服务五个子系统。如表 17-1 所示。

表 17-1　目的地旅游公共服务体系表现形式

<table>
<tr><th>子体系</th><th colspan="2">表现形式</th></tr>
<tr><td rowspan="3">旅游信息服务</td><td>旅游咨询服务系统</td><td>旅游咨询服务中心/游客中心、旅游信息亭、旅游信息触摸屏、旅游服务电话、问讯电话</td></tr>
<tr><td>旅游网络信息系统</td><td>旅游政务网/电子政务、旅游企业门户网站公益信息等</td></tr>
<tr><td>旅游公共标识系统</td><td>旅游接待设施标识、环境解说、公共图形符号系统等</td></tr>
<tr><td rowspan="2">旅游交通服务</td><td>旅游通道服务设施</td><td>旅游绿色通道、旅游专线、旅游专列、特殊群体设施（无障碍通道）等</td></tr>
<tr><td>交通节点服务设施</td><td>旅游集散中心、旅游停车场、旅游站点、旅游码头等</td></tr>
<tr><td rowspan="2">旅游安全服务</td><td>旅游安全服务制度</td><td>旅游安全机制、旅游安全服务标准规范等</td></tr>
<tr><td>旅游紧急救援服务</td><td>旅游消费环境监测、旅游者权益保护</td></tr>
<tr><td rowspan="4">旅游管理服务</td><td>旅游政策法规系统</td><td>旅游有关法规、旅游行业规范、行业服务标准、地方旅游管理条例等</td></tr>
<tr><td>旅游教育培训</td><td>旅游行政管理干部培训、旅游企业中高层经营管理者职业培训、高技能人才和紧缺人才专项培训等</td></tr>
<tr><td>旅游消费促进</td><td>旅游优惠券、旅游一卡通</td></tr>
<tr><td>旅游规划与开发管理</td><td>旅游公共资源开发建设与管理</td></tr>
<tr><td rowspan="3">旅游环境服务</td><td>旅游自然环境</td><td>旅游地大气、水质、噪声等</td></tr>
<tr><td>旅游公共景点</td><td>博物馆、纪念馆等公共景点、各种游乐设施等</td></tr>
<tr><td>旅游生态环境</td><td>城市绿地、园林等</td></tr>
</table>

资料来源：谷艳艳．城市旅游公共服务体系构建与质量评价[D：博士学位论文]．上海：上海师范大学，2011

随着经济社会发展水平的提高和公众对旅游公共服务需求的多样化，以及不同区域旅游发展阶段的不同，旅游公共服务体系的内容也各有侧重。

（一）旅游信息服务

旅游公共信息服务是旅游公共服务体系建设的核心部分，是指为满足游客对旅游目的地旅游基本信息、旅游产品促销信息、旅游安全信息、公共环境等相关信息服务的需要，及时将开发加工好的信息产品以游客便捷的形式传递给相关旅游者。

旅游信息服务体系主要包含旅游信息咨询中心、旅游电子政务网、旅游宣传资料、旅游公共标识、旅游资讯服务平台等要素。旅游活动异地性的特点，决定了旅游者对旅游信息的需求贯穿旅游活动的全过程。随着我国旅游业的快速发展，旅游活动日益呈现大众化、常态化、散客化的趋势，游客对城市旅游公共信息服务的需求也日益强烈。

（二）旅游交通服务

交通是旅游业发展必不可少的先决条件，其发展状况对该地旅游业的发展起着重要作用。目的地旅游公共服务交通依赖于完善的公共交通设施，是指旅游者利用某种手段和途径，实现从客源地到旅游目的地以及在该地内部空间转移的过程。

旅游公共交通服务的发展，需要通过旅游景区、公共游憩区与公共交通方式的无缝对接，形成高效、便利、舒适的公共交通网络体系。同时，还需进一步提升公共交通的旅游便利性在目的地区域内部与周边目的地之间的联系，利用城市已有的水陆空立体交通网络体系，快速推进旅游公共交通网络建设。

（三）旅游安全服务

旅游公共安全服务是旅游公共服务的重要保障，也是社会安全保障体系组成部分之一。目的地旅游公共安全服务，是指旅游者的旅游活动能够顺利、安全进行、旅游业健康发展的保障。根据旅游活动的特点和旅游业运行的环节来看，旅游公共安全贯穿旅游活动的六大环节，分别为住宿安全、交通安全、游览安全、购物安全、饮食安全、娱乐安全六大类。旅游公共安全服务系统包含治安、安全预警、紧急救援、旅游保险、安全制度五个方面。

旅游安全保障是旅游经济稳定运行的重要保障。随着这种大众旅游的普及和发展，旅游者的安全问题日益增多，旅游安全成为全民关注的焦点。目前，在旅游活动过程中遇到的安全问题包括旅游犯罪，疾病，火灾，交通事故，以及探险、漂流、攀岩、蹦极等高危旅游项目以及娱乐设施安全事故等几个方面。

（四）旅游管理服务

旅游公共管理服务，是指为实现旅游功效的最大化，以旅游行政管理机构为主体的公共部门，运用行政、经济、信息、法律等手段，通过发挥组织、服务、监督、协调等职责，对目的地旅游业进行管理和调控的过程。

当前目的地旅游公共服务中的管理服务，就是要坚持以政府为主导，满足旅游公共服务基本需求，体现政府公共服务职能向“服务型”转型。同时创新旅游公共服务供给模式，对于非基本公共服务，可通过招标购买、委托代理等多种形式进行供给。从市场准入资格、服务质量标准、游客满意度测评等方面规范行业秩序，引导旅游市场健康发展。从满意度、投诉处理机制等方面，构建旅游公共服务沟通协调机制。运用旅游公共信息服务平台，表达旅游公共服务需求，展现旅游管理服务公共服务业绩。

（五）旅游环境服务

旅游地自然、生态、卫生等系列要素深刻影响着旅游业的发展。旅游公共环境主要包括生态、自然、卫生等方面。当前，旅游目的地对旅游公共环境日益重视，这主要是因为旅游目的地整体形象综合作用于旅游者对旅游目的地的选择和旅游活动的开展。

二、目的地旅游公共服务体系质量评价

通过旅游公共服务体系质量评价，有助于目的地对旅游公共服务体系建设进行检验，促进其找出差距，不断改善。这是推动旅游公共服务可持续发展，促进目的地旅游公共服务完善的有效办法之一。

（一）目的地旅游公共服务体系质量评价指标选取

1. 指标选取原则

（1）公共性、全面性的原则

政府是旅游公共服务的责任主体，城市旅游公共服务大多是公共资源，由政府提供。因此，城市旅游公共服务体系质量评价指标的选取必须符合公平、公正的要求，这是衡量旅游公共服务是否为游客和经营者满意的基本指标。同时，城市旅游公共服务体系质量评价是一项全面性的综合评价，因此选取的指标应尽可能是体现目的地旅游公共服务能力和发展水平的关键性和代表性指标，避免遗漏。

（2）科学性、系统性的原则

目的地旅游公共服务体系质量评价指标要建立在科学、客观的基础上，即指标含义简单明了，评价方法客观、科学。通过借鉴国内外公共服务的评价经验，可知评价指标主要包含主观综合评定性指标和客观统计数据性指标。主观综合评定性指标主要是借助专家咨询，客观统计数据指标主要来自于相关统计资料。本章主要是从政府建设的角度评价目的地旅游公共服务体系的发展水平，以客观数据分析为主，因此选取的指标应符合科学性的原则。所选指标要系统地反映与目的地旅游公共服务发展密切相关的信息、交通、安全、管理、环境的各个方面，使各指标相互联系，各有侧重，避免相互重叠，形成一个有机整体。

（3）可比性、可操作的原则

可比性原则是指所选指标，能反映不同区域、不同时间的目的地旅游公共服务体系发展水平，这有利于该地针对性的发展。所选指标的含义、适用范围、统计口径要在不同区域、不同时段一致。可操作性原则是指所选指标的数据应尽可能来自年报、年鉴等相关统计资料，易于取得，容易计算，具有可评价性的特点。

同时，还应注意数据的可量化性，如定量指标直接量化，用百分比、人均等形式表示，定性指标可以间接赋值量化。

（4）整体性、层次性的原则

目的地旅游公共服务体系质量评价指标作为一个整体，应全面系统地反映总体特征。这要求评价指标既要有能反映各子系统主要特征的指标，又要有反映各子系统相互协调动态变化的指标。由于影响旅游公共服务建设的因素众多，选取的指标既相互独立又相互关联，根据这种关联性（独立性）的特征将其分门别类划分层次。

（5）动态性、稳定性原则

目的地旅游公共服务体系建设是不断发展变化的，这要求衡量其体系建设的相关指标具有动态性的特征，能够反映随不同区域时空变化的发展水平。目的地旅游公共服务体系质量评价指标还应具有稳定的特征，能客观描述一定时期的当地旅游公共服务发展情况，便于对目的地旅游公共服务体系进行分析。

2.评价指标确定

目的地旅游公共服务体系质量评价指标可分为三个层次：目标层、准则层、指标层。如表 17-2 所示。

表 17-2　目的地旅游公共服务体系质量评价指标

目标层（A）	准则层（B）	指标层（C）	
目的地旅游公共服务体系评价指标	旅游信息（B1）	旅游咨询中心平均接待量	（C1）
		旅游公共标识系统建设	（C2）
		旅游信息网络建设水平	（C3）
	旅游交通（B2）	每百万人拥有旅游集散站	（C4）
		旅游交通通达度	（C5）
		每万人拥有公共交通车辆	（C6）
	旅游安全（B3）	目的地公众安全感	（C7）
		旅游保险覆盖率	（C8）
		旅游紧急救援机制	（C9）
	旅游管理（B4）	旅游政策法规建设	（C10）
		旅游投诉结案率	（C11）
		旅游从业人员文化程度	（C12）
	旅游环境（B5）	旅游区环境达标率	（C13）
		人均公共绿地面积	（C14）
		公共景点密度	（C15）
		旅游公共卫生条件	（C16）

资料来源：谷艳艳．城市旅游公共服务体系构建与质量评价[D：博士学位论文]．上海：上海师范大学，2011

（1）目的地旅游公共信息评价，指标包含：

- 旅游咨询中心平均接待量；
- 旅游公共标识系统建设；
- 旅游信息网络建设水平。

（2）目的地旅游公共交通评价，指标包含：

- 每百万人拥有旅游集散站；
- 旅游交通通达度；
- 每万人拥有公共交通车辆。

（3）目的地旅游公共安全评价，指标包含：

- 目的地公众安全感；
- 旅游保险覆盖率；
- 旅游紧急救援机制。

（4）目的地旅游公共管理评价，指标包含：

- 旅游政策法规建设；
- 旅游投诉结案率；
- 旅游从业人员文化程度。

（5）目的地旅游公共环境评价，指标包含：

- 旅游区环境达标率；
- 人均公共绿地面积；
- 公共景点密度；
- 旅游公共卫生条件。

（二）评价方法选择

目的地旅游公共服务体系质量的科学评价，要根据目的地旅游公共服务的影响因素、具体特点选择适当的评价方法。目的地旅游公共服务体系质量评价影响因素、评价内容众多，既包含定性描述，又有定量分析，而且有的获取定量指标统计数据较难，因而目的地旅游公共服务体系质量评价方法要坚持定性和定量相结合的原则。当前，针对公共服务评价方法主要有定性与定量分析法、有无对比法、专家评价法及综合分析评价法等类型。

1. 有无对比法

根据评价项目有无两种情况进行对比分析，通过有无对比分析方法，可分析评价项目实施前后对相关方面的影响。有无对比分析方法适用于对该地项目实施之前的社会状况非常了解，并能获得该项目的可行性研究报告。只有这样才能够将实施项目之前的预期结果和现在实施后得到的结果进行比较，得出科学的评价结果。

2. 定性与定量分析法

定量分析，是根据相关统计数据资料，进行计算得出相应评价指标的实际数值，这有助于直观评价指标项目。但是，由于目的地旅游公共服务体系影响因素众多，一些指标难以定量分析，更适合采用定性分析的方法。定性分析主观性强，采用文字描述的方式进行说明。为了使定性指标更具有科学性，还需采取一定的方法将其定量化。一般是将定性指标划分很好、较好、一般、较差、很差等级别，分别规定相应级别的评分值，以此作为指标定量化的数值。这就是将定性指标转化为定量指标，然后再对其进行权重计算。

3. 专家评价法

专家评价法有专家打分法和德尔菲法两种类型。

专家打分法，是将定性指标按照等级设定不同的分数，一般采用十分的标准请专家打分，然后采用加权平均法得出分值。这就将定性指标转为定量指标进行评价。专家打分法一般是在社会调查较难、缺乏数据资料的情况下采用，并可避免纯粹性的主观判断。

德尔菲法，采取专家匿名的方式进行，其步骤是先根据问题设计调查评价问卷，然后征询专家意见，将意见汇总。一般要反复多次进行，直至专家的意见基本一致或一致。这种方式有助于避免专家之间的影响。但总的来说，专家评价法具有主观性较强，难以得出客观性的评价结果。

4. 综合分析评价法

综合分析评价方法，是在对单项指标分析的基础上进行，通过建立数学模型的方式对定性指标进行定量分析。一般来说，综合分析评价方法可分为矩阵分析总结法和多目标综合分析评价法两类。多目标综合分析方法又包含层次分析法等评价方法。

第二节　目的地游客满意度评价

一、旅游目的地游客满意度的概念

自 20 世纪 70 年代末以来，许多学者基于不同的理论基础对旅游目的地游客满意度的概念做出了界定，其中有代表性的定义有以下几点。

匹赞姆（1978）：游客满意是游客对目的地的期望与在目的地的体验相比较的

结果，如果旅游体验高于期望值，那么游客是满意的。[①]

比尔德和拉吉卜（1980）：游客满意是“积极的”感觉或感知，是建立在游客期望与实地体验相比较的正效应基础上的。[②]

崔博和施纳斯（1998）：游客满意度是游客在旅游过程中旅游体验满足其期望和需求的程度。[③]

贝克和克朗普顿（2000）：游客满意度是游客对旅游目的地的旅游景观、环境、基础设施、接待服务以及娱乐活动等方面满足其旅游活动需求程度的综合评价。[④]

李智虎（2003）：游客满意是游客需要得到满足后的愉悦感，满意水平是可感知效果和期望值之间的差异函数。[⑤]

从上述定义我们可以看出，大多数游客满意度的定义是以“期望不一致理论”为基础的，重点强调游客对旅游过程的期望与实际旅游体验的比较。但也有一些学者以“顾客需要满足程度模型”为基础对游客满意度进行了界定，重点强调在旅游过程中游客的旅游体验满足其需要的程度。从根本上来说，游客满意就是游客在旅游之后的主观感受。

二、旅游目的地游客满意度的影响因素

旅游目的地游客满意度影响因素主要包括：游客期望与期望差异、游客感知质量、游客感知价值、旅游动机以及旅游目的地形象等。

（一）游客期望与期望差异

国内外一些学者将美国学者奥利弗所提出的“期望不一致理论”应用到游客满意度研究中，验证了期望与游客满意度之间的直接相关关系。鲍恩 2001 年研究指出，期望、绩效、不一致、情绪、特性与公平 6 项因素是影响赴东南亚旅游的英国包价游客满意度的前置因素。[⑥]保斯库等人 2006 年通过对旅行社行业内游客期望的影响因素以及游客期望、满意度与忠诚度之间关系的研究，提出期望是影响游客满意度的重要前置变量。[⑦]汪侠等人 2006 年通过实证研究提出，期望与游客满意度之间呈负相关关系。[⑧]

---

① Pizam, A. Tourism's Impacts: The Social Costs to the Destination Community as Perceived by its Residents [J]. *Journal of Travel Research*, 1978, (Springy): 8-12.

② 参见何建英．都市型旅游目的地国内游客满意度研究[D：博士学位论文]．天津：南开大学，2012

③ Tribe, J., & Snaith, T. From SERVQUAL to HOLSAT: Holiday Satisfaction in Varadero, Cuba [J]. *Tourism Management*, 1998, 19 (1): 25-34.

④ Baker, D. A., & Crompton, J. L. Quality, Satisfaction and Behavior Intentions [J]. *Annals of Tourism Research*, 2000, 27 (3): 785-804.

⑤ 李智虎．谈旅游景区游客服务满意度的提升[J]．企业活力，2003（04）：39～41

⑥ Bowen, D. Antecedents of Consumer Satisfaction and Dissatisfaction (CS/D) on Long-haul Inclusive Tours: A Reality Check on Theoretical Considerations (Participant Observation) [J]. *Tourism Management*, 2001, 22 (1): 49-61.

⑦ Boscue, I. R., Martin, H. S., & Collado, J. The Role of Expectations in the Consumer Satisfaction Formation Process: Empirical Evidence in Travel Agency Sector [J]. *Tourism Management*, 2006, 27 (3): 410-419.

⑧ 汪侠，梅虎．旅游地游客满意度：模型及实证研究[J]．北京第二外国语学院学报，2006（7）：1～7

（二）游客感知质量

感知质量与顾客满意度之间具有直接关系，这一观点在服务营销研究领域已形成共识。以该共识为基础，一些学者对感知质量与游客满意度之间的关系进行了研究，研究结果表明感知质量是游客满意度的重要前置变量。感知质量越高，则游客满意度越高，购后行为正面倾向越强。

（三）游客感知价值

随着服务营销领域顾客满意研究逐步与顾客感知价值研究建立起联系，一些学者开始关注游客感知价值与游客满意度之间关系的研究。研究结果表明，感知价值对游客的选择行为、游客满意度以及游客重购行为都有影响。

（四）旅游动机

旅游动机与游客满意度之间的关系也引起了一些学者的关注。2004 年，李（C. K. Lee）等人通过方差分析证明了旅游动机、游客类型因素对游客满意度有影响[①]；2005 年，尹（Y. Yoon）和乌伊萨尔（M. Uysal）验证了旅游推、拉动机与游客满意度及忠诚度之间的因果关系。[②]

（五）旅游目的地形象

旅游目的地形象作为游客心目中所持有的对目的地总体印象，对游客满意度有一定的影响，与游客感知质量之间具有正相关关系。2007 年，C. F. Chen 和 D. C. Tsai 对旅游目的地形象和游客满意度之间的关系进行了研究。[③]还有一些研究将旅游目的地形象、感知质量、感知价值、游客满意度、游客行为意向等作为结构方程模型中的变量，其中将游客满意度作为旅游目的地形象影响游客行为意向的中介变量。

除上述影响因素之外，还有一些学者探讨了游客经历、主客关系、游客情感等因素与游客满意度之间的关系。

三、旅游目的地游客满意度的测评

由于旅游目的地类型的多样性和旅游研究对象的复杂性，对旅游目的地游客满意度的测评更具“多维度、动态性和难以测度的特点”。

（一）评价体系

2009 年，中国国家旅游局监督管理司组织成立了“全国游客满意度课题组”，该课题组以美国顾客满意度指数（American Customer Satisfaction Index，ACSI）

---

① Lee, C. K., Lee, Y. K., & Wicks, B. E. Segmentation of Festival Motivation by Nationality and Satisfaction [J]. *Tourism Management*, 2004, 25 (1): 61-70.

② Yoon, Y., & Uysal, M. An Examination of the Effects of Motivation and Satisfaction on Destination Loyalty: A Structural Mode [J]. *Tourism Management*, 2005, 26 (1): 45-56.

③ Chen, C. F., & Tsai, D. C. How Destination Image and Evaluative Factors Affect Behavioral Intentions [J]. *Tourism Management*, 2007, 28 (4): 1115-1122.

和欧洲顾客满意度指数（European Customer Satisfaction Index，ECSI）为基础，结合中国旅游业的特点，构建了游客满意度结构方程模型（如图 17-1 所示）。该研究的结果表明：游客满意度不仅受到目的地旅游形象、游客预期、游客感知质量、游客感知价值的显著影响，其对游客忠诚度也有显著的因果作用关系。

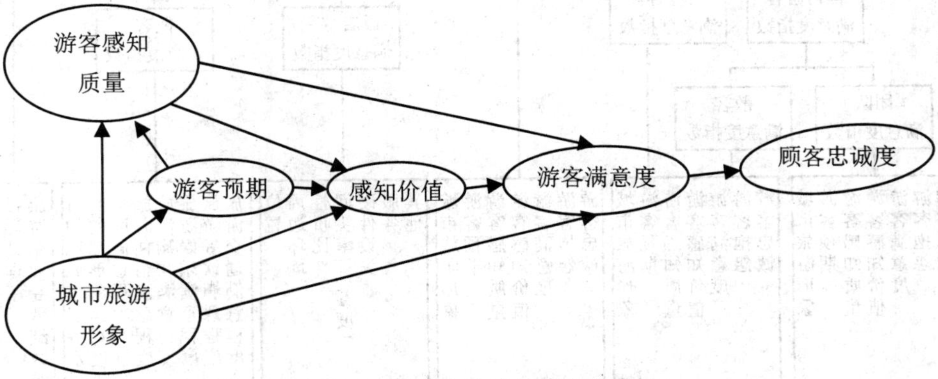

图 17-1　游客满意度结构方程模型

（资料来源：何琼峰．中国国内游客满意度的内在机理和时空特征[J]．旅游学刊，2011，26（09）：45～52）

该研究中所涉及的全国游客满意度评价的主要方面、全国游客满意度评价的指标体系以及全国游客满意度综合指数的各级指标分别如图 17-2、图 17-3 和图 17-4 所示。

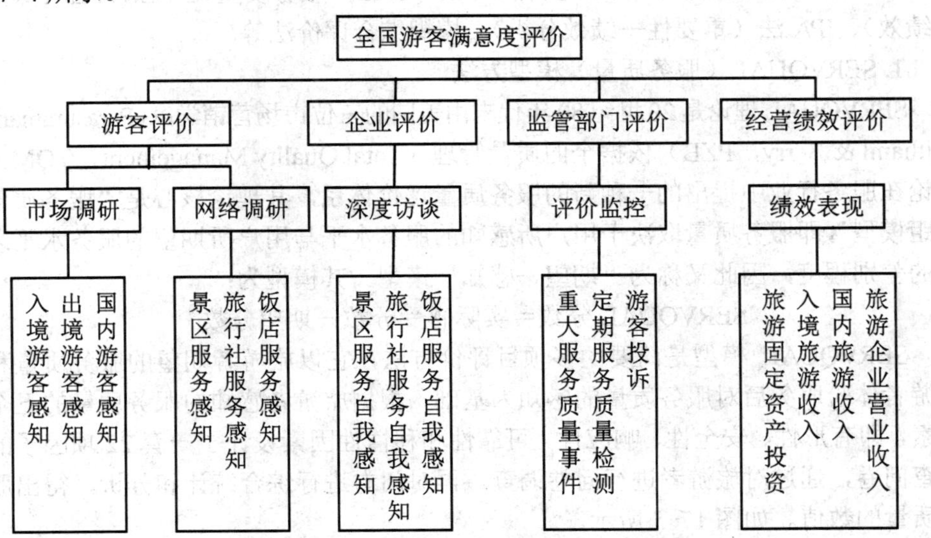

图 17-2　全国游客满意度评价的主要方面

（资料来源：国家旅游局监督管理司，中国旅游研究院．全国游客满意度调查报告[R]．2009 年第二季度）

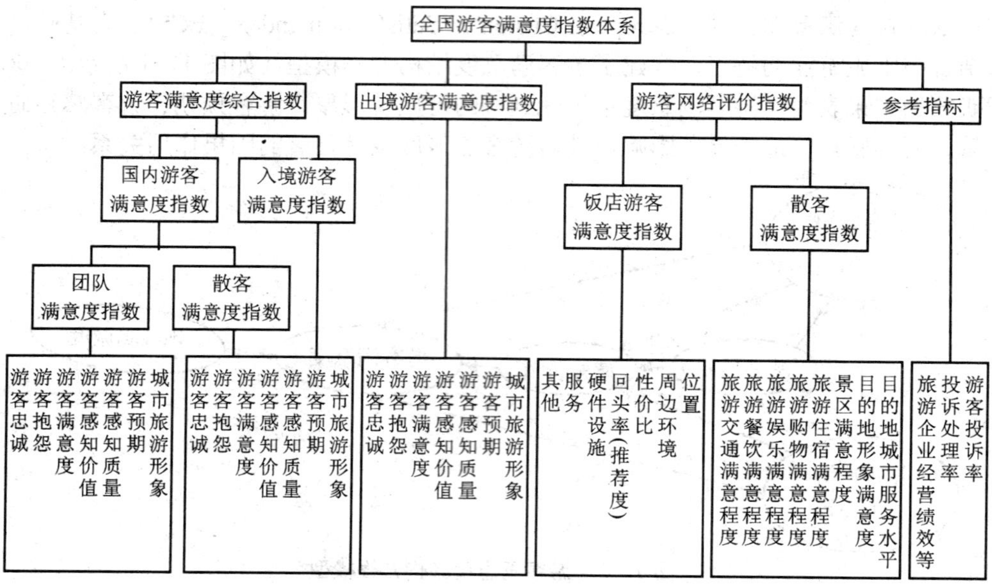

图 17-3　全国游客满意度评价的指标体系

（资料来源：国家旅游局监督管理司，中国旅游研究院．全国游客满意度调查报告[R]．2009 年第二季度）

（二）测评方法

目前游客满意度测评方法主要有 SERVQUAL（服务质量）、SERVPERF（服务绩效）、IPA 法（重要性—绩效分析）、模糊综合评价法等。

1. SERVQUAL（服务质量）模型方法

SERVQUAL 理论是 20 世纪 80 年代末由美国的三位市场营销学家（Parasuraman、Zeithaml & Berry，PZB）依据全面质量管理（Total Quality Management，TQM）理论在服务行业中提出的一种新的服务质量评价体系，其理论核心是“服务质量差距模型”，即服务质量取决于用户所感知的服务水平与用户所期望的服务水平之间的差别程度，因此又称为“期望—感知”模型。其模型为：

SERVQUAL 分数＝实际感受分数－期望分数

SERVQUAL 模型是简要的多项目评价方法，它以旅游者期望的服务质量和旅游者体验服务后对服务质量的感知为基础，根据旅游者感知的服务质量的五个要素，即有形性、安全性、响应性、可靠性和移情性因素设计了一套 22 项因子的调查问卷，通过对旅游者进行问卷调查，再对问卷进行综合统计和分析，得出服务质量的数值。如图 17-5 所示。

近十年来，该模型已被旅游目的地管理者和学者广泛接受和采用。模型以差别理论为基础，分别用五个尺度评价旅游者所接受的不同服务的服务质量，是一个评价服务质量和用来决定提高服务质量行动的有效工具。

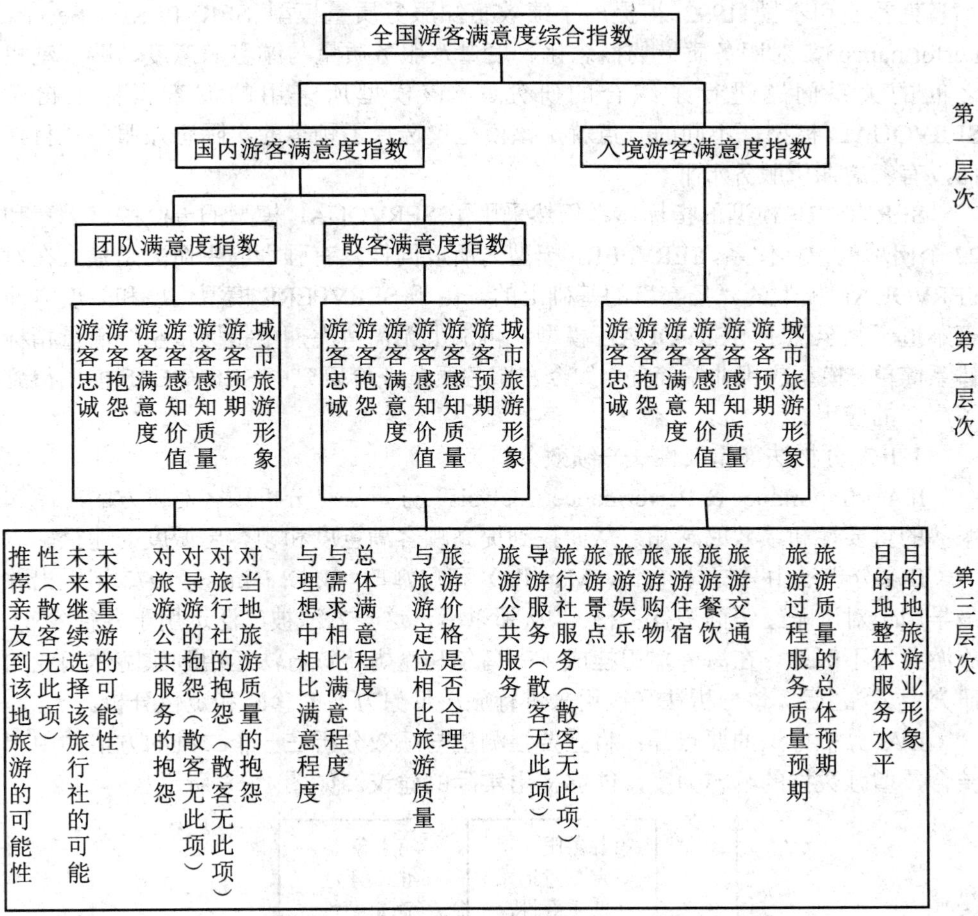

图 17-4　全国游客满意度综合指数的各级指标

（资料来源：国家旅游局监督管理司，中国旅游研究院．全国游客满意度调查报告[R]．2009 年第二季度）

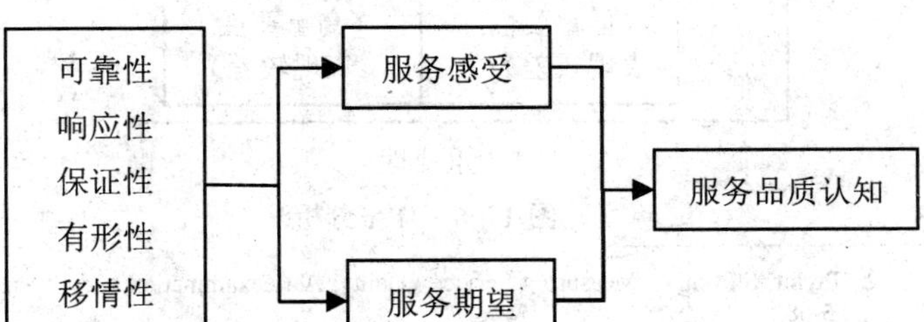

图 17-5　SERVQUAL 模型

2. SERVPERF（服务绩效）方法

克罗宁和泰勒 1992 年提出了绩效感知服务质量模型 SERVPERF（Service Performance），对服务质量的概念化、度量及服务质量与顾客满意度、购买动机之间的关系问题进行了综合的研究。[1]该模型所采用的调查指标来自于 SERVQUAL 模型，不同的一点就是该模型仅选择了顾客的实际感知服务项目，而没有考虑期望服务水平。

SERVPERF 模型的指标体系仍然采用了 SERVQUAL 模型的五个关键因素和 22 个问项的指标体系，SERVPERF 模型之所以同样具有强大的生命力是建立在对 SERVQUAL 模型的“扬弃”的基础上的。由于 SERVPERF 模型信度和效度方面毫不逊于甚至优于 SERVQUAL 模型，再加上无需考虑期望指标，整个衡量指标体系简单，模型应用非常简便。如今在服务质量评价研究中 SERVPERF 模型得到了广泛的应用。

3. IPA 分析法（重要性——绩效分析）

IPA（Importance & Performance Analysis）分析法是分析顾客对供方的产品和服务的重要性和绩效的感知，从而找到提高顾客满意度和顾客忠诚度的途径。

IPA 分析法由马提拉（J. A. Martilla）和詹姆斯（J. C. James）1977 年提出并最早用于对汽车经销商进行考核。[2]从那以后，这一方法被广泛运用于各行各业。旅游业也不例外。在海外，田桂成、韦乌尔和克姆将该方法运用到旅游休闲业的研究中。[3]之后，该分析法又被用来进行旅游形象方面的诊断和定位分析。

IPA 分析方法的要点是：将重要性测量与绩效分析在一个二维的方格图中相结合，增强数据的解释力度，能够提出实际的建议。如图 17-6 所示。

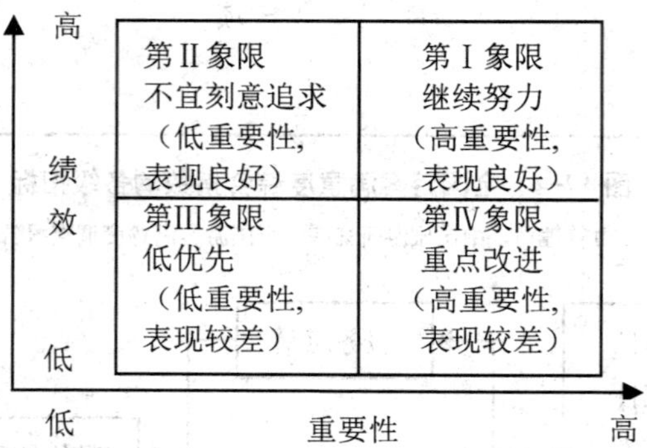

图 17-6　IPA 分析法

① Cronin, J. J., & Taylor, Steven A. Measuring Service Quality: A Reexamination and Extension [J]. *Journal of Marketing*, 1992, 56 (3): 55-68.

② Mantilla, J. A., & James, J. C. Importance-Performance Analysis [J]. *Journal of Marketing*, 1977, 41 (1): 77-79.

③ 宋子斌，安应民，郑佩. 旅游目的地形象之 IPA 分析——以西安居民对海南旅游目的地形象感知为例[J]. 旅游学刊，2006（10）：26～33

4. 模糊综合评价法

模糊综合评价法是一种基于模糊数学的综合评标方法。该综合评价法根据模糊数学的隶属度理论把定性评价转化为定量评价，即用模糊数学对受到多种因素制约的事物或对象做出一个总体的评价。它具有结果清晰，系统性强的特点，能较好地解决模糊的、难以量化的问题，适合各种非确定性问题的解决。

该方法一般包含四个步骤：

第一，模糊综合评价指标的构建。模糊综合评价指标体系是进行综合评价的基础，评价指标的选取是否适宜，将直接影响综合评价的准确性。

第二，构建好权重向量。通过专家经验法或者 AHP 层次分析法构建好权重向量。

第三，构建评价矩阵。建立适合的隶属函数从而构建好评价矩阵。

第四，评价矩阵和权重的合成。采用适合的合成因子对其进行合成，并对结果向量进行解释。

近年来，越来越多的学者将该方法应用到游客满意度评价当中，代表性的如董观志等人 2005 年提出的景区游客满意度测评指标体系，运用模糊综合评价方法进行了实证研究[①]；南剑飞 2005 年运用模糊综合评价方法对旅游景区游客满意度进行了定量评价等。[②]

① 董观志，杨凤影．旅游景区游客满意度测评体系研究[J]．旅游学刊，2005（01）：27～30

② 南剑飞．旅游景区游客满意度模糊综合评判方法刍议[J]．社会科学家，2008（02）：92～94

第五部分　展望篇

第十八章　旅游目的地管理的研究进展与发展趋势

【本章导读】

旅游大数据应用的可贵探索

大数据开发应用是当前广为关注的信息化新技术。对于旅游这种高度依赖信息资源和高度市场化的行业来说，如何做好大数据开发应用就更值得探索。国家旅游局信息中心会同几个省区市与移动通信部门开展应用手机信号对重点景区、城市、地区游客流量进行监测分析试点，无疑是进行了一项有价值和有意义的探索。

今天，手机已经超过固定电话，成为国人和世人最广泛使用的通信工具，而且无线即时通信只是其最基本的功能。就大数据开发应用来看，从人们使用手机的功能选择、具体内容和方式、时间和频率、场所等，都能够反映出其生活、社交、健康、心理乃至收入水平、职业地位等状况。利用手机信令对到访景区、城市和目的地的游客进行数量实时监测，并据此对其停留时间、来源地等进行分析，进而对游客流量进行调节和对游客选择景区及项目、调整安排线路计划及游览时间进行引导，根据游客来源地数据分析选择确定重点客源地进行精准营销，对旅游消费、旅游经营服务和组织管理、旅游业发展都是很有效的方法。

我国确立了建设世界旅游强国和将旅游业培育成为国民经济战略性支柱产业和人民群众更加满意现代服务业的战略目标，积极主动地运用现代科学技术来武装旅游业是实现这个战略目标的主要途径之一。而旅游又是精神文化因素影响大的发展型、享受型、体验性的消费活动，如何精准把握各种类型乃至每一个旅游者的旅游消费需求，然后有针对性地提供产品、项目和服务，是旅游行业始终需要高度关注的问题，是让人民群众对旅游更加满意的主要途径。应用大数据等现代信息技术来调查、分析、掌握游客消费意愿、心理、需求特性和偏好，据以开发建设项目、提供产品和服务，就会成为旅游行业实现科学发展的一个科学途径。

人类正在经历信息革命的洗礼。相信正如几千年前发生的农业革命和几百年前发生的工业革命一样，信息革命也必将会对地球人类的生产方式和生活方式产生重大影响。其中，对信息技术和设备的应用是基础性、先导性的，通过信息技术应用来逐步改变旅游消费模式与形态、旅游经营服务和组织管理方式，直至对旅游者、旅游人的思想观念、思维模式产生革命性影响，则将是更为重要的。

（资料来源：《中国旅游报》2014 年 8 月 18 日）

第一节　国内外的研究进展

国外学术界在旅游目的地研究方面起步较早，研究进展迅速，已经形成多学科、多层次全面合作的研究局面。旅游目的地是一个综合性的概念，其管理是一个复杂的系统管理。国内学术界对旅游目的地研究起步较晚，直到 2003 年才进入高速发展时期，由于学科背景不同，不同学者分别从地理学、市场学、管理学、消费者行为学、人类学等领域对旅游目的地展开研究，呈现出多学科交融的研究局面。主要表现在以下几个领域。

一、旅游目的地合作与宏观管理研究综述

旅游目的地研究涉及不同旅游目的地之间的关系协调与合作问题，提高旅游目的地管理质量离不开旅游目的地宏观管理。因此，简单综述一下这方面的研究将有助于从更大范围内探讨旅游目的地管理与整体服务质量问题。

（一）关于旅游目的地合作的国内外研究进展

目前国外学者对于目的地合作的研究热点主要集中在区域旅游利益主体之间的合作、旅游企业之间的合作、公共与私有部门的合作、旅游业与其他关联行业之间的合作等方面。Steven Selin 和 Kim Beason 等人将组织关系学应用于美国阿肯色州国家森林附近的林业服务、商业协会和旅游协会合作关系的研究中，并且从理论和实践两方面阐释了合作的行为、动机以及限制性因素。[①]Tazim B. Jamal 和 Donald Getz 等人建立应用于区域或社区基础旅游目的地规划的内在组织协作理论框架。[②]Michae Fagence 在亚太区域旅游合作会议上总结了如下合作方式：信息和数据共享、技术援助、运行方针的准备、规划模式与工具的发展、评价与管理、改进设施的程序、人力资源发展方案、区域或次区域合作与联合项目、次区

① Selin, S., & Beason, K. Interorganizational Relations in Tourism [J]. *Annals of Tourism Research*, 1991 (8): 639-652.

② Jamal, T. B., & Getz, D. Collaboration Theory and Community Tourism Planning [J]. *Annals of Tourism Research*, 1995, 22 (1): 186-204.

域组织（跨边界）、私有与公共部门高级主管会议、代理之间的合作、常规网络与通信。

从区域旅游合作的理论基础和研究角度来看，Lindemberg Medeiros de Araujo 和 Bill Bramwell 认为区域旅游合作以合作理论为基础。当几个群体遇到共同的问题，单凭他们自己拥有的相关资源又无法解决，这时联合就出现了。由于存在这种“资源的相互依赖性”，这些群体如果认为合作能够比单独行动带来更多的利益时就会合作。[①]Tazim B. Jamal 和 Donald Getz 以及 Bill 和 Angela 等人运用合作理论阐述了社会基础上的旅游规划，并为旅游合作提供了一种持续的动态的解决规划问题和协调地方旅游业发展的机制，甚至将其推广到旅游区之间的合作与协调。[②]

国内学者们主要是从区域旅游合作的形式、系统论等角度为切入点进行研究。主要表现在：①区域旅游联合营销；②区域旅游合作的空间组织形式，如张二勋认为只有建立科学合理的不同层次的“旅游地域综合体”，才能取得良好的经济效益，实现布局的平衡；③区域旅游合作的主体，社区参与作为一种手段是各位研究者积极探讨的主要内容。④区域旅游合作的个案研究。总之，无论区域旅游合作如何划分，这些研究都是从区域旅游合作的理论支持、合作主体、合作方式以及联合营销等不同角度并结合具体的旅游合作案例进行研究，力求探索出具有实践指导意义的开发思路和模式，发挥整体效应，提升我国旅游在国内、国际旅游市场竞争中的地位，促进旅游业的持续稳定发展。

（二）关于旅游目的地宏观管理的国内外研究进展

目前国外学者对于目的地宏观管理的研究热点主要集中在旅游政策的制定、政府在发展旅游中的参与度及旅游目的地的可持续发展等问题上。Douglas Pearce 分析了西班牙旅游区域自治组织和国家旅游组织之间的关系，认为二者的合作和冲突影响着目的地旅游业的发展。[③]Korel Goèymen 指出土耳其的旅游业从开始的政府管理和经营，逐渐向公众+私营企业形式发展。[④]Fisun Yuksel 和 Bill Bramwell 对于发展旅游中政府分权与不分权进行了分析，搭建了一个包括中央/地方政府、旅游企业、非盈利组织等在内的框架体系，并在此基础上提出了关于政府分权的优缺点。[⑤]Jon Vernon 和 Stephen Essex 等合著评价了英国旅游区域自治会合作制

① Lindemberg Medeiros de Araujo, & Bill Bramwell. Partnership and Regional Tourism in Brazil [J]. *Annals of Tourism Research*, 2002, 29 (4): 1138-1164.

② Jamal, T. B., & Getz, D. Collaboration Theory and Community Tourism Planning [J]. *Annals of Tourism Research*, 1995, 22 (1): 186-204.

③ Pearce, D. G. *Tourism Development* [M]. Harlow: Longman Scientific.1989.

④ Korel Goèymen. Tourism and Governance in Turkey [J]. *Annals of Tourism Research*, 2000, 27 (4): 1025-1048.

⑤ Yuksel, F., B. Bramwell, & Yuksel, A. Centralized and Decentralized Tourism Governance in Turkey [J]. *Annals of Tourism Research*, 2005, 32 (4): 859-886.

定的区域推广战略，并分析了自下而上形式的政策制定过程。[①]Ferhan Gezici 提出了政府参与对于旅游的可持续发展有重要的作用，并针对发展旅游过程中地方政府的参与度问题进行了研究。Lorn R.Sheehan 和 J. R. Brent Ritchie 利用利益相关者理论分析了目的地政府对于目的地旅游的其他各利益相关者的管理策略。Grant Murray 提出旅游带来许多社会、环境问题，由于土地利用不合理、调控力弱、一体化管理弱等原因，政府的集中规划无法解决这些问题。Noel Scott 和 Chris Cooper 利用目的地管理网络分析法，将目的地中的各类组织看成一个多元的网络，用整体的眼光分析目的地旅游业的优缺点，进而制定其未来发展战略，以期更好地进行政府对旅游的宏观管理。[②]Li Yang 和 Geoffrey Wall 等分析了政府和旅游业之间的关系，认为不同的政府管理水平对发展旅游起着不同的作用，灵活的旅游政策可以缓解各利益相关者之间的矛盾。

国内关于旅游宏观管理研究主要基于我国发展旅游业的政府主导战略展开。匡林指出，我国实行的是“政府主导”的旅游发展战略，而政府对旅游业的宏观调控或校正以政策性调节为主，即制定各种有关的旅游政策，并围绕一个或几个主要的政策目标加以实施。楼嘉军论述了旅游产业宏观配置必须以大旅游、大市场、大循环、大流通、大产业为指导思想，指出对旅游业进行宏观配置是实现中国旅游业与国际旅游业接轨的有效举措。学者们从旅游产业政策、专项旅游政策和旅游政策经验借鉴等方面对中国旅游政策主要研究领域进行了综述，总结了中国旅游政策的研究成果，提出了存在的问题和今后的研究方向。

（三）研究现状评述

在区域旅游合作方面，目前国外学者对于目的地合作的研究热点主要集中在区域旅游利益主体之间的合作、旅游企业之间的合作、公共与私有部门的合作、旅游业与其他关联行业之间的合作等方面。国内学者们主要从区域旅游合作的形式、系统论等角度为切入点进行研究。虽然广大学者和实践者在区域旅游合作的探讨上进行了许多有益的研究和实践，但是由于区域旅游合作缺乏统一的理论指导和统一的方法论指导，在进行研究的时候，大家对区域旅游合作的理解就存在诸多分歧；其次，区域旅游合作的研究还是停留在理论探讨、个案探讨以及区域旅游合作的必要性和可行性的研究上，缺乏比较系统深入的研究成果。总之，无论区域旅游合作如何划分，这些研究都是从区域旅游合作的理论支持、合作主体、合作方式以及联合营销等不同角度并结合具体的旅游合作案例进行研究，力求探索出具有实践指导意义的开发思路和模式，发挥整体效应，提升我国旅游在国内、

① Vernon, J., Essex, S., Pinder, D., & Curry, K. Collaborative Policymaking: Local Sustainable Projects [J]. *Annals of Tourism Research*, 2005, 32 (2): 325-345.

② Scott, N., Cooper, C., & Baggio, R. Destination Networks: Four Australian Cases [J]. *Annals of Tourism Research*, 2008, 35 (1): 169-188.

国际旅游市场竞争中的地位，促进旅游业的持续稳定发展。

在目的地宏观管理方面，目前国外学者对于目的地宏观管理的研究热点主要集中在旅游政策的制定、政府在发展旅游中的参与度及旅游目的地的可持续发展等问题上，国内学者主要从旅游宏观管理、旅游产业政策、专项旅游政策、旅游政策经验借鉴等视角展开的。其中旅游宏观管理概念的界定与旅游宏观管理研究的演进脉络构成旅游宏观管理视角的主要内容，旅游产业政策的概念和研究内容构成旅游产业政策视角的主要内容，专项旅游政策的视角主要包含出境旅游政策和旅游扶贫政策，而旅游政策经验借鉴的视角则由各国旅游政策经验和各国经验模式的总结构成。

虽然现有的研究已多少带有目的地管理的系统整体观和网络协调观的迹象，但是并没有明确地从旅游目的地整体角度，探讨不同区域、不同组织之间的合作问题和宏观目的地管理问题以及对游客管理问题等。

二、旅游目的地营销问题研究综述

旅游目的地作为旅游产品的生产地和旅游消费的发生地，是旅游系统的重要组成部分。随着旅游业客源市场竞争日益加剧，旅游目的地市场营销在旅游营销管理中逐渐被重视，并成为旅游目的地提升综合竞争力的一个重要因素。与旅游企业层面的营销研究相比，目的地层面的旅游营销是一个相对较新的研究领域。国外虽然在20世纪70年代已有研究涉及，但对它真正加以重视并进行大量研究始于20世纪90年代。国内对于目的地的研究始于“目的地形象”的研究。通过对国内外主要旅游研究期刊发表文献的梳理，国内外有关目的地营销的研究内容主要涉及四个方面，即旅游目的地营销主体、旅游目的地形象、旅游目的地营销方式、旅游目的地营销系统。

（一）目的地营销主体研究

在目的地营销主体的确定上，国外大部分学者都侧重于对营销系统运营的研究，也即依靠系统性的区域合作或者多方联合的方式开展有效营销是较优选择。Reisinger和Turner针对澳大利亚游客和日本游客间的文化差异做实证分析得出，文化差异导致了旅游者预期、体验和满意度的不同。因此，旅游目的地若能有效满足来于不同文化背景的旅游者，那么令人回忆的旅游经历和高满意度就会产生。

国内对目的地营销是否应该由政府主导存在争议。崔凤军结合杭州旅游营销的实际情况将其概括为以下四点：一是先进理念带来“思想力”；二是专业化人才带来“促销力”；三是经费保障带来“推动力”；四是行业的整合带来“拉动力”。黄安民结合武夷山的经验将其归纳为两个方面：一是区域旅游形象营销；二是建立区域旅游营销平台。针对政府形象营销与企业产品营销各自为战、政府营销经费不足、政府营销规划与企业营销实践缺乏对接机制等问题，相当多的学者们将对目的地营销主体的研究扩展到政府以外的其他利益主体。高静和章勇刚提出有必要吸纳旅游目的地其他利益相关者组成营销主体，并在分析多元化旅游目的地营销主体协同障碍的基础上，从组织形式、各参与者角色、营销投入来源和营销绩效评估等四个方面探讨多元化旅游目的地营销主体的协同机制。章勇刚还提出："政府与企业合作经营是国内旅游目的地营销系统的最佳运营模式。"

（二）旅游目的地形象

国外关于目的地形象（TDI）的概念研究自20世纪70年代就已开始，学者们从人类学、社会学、地理学、符号学和市场营销学等不同学科的视角对其内涵进行了探讨，总体上绝大多数学者是从旅游者心理活动的角度来定义这一概念的。国内的学者也从多角度对目的地形象的内涵进行了界定，归纳起来有两个视角：一是从旅游者角度；一是从旅游地角度，也即需求和供给角度。目的地形象与旅游者的关系甚密，它既会影响到消费者对旅游目的地的形象感知，也会影响到其选择目的地时的行为决策，还会影响到旅游活动结束后消费者对目的地的忠诚度，等等。总之，目的地形象与消费者之间的关系是学者们应该予以重视的研究领域。

（三）旅游目的地营销方式

1. 整合营销。在旅游目的地竞争日趋白热化的今天，单一的营销策略已很难奏效，旅游目的地竞争必须借助整合营销传播，通过广告、公关、目的地主题活动、节庆活动、形象推广活动和网络营销，传达一致的旅游目的地信息，实施全方位推销旅游目的地的策略。目前国外学者对这一营销方式的研究主要集中于各相关组织的联合营销方面。Francesca d'Angella 和 Frank M. Go 通过对旅游目的地管理组织和各旅游企业之间的关系进行深入分析，指出二者应实施联合营销，以利益相关者理论为分析框架，获得有利的营销决策。Youcheng Wang 和 Daniel R. Fesenmaier 为了更好地描述和解释目的地整合营销的实质，以印度的埃尔德哈特为例，提出了综合的整合营销框架。

2. 目的地促销和宣传研究。目的地促销有多种手段，如广告、销售促进、公共关系等，有效的促销战略必须选择最佳的手段组合，以既定支出获得最大效果。而在公共关系方面，此方面的研究主要集中在影视作品及重大节事活动所起的宣传作用上。

（四）旅游目的地营销系统

关于旅游目的地营销系统的研究，国外主要从旅游目的地营销信息系统和决策支持系统来研究。加拿大的 Robin J. B. Ritchie 和 J. R. Brent Ritchie 为建立一个旅游目的地营销系统提供了框架。刘绍华等从区域整合的视角，从目的地形象整合、旅游信息及市场整合、实现系统内资源共享、产品及服务的价值链整合四个方面，分析了旅游目的地营销系统的功能特征。关于旅游目的地营销系统的形成机制和构建问题，国外相关学者从构成上讨论了目的地营销系统的构成要素。Youcheng Wang 和 Shirley Monnette Russo 认为目的地营销系统（DMS）应由四个部分组成，包括虚拟信息空间（VIS）、虚拟交流空间（VCS）、虚拟交易空间（VTS）和虚拟空间的关系（VRS）。关于系统运行机制问题，Robin J. B. Ritchie 和 J. R. Brent Ritchie 从实际建立的系统框架的应用角度出发，指出目的地营销信息系统的构建必须获得产业支持，将目的地营销组织及旅游经营商同时作为系统的最终使用者，并通过识别和满足这两个主要群体的信息需求来确保系统的有效性。章勇刚认为旅游目的地营销系统的可持续运营必须走市场化道路，政府与企业合作经营是其生存与发展的必由之路。刘绍华认为，旅游目的地营销系统向着基于目的地整体形象和目的地文化环境的区域动态合作及创新网络这一方向发展，将更加有助于旅游目的地整体竞争力的提升，并形成持续的整体竞争优势。

（五）国内外研究评述

国外对旅游目的地营销的研究虽然在 20 世纪 70 年代已有涉及，但从 20 世纪 90 年代开始才备受重视，这与全球旅游业的快速发展密切相关。虽然现有的研究也注意到营销主体的多元化及其相互合作问题，从营销方式上也探讨了整合各方力量，构建目的地营销系统以提高目的地整体营销效果和形象竞争力问题，这些探讨中都渗透着目的地组织间关系构建、信息共享及系统协调运行主体利益冲突等管理的思想，但是毕竟没有明确提出该研究的系统思考。

三、旅游目的地企业管理研究综述

（一）主要研究内容

旅游目的地商业管理不仅要解决企业内部的生产流程协调问题，而且要解决企业之间的流程协调问题，虽然学者们在目前旅游目的地企业管理方面涉及许多方面，但归纳起来主要集中于以下几个方面。

1. 旅游企业的战略研究包括集团化和国际化发展战略以及竞争战略等。不少学者认为旅游企业集团主要有三种成长方向，即横向专业化、纵向一体化和多角化。国内外学者对旅游企业竞争战略的研究比较少，主要集中于竞争战略的选择模型和基于信息化的流程再造与网络化和专业化的竞争战略。

2. 旅游企业的组织结构研究则主要集中于研究组织结构重构方面。郑超认为在知识经济时代，传统的组织结构已经不再适应企业发展的要求，并提出了三种旅游企业组织结构重构的新形态：扁平式团队组织结构、网络式团队组织结构和虚拟组织的网络式组织结构。

3. 旅游企业人力资源管理研究。这方面研究较多，主要集中在人力资本的内涵、人力资源管理制度以及人本管理、综合激励等方面，但对人力资源管理机制的具体建立方面的研究较少。

4. 旅游企业顾客关系管理研究。主要是对顾客关系管理对于旅游企业经营管理的重要性、我国旅游企业顾客关系管理的措施及网络时代客户关系管理的特点做了相关研究，对于顾客关系管理的内涵等理论方面的研究较少。

5. 旅游企业信息化研究。主要集中在信息化对旅游企业的影响和信息化在旅游企业中的具体应用。

6. 旅游企业利益相关者研究。主要集中在利益相关者的界定和旅游企业与利益相关者关系的管理方面研究。此外，这方面的研究还包括旅游企业危机管理、旅游企业财务管理、旅游企业文化管理、旅游企业信用管理、旅游企业知识管理等方面。

（二）研究评述

现有的旅游目的地企业管理研究虽然比较全面，甚至面面俱到，但是并没有真正抓住旅游企业管理的核心问题。旅游产品作为综合性产品其提供涉及不同部门和行业，企业管理成功与否的关键判别标准是在市场上能否赢得游客满意，而保持稳定的服务质量是实现这一竞争要务的根本。旅游企业尤其是旅行社企业不仅要管理好企业内部流程和质量，更要管理好企业外部众多的利益关系，因为它直接制约着旅游企业管理的绩效高低。虽然现有的研究从战略到运营及其各类职能管理都涉及了，但是从战略上并没有将企业间关系管理提到这样的高度来认识，也没有从信息共享、关系管理、流程再造等运营层面来认识关系管理的重要性。因此这种分散研究的状况并不利于从整体协调角度解决纵向层次的统一和横向层次的协作问题，进而降低了企业管理研究的价值。

总之，从国内外旅游目的地研究现状来看，涉及的内容越来越多，领域也更加细化。各领域的研究中也提出了一些与目的地整体管理思想的基本特点相吻合的一些观点和认识，旅游目的地是为游客提供综合体验价值的地方，要保持体验价值的优异化必须保持旅游目的地的可塑性。根据普恩（Poon）的可塑性理论，目的地要想不断提高竞争力就必须保持可塑性，即永远的创新，不断的变化。普恩认为，目的地管理者的任务是保持目的地产品的可塑性，这种可塑性来自包括客人、产品供应商、分销商等方面互动交织形成的统一组织、管理和促销。这个理论激励目的地管理机构运用新技术开发新旅游产品，创新旅游目的地管理。

第二节 旅游目的地管理的热点问题

旅游目的地在不断演变中前进，新的技术不断应用，新的需求不断产生，因而新的管理热点和难点问题也不断出现。从理论上认识这些问题将有助于目的地更好地前行。

一、旅游需求的散客化和个性化的到来及其管理问题

伴随着旅游活动从观光旅游向休闲度假旅游的发展，在各种信息技术广泛应用尤其是私家轿车日益普遍的情况下，传统的跟团旅游方式被越来越多的自助游和散客化消费方式所取代。旅游者不再受线路所涉及的范围限制，而日益渗透到旅游目的地的各个方面和各个角落。旅游者消费所及不再限于商业服务供应商的产品，还需要大量公共服务供应商的产品和服务相配套。因而旅游目的地管理必须以整体协调的观念，进入到目的地供应链管理的思维和阶段。

旅游供应链的提出其实早在1975年联合国世界旅游组织《关于旅游业分销渠道的报告》中就已出现了，虽然没有明确指出，但是分销渠道可以看作是供应链的一部分。随后，也有一些学者基于旅游业的综合性特征，进行了与供应链相关的研究，如M. Kaukal、W. Hopken和H. Werthner 2000年提出典型的旅游供应链包括旅游供应商、旅游经营商、旅行代理商和顾客①；R. Tapper和X. Font 2004年则定义旅游供应链为将旅游产品传递给顾客的所有商品和服务供应商组成的一个链条。②也有一些学者如Xinyan Zhang、Haiyan Song和George Q. Huang 2009年将旅游供应链定义为“从事不同活动的旅游组织构成的一个网络，这些不同的活动涉及到旅游产品/服务的不同组成要素的供给，包括从交通住宿到特定目的地最终旅游产品的分销和营销，涉及私营部门和公共部门的广泛参与者”（Xinyan Zhang, Haiyan Song, and George Q. Huang, 2009）。③

目前国内对旅游供应链的研究尚处于初始阶段（路科，2006）。④对旅游供应

① Kaukal, M., Hopken, W., & Werthner, H. An Approach to Enable Interoprability in Electronic Tourism Markets [A]. Proceedings of the 8th European Conference on Information System (ECIS) [C]. 2000, pp. 1104-1111.

② Tapper, R., & Font, X. (2004). Tourism Supply Chain: Report of a Desk Research Project for the Travel Foundation. Leeds Metropolitan University, Environment Business & Development Group [EB/OL]. http://www.lmu.ac.uk/lsif/the/Tourism-Supply-Chains.pdf. Accessed 2011-09-06.

③ Xinyan Zhang, Haiyan Song, & George Q. Huang. Tourism Supply Chain Management: A New Research Agenda [J]. Tourism Management, 2009 (30): 345-358.

④ 路科．旅游业供应链新模式初探[J]．旅游学刊，2006（3）：30～33

链的理解大多是从旅游产品供应链、旅游产业供应链的角度来认识的。从包价旅游的角度来看，旅游产品是指旅游经营者凭借着旅游吸引物、交通和旅游设施，向旅游者提供的用以满足其旅游活动需求的全部服务（林楠枝、陶汉军，2000）。①作为组合产品的提供者，分布于不同地区、不同行业和不同部门，但是在满足游客需求这个大前提下，他们这些提供“零部件”的企业组合起来。各企业在提供零部件上的独立性与提供“完整性产品”之间的矛盾突出性是其他行业所没有的。旅行社作为产品设计组合单位，依据一定的产品档次和消费类型将这些分散的旅游供应商组合在一起，形成一条条适应市场需求的旅游线路并推向市场。在散客旅游时代，承担这种组合任务的可能不是旅行社了，而是旅游者自己或者是委托其他中介组织。但是无论如何，要满足旅游者综合性消费需求，客观上存在着旅游供应链的有效组合问题，无论这种组合是由谁来承担的。

如果从微观的产品层面放大到中观的旅游产业层面，就出现了旅游产业供应链的概念问题。所不同的是，制造业的产业供应链是一条纵向的供应链，它是由原料到产成品的前后向生产经营环节联系起来的，与顾客发生联系的只是终极产品的生产销售环节，中间环节则隐藏在生产者之间的市场关系中。但旅游产业供应链却是一条横向的供应链，连接各产业的不是原材料到产品的物流，而是从客源地到目的地的客流，是为了满足游客多样化消费需求有机结合在一起的产业群，各产业必须合力“抬轿”，才能确保旅游产业供应链运行顺畅。

归纳以上分析，我们可以看出，无论是旅游产品供应链、旅游服务供应链还是旅游产业供应链，在以下方面都存在着共性：首先，从关系的角度来讲，他们都是在竞争、合作、动态的市场环境中，由若干供需方构成的快速响应环境变化的动态供需网络；其次，从目的上来讲，都是为了缩短总响应周期并给整个价值链带来增值。如果从不同概念提出的角度不同来看，他们又有一定的区别：旅游产品供应链更侧重于从团队旅游角度分析由核心企业集成的线路产品的协调运行问题；旅游服务供应链更侧重于从服务的综合性和衔接的流畅性上进行分析；旅游产业供应链则主要探讨各产业间的相互协调与合作发展问题。

进一步探讨旅游目的地供应链的概念则可以发现，它与上述的旅游供应链也是有区别的。旅游目的地供应链的范围和构造方式比旅游供应链更为宽泛和复杂，后者更多的是从旅游业运行的角度来理解供应链的内涵，而前者应该是从游客体验需求出发，所涉及的时间与空间要素复杂运行的角度来理解供应链的，尤其是在供需环境剧烈变化的情况下，旅游目的地供应链涉及的要素内容、构造形式及其运行方式都发生了很大变化，供应体系的复杂多变性需要我们更深入地探讨旅

① 林南枝、陶汉军主编．旅游经济学（第2版）[M]．天津：南开大学出版社，2000：29

游目的地供应链的深刻内涵。鉴于此，可以把旅游目的地供应链界定为：旅游目的地为满足游客优异体验需求和实现目的地可持续发展目标，而将包括各类商业服务和公共服务在内的综合服务提供给游客的各类组织和机构组成的关系复杂的有机网络集合体。

供应链管理是一种全要素管理。旅游目的地是个大系统，各类组织和机构从不同角度构成这个大系统的子系统，他们相互依靠也相互掣肘，必须从整个链网的有机协调和良性管理上突破传统管理的弊端，才能获得目的地的可持续发展。

二、信息技术的便捷化和网络化的实践及其管理问题

随着信息技术的迅速发展和广泛应用，人们的生产和生活全面受到了影响和冲击，行为模式的转变推动着智慧旅游和智慧城市的出现，目的地的管理已进入e时代。基于智慧旅游的目的地管理，通过云计算、物联网、高速无线通讯技术、地理信息系统、虚拟现实等技术，促进旅游目的地的管理从传统方式向现代化管理方式转变。

管理强调事前性、过程性和目标性。智慧旅游目的地管理系统改变了传统管理方式下的事后管理被动处理的方式，而进入到事前预测、过程控制机器实时监测调整的管理方式。信息技术的便捷化和网络化奠定了旅游目的地e管理体系的基础。

1. 目的地游客e管理体系的形成

（1）方便游客公共信息获取应用的游客e公共服务体系。通过e服务体系可为游客提供航班、列车、汽车等交通工具的线路及抵达时间信息；为游客提供常见问题的分类检索查询服务；可接受游客在线投诉及其处理结果的反馈等。

（2）方便游客消费体验最大化的流量通报系统。通过基于位置的服务技术、物联网技术、感应识别技术等，实时采集游客流量和分布信息，定期发布给游客，供游客自由调整行程和游线，避开拥挤的高峰期，提高体验价值。

（3）方便目的地管理的游客信息收集分析系统。目的地通过多技术手段的综合运用，可以采集到游客来源地区、流动规律和消费结构信息，便于目的地针对目标市场需要开展更有效的营销推广，并提高目的地应对紧急事件的能力，提高服务质量和形象。

2. 目的地政府行政e管理体系的形成

（1）日常行政管理e体系。旅游目的地政府可以通过办公数字化、智慧化，采用集合管理平台建设，实现目的地各行政管理系统的e化发展，提高行政管理效率。

（2）紧急突发事件应急处理体系。该体系以计算机网络系统为基础，以各类

通信系统为纽带，以接处警体系为核心，有效集成了警用地理信息系统、全球定位系统、数字录音录像系统、监控系统、LED 显示系统等，将各信息系统高度集成，可有效提高快速反应能力、协调处理能力和决策指挥能力。

3. 旅游企业全程 e 管理体系

各类利用企业业务不同，旅游信息化系统建设内容也有区别，但归纳起来无外乎企业内部 e 管理系统和企业外部 e 管理系统。

（1）企业内部 e 管理系统的形成。旅游企业内部涉及多个部门和业务领域，处于提高管理效率的考虑，旅游企业要建立内部各流程环节的电子信息化链接，避免信息的重复采集分析，实现内部各项管理的无纸化和电信化。

（2）企业外部 e 管理系统的形成。旅游企业外部联系的多变化和非稳定的特性决定了旅游企业必须借助信息化技术加强对外部各关联机构的高效管理，以随时应对各类供应方和需求方的变化需要。如有形产品的加工可以借助物联网及卫星定位系统实现全链条的质量监控，实时高效的实现无缝对接，便于出现质量问题后的追索机制的实现；无形的服务提供以及因游客过量而加大的对环境破坏的压力管理等也需要在信息技术下实现全程监管、数据实时采集分析和应对行为的动态调整，以实现承载力管理的落地性，减少对环境的破坏和过度消耗。

总之，信息技术带来的变革是全方位的，目的地的管理也应在思维观念上、实施策略上和操作技术上产生相应的变革，由此带来的许多新问题需要深入研究。

三、旅游产业的融合化与宽泛化的趋势及其管理问题

1. 旅游产业融合与泛化已成现实

旅游目的地的发展离不开相应产业的发展。但旅游产业是个并没有严格界限的产业群的概念，它在不断变化之中。在商品经济条件下，旅游需求的实现还是需要通过产业的发展和发达的交换系统来实现的。目前关于旅游产业的界定是有争议的。从大的方面分类，可以将旅游产业分为旅游服务业、旅游制造业，前者主要以无形服务为主，后者主要以有形制造品为主，而制造业又可以分为旅游装备制造业、旅游用品制造业和旅游购物品制造业。

产业的融合发展已成为事实。旅游产业融合发展也是风生水起。无论是与第一产业的农业，还是与第二产业的工业都表现出了强大的融合潜力和前景。这种融合既来自于消费者的需求引导，也来自于技术进步的助推和产业自身发展的推动。

2. 产业发展变化对目的地管理的影响

在产业融合下出现了跨界发展的需要。但是传统的产业管理目标、方式及其政策规定都是以产业分立为前提的，而现在的融合化发展带来的政策交叉、空白

的地方如何协调？传统的行业管理如何向产业链管理转化？旅游活动除了涉及商业服务以外，还有许多涉及公共服务或准公共服务，产业运行的效率越来越离不开公共管理和社会管理的配合与支持，因此如何创造性将它们融为一体，实现一体化管理也成为必须面对的管理问题。

产业融合泛化发展后，产生的一个突出变化就是要实现创意化发展，这就涉及艺术、策划、包装、演艺以及生产制造等多产业部门的合作开发和合作管理问题。目的地产品系列的丰富需要将各类资源包括产业资源充分利用起来，如工业旅游、农业旅游、科技教育旅游、影视演艺旅游等涉及跨界资源的整合开发问题会遇到很多矛盾，无论是管理人才、管理理念、行为方式习惯、评价标准等都会在融合中发生冲突，都需要创新式的管理去解决，这都有待于我们不断探索研究，走出一条适合我国旅游目的地管理的新路子。

第三节　旅游目的地管理的未来

旅游目的地管理的未来一定是建立在不断创新变革的基础上，变革现有管理理念的落后、技术的不足以及范围的狭窄等，以持续的人文关怀为核心，构建更加具有竞争力的目的地管理新体系。

杨军在分析旅游管理从行业管理到目的地管理的转变中，提出了目的地管理的五个着力点，对我们思考未来的目的地管理很有启发。

一、旅游目的地的大规划时代

规划（计划）是管理的首要职能。旅游目的地规划就是要实现建设一个相对完整的、相互联动的旅游接待服务体系。游客对旅游目的地的需求已不仅是旅游景区或饭店等服务，而是涉及旅游活动全要素的方方面面，对各类要素进行统筹规划和优化整合，用大规划来协同各相关领域的行动，更有助于形成协同合作、配比优化的旅游服务大系统。

二、旅游目的地的大法规时代

控制是管理的职能之一。控制的手段有强制性也有非强制性。法规就是一种强制性管理手段。去年《旅游法》的出台就是在朝着大法规时代迈进的表现。当然仅有一部《旅游法》还不够，应该形成法规系列，在目的地各个领域管理中，运用综合性法规和制度来安排实施目的地综合性管理，使目的地管理在法制的框架下有序进行。

三、领域目的地的大管理时代

旅游目的地供给体系涉及上百个部门和行业，也渗透在商业领域和公共服务领域，因而目的地管理必须在管理职权上建立更具综合协调管理职能的目的地旅游管理机构，增强目的地综合协调能力。大管理时代更重要的是管理主体的全员化，即人人是管理者，人人也是被管理者。不仅要建立他人管理体系，还要建立自我管理体系，才能让目的地真正成为传播人类文明的载体，吸引人们愿意在目的地进行各种文化交流活动，实现游客的自我升华和目的地的可持续发展。

四、旅游目的地的大形象时代

旅游目的地吸引力是一个综合吸引力，除了旅游产品吸引力外，还包括目的地文化吸引力、环境吸引力、设施吸引力、自然条件吸引力等许多方面。因此，要着力打造一个清晰完整的旅游目的地整体形象。大形象的树立需要大规划、大管理等的配合，需要调动社会各界力量共同努力，任何细小的缺陷都可能抹杀目的地大形象的树立。因此，大形象需要更宽广的胸怀、更高远的视野、更全面的社会参与。网络时代还需要注意网络平台在传播目的地形象方面的正反作用，进行有效的形象管理与矫正，进而实现目的地预期形象提高和竞争力提升的目的。

五、旅游目的地的大合作时代

旅游目的地的概念已超越了单一的行政区划概念，游客脚步所到之处都需要有效地管理改进环境和质量。因此，旅游目的地的管理必然要跨越行政地域的限制，加强与相关区域或部门的合作与沟通，在合作中丰富旅游目的地内涵，强化旅游目的地整体吸引力，必然成为今后旅游目的地管理的方向之一。

参考文献

[1] Alberto, S. The Tourism Policy [J]. *Annals of Tourism Research*, 1976, 3 (5): 236-247.

[2] Ashley, C. The Impacts of Tourism on Rural Livelihoods: Namibia's Experience [Z]. Working Paper 128, Overseas Development Institute (ODI), London, England, 2000, pp. 45-46.

[3] Beritelli, P., Bieger, T., & Laesser, C. Destination Governance: Using Corporate Governance Theories as a Foundation for Effective Destination Management [J]. *Journal of Travel Research*, 2007 (46): 96-107.

[4] Bramwell, B., & Sharman, A. Collaboration in Local Tourism Policymaking [J]. *Annals of Tourism Research*, 1999, 26 (2): 392-415.

[5] Center of European Policy Studies (CEPS). Corperate Governace [R]. Working Paper Report no. 12. Brussels, Belgium, 1995, p. 34.

[6] de Araujo, Lindemberg Medeiros, & Bramwel, Bill. Partnership and Regional Rourism in Brazil [J]. *Annals of Tourism Research*, 2002, 29 (4): 1138-1164.

[7] Dinica,V. Policy Measures and Governance for Sustainable Tourism and Recreation in the Netherlands:an Evaluation [J]. *Tourism*, 2006, 54 (3): 245-258.

[8] Dredge, D. Local Government Tourism Planning and Policy-Making in New South Wales: Institutional Development and Historical Legacies [J]. *Current Issues in Tourism*, 2001, 4 (2-4): 355-380.

[9] Erkus-Öztürk, H. Environmental Governance for Sustainable Tourism Development: Collaborative Networks and Organization Building in the Antalya Tourism Region [J]. *Tourism Management*, 2010, 31 (1): 113-124.

[10] Goymen, Korel. Tourism and Governance in Turkey [J]. *Annals of Tourism Research*, 2000, 27 (4): 1025-1048.

[11] Greenwood, J. Business Interest Groups in Tourism Governance [J]. *Tourism Management*, 1993 (14): 335-348.

[12] Halme, M. Learning for Sustainable Development in Tourism Networks [J].

Business Strategy and the Environment, 2001 (10): 100-114.

[13] Haugland, S. A., Havard Ness, Bjørn-Ove Grønseth, & Jarle Aarstad. Deveopment of Tourism Destinations: An Integrated Multilevel Perspective [J]. *Annals of Tourism Research*, 2011, 38 (1): 268-290.

[14] Hawkins, D. E., & Mann, S. The World Bank's Role in Tourism Development [J]. *Annals of Tourism Research*, 2007, 34 (2): 348-363.

[15] Haywood, M. Responsible and Responsive Planning in the Community [J]. *Tourism Management*, 1988 (9): 105-118.

[16] Jamal, T. B., & Getz, D. Collaboration Theory and Community Tourism Planning [J]. *Annals of Tourism Research*, 1995, 22 (1): 186-204.

[17] Jenkins, C. L., & Henry, B. M. Government Involvement in Tourism in Developing Countries [J]. *Annals of Tourism Research*, 1982 (9): 499-521.

[18] Keogh, B. Public Participation in Community Tourism Planning [J]. *Annals of Tourism Research*, 1990 (17): 449-465.

[19] Kozak, M. Destination Benchmarking [J]. *Annals of Tourism Research*, 2002, 29 (2): 497-519.

[20] Li, WenJun. Community Decisionmaking Participation in Development [J]. *Annals of Tourism Research*, 2006, 33 (1): 132-143.

[21] Martina G. Gallarza, Irene Gil Saura, Haydée Calderón García. Destination Image: Towards a Conceptual Framework [J]. *Annals of Tourism Research*, 2002, 29 (1): 56-78.

[22] Murphy, P. E. Response to review [J]. *Tourism Management*, 2007, 28 (3): 947-950.

[23] Murphy, P. E. *Tourism: A Community Approach* [M]. London, England: Methuen, 1985.

[24] Pavlovich, K. The Evolution and Transformation of a Tourism Destination Network: The Waitomo Caves, New Zealand [J]. *Tourism Management*, 2003 (24): 203-216.

[25] Pechlaner, H., & Tschurtschenthaler, P. Tourism Policy, Tourism Organisations and Change Management in Alpine Regions and Destinations: A European Perspective [J]. *Current Issues in Tourism*, 2003, 6 (6): 508-539.

[26] Reed, M. Power Relations and Community-Based Tourism Planning [J]. *Annals of Tourism Research*, 1997, 24 (3): 566-591.

[27] Ritchie, J. R. B. The Nominal Group Technique: An Approach to Consensus

Policy Formulation in Tourism [J]. *Tourism Management*, 1985 (6): 82-94.

[28] Ritchie, J. R. Brent. Crafting a Destination Vision: Putting the Concept of Resident Responsive Tourism into Practice [J]. *Tourism Management*, 1993 (14): 29-38.

[29] Russo, A. P., & Segre, G.. Destination Model and Property Regime:An Explosion [J].Annals of Tourism Research, 2009, 36 (4): 587-606.

[30] Sautter, E. T., & Leisen, B. Managing Stakeholders: A Tourism Planning Model [J]. *Annal of Tourism Research*, 1999, 26 (2): 312-328.

[31] Scott, N., Cooper, C., & Baggio, R. Destination Networks: Four Australian Cases [J]. *Annals of Tourism Research*, 2008, 35 (1): 169-188.

[32] Selin, S. Developing a Typology of Sustainable Tourism Partnerships [J]. *Journal of Sustainable Tourism*, 1999 (7): 260-273.

[33] Selin, S., & K, Beason. Interorganizational Relations in Tourism [J]. *Annals of Tourism Research*, 1991 (8): 639-652.

[34] Simpson, Murray C. Community Benefit Tourism Initiatives—A Conceptual Oxymoron? [J]. *Tourism Management*, 2008 (29): 1-18.

[35] Tapper, R., & Font, X. (2004) Tourism Supply Chain: Report of a Desk Research Project for the Travel Foundation. Leeds Metropolitan University, Environment Business & Development Group [EB/OL]. http://www.lmu.ac.uk/lsif/the/Tourism-Supply-Chains.pdf. Accessed 2011-09-06.

[36] Tinsley, R., & Lynch, P. Small Tourism Business Networks and Destination Development [J]. *International Journal of Hospitality Management*, 2001 (20): 367-378.

[37] Tyler, D., & Dinan, C. The Role of Interest Groups in England's Emerging Tourism Policy Network [J]. *Current Issues in Tourism*, 2001, 4 (2-4): 210-252.

[38] United Nations World Tourism Organization. *Making Tourism More Sustainable: A Guide for Policy Makers* [M]. Madrid, Spain: UNWTO, 2005, p. 13.

[39] United Nations World Tourism Organization. *National and Regional Tourism Planning: Methodologies and Case Studies* [M]. Madrid, Spain: UNWTO, 2004, p. 34.

[40] Vernon, J., & Essex, S., Pinder, D., & Curry, K. Collaborative Policymaking: Local Sustainable Projects [J]. *Annals of Tourism Research*, 2005, 32 (2): 325-345.

[41] Wang, Y. Collaborative Destination Marketing: Understanding the Dynamic Process [J]. *Journal of Travel Research*, 2008 (47): 151-166.

[42] Yuksel, F., Bramwell, B., & Yuksel, A. Centralized and Decentralized Tourism Governance in Turkey [J]. *Annals of Tourism Research*, 2005, 32 (4): 859-886.

[43] Zhang, Xinyan, Song, Haiyan, & Huang, George Q. Tourism Supply Chain Management: A New Research Agenda [J]. *Tourism Management*, 2009 (30): 345-358.

[44] 曹霞，吴承照．国外旅游目的地游客管理研究进展[J]．人文地理，2006（02）：17～23

[45] 查尔斯 R．格德纳，J．R．布伦特．里奇著．李天元，徐虹，黄晶译．旅游学（第 10 版）[M]．北京：中国人民大学出版社，2008

[46] 陈丽丽．旅游目的地游客管理模式研究[D：博士学位论文]．兰州：西北师范大学，2007

[47] 陈美君，胡小猛．现代旅游信息管理系统（TIMS）的构建[J]．旅游科学，2004（04）：68～72

[48] 陈秀惠．旅游目的地散客服务体系构建研究[D：博士学位论文]．北京：北京第二外国语学院，2006

[49] 陈雪钧．基于层次分析法的旅游目的地软环境评价研究[J]．消费经济，2011（02）：51～53

[50] 邓冰，吴必虎，蔡利平．国内外旅游业危机管理研究综述[J]．旅游科学，2004（01）：1～8，57

[51] 董观志，张银铃．中国旅游业、旅游学和旅游规划的 30 年述评[J]．人文地理，2010
（03）：1～4

[52] 樊霆．旅游环境承载力理论及评价方法研究[D：博士学位论文]．长沙：湖南大学，2006

[53] 冯学钢，沈虹，胡小纯．中国旅游目的地竞争力评价及实证研究[J]．华东师范大学学报（哲学社会科学版），2009（05）：101～107

[54] 付岩．旅游信息管理系统[D：博士学位论文]．呼和浩特：内蒙古大学，2009

[55] 高静，肖江南，章勇刚．国外旅游目的地营销研究综述[J]．旅游学刊，2006（07）：91～96

[56] 高静．国内旅游目的地营销研究现状及展望[J]．北京第二外国语学院学报，2008（11）：21～29

[57] 高伟洁．基于差距控制的旅游服务质量提升策略探析[J]．企业经济，2010（10）：145～147

[58] 谷艳艳. 城市旅游公共服务体系构建与质量评价[D: 博士学位论文]. 上海：上海师范大学，2011

[59] 郭舒，曹宁. 旅游目的地竞争力问题的一种解释[J]. 南开管理评论，2004（02）：95～99

[60] 何方永. 我国旅游目的地游客管理现状与发展的思考[J]. 成都大学学报（社会科学版），2007（02）：83～85

[61] 何桂培. 旅游目的地居民的旅游影响感知研究[D: 博士学位论文]. 北京：北京第二外国语学院，2008

[62] 何建英. 都市型旅游目的地国内游客满意度研究[D: 博士学位论文]. 天津：南开大学，2012

[63] 江波，郑红花. 基于旅游目的地八要素的服务质量评价模型构建研究[J]. 商业研究，2007（08）：148～153

[64] 黎志逸，赵云，程道品. 旅游目的地居民幸福指数评价体系构建[J]. 商业时代，2009（29）：104，106

[65] 李德山，韩春鲜，杨玲. 旅游地居民对旅游影响感知研究综述及中外研究比较[J]. 人文地理，2010（05）：142～147

[66] 李宏. 旅游目的地形象测量的内容与工具研究[J]. 人文地理，2007（02）：48～52

[67] 李九全，李开宇，张艳芳. 旅游危机事件与旅游业危机管理[J]. 人文地理，2003（06）：35～39

[68] 李君轶. 基于游客需求的旅游目的地网络营销系统评价——以我国省级旅游官网为例[J]. 旅游学刊，2010（08）：45～51

[69] 李天元，曲颖. 旅游市场营销[M]. 北京：中国人民大学出版社，2013

[70] 李雪. 我国旅游目的地营销研究进展及启示[J]. 浙江海洋学院学报（人文科学版），2011（02）：61～65

[71] 李杨眉. 旅游开发对旅游地的影响及控制策略[J]. 贵州商业高等专科学校学报，2008（04）：51～55

[72] 林南枝、陶汉军主编. 旅游经济学（第2版）[M]. 天津：南开大学出版社，2000：29

[73] 刘德谦. 旅游规划需要新理念——旅游规划三议[J]. 旅游学刊，2003（05）：41～46

[74] 刘国华，王红国. 旅游目的地形象测量：基于国外文献的研究[J]. 旅游学刊，2010（06）：83～87

[75] 刘华芝. 旅游目的地营销系统的优劣势分析及其完善对策[J]. 消费经

济，2005（03）：31～33

[76] 刘军胜. 城市旅游公共服务游客满意度测评研究[D：博士学位论文]. 西安：陕西师范大学，2013

[77] 刘丽娟，李天元，王雪. 旅游目的地营销绩效评价研究现状与展望[J]. 旅游学刊，2013（03）：120～128

[78] 刘丽娟，李天元. 旅游目的地营销绩效评价指标体系构建研究[J]. 北京第二外国语学院学报，2012（11）：53～58

[79] 刘霞. 混沌理论视角下旅游目的地危机管理体系的构建[J]. 中州大学学报，2011（05）：76～79

[80] 刘小亮. 旅游服务质量控制的三大要素[J]. 企业改革与管理，2012（09）：77～78

[81] 卢小丽，武春友. 居民旅游影响感知的模糊综合评价[J]. 管理学报，2008（02）：199～202，207

[82] 路科. 旅游业供应链新模式初探[J]，旅游学刊，2006（3）：30～33

[83] 罗建文，赵嫦娥. 论居民幸福指数的评价指标体系及测算[J]. 湖南科技大学学报（社会科学版），2012（01）：43～51

[84] 马士华、李勇等. 供应链管理[M]. 北京：机械工业出版社，2000

[85] 史春云，张捷，沈正平，杨旸，钟静. 旅游目的地竞争力定量评价综述[J]. 人文地理，2006，03：72～77

[86] 斯蒂芬·P·罗宾斯，玛丽·库尔特著. 管理学（第11版）[M]. 北京：中国人民大学出版社，2012

[87] 孙建超. 基于网络视角的旅游目的地营销组织研究[D：博士学位论文]. 武昌：武汉大学，2012

[88] 孙孝宏. 基于旅游体验的旅游景区游客管理研究[D：博士学位论文]. 兰州：西北师范大学，2008

[89] 瓦拉瑞尔 A. 泽丝曼尔，玛丽·乔·比特纳，德韦恩 D. 格兰姆勒著. 张金成，白长虹译. 服务营销（第5版）[M]. 北京：机械工业出版社，2013

[90] 王纯阳. 国外旅游目的地竞争力研究综述[J]. 旅游科学，2009（03）：28～34

[91] 王红国，刘国华. 国外旅游目的地形象测量方法述评[J]. 旅游科学，2009（06）：62～66

[92] 王九玲. 基于旅游者危机感知的旅游目的地危机管理研究[D：博士学位论文]. 乌鲁木齐：新疆师范大学，2012

[93] 王龙. 旅游目的地形象测量内容的研究综述[J]. 旅游科学，2012（04）：

65～76

[94] 王有成．旅游目的地营销系统的功能构成与评估[J]．旅游科学，2009（01）：28～37

[95] 卫伟，陈存根，彭鸿，车凤英．旅游信息管理现状及其发展趋势[J]．资源开发与市场，2003（05）：341～342，352

[96] 魏婧，潘秋玲．近 20 年国外旅游目的地市场营销研究综述[J]．人文地理，2008（01）：92～97

[97] 魏小安，陈维平，刘滨谊，彭华，吕健，范业正，池雄标．中国旅游业需要什么样的旅游规划——由当前旅游规划热引发的思考[J]．旅游学刊，2001（02）：9～15

[98] 文春艳，李立华，徐伟，张清兵．旅游目的地形象研究综述[J]．地理与地理信息科学，2009（06）：105～109

[99] 巫宁．信息传播：旅游目的地营销与服务的关键环节[J]．旅游学刊，2007（10）：67～70

[100] 吴承照．中国旅游规划 30 年回顾与展望[J]．旅游学刊，2009（01）：13～18

[101] 谢礼珊．旅游服务性企业领导能力的培养[J]．旅游科学，2001（04）：5～8

[102] 徐虹、周晓丽．旅游目的地供应链概念模型的构建[J]．旅游科学，2009（5）

[103] 许峰，李静，弗朗索瓦·贝达德，吕秋琳．全球视野下优秀旅游目的地评价系统的发展与检验[J]．旅游科学，2013（06）：1～12

[104] 杨勇．旅游目的地竞争力框架中的“文化”因素分析：一个综述[J]．旅游学刊，2006（12）：35～42

[105] 臧德霞，黄洁．关于“旅游目的地竞争力”内涵的辨析与认识[J]．旅游学刊，2006（12）：29～34

[106] 臧德霞，黄洁．国外旅游目的地形象研究综述——基于 *Tourism Management* 和 *Annals of Tourism Research* 近 10 年文献[J]．旅游科学，2007（06）：12～19

[107] 臧德霞，于春玲．旅游目的地竞争力研究进展与评述[J]．北京第二外国语学院学报，2008（07）：8～14

[108] 詹丽，梅雪，黄蓉．旅游目的地风险管理研究综述[J]．旅游研究，2013（01）：7～14

[109] 张文，李娜．国外游客管理经验及启示[J]．商业时代，2007（27）：

89～91，88

[110] 张玉利．管理学（第2版）[M]．天津：南开大学出版社，2004

[111] 章勇刚．政府与市场合作：旅游目的地营销系统的最佳运营模式[J]．桂林旅游高等专科学校学报，2006（01）：104～107

[112] 赵俊兰，赵洪岩．基于GIS的旅游信息管理系统关键技术研究[J]．测绘科学，2009（S1）：208～211

[113] 赵磊，庄志民．旅游目的地竞争力模型比较研究[J]．旅游学刊，2008（10）：47～53

[114] 郑娜莎．基于灰色评价的旅游环境承载力研究[D：博士学位论文]．北京：中国海洋大学，2010

[115] 郑卫星．居民主观幸福感评价指标体系初探[J]．中国统计，2011（12）：28～30

[116] 周富广．城市旅游游客管理研究[D：博士学位论文]．福州：福建师范大学，2008

[117] 朱晓蕾．发掘旅游企业管理者领导作用的决定性因素[J]．职业技术，2008（03）：65

[118] 邹统钎，万志勇．中国旅游规划思想的演变（上）——中国旅游规划30年回顾与反思[J]．北京第二外国语学院学报，2009（05）：1～7

[119] 邹统钎，万志勇．中国旅游规划思想的演变（下）——中国旅游规划30年回顾与反思[J]．北京第二外国语学院学报，2009（07）：13～22

[120] 邹再进．我国旅游规划思想导向的演进[J]．旅游学刊，2008（07）：6～7